CHRONIQUES
DES ÉGLISES
D'ANJOU

9754 — IMPRIMERIE GÉNÉRALE DE CH. LAHURE
Rue de Fleurus, 9, à Paris

CHRONIQUES DES ÉGLISES D'ANJOU

RECUEILLIES ET PUBLIÉES

POUR LA SOCIÉTÉ DE L'HISTOIRE DE FRANCE

PAR MM.

PAUL MARCHEGAY ET ÉMILE MABILLE

A PARIS

CHEZ Mme Ve JULES RENOUARD

LIBRAIRE DE LA SOCIÉTÉ DE L'HISTOIRE DE FRANCE

RUE DE TOURNON, N° 6

M DCCC LXIX

EXTRAIT DU RÈGLEMENT.

Art. 14. Le Conseil désigne les ouvrages à publier, et choisit les personnes les plus capables d'en préparer et d'en suivre la publication.

Il nomme, pour chaque ouvrage à publier, un Commissaire responsable, chargé d'en surveiller l'exécution.

Le nom de l'éditeur sera placé en tête de chaque volume.

Aucun volume ne pourra paraître sous le nom de la Société, sans l'autorisation du Conseil, et s'il n'est accompagné d'une déclaration du Commissaire responsable, portant que le travail lui a paru mériter d'être publié.

Le Commissaire responsable soussigné déclare que l'Édition des Chroniques des églises d'Anjou, *préparée par* MM. Marchegay et Émile Mabille, *lui a paru digne d'être publiée par la* Société de l'Histoire de France.

Fait à Paris, le 1ᵉʳ juin 1869.

Signé L. DELISLE.

Certifié,

Le Secrétaire de la Société de l'Histoire de France,

J. DESNOYERS.

INTRODUCTION

Nous avons réuni dans ce volume un certain nombre de documents historiques, tirés des plus anciens établissements religieux de l'Anjou ; ce sont pour la plupart des Annales ecclésiastiques retraçant année par année l'histoire du monastère où elles ont été rédigées, et mentionnant avant toutes choses la nomination et la mort des abbés, celles des évêques, la construction ou la dédicace des églises, etc. A ces indications déjà fort utiles par elles-mêmes, viennent s'en ajouter d'autres d'un intérêt plus général, qui donnent à ces annales une importance que savent bien apprécier ceux qui s'occupent de recherches historiques. La société religieuse était au moyen âge intimement liée à la société civile. En conservant la mémoire des faits qui pouvaient intéresser leur monastère, les moines notaient également les événements extérieurs qui parvenaient à leur connaissance, événements auxquels souvent ils prenaient part et qui pouvaient exercer une certaine influence sur le développement ou la prospérité de leurs communautés. C'est là ce qui donne tant d'intérêt aux annales monastiques et en fait, pour les époques les plus anciennes comme pour la fin du moyen âge, une des bases les plus solides de l'histoire locale, dont elles retracent les moindres incidents, et de l'histoire générale, dont elles aident tout particulièrement à fixer la chronologie. Ajoutons que rédigées le plus ordinairement par des auteurs différents, contemporains chacun des faits qu'ils racontent, ces annales sont en général exactes et méritent plus de confiance que ces vastes compilations nées au douzième siècle, qui, sous le nom d'histoires ou de chroniques, se sont attachées de préférence à retracer les événements de l'histoire civile et dans lesquelles les fictions fabuleuses occupent une si grande place.

Nous n'avons pas besoin d'insister sur l'importance qu'il y a pour la critique historique et littéraire à réunir dans un recueil les chroniques ecclésiastiques d'une même province comme nous l'avons fait ici pour l'Anjou. C'est le seul moyen de pouvoir contrôler les allégations des unes par celles des autres, et de distinguer les chroniques originales de celles qui n'ont fait qu'en reproduire de plus anciennes, soit en entier, soit pour quelques faits particuliers. Les chroniques de Touraine ont déjà été publiées par notre confrère feu André Salmon. Nous donnons aujourd'hui celles de l'Anjou, espérons qu'un jour viendra où chacune de nos provinces possédera son recueil particulier. L'histoire locale et la critique des textes y gagneront également.

Les établissements religieux qui ont fourni les documents historiques renfermés dans ce volume, sont :

Le chapitre de Saint-Maurice, église cathédrale d'Angers.

L'abbaye de Saint-Aubin, située dans la ville d'Angers et dont l'origine remonte au sixième siècle.

L'abbaye de Saint-Serge et Saint-Bacq, fondée au septième siècle par le roi Clovis II, à une faible distance des murs de la ville d'Angers.

Le monastère de Saint-Florent, fondé au septième siècle sur les limites de l'Anjou et de la Bretagne, dans un lieu nommé *Glonna* ou *Mons Glonna*, ruiné au neuvième siècle et rétabli au dixième à peu de distance de Saumur.

Le prieuré de Saint-Sauveur de L'Évière, dépendant de la Trinité de Vendôme, bâti près de la ville d'Angers en l'année 1056.

Aux documents tirés de ces anciens monastères nous avons ajouté la chronique de Maillezais ou de Saint-Maixent, rédigée au douzième siècle et recopiée dans l'abbaye de Maillezais en bas Poitou. Cette chronique renferme des indications qui intéressent autant l'histoire de l'Anjou que celle du Poitou ; elle est surtout importante à consulter au sujet des guerres des comtes d'Anjou contre les comtes de Poitou.

Nous allons successivement passer en revue chacun des documents qui nous ont été légués par les communautés religieuses que nous venons de nommer, en apprécier la valeur historique, indiquer les manuscrits qui nous les ont conservés, et les éditions de ceux qui ont déjà été imprimés.

I

SAINT-MAURICE.

CHRONIQUE DE RAINAUD. — La Chronique de Rainaud serait plus exactement nommée *Chronique de Saint-Maurice* ou de la Cathédrale, puisqu'elle est l'œuvre de plusieurs auteurs et que Rainaud n'a rédigé que la partie comprise entre les années 976 et 1075. Elle commence comme beaucoup d'annales ecclésiastiques, par une série chronologique de princes et d'empereurs, qui s'étend depuis Ptolémée Évergète jusqu'à l'an 320 de l'ère chrétienne. Nous avons supprimé comme inutile cette suite chronologique empruntée à Orose et nous avons fait commencer la chronique à l'année 320, sous laquelle se trouve mentionnée la naissance de saint Martin. A partir de cette époque jusqu'à l'année 965, la chronique de Saint-Maurice renferme de précieuses indications pour l'histoire de la province. Ces indications se font remarquer en général par leur exactitude ; elles paraissent avoir été puisées pour la plupart dans les obituaires ou dans les documents diplomatiques conservés dans les archives du chapitre. Nous savons, par exemple, que le cartulaire connu sous le nom de *Livre noir de Saint-Maurice* (1), renfermait un certain nombre de notices purement historiques, le rédacteur de la chronique en a résumé quelques-unes, notamment celle qui concerne la prise de Nantes par les Normands en 843. Depuis l'année 917 jusqu'à l'année 965 il prétend avoir suivi la chronique de Flodoard. Néanmoins il mentionne en 929 un fait qui lui est particulier, c'est une dona-

---

(1) Le *Livre noir* était le plus ancien cartulaire ecclésiastique d'Anjou. Il contenait 139 feuillets et remontait au xie ou xiie siècle. Le nombre de ses chartes était de deux cent trente-huit, parmi lesquelles se trouvaient une quinzaine de diplômes carlovingiens. Le plus ancien portait la date du mois de mars 770, les autres appartenaient aux ixe, x[e] et xie siècles. Ce cartulaire a été brûlé à Angers le 10 frimaire an II (30 novembre 1793), avec d'autres liasses ou registres provenant des chartriers de l'évêché, mais il pourrait être reconstitué en grande partie à l'aide des copies de chartes conservées dans plusieurs collections, principalement dans la collection de dom Housseau.

tion faite à Saint-Aubin par Foulque le Roux, premier comte d'Anjou. Rainaud, archidiacre d'Angers, a écrit la portion qui s'étend depuis l'année 976 jusqu'à l'année 1075. Un troisième auteur, chanoine de Saint-Maurice, comme ses prédécesseurs, a noté à la suite un certain nombre de faits qui continuent la chronique jusqu'à l'année 1106.

Des deux manuscrits connus de la chronique de Rainaud, celui de Londres, collection Cottonienne (Otto, B. IV), a péri dans un incendie; l'autre est à Rome, dans la Bibliothèque du Vatican, où il porte le n° 980 du fonds de la reine de Suède. Celui-ci a pour titre « *Chronicon Gallicanum.* » C'est un petit in-f° de 42 feuillets en parchemin, l'écriture est du douzième siècle : la chronique de Rainaud commence au folio 9 et va jusqu'à l'année 1106, tandis que dans le manuscrit de Londres, elle s'arrête à l'année 1077 ou plutôt 1076. C'est d'après une copie faite à Rome par le bénédictin dom Jean Durand, que les auteurs du *Recueil des historiens de France* ont imprimé un fragment de cette chronique (XII, p. 478).

De toutes les chroniques de l'Anjou, celle de Saint-Maurice est peut-être la plus ancienne, elle était souvent consultée et il est arrivé plus d'une fois aux autres chroniqueurs d'en copier des passages entiers. C'est ce qu'ont fait entre autres les auteurs des chroniques de Saint-Serge et de l'Évière.

Rainaud fut successivement chanoine de Saint-Maurice, archidiacre d'Angers vers 1040 environ, puis écolâtre du chapitre. Il avait étudié sous Fulbert, évêque de Chartres. Baudri, abbé de Bourgueil, qui a consacré trois petites pièces de vers à sa mémoire, célèbre sa vaste érudition et ses grandes vertus (*Historiens de Duchesne*, IV, 255). Cette érudition et l'expérience qu'il avait des questions de droit, le firent choisir en 1074 avec Robert, doyen du chapitre de Saint-Maurice, par Eusèbe Brunon, évêque d'Angers, comme expert pour examiner les titres produits par les religieux de Saint-Serge, dans le procès qu'ils intentèrent aux moines de Saint-Aubin, au sujet du prieuré de Champigné-sur-Sarthe. Il figure aussi comme témoin, dans un assez grand nombre de chartes et mourut vraisemblablement vers l'année 1076.

Outre sa chronique, Rainaud avait écrit une *Relation des miracles de saint Florent,* arrivés du temps de l'abbé Frédéric, c'est-à-dire depuis l'année 1023 jusqu'à l'année 1055 (1). Cette relation ne nous est pas parvenue. Il avait fait aussi de nouveaux répons pour l'office de saint Florent et deux hymnes en l'honneur du même saint, qui se sont longtemps conservées dans les bréviaires manuscrits du monastère de Saint-Florent.

II

SAINT-AUBIN.

CHRONIQUES. — Le P. Labbe a imprimé, dans le premier volume de sa *Bibliotheca nova manuscriptorum,* deux chroniques rédigées dans l'abbaye de Saint-Aubin d'Angers. L'une (p. 275-280), qu'il a intitulée *Chronicon Sancti Albini Andegavensis,* s'étend depuis l'année 929 jusqu'à l'année 1200, elle est indiquée comme tirée d'un manuscrit qui faisait alors partie de la bibliothèque d'Alexandre Petau (2). L'autre (p. 280-282) commence en 768 et se termine en 1099; quelques additions, tirées d'un autre manuscrit, la conduisent jusqu'à l'année 1110.

---

(1) Voyez ci-après page 287, l'*histoire de Saint-Florent de Soumur.*
(2) En réalité, c'est d'après la copie faite par Duchesne et conservée dans le ms latin 10 000 que Labbe a publié cette première chronique.

André Duchesne, avant Labbe, avait connu les Chroniques de Saint-Aubin, il avait compris l'importance qu'elles pouvaient avoir pour l'histoire de l'Anjou; mais de son temps la bibliothèque de Saint-Aubin était déjà dispersée, une partie des volumes qui la composaient était passée dans les collections de de Thou et de Petau, c'est là qu'il put les consulter et prendre les copies qui nous sont parvenues.

Le manuscrit latin 10 000 de la Bibliothèque impériale est un recueil de documents dont quelques-uns sont écrits de la main de Duchesne. Au folio 268, on lit la notice suivante, sur un manuscrit de l'abbaye de Saint-Aubin qui se trouvait dans la bibliothèque de Jacques de Thou : « In codice manuscripto ecclesiæ S. Albini Andegavensis, tempore Hugonis abbatis circa MCLVI conscripto, ante S. Ambrosii libros epistolarum, aliaque opuscula duo chronica extabant, quorum prius ab exordio mundi ad obitum Ludovici Crassi continuatum erat annumque MCXXXVII; posterius ab anno DCCCCXXIX ad annum MCLXXIV deductum eodem semper charactere et atramento, annuatimque deinceps diverso charactere continuatum usque ad annum MCC. »

« Inter libros Epistolarum S. Ambrosii et alia ejusdem opuscula quædam folia vacantia vitam sancti Girardi monachi Sancti Albini continebant, per lectiones dispositam. Ad calcem additum erat scriptum Hugonis de Cleriis, de Majoratu et Senescalcia Franciæ, a Sirmondo editum, sed non ita corruptum. Item membrana titulorum sepulchralium Rotberti abbatis, prædecessoris dicti Hugonis, in fragmenta dissecta librarii opera, principium calcemque tenebat (1). »

---

(1) Ce dernier document a été imprimé par M. Léopold Delisle, dans ses *Rouleaux des morts*, publiés par la Société de l'histoire de France. Paris, 1866, un volume in-8, page 363.

A la suite de cette notice, Duchesne a fait de la première des deux chroniques qu'il signale, quelques extraits, qui permettent de reconnaître en elle la chronique de Pierre Bechin, écolâtre de Saint-Martin de Tours, publiée en dernier lieu par André Salmon dans son *Recueil des chroniques de Touraine;* la seconde, transcrite également par Duchesne (du folio 269 au folio 274), s'étend depuis l'année 929 jusqu'à l'année 1200, elle a été rédigée en 1154 et continuée depuis cette époque jusqu'en 1200 par des additions successives, qui dans le manuscrit original se reconnaissaient à la différence de l'écriture. C'est d'après cette copie que Labbe a publié la première de ses deux chroniques de Saint-Aubin.

Duchesne avait fait une seconde copie de cette chronique, elle se trouve dans le tome XLVI des Mélanges Colbert (folios 36 à 42), on lit en tête : « Breve chronicon Sancti Albini Andegavensis ex Bibliotheca Thuana. » Nous ne savons ce qu'est devenu le manuscrit original copié par Duchesne, mais, indépendamment des deux copies dont nous venons de signaler l'existence, le texte qu'il renfermait paraît nous avoir été conservé dans un manuscrit de la Bibliothèque municipale d'Angers acheté à la vente de M. Grille et qui pourrait bien n'en être qu'une copie.

La Bibliothèque de de Thou possédait deux autres manuscrits de Saint-Aubin, ils y étaient conservés sous les numéros 632 et 772, et sont arrivés l'un et l'autre à la Bibliothèque impériale, où ils portent aujourd'hui les n°ˢ 2825 et 4955 du fonds latin.

Le premier est un petit in-quarto, composé de plusieurs opuscules écrits à différentes époques, parmi lesquels se trouve, depuis le folio 94 r. jusqu'au folio 106 r., la *Chronique de Pierre Bechin*, qui a servi à André Salmon pour établir le texte de son édition. C'est également de ce manuscrit que Duchesne (1) avait tiré les fragments de cette même chronique qu'il a insérés dans son *Recueil des historiens de France* (III, 365-372). Les feuillets 106 v. et 107 r. sont occupés par des listes ou séries chronologiques entre lesquelles nous signalerons les noms des patriarches et des douze tribus d'Israël, la série des rois de France et celle des comtes d'Anjou. Au folio 108 commence avec l'année 929 une chronique de Saint-Aubin fort abrégée qui s'arrête à l'année 1099 et occupe quatre feuillets. L'écriture de cette partie du manuscrit, dont nous venons d'analyser le contenu, appartient au xiie siècle.

Le manuscrit 4955 est également un recueil d'ouvrages écrits à différentes époques. Il contient un fragment de chronique de Saint-Aubin (p. 96 à 99 v.) qui s'étend depuis l'année 1126 jusqu'en 1197. Plusieurs feuillets, renfermant le commencement de la chronique, ont été malheureusement perdus. Ce manuscrit était d'une très-belle exécution, les années y sont marquées en vermillon et l'écriture est du xiiie siècle.

Il y avait aussi des manuscrits des chroniques de Saint-Aubin dans la bibliothèque de Paul Petau dont les livres furent cédés, comme l'on sait, en 1650, par son fils Alexandre, à la reine de Suède. Deux se trouvent au Vatican où les manuscrits de cette princesse forment un fonds spécial, ils portent les numéros 609 et 711.

Le premier est un très-petit in-quarto de 25 feuillets, écrit au milieu du xiie siècle, il renferme la chronique de Pierre Bechin, et une chronique de Saint-Aubin commençant en 929 et finissant en 1147. Malheureusement ce manuscrit a

---

(1) C'est ce qui a été établi par notre savant confrère, M. Léopold Delisle, dans ses *Observations sur l'origine de plusieurs manuscrits de la collection Barrois*. Bibliothèque de l'école des Chartes, VIe série, t. 2, p. 193, et page 31 du tirage à part.

été détérioré par l'humidité et les lettres en sont tellement effacées qu'il est souvent impossible de le déchiffrer. Cependant le texte de la chronique de Saint-Aubin est un peu mieux conservé que celui de la chronique de Bechin ce qui a permis de l'utiliser pour une collation.

Le manuscrit 711 du fonds de la reine de Suède est un recueil d'ouvrages écrits les uns à longues lignes, les autres sur deux, trois ou quatre colonnes. Il contient 114 feuillets et commence par un traité incomplet, que Paul Petau, dans une table placée sur le plat intérieur de la couverture, a désigné sous le titre de « Julii Firmici librorum Mathæseos fragmentum. » Suivent plusieurs ouvrages, indépendants du premier et dont nous n'avons pas à nous occuper; puis un fascicule écrit au xiiie siècle, où l'on trouve des catalogues des archevêques de Tours, des évêques de Poitiers, d'Angers et du Mans, des abbés de Saint-Aubin, et enfin une chronique de cette abbaye qui commence en 813, et finit en 1212. A la page 105 de ce manuscrit, on lit d'une écriture déjà ancienne, « Iste liber est Sancti Albini. »

Il y avait encore dans l'abbaye de Saint-Aubin deux manuscrits, dans lesquels les religieux avaient transcrit les annales de leur monastère. Nous ne savons quelle a été leur destinée, Duchesne heureusement les a eus entre les mains et a copié les chroniques qu'ils renfermaient. Une de ces copies occupe les folios 43 à 45 du tome XLVI des Mélanges Colbert. On lit en tête, « Fragmentum chronicæ Sancti Albini Andegavensis. » Ce fragment commence en 1187 et s'étend jusqu'en 1220. Duchesne l'indique simplement comme tiré d'un manuscrit de Saint-Aubin. La seconde se trouve dans le même volume (folio 32-34) et est intitulée « Chronicon aliud brevius ex codice Sancti Albini. » Elle commence en 768 et finit en 1106.

En résumé, il y avait dans l'abbaye de Saint-Aubin au

moins sept manuscrits contenant des chroniques écrites par
des religieux de cette abbaye. Trois de ces manuscrits passèrent dans la bibliothèque de Jacques de Thou ; l'un paraît
perdu, mais nous en possédons plusieurs copies ; les deux
autres sont aujourd'hui à la Bibliothèque impériale, où ils
sont conservés sous les numéros 2825 et 4955 du fonds latin. Deux ont fait partie de la bibliothèque de Paul Petau
et sont au Vatican, où ils portent les numéros 609 et 711
du fonds de la reine de Suède. Quant aux deux derniers,
ils ne nous sont plus connus que par les copies qu'en a prises
Duchesne et qui se trouvent dans le volume XLVI des Mélanges Colbert.

Les textes que présentent ces manuscrits ne constituent
point à proprement parler autant de chroniques distinctes
car le plus souvent ils ne font que se copier les uns les autres. Ils diffèrent cependant par la date où ils s'arrêtent
et par des additions ou des variantes de rédaction, qui peuvent fournir sur les faits des détails intéressants. Ce ne sont
en somme que des copies différentes d'un texte primitif,
dont la première rédaction peut remonter à la fin du Xe siècle, auquel sont venues s'adjoindre un grand nombre d'additions successives qui varient selon les manuscrits, mais
dont la réunion constitue les annales du monastère de Saint-Aubin, depuis l'année 768 jusqu'à l'année 1220. C'est ce
qui nous a décidé à ne donner qu'un seul texte de ces
annales, en fondant dans une même série chronologique toutes les mentions historiques contenues dans les
sept manuscrits que nous avons consultés. Des lettres placées entre crochets, à la suite de chaque passage ou de chaque alinéa désignent les manuscrits qui les ont fournis (1).

---

(1) Nous avons désigné par les lettres

A. — Le manuscrit perdu qui a fait partie de la bibliothèque de

Nous avons évité ainsi les innombrables répétitions auxquelles nous aurait condamnés, sans profit pour l'histoire, la publication de chaque texte en particulier.

Les annales de Saint-Aubin rédigées, comme nous l'avons dit, dès la fin du dixième siècle, puis continuées peu à peu jusqu'au treizième par des écrivains contemporains des événements qu'ils racontent, méritent la plus grande confiance. Indépendamment des mentions relatives au monastère, à la nomination et à la mort des abbés de Saint-Aubin et des évêques d'Angers, elles nous révèlent un grand nombre d'événements intéressant l'histoire de l'Anjou qui, sans elles, ne seraient point parvenus à notre connaissance. Les premiers rédacteurs s'étaient contentés de noter les faits de la manière la plus brève et la plus sèche, mais à mesure qu'on se rapproche des temps modernes, les annalistes entrent dans de plus grands détails; et lorsqu'ils arrivent à l'époque de Henri II et de Richard Cœur de Lion, le récit des dissensions de ces princes entre eux et de leurs guerres contre les rois de France, offre un tableau plein d'intérêt. Avec les chartes, les annales de Saint-Aubin sont certainement une des sources les plus abondantes et les plus sûres

---

Jacques de Thou, et dont le texte nous a été conservé par le manuscrit de la bibliothèque d'Angers, acheté à la vente de M. Grille, et par deux copies de Duchesne.

B. — Le manuscrit 711 du fonds de la reine de Suède au Vatican.

C. — Le manuscrit 609 du même fonds au Vatican.

D. — Le manuscrit 2825 du fonds latin à la Bibliothèque impériale de Paris.

E. — Le manuscrit 4955 du même fonds.

F. — Un manuscrit de Saint-Aubin qui ne nous est pas parvenu, mais dont Duchesne a pris copie, *Mélanges Colbert* XLVI (p. 43-45).

G. — Un autre manuscrit de Saint-Aubin que nous ne connaissons également que par la copie de Duchesne. *Mélanges Colbert* XLVI (p. 32-34).

où doivent puiser les historiens de l'Anjou, de la Touraine et du Maine.

Chronique de Méron. — A la suite des chroniques de Saint-Aubin, nous avons imprimé une espèce de récit qui rappelle les injustices et les violences que les moines de Saint-Aubin eurent à supporter de la part des seigneurs de Montreuil-Bellay, à cause de leur prieuré de Méron situé dans le Poitou. Ce fragment historique, qui tient autant du sermon que de la chronique, offre un tableau des plus pittoresques de la vie sociale au moyen âge et des mœurs des barons, qui prétendaient ne relever que de leur épée. Il fournit aussi des détails très-circonstanciés et fort intéressants sur le siége et sur la prise du château de Montreuil-Bellay par le comte Geoffroi le Bel en 1151. Il ne sera pas inutile pour l'histoire de comparer ce récit avec celui que nous a laissé du même événement, le moine Jean, dans son histoire de Geoffroi le Bel. Nous y avons joint quelques chartes, tirées, comme lui, de la bibliothèque d'Angers, dont le texte explique ou commente quelques-uns des faits rapportés par ce curieux document, resté inédit jusqu'à ce jour.

Vie du bienheureux Gérard. — C'est également comme renfermant des renseignements utiles pour l'histoire de l'Anjou et celle de quelques établissements religieux de cette province à la fin du onzième et au commencement du douzième siècle, que nous avons donné place dans notre recueil à la vie du bienheureux Gérard, religieux de Saint-Aubin, dont la mort est rapportée sous l'année 1123 par la chronique de cette abbaye. Nous avons deux manuscrits de la vie du bienheureux Gérard : l'un, conservé à la Bibliothèque Impériale, fait partie d'un recueil qui porte le n° 13092 du fonds latin. C'est un fascicule de dix-huit feuillets de parchemin ayant autrefois appartenu à un manuscrit plus considérable. Les douze premiers feuillets sont occupés par la vie et les six derniers par les miracles dus au bienheureux Gérard. Les pages ont depuis trente et une jusqu'à trente-huit lignes, l'écriture est du milieu du douzième siècle. L'autre manuscrit est conservé à la Bibliothèque municipale d'Angers, il est aussi en parchemin mais seulement du quatorzième siècle.

On en connaissait autrefois un troisième, c'était le manuscrit de la bibliothèque de Jacques de Thou, qui renfermait les épîtres de saint Ambroise, la chronique de Pierre Bechin et la chronique de Saint-Aubin (manuscrit A) que Duchesne a copiée deux fois. *Inter libros Epistolarum S. Ambrosii et alia ejusdem opuscula,* dit-il en faisant la description de ce manuscrit, *quædam folia vacantia vitam S. Girardi, monachi S. Albini, continebant, per lectiones dispositam.* Ce manuscrit devait appartenir au douzième siècle, il est aujourd'hui perdu.

En établissant le texte de notre édition d'après les deux manuscrits aujourd'hui connus, nous avons dû laisser de côté *les Miracles*, dont la *Vie du bienheureux Gérard* est accompagnée. Autant celle-ci méritait de voir le jour, à cause du tableau qu'elle présente de la vie religieuse au commencement du douzième siècle, autant ceux-là sont dépourvus de tout intérêt.

III

SAINT-SERGE D'ANGERS.

CHRONIQUE. — André Duchesne, dans son plan du recueil des historiens de France, page 76, nous apprend qu'il connaissait deux chroniques rédigées dans l'abbaye de Saint-Serge. Il a donné de l'une de ces chroniques deux fragments dans son *Recueil des historiens* (II, 386 et 400), l'un sous l'année 843, relatif au comte Lambert et à la prise de Nantes par les Normands; l'autre sous l'année 873, qui renferme le récit du siège d'Angers par Charles le Chauve sur les Normands. Les manuscrits consultés par Duchesne n'étaient déjà plus de son temps dans l'abbaye de Saint-Serge; ils faisaient partie de la bibliothèque de Paul Petau (1). Pavillon, qui en 1666 écrivait sa *Vie de Robert d'Arbrissel*, disait en parlant de la chronique de Saint-Serge : « Cette chronique n'a pas encore paru au jour, elle n'est pas même dans l'abbaye de Saint-Serge; j'en suis redevable à dom Claude Chantelou, bénédictin, qui me l'a communiquée; elle est d'autant plus croyable qu'elle est faite par un auteur contemporain qui la finit en 1153. »

---

(1) Les manuscrits de Saint-Serge, de Saint-Aubin et de Saint-Maurice d'Angers furent dispersés dès la fin du xvie siecle, plusieurs passèrent par les mains de Pithou et dans la bibliothèque de Paul Petau. C'est la raison pour laquelle il s'en trouve un si grand nombre au Vatican. D'autres furent recueillis dans la bibliothèque de Jacques de Thou. Voyez au sujet des manuscrits de Petau et de de Thou *Le Cabinet des manuscrits de la Bibliothèque impériale*, par Léopold Delisle, Paris, imprimerie impériale, 1868, in-4°, t. I, p. 287 et 470.

Le manuscrit communiqué par dom Chantelou à Pavillon n'était autre que la copie faite par Duchesne, d'après les manuscrits provenant de la Bibliothèque de Paul Petau. Nous avons retrouvé cette copie parmi les matériaux recueillis par dom Chantelou, pour le *Monasticon Benedictinum*. Elle fait aujourd'hui partie du manuscrit latin 12696 de la Bibliothèque impériale.

Les manuscrits originaux vus par Duchesne sont aujourd'hui perdus, du moins on en ignore le sort ; ils ont été vainement cherchés au Vatican parmi les manuscrits de la reine de Suède. L'un d'eux renfermait une chronique écrite par un moine de Saint-Serge, qui s'arrêtait à l'année 1153. La copie qu'en a fait Duchesne ne commence qu'à l'année 1067, elle occupe dans le manuscrit latin 12696, les feuillets 197, 198 et 199. En tête du feuillet 197, Duchesne a écrit la mention suivante : *Ex codice S. Sergii Andegavensis, apud D. Petavium*. C'est à cette chronique que devaient appartenir les deux fragments publiés, relatifs aux années 843 et 873, que nous avons mentionnés plus haut. On doit regretter, surtout aujourd'hui qu'on ignore le sort du manuscrit original, que Duchesne n'ait pas cru nécessaire de nous conserver la partie de cette chronique antérieure à l'année 1067.

Dans le même manuscrit 12696 se trouve, depuis le feuillet 193 jusqu'au feuillet 196, la copie d'une seconde chronique faite sur un autre manuscrit provenant de Saint-Serge. On lit à la marge du premier feuillet : *Excerpta ex chronico monasterii SS. Sergii et Bacchi ad Andegavum (ex bibliotheca D. Petavii)* et au-dessous : *Præcedentia obmissa quia communia erant; incipit ab urbe condita*. Cette chronique, que Duchesne n'avait cru devoir copier qu'à partir de l'année 1107, parce qu'elle n'offrait rien de nouveau, n'est autre que la chronique de Pierre Bechin, publiée en dernier lieu par André Salmon, dans son *Recueil des chroniques de Touraine* (p. 1 à 63). Dans le manuscrit de Saint-Serge comme dans les imprimés, la chronique de Pierre Bechin s'arrêtait à l'année 1137; mais à partir de cette époque, un religieux de Saint-Serge avait fait un certain nombre d'additions, qui se poursuivaient jusqu'à l'année 1180. Ces additions qui nous révèlent des faits curieux, se rapportent toutes à l'histoire de l'Anjou. Leur auteur avait fait d'assez nombreux emprunts à la chronique de Saint-Aubin. Duchesne s'est dispensé de copier quelques-uns des passages qu'il avait trouvés semblables dans les deux chroniques; c'est ainsi qu'à l'année 1146 et depuis l'année 1157 jusqu'à l'année 1166, il renvoie à la chronique de Saint-Aubin, que le moine de Saint-Serge n'a fait que reproduire.

Les récits du premier chroniqueur de Saint-Serge ne lui appartiennent pas non plus toujours en propre; il a pris textuellement dans le *Cartulaire noir de Saint-Maurice d'Angers* les deux notices imprimées par Duchesne et qui se rapportent aux années 843 et 873. Il a eu connaissance de la chronique de l'archidiacre Rainaud, et lui a emprunté pour les temps postérieurs quelques passages. Cela n'empêche pas cependant la chronique de Saint-Serge d'avoir une grande importance pour l'histoire de l'Anjou.

Pour établir notre édition nous n'avons pu faire usage que de la copie de Duchesne. Nous avons pensé qu'il valait mieux fondre, dans un seul et même ordre chronologique, les articles de la première chronique qui s'arrête à l'année 1153 et les additions à la chronique de Pierre Bechin, qui commençant avec l'année 1138, s'étendent jusqu'à l'année 1180. Nous avons également inséré à leur date, dans le texte, un certain nombre de mentions historiques, conservées dans l'obituaire de Saint-Serge manuscrit de la bibliothèque d'Angers (1). Des renvois aux notes placées au bas des pages permettent de reconnaître immédiatement à laquelle de ces trois sources appartiennent les différents passages de notre texte.

IV

L'ÉVIÈRE.

Chronique. — La chronique dite de Vendôme, imprimée pour la première fois par le P. Labbe (*Nova Bibliotheca manuscriptorum*, I, 275-291) a été rédigée par plusieurs auteurs. Le plus ancien a écrit la partie comprise entre les années 678 et 1057. C'était un religieux du prieuré de l'Évière, situé à Angers et dépendant de l'abbaye de la Trinité de Vendôme. On n'en saurait douter, quand on considère le soin qu'il prend de noter dans sa chronique, en même temps que la dédicace de l'église de l'abbaye de Vendôme en 1040, les faits relatifs aux comtes d'Anjou et à la ville d'Angers en particulier. Il a dû écrire entre les années 1057 et 1060. Ce n'est en effet qu'en 1056 environ que le prieuré de l'Évière fut fondé, et c'est en 1060 que commence le récit de son continuateur.

Cette première chronique n'est le plus souvent que la répétition de celle de Saint-Maurice, dont le rédacteur a copié des passages entiers sans en changer un seul mot. Comme dans cette dernière, l'auteur indique sous l'année 917 le

---

(1) Une copie de cet obituaire se trouve dans la collection de dom Housseau, n⁰ˢ 10 048 et suivants.

commencement, et sous l'année 965 la fin de la chronique de Flodoard. A partir de cette dernière date, la chronique de l'Évière (c'est le nom qu'elle doit porter) tout en reproduisant encore de temps à autre, celle de Saint-Maurice, acquiert plus d'originalité, et renferme un certain nombre de mentions que ne donnent point les autres chroniques.

La chronique de l'Évière a été continuée jusqu'à l'année 1251. Deux ou trois auteurs au moins ont pris part à cette continuation; l'un raconte les faits à partir de l'année 1060, et dit avoir vu dans la nuit du dimanche, 27 septembre 1075, une éclipse de lune, ce qui s'accorde exactement avec les tables astronomiques. Il vivait donc à la fin du xie siècle, et ne peut être le même que celui qui a écrit les annales du xiie siècle. Quant aux mentions, peu nombreuses, qui regardent le xiiie siècle, elles paraissent être le résultat d'additions postérieures. Tous ces auteurs étaient, comme le premier, des religieux de Vendôme qui habitaient le prieuré de l'Évière. C'est ce que prouveraient au besoin les termes dans lesquels est rapportée la mort de Foulque Rechin en 1109 : « Obiit Fulco comes Andecavorum ; in monasterio nostro Andegavensi S. Trinitatis, sicut præcepit, est honorabiliter sepultus » et surtout la mention de l'incendie de l'Évière et de la mort arrivée à Angers de Geoffroi abbé de Vendôme en 1132.

La chronique de l'Évière fournit de précieux renseignements sur l'histoire particulière de l'Anjou et sur celle de ses comtes. Elle donne sur les événements du xiie siècle des détails forts circonstanciés et complète heureusement les chroniques de Saint-Aubin et de Saint-Serge. Le P. Labbe lui donne le nom de chronique de Vendôme parce qu'elle avait été tirée d'un manuscrit de cette abbaye; il s'est servi d'une copie faite par Duchesne et conservée dans le tome XLVI des Mélanges Colbert. (f. 46-50) On ne sait ce qu'est devenu le manuscrit original, écrit à l'Évière et conservé dans la bibliothèque de la Trinité de Vendôme, et on n'en connaît pas d'autres.

Cette chronique a aussi été désignée sous le nom de *Chronicon Andegavense*. Les auteurs du Recueil des historiens de France l'ont reproduite par fragments d'après l'édition du P. Labbe (VII, 237; VIII, 251; X, 176, 271; XI, 29; XII, 486-489; XVIII, 327).

V

SAINT-FLORENT DE SAUMUR.

Les six documents qui suivent proviennent des archives de l'abbaye de Saint-Florent de Saumur.

Ce sont :

1° Une chronique connue sous le nom de chronique abrégée de Saint-Florent de Saumur ; *Breve chronicon monasterii S. Florentii Salmurensis*.

2° Un catalogue des premiers abbés de Saint-Florent.

3° Une prose rhythmée intitulée : *Versiculi de eversione Sancti Florentii*.

4° Un fragment inédit d'une rédaction primitive de l'histoire du monastère de Saint-Florent.

5° L'histoire du monastère de Saint-Florent; *Historia monasterii Sancti Florentii Glonnensis seu Salmurensis*.

6° Un fragment d'une chronique inédite du prieuré de la Chaise-le-Vicomte.

CHRONIQUE ABRÉGÉE DE SAINT-FLORENT DE SAUMUR. — La chronique abrégée de Saint-Florent de Saumur [p. 181-195] a été imprimée par dom Martène et dom Durand [*Amplissima collectio*, V, 1040-1046], par dom Lobineau [*Histoire de Bretagne*, II, 91] et par fragments dans le *Recueil des historiens de France* [IX, 55; X, 284; XI, 249; XII, 489-491; XVIII, 329]. Elle fait partie d'un calendrier, qui occupe les folios 77 à 94 du *Livre rouge*(1) de Saint-Florent, et qui s'étend depuis la nativité de Jésus-Christ jusqu'à l'année 1322. Ce calendrier offre la concordance des années de Rome et de celles de l'ère chrétienne. Il donne la liste des consuls, depuis Ruffin et Rubellius jusqu'à Basile

---

(1) De toutes les communautés religieuses de l'Anjou, l'abbaye de Saint-Florent est celle qui avait les plus beaux cartulaires. On en connaît quatre. Savoir :

1° *Le Livre blanc*, « Codex vetustorum donationum albus nuncupatus. » Il forme un volume in-f° carré, relié avec des planchettes de chêne et recouvert d'une peau de basane blanche, qui a remplacé celle à laquelle il doit son nom. Il est composé de cent vingt-trois feuillets de vélin, écrits sur deux colonnes de vingt-neuf lignes chacun. L'écriture remonte à la première moitié du xii° siècle, le nombre des chartes est d'environ 225 ; la plus ancienne remonte à l'année 717, la plus récente est de l'année 1120.

2° Le *Livre d'argent*, « Codex argenteus » a été ainsi nommé à cause du métal qui garnissait les planchettes de chêne dont il est recouvert. C'est un petit in-f° de 86 feuillets de vélin, écrits sur deux colonnes, dont chacune contient tantôt 32 tantôt 40 lignes. L'écriture élégante et très-nette semble appartenir à la seconde moitié du xii° siècle. Les chartes sont au nombre de 170 ; la plus ancienne est datée du 30 juin 824, la plus récente appartient à l'année 1170 environ.

3° Le *Livre rouge* « Codex rubeus » est un grand in-f° relié en carton et recouvert de basane jadis rouge, à la couleur de laquelle il a emprunté son nom. Il contient 150 feuillets de vélin très-mince, dont les 97 premiers ont été écrits au xiii° siècle. Sur ces 97 premiers feuillets composant la partie la plus précieuse du livre rouge, 52 seulement forment le cartulaire proprement dit. Ce sont les f°' 1 à 45 et 64-74. Cette division comprend des bulles, diplômes et chartes, au nombre d'environ 180. Comme dans le précédent cartulaire, la pièce la plus ancienne est du 30 juin 824, mais la plus récente est du mois de mai 1258. Du f° 46 au f° 63, le *livre rouge* contient la chronique ou plutôt l'histoire de Saint-Florent de Saumur, telle que nous la publions ci-après pages 217 à 328. Une

(784-1297 de la fondation de Rome). En regard du chiffre de chaque année se trouve l'indication du cycle de Denys ou de 19 ans, de l'indiction, des épactes lunaires, du concurrent, du cycle lunaire et du terme pascal. La réunion de toutes ces notes chronologiques peut donner à ce calendrier une certaine utilité, lorsqu'il s'agit de trouver promptement la date d'une charte, dans laquelle ces divers caractères, d'un usage si fréquent au xie et au xiie siècle, tiennent lieu de la date elle-même. Les notes historiques, qui constituent la chronique abrégée, sont placées sur la même ligne que l'année à laquelle elles se rapportent; elles sont en général très-courtes et s'arrêtent à l'année 1236.

Il suffira, pour faire ressortir l'importance des renseignements qu'elles nous fournissent, de mentionner parmi les faits les plus importants, le siége d'Angers sur les Normands en 873, l'incendie de cette ville et le supplice de la comtesse Élisabeth en 999, la fondation de Saint-Nicolas d'Angers en 1020, la prise de Saumur en 1025, l'incendie du monas-

---

chronique sommaire depuis la création du monde jusqu'à Ptolémée, fils de Lagus occupe les f°s 75 v. et 76, et depuis le f° 77 jusqu'au f° 94, se trouve le calendrier qui renferme la petite chronique de Saint-Florent, sauf quelques chartes et passages de chroniques qui datent du commencement du xive siècle. L'écriture des 97 premiers f^{os} est uniforme et appartient au xiiie siècle.

4° Le *Livre noir* « Codex niger », ainsi nommé de la couleur de la peau dont il était couvert, a longtemps été considéré comme perdu. Soustrait aux archives de Maine-et-Loire, il fut transporté en Angleterre après avoir perdu quelques-uns de ses feuillets, et se trouve actuellement dans la bibliothèque de sir Thomas Phillipps. C'est un volume in-f° carré, couvert jadis de planchettes de chêne garnies d'une peau noire. Il contenait 145 feuillets, 180 chartes environ y étaient transcrites, la plus ancienne était du 30 juin 824, et la plus récente de l'an 1159. C'est dans le livre noir que se trouvent les *versiculi de eversione Sancti Florentii* et la *liste des abbés de Saint-Florent*, que nous publions dans ce recueil. Voir au sujet de ces cartulaires le Ier volume des *Archives d'Anjou*, par P. Marchegay, p. 203 et 227.

tère de Saint-Martin de Tours en 903, la mort de Hugue de Châteaudun, archevêque de Tours en 1023 ; de nombreux détails relatifs à l'histoire du monastère de Saint-Florent, tels que dédicaces d'églises, nominations ou morts d'abbés, etc., sous les années 956, 974, 1011, 1022, 1030, 1054, 1070, 1088, 1133, 1156, 1159, 1160, 1173, 1203, 1221. Enfin plusieurs dates qui permettent d'éclaircir certains points restés obscurs de la chronologie des comtes d'Anjou.

Notre édition a été préparée sur le texte du Livre rouge. Nous avons cru devoir supprimer toute la partie de la chronique antérieure à l'année 700 de l'ère chrétienne, comme n'offrant aucun intérêt pour notre histoire nationale.

CATALOGUE DES PREMIERS ABBÉS DE SAINT-FLORENT. — La liste des premiers abbés de l'ancien et du nouveau monastère de Saint-Florent que nous publions ensuite [p. 197-200] se trouve aux folios 82 et 83 du cartulaire de Saint-Florent, connu sous le nom de *Livre noir*. Elle nous donne les noms de quatorze abbés, qui ont gouverné l'ancien monastère du Montglonne à partir de l'année 692, et finit avec l'abbé Frédéric, mort en 1055, qui fut le premier abbé du nouveau monastère fondé près de Saumur. Cette liste nous fait connaître les noms de quelques abbés qui n'ont point été mentionnés par l'histoire du monastère de Saint-Florent.

PROSE SUR LA DESTRUCTION DU MONTGLONNE PAR NOMÉNOÉ. — Le chant ou prose rhythmée intitulé : *Versiculi de eversione monasterii Sancti Florentii*, a d'abord été publié par Mabillon [*Annales ord. S. B.*, II, 753] et par les Bollandistes, [*Acta SS.* XXII sept.] Il est accompagné dans le manuscrit de notes musicales, qui ont été reproduites avec le texte en fac-simile, par dom Pitra dans les *Archives des missions scientifiques* (1856, IV, 182 et 183). Comme celle de dom Pitra, notre édition a été faite d'après le texte du *Livre noir* [F⁰ˢ 6 et 7]. Nous avons jugé inutile de reproduire en notes les variantes qui pouvaient nous être fournies par les premiers éditeurs, ces variantes provenant pour la plupart de fautes de lecture, ou d'erreurs de copiste.

Ce petit poëme était destiné à éterniser la mémoire de la cruauté de Noménoé, prince des Bretons, qui dans sa lutte contre les Francs, avait incendié en 847, le monastère du Montglonne. Les événements auxquels il fait allusion, sont réels. Nous possédons le diplôme par lequel Charles le Chauve donna aux religieux de Saint-Florent le monastère de Saint-Jean. Nous en avons un autre de ce prince, qui confirme la donation que précédemment il avait faite à l'abbé Didon de la celle de Saint-Gondon, en Berri. Cette prose a dû être composée entre les années 849 et 853, car l'auteur ne fait aucune allusion au second incendie du monastère allumé par les Normands en 853, il devait donc écrire avant cette époque.

Les auteurs de l'*Histoire littéraire de la France* comparent ce chant à celui de la bataille de Fontenay, écrit vers le même temps. Ils signalent entre ces deux monuments historiques de grandes analogies, soit dans le mode de versification, soit dans les notations musicales. Il est facile aujourd'hui de faire cette comparaison en rapprochant le fac-simile donné par dom Pitra du fac-simile du chant de Fontenay publié par M. de Coussemaker.

Histoire de l'abbaye de Saint-Florent de Saumur. — *Rédactions primitives.* — *Rédaction définitive.* — L'histoire de Saint-Florent de Saumur, *Historia monasterii Sancti Florentii Glonnensis seu Salmurensis*, a été imprimée par dom Martène et dom Durand [*Amplissima collectio*, V, 1081], par dom Lobineau [*Histoire de Bretagne*, II, 82] et reproduite dans le *Recueil des historiens de France* [X, 264; XI, 276; XIV, 506]. C'est une compilation historique, faite à l'aide de documents conservés dans la bibliothèque du monastère, qui n'a atteint la forme sous laquelle elle nous est parvenue, qu'après avoir passé par une ou deux rédactions primitives.

Dans la préface mise en tête de leur édition, dom Martène et dom Durand ont avancé que cette histoire était l'œuvre de quatre auteurs différents, contemporains, chacun, des événements qu'ils racontent. Le premier, selon eux, aurait écrit le récit de la double translation des reliques de saint Florent, portées lors de la destruction du monastère, au IXe siècle à Tournus, dans le diocèse de Châlon, et rapportées au Xe siècle en Anjou, après avoir été habilement soustraites à des dépositaires infidèles. Un second chroniqueur aurait exposé l'histoire des abbés jusqu'à l'abbé Guillaume en 1070. Un troisième, qu'ils croient être l'abbé Michel, aurait continué la série jusqu'à sa propre élection en 1202. Un quatrième, enfin, aurait écrit la suite jusqu'à l'année 1266. Ainsi formulée l'opinion des savants bénédictins ne saurait être prise au pied de la lettre. L'histoire de Saint-Florent ne peut être entièrement assimilée à ces annales monastiques, dues à la collaboration successive de plusieurs religieux, qui relataient les uns après les autres les événements arrivés de leur temps. Elle est composée de deux parties bien distinctes ; la première commence avec la destruction du monastère par les Normands et s'arrête à la mort de l'abbé Sigon. La seconde est due à la collaboration de deux auteurs, de l'abbé Michel qui a écrit, dit-on, l'histoire des abbés de son monastère depuis l'abbé Guillaume, mort en 1118, jusqu'à sa propre élection en 1202, et d'un auteur inconnu qui a continué cette histoire jusqu'à l'année 1282.

Par la manière dont les faits y sont exposés, cette seconde partie se rapproche davantage de la forme d'annales.

La première n'est qu'une compilation, faite à la fin du xııᵉ siècle, d'après une ou deux rédactions primitives, écrites à la fin du xıᵉ siècle. Les manuscrits qui renfermaient cette première rédaction, ont été perdus ; nous ne possédons que quelques feuillets de l'un d'entre eux, de celui qui peut être regardé comme l'original, puisqu'il porte en interlignes de nombreuses corrections faites de la main de l'auteur. [Collect. Housseau, vol. XIII] C'était un petit in-4°, où l'on comptait sur chaque feuillet trente à trente et une lignes d'une écriture fine et serrée, appartenant à la fin du xıᵉ siècle. Il a du être écrit du temps de l'abbé Guillaume Iᵉʳ (1070-1118). Les quatre feuillets que nous possédons ne se suivent pas, ils laissent entre eux une lacune d'au moins deux feuillets. Nous publions [p. 207-216] les fragments qu'ils nous ont conservés, à titre de document littéraire et comme point de comparaison. On y trouvera le même plan et le même ordre d'exposition que dans la rédaction définitive, souvent les mêmes tournures de phrases, mais il y manque cette ampleur de forme et cette abondance de détails accessoires, dont le compilateur du xııᵉ siècle s'est plu à enrichir son œuvre.

Le fragment historique que dom Martène a publié sous le titre de *Historia eversionis monasterii Sancti Florentii* [*Thesaurus Anecdot.* III, 843] a dû faire également partie d'une histoire primitive de Saint-Forent. Conçu dans le même plan, son texte se rapprochait plus que la précédente de celui de la compilation définitive. Comme la première elle se terminait à l'administration de l'abbé Sigon. L'histoire des abbés qui ont précédé ce dernier y est tracée d'une manière fort succincte. Ce n'est pour ainsi dire qu'un cadre, dans lequel viendront plus tard s'enchâsser les intéressantes biographies que nous a transmises la rédaction définitive.

Le compilateur qui écrivait, à la fin du XIIe siècle, l'histoire de Saint-Florent de Saumur avait donc à sa disposition au moins deux histoires plus anciennes. Il n'a fait que les amplifier et souvent qu'en coudre des passages entiers à la suite les uns des autres sans grande habileté, son œuvre manque d'unité, et on y trouve des contradictions et des répétitions fréquentes. Il est du reste facile de distinguer les sources auxquelles, ainsi que ses prédécesseurs, il a puisé ses renseignements. Il a tiré d'un récit purement légendaire, conservé probablement dans la bibliothèque du monastère, l'histoire de la translation des reliques de saint Florent à Tournus et de leur retour en Anjou par les soins du moine Absalon. Il a intercalé dans sa narration un passage sur les dévastations des Normands, emprunté tout entier *aux Miracles de saint Benoît*, par Adrevald moine de Fleury (voir p. 218 de ce volume). A ce premier récit, il en a cousu un autre, dont il est facile de reconnaître la suture (p. 284), qui revient sur une partie des faits déjà racontés, mais qui s'étendant jusqu'à la mort de l'abbé Sigon se rapporte à des événements plus récents. Entre ces deux récits principaux, il a intercalé un certain nombre de mentions, puisées pour la plupart à des sources qui paraissent authentiques et dont il n'y a pas de traces dans les rédactions antérieures. Nous citerons, entre autres, la longue pièce de vers qui raconte comment l'âme du comte Thibaut fut rachetée de l'enfer, par l'intercession de saint Florent (p. 247); la bulle du pape Jean XVII, confirmative des priviléges du monastère, qui place celui-ci sous la protection particulière des comtes de Blois (p. 254); les différents passages relatifs aux trente premières années du XIe siècle (voyez à partir de la p. 259), ceux surtout qui se rapportent à l'histoire des comtes d'Anjou, comme la bataille de Conquereux (p. 260), le supplice de la comtesse Élisabeth (p. 260), fait sur lequel le compilateur revient deux ou trois fois (p. 273); le voyage de Foulque Nerra à Jérusalem et l'épisode de Crescentius (p. 273); la construction du château de Langeais et la bataille de Pontlevoy (p. 275); la construction de Saint-Nicolas d'Angers et le second voyage de Foulque Nerra à Jérusalem (p. 275), etc., etc.

Nous avons traité de légendaire le récit de la translation du corps de saint Florent à Tournus et de son retour en Anjou, par lequel débute l'histoire de Saint-Florent. Ce récit ne peut, en effet, s'accorder avec les documents authentiques qui établissent qu'après une première translation faite en 853, le corps de saint Florent avait été replacé dans son abbaye, qu'il y était en 860, qu'en 866 il avait été porté à Saint-Gondon en Berri, et que ce ne fut qu'en 875 que les moines de Saint-Philibert, qui depuis longtemps erraient de côté et d'autre en Poitou, puis en Auvergne, prirent possession de la celle ou prieuré de Tournus. L'histoire de la fuite commune des religieux de Saint-Florent et de Saint-Philibert n'est donc qu'une fable. C'est ce que semble dire l'auteur du second récit, copié par le compilateur de l'histoire de Saint-Florent, dans un passage remarquable, où il prétend que depuis l'incendie du monastère par les Normands sous Charles le Chauve, jusqu'au moment où le corps de saint Florent fut rapporté de Tournus et placé dans le château de Saumur, on ignore absolument ce que devinrent les religieux, obligés de se réfugier tantôt dans un lieu tantôt dans un autre; qu'il était bien prouvé par les chartes, qu'après l'incendie du monastère, les moines, grâce à la protection de Charles le Chauve, avaient transporté à Saint-Gondon le corps de saint Florent, mais qu'on ne savait ni pourquoi il avait été tiré de ce lieu de refuge, ni comment il avait été porté à Tournus (p. 284).

A partir de l'époque où le compilateur, après avoir raconté la fondation du nouveau monastère de Saint-Florent dans le château de Saumur, retrace l'histoire des abbés, en commençant par le premier d'entre eux, l'abbé Hélie, il mérite plus de confiance (p. 240). Il cite souvent des dates à l'appui des faits qu'il avance, et ces dates sont exactes ; ce qui prouve qu'il a définitivement quitté la légende pour entrer dans le domaine de l'histoire. Les renseignements consignés dans la première partie de l'histoire du monastère de Saint-Florent sont trop nombreux pour que nous essayons d'en donner même une simple énumération, contentons-nous d'affirmer qu'ils sont d'une grande importance et signalons le portrait de l'abbé Sigon par lequel elle se termine, cet abbé, élu en 1055 et mort en 1070, « qui excellait en grammaire, en dialectique, en rhétorique, en arithmétique, en musique, lisait et écrivait très-bien le grec et l'hébreu, et dont la main savante avait exactement corrigé à l'usage de ses frères l'Ancien Testament, le Psautier, les missels, les Évangiles, les Épîtres de saint Paul, les Actes des apôtres, etc. »

Avec l'abbé Guillaume Ier, successeur de l'abbé Sigon (p. 304), commence la seconde partie de l'histoire de Saint-Florent de Saumur. Les faits relatifs à l'administration de chaque abbé y sont exposés sous forme d'annales, d'une manière simple et naturelle, qui contraste avec les digressions et le style fleuri de la partie précédente. C'est la portion de ces annales comprise entre les années 1070 et 1203, que l'on attribue à l'abbé Michel (p. 302-311). Peut-être en lui attribuant les biographies des abbés Guillaume Ier, Étienne Ier, Mathieu de Loudun, Étienne II de La Rochefoucault, Oger, Philippe de Saumur, Froger de Saint-Louans, Raoul Le Normand et Maynier, embrassant une période de cent trente-deux ans, s'est on montré un peu généreux à son égard. Michel, racontant la vie de l'abbé

Maynier, dit qu'il a écrit ce qu'il a vu et qu'il se porte garant de la vérité des faits qu'il avance. Cette assertion pourrait faire supposer qu'il n'est pas l'auteur des Vies des abbés Guillaume Ier, Étienne Ier et Mathieu de Loudun, qui ont vécu près de cent ans avant lui.

Michel était originaire de Saumur. Il était prieur du monastère quand il fut nommé abbé en 1203. Il signala son administration par son goût pour les constructions et le soin qu'il prit des revenus de l'abbaye. Par son économie il sut éteindre plusieurs dettes contractées par ses prédécesseurs, et néanmoins il fit faire d'importantes réparations aux bâtiments du monastère et en construisit de nouveaux. Il fit fondre à Chartres et mettre en place les grandes cloches de la tour et augmenter considérablement le mobilier et les ornements de l'église. Ce fut après avoir été nommé abbé qu'il écrivit l'histoire de ses prédécesseurs. Il mourut le 4 juillet 1220.

Après l'abbé Michel, une ou plusieurs mains ont continué les annales du monastère jusqu'à la mort de l'abbé Guillaume III, arrivée en 1282.

Le texte de l'histoire du monastère de Saint-Florent se trouve dans le *Livre rouge*, où il occupe dix-huit feuillets, du folio 45 au folio 63. On le trouve également dans le manuscrit latin 5653 de la Bibliothèque impériale. Ce manuscrit est un petit in-4°, composé actuellement de cinquante-huit feuillets ; mais il a dû originairement en avoir davantage, le dernier est fortement endommagé et il laisse le manuscrit incomplet. Chaque feuillet contient vingt-quatre lignes. L'écriture est du XIIIe siècle. Les bénédictins avaient fait d'après le Livre rouge plusieurs copies de cette histoire ; elles n'offrent aucun intérêt, puisque nous possédons encore le manuscrit original d'après lequel elles ont été faites. C'est en effet le texte du Livre rouge, collationné

INTRODUCTION. XXXI

jusqu'à l'article de l'abbé Froger (1160-1174), avec le manuscrit latin 5653, qui a servi de base à notre édition.

CHRONIQUE DU PRIEURÉ DE LA CHAISE-LE-VICOMTE. — Nous avons inséré à la suite de l'histoire de Saint-Florent (P. 331-347), un fragment de chronique, dont l'original est conservé aux archives de Maine-et-Loire (1); il concerne le prieuré de la Chaise-le-Vicomte, en bas Poitou, fondé en 1069 et donné aux religieux de Saint-Florent de Saumur, par Aimeri, vicomte de Thouars. Nous avons joint à cette chronique quatre chartes, tirées des archives de la même abbaye, pour aider à combler les lacunes que présente le texte de la chronique malheureusement fort mutilé. L'une d'elles, la première, fournit de curieux détails sur un très-beau missel, à fermoir d'argent, que les moines furent contraints de don-

---

(1) Ce fragment est contenu sur une double feuille de vélin, dont chaque feuillet a 0 m. 235 de hauteur sur 0 m. 197 de largeur. Son écriture est disposée en pleine page, de 32 lignes chaque, et remonte aux premières années du XIIe siècle; c'est-à-dire à l'époque même à laquelle se rapportent les faits mentionnés dans le texte. Il paraît provenir d'un manuscrit ainsi désigné au f° 2 de « l'inventaire de ce qui a été trouvé au prieuré de la Chèze-le-Viconte.... après le trespas de feu frère André Prevost en l'an 1501 » savoir : *un livre fort ancien en parchemin de la fondation du prieuré contenant* XIIII *feuillets commençant* : « Anno si quidem incarnationis dominicæ. »

Ces deux feuillets ne se suivent pas et ne sont pas cotés, en sorte qu'ils ne peuvent pas donner une idée complète de l'histoire dont ils faisaient partie. Les recherches les plus minutieuses n'ont pu en faire découvrir aucun autre dans les archives de la préfecture de Maine-et-Loire. La conservation de ceux-ci est due uniquement à ce qu'ils ont été employés à faire un sac, dans lequel étaient enfermés plusieurs titres du XVIIe siècle. Les religieux, même ceux de l'ordre de Saint-Benoît, ont été souvent plus économes qu'éclairés. Notre manuscrit n'est malheureusement pas le seul document curieux qu'ils aient mutilé et débité pour s'épargner les frais d'achat de parchemin blanc ou de cuir, pour envelopper et relier leurs censifs, écroux, remembrances ou autres registres aussi peu dignes d'être consultés aujourd'hui.

ner au vicomte Aimeri, mais dont ils compensèrent depuis largement la perte en devenant possesseurs du prieuré.

VI

MAILLEZAIS.

CHRONIQUE DE SAINT-MAIXENT OU DE MAILLEZAIS. — La chronique de Saint-Maixent, plus connue sous le nom de chronique de Maillezais, a été imprimée par le P. Labbe, dans le tome II de sa *Nova Bibliotheca manuscriptorum* (p. 190-220); mais cette édition laisse beaucoup à désirer; Labbe a introduit dans son texte des phrases entières qui ne se trouvent point dans le manuscrit et lui a fait subir des modifications dont on ne voit pas toujours la nécessité. Le manuscrit dont il s'est servi est conservé aujourd'hui à la Bibliothèque impériale sous le n° 4892 du fonds latin; il est intitulé *Julii Flori chronicon universale.* C'est un gros in-folio en vélin, d'une belle écriture du XII° siècle. Il a été écrit pour le monastère de Maillezais, et était au XV° siècle placé dans la douzième armoire de la bibliothèque de cette abbaye. On lit en effet sur le premier feuillet: *XII° armaria.*

De toute la bibliothèque de Maillezais ce volume est peut-être le seul qui ait survécu. On en doit la conservation à Jean Besly, qui y a mis plusieurs notes marginales. Nous ignorons comment et à quelle époque l'historien des comtes de Poitou et des évêques de Poitiers en devint le possesseur. Nous apprenons seulement par une de ses lettres à André Duchesne (1), qu'il l'avait entre les mains dès l'année 1616.

---

(1) Lettre du 16 août 1616. Bibliothèque impériale. *Collection Duchesne*, vol. XXXV, f° 187.

A sa mort, en 1644, ce manuscrit fut remis par son fils aux frères Pierre et Jacques Dupuy, qui en firent imprimer quelques passages dans l'Histoire des comtes de Poitou que Besly avait laissée en portefeuille. Cette publication terminée, les frères Dupuy, sous les auspices desquels elle avait été faite, conservèrent encore quelques années le manuscrit de Maillezais. C'est d'eux que le P. Labbe l'emprunta, ainsi qu'il le dit lui-même, pour en imprimer une partie. Il ne cessa pas néanmoins d'être la propriété de la famille Besly (1), et c'est ce qui explique comment il a pu arriver dans la bibliothèque du cardinal Mazarin, sur le catalogue de laquelle il figure sous le n° 390 et de là dans la Bibliothèque du roi où il entra en 1668.

On chercherait vainement ailleurs la plupart des documents que ce manuscrit nous a conservés. Outre divers ouvrages relatifs à la géographie et aux croisades, il contient la chronique universelle de Julius Florus avec la continuation connue sous le nom de Chronique de Maillezais et l'histoire de la fondation de ce monastère, composée par un religieux nommé Pierre, à la prière de Goderanne, son supérieur (2). Sur le verso du premier feuillet se trouve le catalogue des livres que possédait le monastère au commencement du XIIe siècle, catalogue qui nous permet de voir que ces livres formaient une bibliothèque qui ne manquait pas d'importance. Aux XIIIe, XIVe et XVe siècles les religieux ont eu le soin d'utiliser les feuillets laissés en blanc par leurs prédécesseurs, et d'y enregistrer les faits et les actes qui leur ont paru les plus dignes de mémoire. Indépendamment de plusieurs lettres pontificales et du récit des

---

(1) Il ne figure pas dans le catalogue des livres des frères Dupuy.
(2) Cette histoire a été imprimée par Labbe à la suite de la chronique de Maillezais.

persécutions que Geoffroi de Lusignan, seigneur de Vouvent et de Mervent fit souffrir en 1225 à l'abbaye de Maillezais, on y trouve un certain nombre de mentions chronologiques qui offrent de l'intérêt pour l'histoire du bas Poitou (1).

La chronique de Saint-Maixent ou de Maillezais n'est pas du reste autre chose qu'une vaste compilation rédigée vers le milieu du xiie siècle, dans laquelle l'auteur a fondu sans grande méthode les renseignements qu'il puisait dans la bibliothèque de son monastère ou dans celles des abbayes voisines. Il s'est contenté le plus souvent de transcrire à la suite les uns des autres, par fragments comprenant une certaine période, les documents qu'il employait sans leur donner l'uniformité qui aurait imprimé à son œuvre un caractère homogène. Voilà pourquoi l'ordre chronologique n'est pas toujours observé dans cet ouvrage et pourquoi aussi les mêmes faits se trouvent répétés plusieurs fois.

Le rédacteur a eu recours le plus ordinairement pour l'histoire du viiie et du ixe siècles aux hagiographes. Ainsi il a tiré de la *Vie de saint Herblain* (2), le long récit de l'apparition de l'âme de Morontius, abbé de Saint-Florent de Saumur, qui, dans le manuscrit, précède immédiatement une généalogie des rois de France de la deuxième race, par laquelle nous faisons commencer la chronique dans notre édition. Les faits relatifs aux invasions normandes sont extraits une première fois (voir ci-après p. 257) du récit des *Miracles de saint Mesmin, abbé de Mici*, écrit au xe siècle par le moine Letald, ou des *Miracles de saint Benoît*,

---

(1) Voyez sur ces mentions historiques un article publié par M. Marchegay, dans la Bibliothèque de l'école des Chartes, 1re série, t. II, p. 148, intitulé : *Fragments inédits d'une chronique de Maillezais*.

(2) Mabillon, *Acta SS. ord. S. B.*, t. II.

par Adrevald, moine de Fleuri-sur-Loire ; une seconde fois (voir p. 362 et 363) de la *Translation du corps de saint Martin de Vertou*, écrite également au x⁰ siècle. Pour quelques faits, le compilateur paraît avoir eu connaissance de l'histoire de Guillaume de Jumiéges ou du moins a-t-il puisé à la même source que cet historien. C'est aux différents chroniqueurs de Saint-Cibard d'Angoulême qu'il a emprunté les principaux traits de l'histoire des Carlovingiens ; nous signalerons entre autres le passage relatif aux funérailles de Charlemagne (p. 352) comme ayant cette origine. Pour le xi⁰ et le xii⁰ siècle, il a eu à sa disposition les annales de Saint-Aubin d'Angers et les chroniques de Rainaud, de L'Évière et de Saint-Florent dont il a copié presque en entier certains passages.

Si le compilateur de Maillezais se fût contenté de recueillir des fragments plus ou moins considérables des hagiographes et des chroniqueurs que nous venons de nommer, son œuvre serait d'un bien faible mérite, mais ce qui lui donne un intérêt tout particulier, c'est que l'auteur a puisé en outre de nombreuses mentions dans des obituaires aujourd'hui perdus, et qu'il a transcrit presqu'en entier les annales de quelques abbayes qui ne nous sont point parvenues sous leur forme primitive. De ce nombre sont les *Annales de Maillezais*, le monastère où fut rédigée la compilation et celles *de Saint-Maixent*, qui, à cause de leur étendue, ont fait donner leur nom à l'ensemble de l'œuvre quoiqu'à vrai dire elles n'en soient qu'une assez faible partie. Voilà ce qui constitue le véritable intérêt de la chronique de Maillezais, ce qui fait qu'elle sera toujours consultée avec fruit par ceux qui s'occupent de l'histoire du bas Poitou, à l'époque surtout où cette histoire se trouve intimement liée à celle de l'Anjou par suite des guerres que se firent entre eux les comtes de ces deux provinces.

On ne pouvait guère songer à publier la chronique de Saint-Maixent telle qu'elle se trouve dans le manuscrit. Les faits mentionnés comme passés sous les mêmes années étant quelquefois séparés par un ou plusieurs feuillets. Nous avons cherché à rétablir autant que possible l'ordre chronologique et à placer à la suite les uns des autres les faits mentionnés sous la même date, mais rapportés séparément par le compilateur qui les avait puisés à des sources différentes. Nous avons dû aussi rectifier quelques dates rendues fautives par suite d'erreurs évidentes du copiste. Sauf ces légères modifications, notre édition reproduit exactement le texte du manuscrit latin 4892. La chronique de Saint-Maixent se termine à l'année 1140 ; M. de la Fontenelle (*Recherches sur les chroniques de Saint-Maixent*, p. 6) et M. l'abbé Aubert (*Revue de l'Aunis, de la Saintonge et du Poitou*, 1868, t. II, p. 128) en ont attribué la rédaction à Pierre Raymond qui en 1134 succéda à Geoffroi, abbé de Saint-Maixent, mort le 9 janvier de cette même année. Nous ne pouvons partager cette opinion, la compilation improprement nommée chronique de Saint-Maixent ayant été rédigée, comme nous l'avons fait voir, non à Saint-Maixent, mais dans l'abbaye de Maillezais. L'assertion de ces deux érudits n'est d'ailleurs que la répétition d'un passage du *Gallia christiana* (Nouv. édit., t. II, p. 1255) qui a avancé le fait sous forme dubitative et sans citer de texte à l'appui.

CHRONICA

DOMNI RAINALDI ARCHIDIACONI

SANCTI MAURICII ANDEGAVENSIS.

CHRONICA

DOMNI RAINALDI ARCHIDIACONI

SANCTI MAURICII ANDEGAVENSIS.

A passione Domini CCCXX. — Sanctus Martinus nascitur.

CCCLXXXV. — Finis Chronicæ Orosii.

CCCC. — Transitus sancti Martini.

DCLXXVIII. — Principatus Pipini senioris.

DCCXIV. — Obiit Pipinus senior. Karoli, ejus [filii] qui dictus est Martellus, principatus.

DCCXLII. — Obiit Karolus Martellus. Pipini, patris Karoli Magni, principatus.

DCCLI. — Regnum Pipini.

DCCLXVII. — Obiit Pipinus, pater Karoli Magni. Regnum Karoli Magni annorum x in Francia.

DCCLXXVII. — Regnum Karoli Magni annorum xxv in Italia.

DCCLXXXIV. — Hildegardis, Karoli Magni regina, obiit ii° kalendas maias. Witichingus, rex Albonum (1)

---

(1) Duchesne, *Alborum.*

et Saxonum, debellatus a Karolo, cum suis baptizatur.

DCCXCVI.—Arrianus (1) papa obiit. Cui succedens Leo, mox Karolo regi claves confessionis sancti Petri et vexillum Romanæ urbis direxit.

DCCXCVIII. — Leo papa a Romanis captus et injuriatus est. Letgardis regina obiit, secunda uxor Karoli.

DCCCI. — Karolus, imperator Romanorum factus, domni Leonis papæ dehonestatione regaliter ultus, multos Romanorum exilio damnavit ut, obtinente eis papa, vitam et membra concederet.

DCCCIV. — Alcuinus, abbas Sancti Martini Turonensis, obiit. Ipso anno Leo papa ad Karolum regem in Franciam, usque Remis, venit; et receptus honorifice atque donariis ornatus Natale Domini cum eo celebravit.

DCCCVI. — Hoc anno, nonis junii, feria quinta, prima aurora incipiente, signum crucis mirabiliter apparuit in hunc mundum. Eodem anno III°, vel XIV°, kalendas septembris, luna XII°, die dominico, hora tertia, corona mirabilis in circuitu solis apparuit.

DCCCIX. — Hoc anno, XVII° kalendas augusti, incipiente hora diei quinta, eclipsis solis apparuit.

DCCCX. — Pipinus, filius Karoli Magni, rex Italiæ, obiit, VIII° idus julii.

DCCCXI. — Karolus, major filius Karoli regis, obiit, II° nonas decembris.

DCCCXIV. — Inclytus imperator Karolus migravit ad Christum feliciter.

    Tutor opum, vindex scelerum, largitor honorum,
      Karolus orbis honor, orbis et ipse dolor.

---

(1) Sic pour *Adrianus*.

DCCCXXII.—Hlotharius in successione substituitur regni.

DCCCXXIII. — Pipinus, Hludovici imperatoris filius, rex factus est Aquitaniæ.

DCCCXXXIII. — Hludovicus regnum amisit, deficientibus a se Francis, et Lotharius filius illud suscepit; itemque Hlodovicus illud recepit.

DCCCXXXV. — Prælium inter Lambertum et Odonem comites, in quo perierunt multi nobiles viri : ipse Odo comes Aurelianensium, Willelmus frater ejus comes Blesensium, Guido comes Cenomanensium, Teuto abbas Sancti Martini.

DCCCXLI. — Prælium factum est inter Karolum et Hlotharium, fratres, apud Fontanetum. Abhinc Karoli regnum Calvi.

DCCCXLIII. — Præliatum est a Rainaldo, nobili comite Nannetensium, contra Herispoium, Noremoi (1) filium, et alios Britannos apud Metiacum; in quo prælio victores Britanni facti, per fraudem perjurii et transfugæ Lamberti comitis, prædictum Rainaldum et omnes pene suos interimunt. Et eodem ipso anno civitas Nannetica a Normannis capitur vice prima, prodente eam Lamberto perfido comite qui a fidelitate Francorum regum ad Nomenoium Britonem se contulerat, qui etiam ipsius consilio in Britannia regnum usurpare ausus est.

DCCCLI. — Nomenoius, Britannorum tyrannus potius quam rex, cœlitus percutitur; cui succedit usurpativo in regno Herispoius filius ejus.

DCCCLV. — Hlotharius rex moritur, prius factus

---

(1) Sic pour *Nomenoi*.

monachus in monasterio Promiæ, ob peccatum persecutionis paternæ.

DCCCLVI. — Domnus Herardus ordinatus est Turonensis episcopus.

DCCCLVII. — Herispoius, rex tyrannicus Britonum, a Salomone occiditur.

DCCCLVIII. — Hoc anno, II° idus novembris, Hludovicus invasit regnum fratris sui Karoli.

DCCCLXI. — Igneæ acies apparuerunt in cœlo, circa gallicinium.

DCCCLXII. — Ossa beati Mauri a loco sepulturæ sunt effossa, propter metum Normannorum; et prius per diversa loca aliquot annis deportata, tandem, jussu Karoli regis qui dictus est Calvus, in Fossatensi monasterio deposita sunt.

$DCCCLXVIII^o$ anno ab Incarnatione Domini, in Francia cometes apparuit diebus xxv; et fames exstitit horribilis per Franciam, Burgundiam et Aquitaniam, ita ut non essent qui sepelirent cadavera morientium sed se invicem homines manducarent. Et ipso anno, XVI° kalendas septembris, locustarum immensa congeries per Gallias pervolavit, quas subsecuta est tanta nivium vis quanta nulla ætate in nostris regionibus visa refertur.

Hlotharius, filius Hlotharii illius qui superius monachus factus obierat fraterque Hludovici imperatoris, moritur Placentiæ atque in monasterio Sancti Antonini sepelitur. Et ipso anno Hludovicus, frater ejus, Beneventum cum exercitu perveniens, quam expeditionem vivo adhuc et jubente patre inceperat, Sarracenos, qui urbem ceperant, expugnat et occiso duce eorum Amalmather civitatem recuperat et omnia pene Beneventanorum castella, quæ a Francis recesserant et se Sarracenis conjunxerant, recepit; loca sanctorum quæ impii Sarraceni ac perfidi Christiani fœdaverant, Deo adjutore, restauravit et purgavit.

DCCCLXXIII. — Hoc anno Karlomannus, filius Karoli regis, oculis mulctatus est.

DCCCLXXIV. — Salomon, rex Britonum, a suis interfectus est, iv° kalendas julii.

DCCCLXXV. — Fames valida per universum Karoli regnum incubuit. Cometa visa est mense julio, et eclipsis solis fuit v° kalendas novembris. Karolus minor veneno periit, id est ille quem dicit Ado, Aquitanorum regem jam factum, adversa fuisse deshonestatum injuria.

DCCCLXXVII. — Karolus imperator obiit, id est Calvus.

DCCCXCII. — Hoc anno visa est cometa in cauda Scorpii per dies ferme lxxx; quam subsecuta est validissima siccitas toto aprili et maio. iv° autem idus maii et xvii° kalendas junii ita immensum gelu vineas et sigalum decoxit ut per omnem Franciam, Burgundiam et Neustriam ac partem Germaniæ modicum quid colligeretur.

DCCCXCVIII. — Obiit Odo rex, cui successit frater ejus Robertus.

DCCCXCIX. — Prælium factum est a Richardo duce contra Paganos in pago Tornodorensi, apud Argentoilum, cum victoria et cæde Paganorum.

DCCCCIII. — Hoc anno basilica beati Martini Turonensis, illa quam olim sanctus Perpetuus condiderat, cremata est tertio, ii° kalendas julii; quam postmodum nostra ætate Herveus thesaurarius reædificavit.

DCCCCV. — Vitæ beati Maurilii inventio, vel potius augmentatio, per Rainonem episcopum et Archanaldum scriptorem facta est.

DCCCCXI. — Apud Carnotum præliatum est, die sabbati, contra Paganos per Richardum atque Rotbertum, duces, et perempti sunt fortissimi Paganorum vi millia dccc.

DCCCCXII. — Hoc anno baptizatus est Rollo Normannus per Franchonem archiepiscopum Rotomagensium; susceptusque ex fonte sacro a Rotberto, Francorum duce, nominatus est ab illius nomine Robertus, permutato scilicet priore et barbarico nomine.

DCCCCXVII. — Initium chronicæ Frodoardi.

DCCCCXVIII. — Karolus rex a suis relinquitur.

DCCCCXXI. — Richardus dux obiit, et Rotbertus, dux Franciæ, unctus in regem a Walterio archiepiscopo Senonum, eodem anno interfectus est a militibus Karoli Hlothariensibus; et Rodulfus, dux Burgundiæ, unctus est in regem Franciæ a Walterio archiepiscopo.

DCCCCXXV. — Warnarius comes occiditur a Paganis.

DCCCCXXIX. — Curtis Chidriaci Sancto Albino Sanctoque Licinio donata est a Fulcone comite qui Rufus dictus est, sub episcopo Herveo.

DCCCCXXXVI. — Rodulfus rex Francorum, qui occiso Roberto tyranno a Hlothariensibus regnum susceperat, obiit; et Hludovicus filius Karoli, Ultra Marinus, revocatus a Francis, regnare cœpit.

DCCCCXXXVII. — Ungari in Burgundiam venerunt.

DCCCCXLII. — Hoc anno apparuit cometes in occidentali parte cœli, mense octobri, per xxi dies, sub obscuro capite longam facem velut fumum post se trahens, paulatim ad meridianam partem tendens contra subsolanum.

In sequenti anno subsecuta est pestis boum ingens per totam Germaniam, Franciam, Burgundiam et Aquitaniam; Italiam quæ non diu tenuit.

Tertio vero anno, III° kalendas maii, vineæ exustæ sunt a gelu.

DCCCCXLIII. — Hoc anno Willelmus dux Normanniæ, Rollonis prius pagani filius et successor in ducatu, cum esset vir optimus et potens Deoque et hominibus carus, a Flandrensibus crudeliter et perfide occisus est, per fraudem Arnulfi comitis deceptus.

DCCCCLXV. — Hoc anno, in multis hujus regni villis, cœlestis ignis decidit aliaque multa prodigia facta sunt.

Finis chronicæ Frodoardi.

Incipit chronica domni Rainaldi, archidiaconi Sancti Mauricii Andegavensis.

DCCCCLXXVI. — Prælium inter Karolum, fratrem Hlotharii, et Hlotharienses.

DCCCCLXXVII. — Otto imperator Parisius venit, cum ingenti exercitu.

DCCCCLXXXV. — Hlotharius rex obiit.

Obiit Gaufridus (1) Andecavorum comes, pater Fulconis comitis, XII° kalendas augusti, in obsidione Narsonis (2) super Odonem Rufinum facta.

---

(1) XIII kal. Augusti. Obiit Andegavorum comes, pater Fulconis, in obsidione Marsonis, anno Domini 987. — Obituaire de S. Maurice d'Angers.

(2) Corrigez *Marsonis*.

DCCCCLXXXIX. — Hugo dux et Rotbertus, filius ejus, simul reges Francorum facti sunt.

Anno DCCCCXCII. — Prælium Conquaretticum factum est.

Anno MXVI. — Prælium Pontelevense, inter Fulconem et Odonem comites. Victoria penes Fulconem fuit.

Anno MXXVI. — Rotbertus rex, immo regina ejus Constantia pacem fecerunt cum comite Odone; et Fulconem Andecavorum, elegantissimum bellicis rebus, comitem, solum nequiter reliquerunt in guerra quam cum illis et pro illis sumptam gerebat. Igitur Odo in Francia regis impedimentis solutus, Fulconem expugnare speravit et totis nisibus adorsus est; annoque præsenti Montis Budelli castellum, quod circiter annis decem retro abhinc contra civitatem Turonicam firmaverat Fulco, obsedit, et turrim ligneam miræ altitudinis super dungionem ipsius castri erexit. In toto tamen labore tanto nihil aliud profecit nisi quod interim Salmurum, castrum optimum quod adhuc tunc in Andecavensi pago habebat, capiente Fulcone amisit; et machina illa ad ultimum noctu super eos qui vigilias exercebant repente corruit multosque optimos et nobiles Franciæ milites et suo casu contrivit et incendio quod confestim a castellanis superjectum est concremavit. Ita Odo et damno et pudore affectus abscessit.

Anno MXXVII. — Civitas Turonum combusta est.

MXXVIII. — Domnus Fulbertus, Carnotensis episcopus, obiit.

Anno MXXXII. — Combustio civitatis Andecavæ, prima nostrorum temporum, v° kalendas octobris.

Et eodem anno Hainrici regis elevatio in regnum Francorum.

MXXXVI. — Initium belli plus quam civilis fuit inter Fulconem et filium ejus Goffridum.

MXXXVII. — Dedicatio sanctæ matris ecclesiæ Carnotensis facta est, xvi° kalendas novembris.

Et eodem ipso anno exortum bellum plus quam civile inter Fulconem comitem, Jerosolimitanum, et filium suum Goffridum, qui cognominatus est Martellus, fere per annos quinque protractum est.

Anno MXLIII. — Fames fuit miserabilis per totam Galliam.

Anno MXLIV. — Tetbaldus, filius Odonis comitis, a Goffrido comite Andecavorum captus est. Postridie civitatem Turonum reddidit.

MLIII. — Leo papa Normannos, Apuliam per tyrannidem tenentes, bello aggressus est.

MLIV. — Domnus Leo papa obiit, xiii° kalendas maii.

Anno MLXVII. — Apparuit cometa terribilis, multarum calamitatum in sequentibus annis subsecutarum, ut patuit, portentrix; nam ipso anno comes Normannorum Willelmus Anglorum regnum magno periculo impugnare aggressus est bello publico, magna ac miserabili cæde cruento expugnavit atque, in regem levatus, coronari se fecit (1).

---

(1) 1067. Kal. februarii, feria iv^a, luna vi, hora iii, apparuit signum in sole habens similitudinem solis unius in dextram et alterius solis in sinistram et coronam in summo cœli. Et concilium apud Pictavum fuit factum. In fine ipsius mensis, luna apparuit sanguinea et cærulea, in prima vigilia noctis. (Labbe, *Nov. Bibl. Mss.* I, p. 282, ex cod. Petaviano.)

Illo anno comes Britannorum Conannus, juvenis ac malitiosus, Andecavorum terram superbe adorsus, pervasioni suæ ac superbiæ in ipsa Andecavorum terra, subita morte peremptus est.

Ipso iterum anno, Goffridus junior, quem Barbatum cognominaverunt, traditus est a suis Fulconi fratri suo, et civitas Andecavis, pridie nonas aprilis, iv° feria hebdomadæ quæ dicitur Pœnosa, scilicet inter duo Pascha. Quam traditionem ultio divina terribilis celeriter subsecuta est : nam die crastina, Dominicæ scilicet Cœnæ anniversaria, ab Andecavina turba, maligno spiritu turbata, miserabili cæde peremptis tribus maximis auctoribus illius traditionis, Gaufrido de Pruilliaco, Rainaldo de Castro Gunterii, Giraldo de Mosterolo, quartoque capto et non multo post simili morte mortuo, Rotberto scilicet ipsius Andecavis præposito, pluribus in locis plures proinde, ut existimatio dedit, tribulati sunt ac mortui.

In sequenti anno, scilicet MLXVIII, captus est iterum supradictus comes Gaufridus a Fulcone, fratre suo, in bello publico; ac Fulcon (1) in comitatu ab Andecavinis, vellent nollent, receptus.

MLXXIII.—Ordinatio domni Radulfi, archiepiscopi Turonensis, facta est iii° idus maii.

MLXXV. — Finis chronicæ Rainaldi archidiaconi Sancti Mauricii.

MLXXVI. — In mense septembris, comes Normannorum qui et rex Anglorum, Willelmus, obsedit in Britanniis castrum quod dicitur Dolum. Quod cum diu obsedisset nihil profecit, sed etiam, machinis suis

---

(1) Sic.

succensis, ab eo infructuose discessit, defendentibus illud fortibus Andecavorum militibus (1).

MLXXXI (2). — In hoc anno mortuus est Andecavensis episcopus Eusebius, qui alio nomine Bruno dicebatur; et comes Andecavorum Fulcho junior obsedit castrum quoddam, quod Fissa Johannis dicitur, atque cepit necnon succendit, quod jam sibi multoties antea rebellaverat; quod rex Anglorum ei antea, gente maxima congregata, excusserat Willelmus, qui et ipse a Fulcone bello lacessitus, obsidibus pacis pro fide datis, fratre suo consule videlicet Mauritaniæ et filio suo et multis aliis, recessit.

MLXXXIII. — In hoc anno auditus est Andecavis terræ motus, die ad occasum vergente, in depositione sancti Benedicti abbatis, xii° kalendas aprilis.

MLXXXVIII. — Bellatorum fortissimus,
    Anglorum invictissimus,
    Willelmus rex hic obiit.
    Heu! quid tantus corruit!
    Fuit enim prudentior

---

(1) Les manuscrits placent par erreur ce fait sous l'année mlxxxvi, l'erreur provient de ce que les copistes ont mis un x de trop à la date. En effet, la chronique de Saint-Aubin attribue ce fait à l'an mlxxvi. D'ailleurs, comme l'a fait remarquer dom Mabillon (Ann. Bened., t. V, p. 96), lorsque le chapitre métropolitain de Tours, ne pouvant déchiffrer une bulle du pape Grégoire V en faveur de la collégiale de Saint-Martin, l'envoya à Barthélemy, abbé de Marmoutier, dont la science paléographique était bien connue, celui-ci relatant cette circonstance à la fin de sa copie, ajoute · *Et factum est hoc in anno et in ipsis diebus, quando ibat rex Franciæ Philippus in Britaniam, ad pugnandum contra regem Anglorum qui ibi obsidebat Dolum castrum*. Or l'abbé Barthélemy mourut en l'année 1076.

(2) D'après Labbe : *V° kal. septembris*.

Et [simul] honoratior (1)
Largus da or pecuniæ
Calcatorqu e nequitiæ.
Cujus regnum paciferum
Fuit atque fructiferum
Superbos enim triverat
Sub pedibusque straverat.
Bonos dilexit clericos
Verosque magis monachos.
Quid plus? veri christicolæ
Flos fuit ejus gratiæ.
Quem, Christe, forti dextera
Ab omni pœna libera
Cœloque tecum colloca
Gavisurum per sæcula.

MLXXXVIII. — Hoc anno lacrimabilis Sanctæ Mariæ burgi facta est combustio, prima noctis vigilia.

Anno MXCV, papa Romanus, nomine Urbanus, post concilium apud Clarum Montem civitatem ab eo cum innumerabilibus personis episcoporum et abbatum celebratum, apud Andecavam urbem descendit et ecclesiam Sancti Nicholai consecravit. Monachi enim Sancti Albini ut sua ecclesia consecraretur noluerunt, pro qua re maxime papa venerat, adductus a Milone, antea Beati Albini monacho, tunc temporis legato suo.

Eodem anno Girardus, prior Sancti Albini, consecratus est abbas Sancti Mauri.

MXCVIII. — Apparuit rubor mirabilis in cœlo, prima noctis vigilia, candidis intextus lineis, perdurans usque ad auroræ principium, vi° kalendas octobris, die domi-

---

(1) Duchesne : *Nostris et honoratior*.

nico. Post hoc signum die nono factus est terræ motus eadem hora, iv° nonas octobris, feria secunda (1).

MXCIX. — Obiit Urbanus papa, iv° kal. augusti, cui successit domnus Pascasius.

MCII. — Hoc anno auditum est tonitruum cum terræ motu, viii® noctis hora, iii° kal. februarii.

Anno ab Incarnatione Domini MCVI, apparuit cometa longiores et latiores quam solet extendens radios, durans plus quam quindecim noctibus, portentrix totius luctus.

Eodem anno venit Boadmundus, dux Antiochiæ, in Galliam et accepit uxorem filiam Philippi regis Francorum; et postea venit Andecavum et receptus est in cunctis ecclesiis cum honore maximo et non minima reverentia.

Eisdem autem diebus evenit terræ motus hora matutina, feria sexta, iv° nonas maii.

Reverso autem Boadmundo ad civitatem Biturim, Goffredus Martellus Junior obsedit castrum quod vocatur Candeium cum comitibus tribus, Alano Britonensi, Helia Cenomannensi, Roberto Bellesmensi, non minimoque exercitu. Castellanis autem se fortiter defendentibus et multos de exercitu occidentibus, cum tandem diversa machinamenta ad diruendum castrum præparata seque non posse evadere cernerent, castrum se reddere et pacem facere velle finxerunt. Cumque de hoc invicem privatim castellani et comes cum aliquantis suis amicis juxta castrum loquerentur, paratis occulte archeriis, eum sagitta in bracchio graviter vulneraverunt. Qui ad mortem percussus et optime con-

---

(1) Cet article manque dans la copie de Duchesne.

fessus, dominico accepto corpore et adorata cruce, eadem nocte, proh dolor! occubuit; et ad Sanctum Nicholaum deportatus, cum inenarrabili totius patriæ planctu, ab omni monachorum et cleri ordine honorifice in ecclesia, juxta patruum suum Goffridum Martellum, est tumulatus. Traditus est autem nocte, et mortuus pro pace et justitia, xiv° kal. junii, feria sexta. Tenuit autem honorem terrenum honorifice tribus annis et totidem mensibus (1).

MCIX. — xviii° kal. maii obiit Fulco, dulcissimus comes Andegavorum, nepos Gaufridi prioris Martelli, anno Domini MCIX (2).

MCLII. — vii° idus septembris obiit illustris Andegavorum comes Gaufridus, tertius Martellus, gener Henrici optimi regis Anglorum; qui episcopales domos, quoties episcopi nostri obierunt, a tyrannica despoliatione [in]vasorum, totiusque suppellectilis, insuper auri et argenti et nummorum vinique et annonæ, si ab episcopis viventibus erogata non fuerint, in perpetuum liberavit et quittavit, anno Dom. MCLII (3).

---

(1) xiv° kal. jun. Obiit Gaufridus Martellus Junior, filius Fulconis, interemptus sagitta in obsidione apud Candiacum, anno ab Incarnatione Dom. MCVI. (Calendrier de St-Maurice d'Angers).

(2) Calendrier de St-Maurice d'Angers. — (3) Ibidem.

CHRONICÆ

SANCTI ALBINI ANDEGAVENSIS

IN UNUM CONGESTÆ.

CHRONICÆ

SANCTI ALBINI ANDEGAVENSIS

IN UNUM CONGESTÆ.

DCCLXVIII. — viii° kalendas octobris, Pipinus rex, pater Karoli Magni, obiit [F].

DCCCXIII. — v° kalendas februarii, obiit Karolus Magnus imperator [F], filius Pipini regis; regni sui anno XLV, imperii vero sui XIV [B].

DCCCXL. — Obiit Ludovicus Pius, filius Karoli Magni; regnavit annis XXVI [B]. — XIV° kalendas julii, obiit Hludovicus imperator, Karoli Magni filius [F].

DCCCXLI. — Prælium factum est apud Fontanetum a tribus filiis ejus : Hlotario, Karolo et Hludovico [F].

DCCCLXXIII. — Karolus Calvus, anno regni sui XXIV°, Normannos apud Andegavim obsedit, Salomone rege Britonum cum exercitu sibi adjuvante; sed pecunia sibi a Normannis data, egressum præbuit eis hoc pacto ut amplius Gallias non infestarent, quod illi nequaquam tenuerunt [B].

DCCCLXXIV. — iv° kalendas julii, Salomon, rex Britannorum, a suis interfectus est.[F].

DCCCLXXVII. — Obiit Karolus Calvus, filius Ludovici Pii ; regnavit annis xxxviii [B].

DCCCLXXVIII. — Obiit Ludovicus Balbus vel Nichil Fecit, filius Caroli Calvi; regnavit annis ii [B].

DCCCLXXXVI. — Hugo abba moritur; et ipso anno Normanni ascendunt usque Parisius et Senonas [F].

DCCCCXXII. — Obiit Karolus Stultus vel Capet, filius Lodovici; regnavit annis xliii [B].

DCCCCXXIX. — Curtis Chirriaci Sancto Albino Sanctoque Licinio data est a Fulcone comite, qui Rufus dictus est, sub episcopo Andegavensi Herveo [A, B, C, D, F].

DCCCCXXXVII. — Obiit Radulfus rex [qui] regnavit annis xv; iste, filius Richardi ducis Burgundiæ, a Karolo vivente rex constitutus est [B].

DCCCCLVI. — Obiit Ludovicus Ultramarinus, filius Karoli Stulti; regnavit annis xix [B].

DCCCCLXVI. — De monasterio Sancti Albini, [præcepto Lotharii regis Francorum (1)] [a Gaufrido comite Grisagonella (2)] canonici sunt intromissi, xiii° kalendas julii [A, B, C, D, F].

DCCCCLXXIII. — Obiit Nefingus episcopus (3) Andegavensis [A, C, D, F].

DCCCCLXXIV. — Rainaldus episcopus ordinatur; et Adela comitissa in ejus præsentia, præsente etiam Harduino, Turonensi archiepiscopo, et marito suo Gaufrido, Undanis Villam, Alodos, Insulam Montis et

---

(1) Addition d'après le ms F. — (2) Addition d'après les mss B, C.
(3) D'après le ms B, ce fut en 972.

Peregrinam in elemosinam Sancto Albino dedit [A, B, C, D, F].

DCCCCLXXVI. — Prælium inter Karolum, fratrem Lotharii, et Lotharienses [A, C, D].

DCCCCLXXVII. — Otho imperator Parisius venit cum ingenti exercitu [A, C, D].

DCCCCLXXXVII. — Obiit Gaufridus comes, pater Fulconis comitis, xii° kalendas augusti (1); in obsidione Narsonis (2) super Odonem Rufinum facta [A, B, C, D, F].

Hlotharius rex obiit [A, B, D]. Lotharius, filius Lodovici Ultramarini, regnavit annis xxxi. In isto reges Francorum defecerunt. Hic accepit uxorem Blanchiam filiam Fulconis Boni, comitis Andegavensium, patris Gaufridi Grisegonellæ, et habuit ex ea filiam, Constantiam nomine, quæ fuit data cum regno Roberto regis filio, scilicet Hugonis Magni [B].

Hugo dux simul cum filio suo Roberto levantur in regnum Francorum [F].

DCCCCLXXXVIII. — Rainaldus abbas ordinatur, Gunterio abbate eunte Jerosolimam (3) [A, B, C, D, F.]

---

(1) Manque au ms F. (2) Sic pour *Marsonis*.

(3) Anno DCCCCLXXXVIII° incarnationis Dominicæ, recedens a loco S. Albini abbas Gunterius, quem pro fidelitate Dei et suæ animæ remedio nobilissimus inter suos Gozfredus comes eidem loco prefecerat et Romam vel, quod majus est, matrem civitatem Hierusalem expetens gratia orationis, successorem sibi presago spiritu providerit, cui animarum simul et corporum curam committeret, Rainaldum vitæ et morum probitate decorum, quem ipse in Christi nomine nutrierat; cum consensu tamen fratrum præfati loci et elegantissimi juvenis filii predicti comitis Gozfridi, qui in loco patris feliciter successit, nomine Fulconis ... Widdo episcopus subscripsit. Signum ... ...onis incliti comitis, etc. (Cartul. de S. Aubin, chap. iv, charte 3).

DCCCCLXXXIX. — Hugo dux Francorum factus est [A, B, C, D].

DCCCCLXXXXII. — Robertus, filius Hugonis ducis, rex Francorum.

Prælium Conquareticum factum est, in quo Fulcho comes victor factus est et Conanus Brito (1) occisus [A, B, C, D].

M. — Prima incensio urbis Andegavæ, quæ evenit paucis diebus post combustionem comitissæ Helisasabeth (2) [A, B, C, D, F] viii° kal. januarii, anni Domini immutantur (3) [G].

MI. — Hubertus abbas Sancti Albini ordinatur [A, D, F].

MV. — Rainaldus episcopus obiit [A, D, F], ordinationis ejus anno xxxi [F].

MVI. — Hubertus episcopus ordinatus est, et eodem anno Gaufridus Martellus natus est [A, D, F].

MXVI. — Prælium Pontilevense factum est (4), inter Fulconem et Odonem comites [F].

MXXVI. — Salmurum castrum (5) a Fulchone comite captum est [A, B, C, D, F].

MXXVII. — Primaldus abbas ordinatur [A, B, C, D, F].

Odo comes Ambasium castrum obsedit; et eodem anno Britto Alanus Lusdum obsedit [F].

MXXVIII. Monasterium Sanctæ Mariæ quod dicitur Caritatis dedicatum est [A, C, D].

---

(1) B. Conanus dux occisus. — (2) Première femme de Foulque Nerra.
(3) C'est-à-dire que les moines de St.-Aubin commencèrent l'année à Noël.
(4) Mss A, C, D. — (5) *Castellum*, d'après F.

MXXIX. — Obiit Fulbertus, episcopus Carnotensis [A, B, C, F].

MXXXI. — Obiit Robertus rex [B, C].

MXXXII.—Kalendis januarii (1), Gaufridus, comes, Agnetem comitissam incesto conjugio uxorem duxit [A, B, C, D, F]; exinde bellum illud execrabile quod contra patrem suum per annos fere septem subsequentes impie gessit [F].

v° kalendas octobris, civitas (2) Andecava horribili incendio combusta est [A, B, C, D, F].

MXXXIII. —XII° kalendas octobris [F] Gaufridus comes, Fulconis comitis filius, Willelmum comitem Pictavorum sumpsit in bello; quare orta est discordia inter patrem et filium [A, B, C, D, F].

MXXXVI. — Walterius abbas ordinatus est [A, B, C, D, F] (3).

MXXXVII. —Dedicatio sanctæ matris ecclesiæ Carnotensis facta est, XVI° kal. novembris [F].

MXL.— Pridie kalendas januarii, apud Vindocinum

---

(1) A cet article comme pour les suivants le jour et le mois ne sont indiqués que par le ms F.

(2) *Urbs* dans quelques manuscrits.

(3) Nos humillima almi confessoris Christi Albini congregatio, per quatuor fere mensium spatia privati domni Primoldi correctione paterna, jam non ferentes diutius rectoris carere custodia.... per assensum domni Huberti presulis et per favorem domni Fulconis comitis, assentientibus quoque nobilibus clericis et laicis ac utriusque sexus insignibus personis, in abbatem nobis eligimus et prefici ordini nostro humiliter omnes petimus de nostro cœtu quendam fratrem nostrum, nomine Walterium, humilitate, sobrietate, castitate cæterisque virtutibus ad hoc officium idoneis, gratia Dei, bene preditum.... Actum Andecave civitate, mense decembrio, anno incarnationis Dominicæ MXXXVIII, indictione IV*, regnante Henrico rege (Cartul. de St.-Aubin, chap. IV, char. 7).

castrum, monasterium Sanctæ Trinitatis dedicatum est [F].

xi° kalend. julii, obiit Fulco, comes Andecavorum, pater Gaufridi [A, B, C, D, F].

MXLIII. — xii° kal. novembris, Hainricus imperator filiam Agnetis comitissæ uxorem duxit, anno MXLIII ; quo anno fuit fames mira et memorabilis par Galliam [A, B, C, D, F].

MXLIV. — xii° kal. septembris, Teobaudus, filius Odonis comitis, captus est a Gaufrido Martello, et sequenti die urbem Turonicam reddidit [A, B, C, D, F].

MXLVI. — Hildegardis comitissa obiit, kal. aprilis [A, B, C] (1).

MXLVII. — Obiit Hubertus episcopus ; et Eusebius episcopus ordinatus [est] idibus decembris [F].

xvi° kal. julii, Karrofense monasterium dedicatum est [A].

MLIII. — Leo papa Normannos, Apuliam per tyrannidem tenentes, bello aggressus est (2) [A, B, C, D].

MLIV. — Leo papa obiit [A, B, C].

MLV. — Obiit Walterius abbas, iv° kal. januarii [A, B, C, D].

MLVI. — Theodoricus abbas ordinatur (3) xix° kal. februarii [A, B, C, D].

---

(1) *IV nonas aprilis* (F). — (2) *Bello aggressus superatus est* (F).

(3) Nos fratres pauci in cœnobio S. Albini Andecavensis episcopi Deo pro posse famulantes....eligimus fratrem quendam, morum probitate ornatum, nomine Teodericum, quem nobis, vice Christi, patrem preesse volumus.... Facta est autem ista electio consilio atque auctoritate domni Alberti, abbatis Majoris Monasterii, qui, hoc in conventu monachorum ritu celebri peracto, obtulit etiam fratrem predictum Gaufrido preclarissimo comiti, sub cujus ditione locus ipse consistit, a quo etiam donum rerum temporalium ad idem pertinentium cœnobium suscepit.

MLX. — Obiit Theodoricus abbas, vii° kal. januarii. Otbrannus abbas ordinatur, xii° kal. aprilis (1) [A, B, C, D, F].

MLXI. — Obiit Gaufridus Martellus, xviii° kalend. decembris [A, C, D, F], cui successit Fulgo cognominatus Rechim (2).

Hainricus rex obiit, ii° nonas augusti [A, C, D, F].

MLXII. — Dedicatio Sanctæ Trinitatis Andegavis [A, C].

Pridie nonas aprilis, apud civitatem Andecavam monasterium novum Sanctæ Trinitatis dedicatum est [F].

MLXVII. — Gaufridus (3) Barbatus, Fulconi (4) fratri suo traditus est ; et barones traditionis auctores crudeliter interfecti sunt (5) [A, B, C, D].

Deinde presentavit eum venerabili prudentissimoque patri Eusebio, Andecavensis urbis episcopo, ut cui comes exterius tradiderat, auctoritate sua, dominium, episcopus debita benedictione consecrans, ex more ecclesiastico, curam committeret animarum (Cartul. de St.-Aubin, chap. iv, ch. 8).

(1) Nos humilis sancti confessoris Christi Albini congregatio, per trium fere mensium spatia privati domni Teoderici correctione dulci et paterna, jam non ferentes diutius nec utile nobis sentientes rectoris carere custodia,.... per assensum domni Eusebii presulis et per favorem principis nostri domni Gosfridi incliti comitis,....in abbatem nobis eligimus.... quendam fratrem, nomine Otbrannum, ab hinc retro nobis priorem et per gratiam Dei humilitate, sobrietate, castitate atque moderata prudentia cæterisque virtutibus ad hoc officium idoneis bene præditum.... Actum in Andecava civitate, anno ab incarnatione Domini nostri Jhesu Christi MLX, indictione xiii, xii° kalendas aprilis, regnante Hainrico Francorum rege, anno xxix° (Cartul. de St.-Aubin, chap. iv, ch. 10).

(2) Le passage *cui successit Fulgo cognominatus Rechim* ne se trouve que dans le ms A, sur lequel il a été ajouté à la fin de l'article, d'une main plus récente.

(3) Ms B *Gosfridus*. — (4) Ms B *Fulchoni*.

(5) Le ms F porte : « pridie nonas aprilis Gaufridus comes junior a suis traditus est Fulconi fratri suo, et civitas Andecavis. »

Willelmus, dux Normannorum, Angliam adquisivit [A].

MLXVIII. — Gaufridus (1) Barbatus captus est in bello a Fulcone (2) fratre suo [A, B, C, D].

MLXX. — Corpora sanctorum præsulum Albini et Clari translata sunt (3) cum aliis reliquiis [A, B, C, D].

MLXXVI. — Obsidio Dolensis castri [A, B, C, D].

MLXXVII. — Exercitus de Fissa [A, B, C, D].

Kalendis februarii, feria IV^a, luna VI^a, hora III^a, apparuit signum in sole habens similitudinem solis unius in dexteram et alterius solis in sinistram, et coronam in summo cœli; et concilium apud Pictavim fuit factum. In fine ipsius mensis, luna apparuit sanguinea et cærulea in prima vigilia noctis [F].

MLXXXI. — Obierunt Eusebius episcopus et Otbrannus abbas (4).

Fulco (5) Rechin castrum Fissæ cepit, succendit [A, B, C, D].

MLXXXII. — Gaufridus (6) episcopus ordinatur, qui eodem die Girardum abbatem benedixit (7) [A, B, C, D, F].

---

(1) Ms B *Gosfridus*. — (2) Ms B *Fulchone*.

(3) *VIII kal. novembris* selon le ms F.

(4) Le ms F ajoute : *S. Albini, vir bonæ memoriæ*, et fixe sa mort au XIII des kalendes de mars.

(5) *Fulcho* ms B, D.

(6) Le ms F ajoute : *decanus S. Mauricii Turonicæ civitatis*.

(7) Nos humilis sancti confessoris Albini congregatio, jam aliquandiu privati domni Otbranni abbatis correctione dulci et paterna.... per assensum domni Gaufridi præsulis et per favorem principis nostri domni Fulconis incliti comitis, in abbatem nobis eligimus.... de nostro cœtu quendam fratrem nomine Girardum, abhinc retro nobis priorem....

Suivent les signatures de cent cinq moines qui ont pris part à l'élection (Cartul. de St.-Aubin, chap. IV, charte 11.)

xii° kal. aprilis, feria iii[a], luna xxix[a], post vesperas, factus [est] subitaneus terræ motus [F].

MLXXXV. — Prælium inter Castrogunterianos (1) et Lavallenses [A, B, C, D].

MLXXXVII. — Obiit Willelmus, rex Anglorum, v° idus septembris [A, E, C, D]; cujus filius, Willelmus Russet, Cantuariæ rex consecratus [B].

MLXXXVIII. — Combustio burgi Sanctæ Mariæ.

MLXXXIX. — Temporibus Willelmi regis, religio Cistellensis incepit [A, C, B].

MXCIII. — Obiit Gaufridus episcopus, vi° idus octobris, ordinationis vero suæ anno xii° [A, B, C, D].

Post hunc ordinatus est Gaufridus, filius Hugonis de Meduana, ix° kal. decembris. Vix septem annis in episcopatu mansit. Accusantibus namque et conquerentibus plurimis apud papam quod, eo jubente, neophytus et pene illiteratus fuisset ordinatus, monitu ejusdem Urbani papæ sedem deserens, monachus Cluniacensis factus est. Post cujus abscessum ordinatus est Andecavis episcopus Rainaldus, Sancti Mauricii [canonicus?], pridie idus januarii, anno MCII° [F].

MXCV.—Urbanus papa venit in Gallias et ecclesiam Sancti Nicolai dedicavit, iv° idus februarii [A, C, B, D].

Indictione iii, pridie nonas aprilis, luna xxv, feria iv post octavam Paschæ, nocte visæ sunt stellæ in modum pluviæ de cœlo in terram ruisse. Sol quoque octavo abhinc die toto cæruleus exstans, sed et luna sequenti nocte similiter lucens, cuncto orbi prodigio fuerunt [F].

Eodem anno Urbanus papa Romanus devenit in Gallias, qui concilium Claromonte egit, xiv° kal. decem-

---

(1) *Castrogunterienses* ms B.

bris; in quo Philippum Francorum regem, pro incesti adulterii crimine, excommunicavit; ubi etiam christianam gentem ut iter Hierosolymitanum a barbarie Paganorum adquietarent submonuit [F].

MXCVI. — Gaufridus de Meduana ordinatur episcopus. Iter Jerosolimitanum incipit, iv° idus februarii [A, B, C].

iii° idus februarii, cum prædictus papa in Andecava urbe resideret, luna cum esset xiii^a, terribilem eclypsim passa est a media nocte usque ad lucem. Inde crucesignatus exercitus christianorum, et præcipue Gallorum gens, contra Paganos dimicatum succingitur. Ducibus itaque Boamonte et Raimundo aliisque lectissimis comitibus transeunt; Turcisque devictis, omnem Græciam ab eorum dominatione liberant. Inde per bella gravissima pugnando et vincendo, famosissimam urbem, totius pene Orientis caput, Antiochiam petunt [F].

MXCVII. — iii° nonas octobris, apparuit stella a parte Aquilonis non multum grandis nec satis clara, cujus fumans radius, in modum hastæ longus, versus meridiem respiciebat. Apparuit autem, sub occasu solis usque ad secundam vigiliam noctis, octo ferme diebus [F].

MXCVIII. — Sequenti anno, Helias, comes Cenomannorum, captus est a Rotberto de Belesma, defectione suorum, iv° kal. maii, feria iv^a, et redditus Willelmo secundo regi Anglorum; Fulcoque Andegavorum comes, Rechin cognominatus, Cenomaniam urbem ut suam sequenti sabbato recepit; quam, tribus mensibus retentam, Cenomanensibus, more suo, sibi fraudantibus et a se deficientibus, reddidit eam in amicitia præfato regi Anglorum, qui ipsam urbem magis pecunia quam viribus impugnabat jamque pene possidebat.

Eodem anno, capta [est] Nicæa a Francis christianis; ac deinceps bello peracto cum Turcis, cum Deo juvante vicerunt.

Sequenti anno, obsederunt Antiochiam atque ceperunt; sed ea potiti, rursus ab ingenti multitudine gentilium obsessi fame quoque trucidati, ad extrema pene perducti sunt. Deo autem miserante, Domini lanceam, qua Domini latus perforatum est, divina via repererunt; et hoc miraculo multisque aliis roborati, rursus cum eisdem gentilibus pugnantes vicerunt, victoresque omnem Syriam et Ciliciam pluraque alia regna ipsamque Hierusalem obtinuerunt [F].

v° kal. octobris, visus est aer rubei coloris adeo ut plus sanguinem quam ignem imitaretur; visus est autem ab exordio noctis pene usque ad lucem, ab oriente in occidentem, versus septentrionem. In finem vero noctis, clarissima lux visa est post ruborem. Nona vero nocte posthæc, prima vigilia noctis, factus est fragor ingens cum grandi terræ motu [F].

MXCIX. — Anno milleno centeno quominus (1) uno,
    Jerusalem Franci capiunt virtute potenti,
    In fine mensis Julii (2).

Urbanus papa obiit, iv° kal. augusti (3).

MCII. — Rainaldus episcopus ordinatur, ii° idus januarii [A, B, C].

MCIV. — Exercitus de Brioleto [A, B, C].

---

(1) Var. *uno minus anno*. — (2) Ms B idus julii, feria vi.
(3) Fin du ms D.

MCIII-MCV. — Cum Fulco Rechin, Andecavorum comes, filium suum majorem Gaufridum, amore filii sui junioris, multis et magnis consiliis atque molitionibus, exhæredare voluisset, prædictus Gaufridus, cognomento Martellus, voluntatem patris sui præsentiens, sumpta amicitia cum Helia comite Cenomannensi, contra eum arma corripuit, ac mox Mazonem castellum super patrem suum obsedit primoque impetu cepit et incendit. Inde contra Willelmum comitem Pictavorum, quem prædictus Fulco cum ingenti exercitu super Andecavos adducebat, audacter præliaturus accurrit; sed Pictavensibus antequam ad rem ventum esset diffugientibus, Gaufridus inde Andecavis veniens, post paucos dies Brioletum castrum obsedit et cepit. Post non multos igitur dies, dum Fulco comes quod volebat implere non posset, pacem cum filio suo Gaufrido Martello fecit. Pariterque sequenti anno (1) castellum Carceris ceperunt, et Toarcium, magnum et nobilissimum castellum, concremaverunt [F].

Sequenti anno, MCV, prædictus Gaufridus Martellus, rogatu Henrici regis Anglorum et Heliæ comitis, in Neustriam cum exercitu perrexit et Bacuas urbem uno impetu incendit et cepit [F].

MCVI. — Obiit Girardus abbas, v° idus januarii, filius Nigelli (2) comitis; et eodem anno, vɪɪɪ° idus februarii (3) Archembaudus ordinatur. Gaufridus Martellus apud Candeium occiditur, xɪv° kal. junii. Buamundus dux venit in Gallias [A, B, C].

---

(1) 1104. — (2) *Higelli*, d'après l'édition du P. Labbe.
(3) Addition d'après F.

Mense februario stella cometes, parva quidem sed ingentem producens radium, apparuit per quatuor ferme hebdomadas. Quo anno Boamundus, Apuliæ comes, filiam regis Francorum Philippi in conjugium cepit et usque *Andecavis venit.

Eodem anno, iv° nonas maii, mane subito velut..... Quo tempore Gaufridus comes Martellus Junior exercitum præparabat, Condatum castrum obsidere cupiens; quo obsesso et ad deditionem jam hostibus coactis, idem comes ab eisdem, quasi fidelitatem ei facere cupientibus, ad colloquium evocatus, sagitta est interfectus, xiv° kal. junii, totusque exercitus ejus cæde et insidiis hostium laceratus et dissipatus. Cum ingenti totius populi luctu, juxta avunculum patris sui in ecclesia Sancti Nicolai Andecavis sepultus est [f].

MCVII. — Obiit Philippus rex Francorum, mense augusto [a, c, f].

MCIX. — Obiit Fulco Richin comes, xviii° kal. maii; cujus filius Fulco castrum Doatum et castrum Insulæ cepit [a, b, c, f].

Fames per Gallias (1).

MCX. — Obiit Helias comes, v° idus julii. Fames per Gallias [a, b, c, e].

Fames gravissima totam ferme afflixit Galliam; et toto mense junio stella cometes apparuit, quæ aliquando quidem radium ad orientem et deinde ad meridiem vertebat.

Eo tempore, v° idus julii, Helias comes Cenomannorum obiit, honorem suum Fulconi Juniori, genero

---

(1) Ms A.

videlicet suo, derelinquens, vir ingenio et audacia magnus [F].

MCXII. — Exercitus de Bracco (1) Sacco [A, B, C].

MCXIII. — Gaufridus comes natus est, ix° kal. septembris [A, B, C].

MCXIV. — Guerra burgensium contra comitem (2). [A].

MCXV. — Terribilis ventus fuit, nonis decembris. [A, B, C].

MCXVI. — Obiit Robertus de Arbrissellis, v° kal. martii [A, B, C].

MCXVII. — Ventus vehemens fuit vigilia Natalis Domini [A, B, C].

MCXVIII. — Obsidio Alenchonis castri [A, B, C].

MCXIX. — Hamelinus abbas ordinatus est [A].

Calixtus papa venit Andecavim (3), prius archiepiscopus Viennæ [A, C].

MCXX. — Fulco comes et Rainaldus episcopus Jerusalem pergunt [A, C].

Filius regis Anglorum in mare necatur [A, B, C].

MCXXIII. — Exercitus de Doato [A, B, C].

Obiit Marbodus episcopus, atque domnus Girardus monachus [A, B, C].

MCXXIV. — Exercitus de Mosteriolo [A, B, C].

Rainaldus (4) Remensis archiepiscopus eligitur.

---

(1) Ms B *Brachi saco*.

(2) Ms B et C *Werra baronum contra comitem*.

(3) Calixte II pendant son séjour à Angers, fit la dédicace de l'église de Notre-Dame du Roncerai. Voyez à ce sujet une charte-notice intéressante, imprimée dans le Recueil des historiens de France, t. XII, p. 480.

(4) Évêque d'Angers.

Obiit Calixtus papa [A, B, C].

MCXXV. — Ulgerius episcopus ordinatur, xii° kal. octobris [B, C].

MCXXVI.—Obiit Arenburgis(1)comitissa[A, B, C, E].

Exercitus de Aureis Vallibus [A, B, C, E].

MCXXVII. — Hamelinus abbas episcopus Redonensis efficitur, idibus maii [A, B, C].

Robertus abbas ordinatur, kalendis octobris [A, B, C, E].

MCXXVIII. — Translatio sancti Albini, kalendis marcii (2), in novam capsam [A, B, C, E].

Mandat Balduinus, rex Jerusalem (3), Fulconi comiti ut fiat gener suus [A, B, C, E].

MCXXIX. — Fulcho comes Jerusalem pergit; et Gaufridus filius ejus, honore adepto, ad Parteniacum exercitum duxit [A, B, C, E].

MCXXX. — Exercitus de Mirebello (4) [A, B, C, E].

MCXXXI. — Gaufridus comes firmat Castrum Novum [B, C, E].

Fulco rex Jerusalem efficitur [A, E].

Incendium de Aquaria [A, C, E].

Innocentius papa Ludovicum regem Remis consecrat duodennem [A, C, E].

MCXXXIII. — Henricus natus est, iii° nonas martii [A, B, C, E].

MCXXXIV. — Exercitus de Candeio [B, C, E].

Gaufridus natus est, kalendis junii (5) [A, C, E].

---

(1) Ms B *Eramburgis*. — C'était la fille d'Hélie, comte du Maine, et la femme de Foulque le Jeune, fils du Réchin.

(2) La date des kalendes n'est que dans le ms A.

(3) B, E *Baldoinus rex Jerosolimitanus*.

(4) Mss A et E *Mirobello, Mirabello*. — (5) Ms E *Martii*.

CXXXV. — Obiit Henricus rex Angliæ, III° (1) nonas decembris [A, C, E].

Gaufridus comes Damfrontum (2) et Argentomagum in dominium accepit [C].

MCXXXVI. — Guillelmus natus est, XI° kal. augusti [A, E].

MCXXXVII. — Obierunt Ludovicus rex et Guillelmus, dux Aquitaniæ; cujus filiam duxit conjugio Ludovicus, rex Franciæ, factusque est simul dux Aquitaniæ [A, B, C].

Siccitas magna fuit [A, B, C].

Obiit Petrus Leonis (3) [A, B, C].

MCXXXVIII. — Exercitus Falesiæ [A, B, E].

MCXXXIX. — Mathildis Imperatrix mare transit, volens Angliam adquirere; et Gaufridus comes Mirebellum in dominium accipit [A, B, C].

MCXL. — Obiit Hermengardis femina [E].

Obiit Brictius, episcopus Nannetensis, III° kal. novembris (4) [B, C].

MCXLI. — Obiit Hamelinus episcopus, IV° nonas februarii.

Stephanus, rex Angliæ, in bello capitur (5) et Mathildis plurimam partem Angliæ recuperat. Gaufridus (6) Lisoias et Falesias (7) recipit [A, D, C, E].

---

(1) Corrigez *IV nonas*. — (2) Variante *Domfrontum*.

(3) Les mss D et E rapportent ces deux derniers faits à l'année 1136.

(4) Le ms A rapporte ces deux faits à l'an 1139, et le manuscrit E le rapporte à l'an 1134, par suite d'une erreur dans le chiffre de la date : MCXXXIIII pour MCXXXVIIII.

(5) Dominico sexagesimæ, dum sacra solemnitas Hypapanti Domini celebraretur. — Orderic Vital.

(6) Ms E *comes*. — (7) Ms C *Falesiam*.

MCXLII. — Gaufridus comes Castrum Celsum obsedit et cepit. Qui postea cum exercitu in Normanniam properans castella plurima cepit, Moritonium etiam accipiens; et post hoc Henricum filium suum, per Robertum, comitem Glocestriæ, in Angliam ad matrem suam transmisit [A, B, C, E].

MCXLIII. — Gaufridus comes Abrincatensem urbem et Constancias, immo omnem Normaniam citra Secanam (1), adquirit [A, B, C, E]. Obierunt Innocentius papa et Fulco (2) rex Jerusalem [A, B, C, E].

MCXLIV. — Celestinus papa obiit. Gaufridus comes, Rotomagum multaque castella ultra Secanam (3) strenue adquirens, dux totius Normanniæ efficitur [A, B, C]. Combustio pontis Andegavis, sabbato post edictum (4) [A, C].

MCXLV. — Guerra baronum contra comitem Gaufridum [A, B, C, E]. Obiit Lucius papa (5) [A, B, C, E]. Stella cometes apparuit diversos ortus habens (6) [A, B, E].

MCXLVI. — Fames per Gallias [B, C, E]. Pax fit inter barones et comitem (7) [B, C, E]. Obiit Albertus. Obiit Andreas monachus [A, C].

---

(1) Dans quelques mss *Sequana*. — (2) Ms B *Fulcho*.
(3) Ms A *Sequanam*.
(4) Par le mot *edictum* ou *indictum*, notre chroniqueur désigne la foire d'Angers, instituée en 1096, lors de la dédicace de l'église de Saint-Nicolas; foire qui devait se tenir tous les ans le jour anniversaire de cette dédicace, c'est-à-dire le 10 février. (Voyez le fragment de l'histoire des comtes d'Anjou, composée par le comte Foulque Réchin.) Or le samedi *post edictum* de l'an 1144 correspond au 17 février 1145 (N. S.).
(5) Il mourut le 25 février.
(6) Tous ces faits sont placés sous l'année 1144 par le ms E.
(7) Ces deux derniers faits sont portés sous l'année 1145 par le ms E.

MCXLVII. — Rex Franciæ et imperator Alemanniæ multique consules ac proceres, cum magnis christianorum exercitibus, per Constantinopolim Jerusalem pergunt (1) [A, B, C, E]. Werra (2) ultra Ligerim; Gaufridus comes Duatum (3) castrum atque Blazonium destruit [A, B, E]. Eugenius papa venit in Gallias [B, E, A], Remis concilium celebrans [B].

MCXLVIII. — Conanus, dux Britonum, obiit [A, B, E]. Obiit Ulgerius episcopus, xvi kal. novembris [A, B, E].

MCXLIX. — Normandus episcopus consecratur, ii° nonas marcii. Gaufridus comes ducatum totius Normanniæ Hainrico filio suo tradidit [A, E].

MCL. — Gaufridus comes cœpit obsidere Mosteriolum, plurima castella circa idem castrum faciens; unde guerra inter eumdem et regem Franciæ oritur [A, B, E].

MCLI. — Caput sancti Albini in quodam vasculo auro et argento mirifice composito mittitur [A, B, E], kalendis marcii [D].

Mosteriolum destruitur;

Maironus pristinæ libertati redditur;

Rex et comes pacificantur.

Gaufridus comes obiit [A].

Gaufridus comes Mosterolium cepit ipsumque cum turre et multiplici murorum ambitu destruit, cujus obsidio continuata fuit anno integro, die dimidio [E]; tandemque famosus ubique et percelebris, vii° idus

---

(1) Placé en 1146 selon le ms E.
(2) Ms A *guerra*.
(3) Var. *Doatum*.

septembris, moritur; sed antequam moreretur Maironum antiquæ libertati restituit [B].

Henricus, honore patris adepto, etiam dux Normanniæ efficitur [D].

MCLII. — Tebaudus comes (Blesensis) obiit [A, B, E].

Hainricus dux reginam Franciæ, a rege canonice separatam, filiam scilicet Guillelmi ducis Aquitaniæ, accepit (1) uxorem. Quare rex Franciæ multique comites ac proceres, sed et frater Hainrici Gaufridus, guerram pessimam contra eum machinantes, ipsum exheredidare cupiunt; sed Hainricus eorum terras, castella et homines devastans, obsidens (2), capiens, omnes in brevi tempore ad pacem et inducias viriliter coegit; sicque dux Normanniæ et Aquitaniæ comesque Andegaviæ nominatur (3) et a mari usque ad mare, omni perturbatione sedata guerrarum, dominatur [A, E].

Armis strenuus, prudentia et responsis admirabilis, sibi parcus, aliis largissimus fuit, sobrius, benignus, pacificus [E].

MCLIII. — Hainricus dux (4), mense januarii, mare cum paucis transiens, infra decem mensium spatium, mira probitate et audacia Angliam adquisivit, rege Franciæ fines Normanniæ sibi proximas inquietante et guerram ei jugiter, pro posse suo, machinante; sed posse regis et affectus nullum habuit effectum [A, E].

Normannus episcopus moritur, v° kalendas maii.

Sanctus Girardus (5) monachus in monasterio Beati Albini Andecavis, v° nonas julii, multis virtutibus et miraculis insignis habetur [A, E].

---

(1) Ms B *duxit*. — (2) Ms A *obsides capiens*. — (3) Ici finit le ms C.
(4) Manque à B; moins complet dans E. — (5) Voir page 91.

Obierunt Eugenius papa et Bernardus abbas de Claris Vallibus [a, e].

Guillelmus natus est, filius Henrici ducis, xvi° kalendas septembris [a, e].

Balduinus rex Jerosolimitanus, Ascalonem quatuor mensibus obsidens, tandem eam multa virtute et audacia cepit, xiv° kal. septembris, et a christicolis inhabitari fecit [e].

MCLIV. — Obiit Robertus abbas, xv° kalendas maii. Hugo abbas ordinatur, x° kalendas junii [a, b, e].

Rex Franciæ et Henricus dux pacificantur. Stephanus rex Angliæ moritur [a, b, e].

Henricus dux, capto Thorinneo, castro Normanniæ, et audita regis Stephani morte, cum ducissa Aliornissa in Angliam transiens, xiv° kalendas januarii, apud Wintoniam rex consecratur, et Natale Domini celebrans Londoniæ, cum uxore coronatur; sicque rex Angliæ atque dux Normanniæ et Aquitaniæ comesque Andegaviæ potentissimus habetur [a, b, e].

MCLV. — Hainricus, regis Hainrici filius, ii° kalendas martii, nascitur Londoniæ [a, b, e].

Hainricus rex fortissima castella Angliæ Cleesbere et Bruges insimul obsidens, cepit, et centum quadraginta castella in Anglia destruxit [a, b, c].

MCLVI. — Hainricus rex Cainonem obsidet et capit, et Losdunum et Mirebellum in dominium accepit; sed Losdunum fratri suo reddidit, et postea in Angliam transiit [a, b, e].

Matheus, abbas Sancti Florentii, episcopus Andecavensis consecratur [a, b, e].

MCLVII. — Hugo abbas moritur, et Willelmus abbas Sancti Albini ordinatur [a, b, c].

Richardus filius Hainrici regis nascitur, vi° idus septembris [a, b, e].

MCLVIII. — Gaufridus comes Nannetensis moritur. Hainricus rex Nannetensem urbem in dominium accipit [a, b, e].

Deinde Toarcium obsidens, infra trium dierum spatium, non sine admiratione universorum, cepit, ejusque muros funditus destruxit; vicecomitem Toarcii exhereditavit, castrum Toarcii in sua dominatione retinens [a, b, e].

MCLIX. — Exercitus Tolosæ [a, b, e].

Henricus rex Angliæ Calvum Montem, contra regem Franciæ et contra comitem Blesis Tebaudum, obsedit et viriliter cepit [a].

MCLX. — Adrianus papa obiit [a, b, e]. Duo papæ Romæ eliguntur : Alexander et Otovianus [a, e]. Alexander in Gallias descendit, Otovianus in Alemannia mansit [a].

MCLXI. — Fames per Gallias [a, b, e], et mortalitas magna [a].

MCLXII. — Matheus, episcopus Andegavensis, moritur, et Gaufridus episcopus consecratur [a, b. e].

Hainricus rex in Angliam transiit et Galenses fortiter subjugavit [a, b, e].

MCLXIII. — Balduinus rex Jerosolimitanus moritur (1) [a, b, e], et Amauricus, frater ejus, in regem consecratur [a].

Terræ motus factus est, vigilia sancti Stephani protomartiris, mense augusto.

---

(1) D'après Guillaume de Tyr, Baudouin mourut en 1162, le 4 des ides de février, c'est-à-dire le 10 février 1163 (N. S).

Alexander papa Turonis concilium celebrat cum archiepiscopis, episcopis, abbatibus Franciæ, Burgundiæ, Hispaniæ, Aquitaniæ, Angliæ, Normanniæ, Britanniæ [A].

MCLXIV. — Galenses iterum resistunt regi Hainrico [A].

MCLXV. — Hainricus rex, contra Britannos exercitum dirigens, castrum Fulgeriarum obsedit et viriliter cepit, cæterosque Britones mira probitate et audacia subegit [A] (1).

Terræ motus factus est, xii° kal. julii [A].

MCLXVI. — Hainricus rex Arvernos rebelles adorsus est multaque eorum castella et vicos succendit et destruxit [A].

Guerra inter Ludovicum regem Francorum et Hainricum regem Anglorum oritur (2) [A].

MCLXVII. — Hainricus rex Anglorum et dux Normannorum et Aquitanorum comesque Andegavorum, Calvum Montem, castrum in Francia situm, adversus Ludovicum regem Francorum mira celeritate captum, succendit [A].

Obiit Malthildis Imperatrix (3), mater Hainrici regis [A, B, E].

Eudo, comes Britanniæ, cæterique Brittones et vicecomes Toarcii, cum multis baronibus Aquitaniæ conjurationem facientes, rege Francorum illis assentiente cæterisque Francis auxiliantibus, contra Hainricum regem insurgunt [A, B].

---

(1) Mss B et E : *MCLXVI, exercitus de Fulgeriis.*
(2) Les mss B et E mettent ce passage à l'année 1167.
(3) Le ms A omet *Imperatrix.*

MCLXVIII. — Hainricus rex multa castella destruxit : in Francia Bellum Montem, in Aquitania Luzinnan, in Britannia Castrum Goscelini, guerra perseverante [A, B, C].

MCLXIX. — Hainricus rex cum Ludovico rege Francorum pacem habuit, et Aquitanos et Britannos, sibi rebelles, non sine admiratione multorum, hominagia sua et fidelitates facere coegit [A].

Duo reges pacificantur. Hainricus rex, regnum suum tribus filiis suis dividens, statuit Hainricum regem Angliæ et ducem Normanniæ, Richardum ducem Aquitaniæ et Gaufridum ducem Britanniæ [B, E].

MCLXX. — Hainricus, jussu patris, in Anglia rex consecratur [B, E].

Sanctus Thomas, archiepiscopus (1) Cantuariensis, in Anglia martyr occubuit [A, B, E].

MCLXXI. — Sanctus Thomas archiepiscopus (2) in Anglia miraculis clarus habetur [B, E].

MCLXXII. — Hainricus rex, in Hibernia transiens, partem insulæ fortiter adquisivit [B, E].

MCLXXIII. — Filii (3) Hainrici regis adversus patrem suum consurgunt : unde regna terrarum commota sunt, ecclesia desolatur, religio conculcatur, pax de terra ablata (4) est [B, E].

Orta est guerra (5) inter Henricum, regem Angliæ, et tres filios suos : Hainricum Juniorem videlicet, quem

---

(1) Le mot *archiepiscopus* manque dans les mss A et B.
(2) Manque à E. — (3) Ms E *tres filii*.
(4) Ms E *Sublata*.
(5) La leçon fournie ici par le ms A abonde en détails intéressants que ne donnent point les mss B E.

regem Angliæ constituerat, et Richardum comitem Aquitaniæ et Gaufridum comitem Britanniæ; qui tres (1), cum maxima parte militum totius patriæ, in Gallias sedentes, Ludovicum regem Galliæ patronum habuerunt et adjutorem. Qui, collectis exercitibus Flandriæ et Burgundiæ, Normanniam invasit et castrum Vernolium obsidione circumdedit; ubi cum per mensem, sed frustra, laboravisset, relictis machinamentis bellicis, itinerantius quam advenerat, ne cogeretur, abscessit. Nec mora prædictus rex Henricus Major Radulfum Furgeriarum et comitem Sceptrensem, qui Britanniam et Normanniam vehementer depopulabantur, cum aliis c militibus in turre Dolensi, facta ibi maxima clade hominum, ad deditionem coegit, et munitiones omnium qui guerram fovebant funditus evertit [a].

Eodem anno, tres mille Flandrenses qui propter eamdem discordiam, consilio comitis Leescestre, Angliam invaserant, bellica clade [ita] quod nec unus evasit, interempti sunt; et comes ipse captus et regi resignatus [a].

MCLXXIV. — Secundo anno, eadem invalescente discordia, facta est conjuratio inter principes Galliæ quod Angliam invaderent et eam Henrico Juniori subjugarent. Paratis eorum navibus, ab itinere destiterunt [a].

Henricus vero Major in Angliam transfretavit, humili vultu et habitu ultra quam regalem deceret majestatem, ad sepulchrum beati Thomæ martyris, pœnitentia ductus, se prostravit, ibique die et nocte in

---

(1) Jean, le quatrième fils de Henri II, n'avait alors que sept ans.

lacrimis et orationibus vigilias celebravit. Facto mane, priusquam ab ecclesia discederet, nuntiatum est ei regem Scotiæ, qui ex parte sua Angliam invaserat, confectum esse et retentum [a].

Interim dum rex in Anglia moraretur, consilio habito, Richardus, ejus filius, Pictaviam ingressus est. Plures ejusdem patriæ principes, potius odio patris quam amore filii, in partem ejus conversi sunt. Henricus vero superveniens turres et oppida eorum subvertit, Sanctonim vi cepit, Ricardum et eos qui cum illo seditionem fovebant usque ad munitionem Tabellici fugavit [a].

Cum autem prædictus rex in Anglia pacanda moraretur, exercitus Andegaviæ, Mauricio de Credonio duce, Castellum Celsum invasit et diruit; insuper Sabolium et munitiones adjacentes, videlicet de Sancto Lupo et Sancto Bricio, funditus evertit [a].

Totius itaque Angliæ tumultu brevi mora sedato, rex exhilaratus in Normanniam reversus est. Cujus adventum Ludovicus rex Galliæ percipiens, qui cum principibus qui de conjuratione remanserant et infinito exercitu Rotomagum obsederat, comitatu suo fame vehementer astricto, inopinatus de nocte aufugit. Nec mora Gallis a proposito deficientibus, Henricus Junior, cum fratribus suis patrem recognoscens, ad libitum suum pacem cum eo fecit [a].

In omni christianitate guerræ et seditiones et omnia mala vigent [b, e]; sed denique, Dei miseratione, omnia pene mala sedantur, Henrico rege victoriam obtinente; et firma pax inter reges stabilitur [e].

MCLXXV. — Pax inter regem et filios restituta est.

Amauricus (1) rex Jerusalem obiit [A, B] (2).

MCLXXVI. — Regnavit imperiosa fames per Gallias [A, B, E].

MCLXXVII. — In vigilia sancti Andræ, et in die [E], factus est ventus vehemens [A, B, E].

Pinnaculum Sancti Albini ruit (3) [A, E].

Gaufridus episcopus moritur [A, B, E].

Pons Andegavis comburitur [A, B].

Radulfus episcopus ordinatur [A, B, E].

MCLXXVIII. — Concilium Romæ celebratur, sub Alexandro papa [A, B, E].

MCLXXIX. — Philippus, filius Lodovici (4) Iherosolimitani, apud Remis rex inungitur, kalendis novembris [A, B, E].

MCLXXX. — Obiit rex Franciæ Lodovicus (5) [A, B, E].

MCLXXXI. — Alexander papa moritur [A, E].

MCLXXXII. — Die veneris et sabbato ante Ramos Palmarum, ventus vehementissimus factus est, qui fere omnes molendinos Ligeris submersit multarumque ecclesiarum pignacula subversit [A, B, E].

MCLXXXIII. — Lemovicensis exercitus [A, B, C].

Obiit Henricus rex Junior [filius Henrici regis Se-

---

(1) Ms E *Amalricus*.

(2) On lit dans Guillaume de Tyr (Liv. XX, chap. XXXIII). « Amalricus mortuus est anno ab incarnatione domini MCLXXIII, quinto idus julii, regni vero duodecimo, mense quinto, ætatis vero tricesimo octavo. »

(3) Voyez ci-après, à la fin de cette chronique, p. 59, une addition faite au quatorzième siècle, en marge de ce passage sur le ms E, et qui prouve que ce clocher tomba de nouveau en 1350.

(4) E *Ludovici*.

(5) E *Ludovicus*.

nioris (1)], mortem cujus fere universus orbis lamentatur [et plangit (2)] [A, B, E].

MCLXXXIII. — Guerra inter [duos fratres (3)], Ricardum [videlicet (4)] comitem Pictavensium et Gaufridum comitem Britanniæ; [tandem Henrico patre eorum de Anglia redeunte, pax bona inter eos stabilita est (5)] [B, E].

MCLXXXV. — Patriarcha Jerusalem venit (6) Andegavis. Obiit Lucius papa; [Clemens consecratur (7)] [B, E].

MCLXXXVI. — Obiit Gaufridus dux Britanniæ [A, B, E], [filius Henrici regis Anglorum (8).]

Obiit Guillelmus Cenomannensis episcopus [E].

Bellum inter Guidonem, regem Jerusalem, et Saladinum, juxta Ascharon. Sanctissima crux cum rege et infinitis christianis capiuntur, infiniti perimuntur, Jerusalem et tota regio, proh dolor! capitur [E].

MCLXXXVII. — Natus est Ludovicus, filius Philippi, regis Francorum, et Arturus, filius Gaufridi duc Britanniæ, filii Henrici regis Angliæ [G, E].

Nascitur Arturus, Mars alter marte futurus,
Qui regnaturus civibus erit undique murus (9).

Exercitus Castri Radulfi, et guerra inter Philippum regem Francorum et Henricum regem Anglorum [A].

---

(1) Ce qui est entre crochets manque à A.
(2) Ce qui est entre crochets manque à A.
(3) Manque au ms E. — (4) Manque au ms E. — (5) Manque à E.
(6) Ms E *in Gallias.* — (7) Ces deux mots manquent au ms. E.
(8) Addition du ms E.
(9) Ces vers ne sont que dans le ms B. Le ms E donne les suivants:

Nascitur Arturus, regali stirpe creatus;
Ut sit causa pacis nobis et ille legatus.

Hic convenerunt rex Francorum Philippus et rex Angliæ Henricus apud Castrum Radulphi; unde, datis induciis, usque ad annum recesserunt [G].

Desolatio Jerusalem [E].

MCLXXXVIII. — Guerra orta est inter Philippum, regem Franciæ, et (1) Ricardum comitem Pictavensium. Castrum Radulfi a Philippo rege capitur, plurima castella destruuntur [B, E].

Philippus rex Francorum cepit Castrum Radulphi cum exercitu suo, insuper et omnem Bituricensem provinciam sibi subjugavit [G].

Ipse vero rex Francorum et rex Anglorum, audita desolatione Jerusalem, crucem Domini acceperunt, et multa turba tam nobilium quam innobilium [G, E].

MCLXXXIX. — Guerra inter Philippum, regem Franciæ, et Richardum comitem contra Henricum, regem Angliæ Seniorem [A].

Urbs Cenomannis destruitur; Turonis capitur [A].

Obiit Henricus rex Senior, II° nonas julii [A], rex famosus et potentissimus a mari usque ad mare. Richardus filius ejus consecratur [B].

Dissensio inter Guillelmum, abbatem Sancti Albini, et conventum; pro qua dissensione in manu Richardi ducis regimen abbatiæ dimisit. Jaguelinus ordinatur abbas. Guillelmus abbas, evolutis paucis diebus post dimissionem, moritur (2) [B].

Philippus rex Francorum civitatem Cenomannum et terram circumpositam cepit, et civitatem Turonicam. Post dictas vero civitates captas, inito pacis fœdere

---

(1) Le ms E intercale ici *Henricum regem Angliæ et filium ejus*.
(2) Ms E xvi kal. octob.

hominioque suscepto a rege Anglorum, secessit in Galliam : et rex Anglorum Henricus castrum Chinonum adiit ibique infra paucos dies expiravit, cujus corpus jacet apud Fontem Ebraudi [G].

Eodem anno Richardus coronatus est rex apud Londonias et consecratus, dominica ante nativitatem Beatæ Mariæ [G].

MCXC. — Philippus rex Franciæ et Richardus rex Angliæ, cum comitibus et baronibus, Iherusalem proficiscuntur (1) [A, E].

Clemens papa moritur [A, B, E] ; Celestinus consecratur [E].

MCXCI. — Jaguelinus, abbas Sancti Albini, moritur, IV° idus junii [A, E].

Gaufridus abbas ordinatur, die Assumptionis beatæ Mariæ [A].

Insula Cypri capta est a rege Richardo [A].

Accaron civitas capta est a christianis et Ascalona et Japhia, id est Joppe [G].

Hoc anno Philippus ab Hierosolymitanis partibus regressus est et in Galliam remeavit ; plurima castella in Normannia cepit et dominio suo subjugavit [G].

Obiit Otto in itinere ultra mare (2) [E].

Rex Franciæ et alii principes obsederunt Ascalon ; sed parum proficuerunt, donec inclytus rex Angliæ Ricardus veniens de Cypro insula, quam viriliter ceperat cum imperatore sævissimo, advenit. Tunc Ascaron ejus auxilio capta est et Ascalonia et Jasphia et multa castella [E].

---

(1) Ms G *Iter regum Philippi et Richardi Hierosolimam.*
(2) Ce fait et les suivants, jusqu'à *non tenuit*, sont attribués par le ms E aux années 1190 et 1192.

Vigilia sancti Johannis Baptistæ facta est eclipsis solis. Rex Franciæ rediit in Franciam, facta sedatione cum Richardo rege Angliæ quam non tenuit [E].

MCXCII. — Vigilia sancti Martini Vertavensis factus est ventus vehementissimus, qui pinnaculum unius turris Sancti Mauricii fecit corruere [A, B, G].

Regressus est rex Anglorum Richardus ab Hierosolymitanis partibus, sed latenter. Unde, fortuna ei adversante, Alemannorum insidiis detentus est et imperatori eorum traditus. Biennio vero ibi peracto, datis imperatori Alemanniæ centies mille marcis argenti, regno suo restitutus est [G].

Post (1) discessum regis Franciæ, remansit Richardus rex in servitio Domini per annum ultra mare. Sed in reditu suo captus est ab imperatore Alemanniæ et per annum et eo amplius ab eo detentus, contra Deum et justitiam, consilio, ut creditur, regis Franciæ qui in ipsa captione, mirum dictu, eum diffidavit, multa castella sua cepit et succendit et urbem Ebroicensem penitus destruxit cum ecclesiis. Rothomagum et Vernolium obsedit : ubi nihil proficiens confusus abscessit [E].

Interea Pictavi comitem Ingolismensem et multos equites et pedites, Pictaviam inquietantes, capiunt, qui pro liberatione sua ad regem Franciæ mittunt. Venerant autem nuncii regis Angliæ inducias impetraturi, quos rex audire noluit nisi comes Ingolismensis et sui liberarentur et nisi castellum Archas, in Normanniam, et Lochis et Castellio, in Turonia, ei

---

(1) Pour les faits qui suivent, le ms E indique la période 1193-1197 sans distinction d'année.

traderentur in pignus induciarum tenendarum. Quo facto, rex Franciæ inducias rupit et Normanniam iterum depopulaturus intravit Vernoliumque iterum obsedit [e].

Redeunte vero Richardo rege de Alemannia, accessit ad obsidionem cum exercitu suo. Quo audito, rex Franciæ ex improviso recessit satis pudibunde, relictis machinamentis suis, et ad Insulam Jeremiæ venit, tanquam Vindocinum obsessurus. Rex autem Richardus Vindocinum cum suis intravit, regis illius adventum exspectans; sed rex Franciæ Insulam Jeremiæ incendit, et fugam arripuit. Quod cum nuntiatum esset regi Richardo, insecutus est eum cepitque plurima vehiculorum ejus et suppellectilia et infinitam, ut dictum est, pecuniam [e].

Nec prætereundum est quod, in reditu exercitus Vernolii, Andegavenses et alii viriliter assilierunt Montem Miraculi et, virtute consueta, irruerunt per fossas et muros castellumque repente ceperunt et incenderunt [e].

Rex vero Richardus venit castris Lochas et obsedit custodes regis Franciæ qui erant intus, et duarum vel trium horarum spatio, paucis comitatus viris, audacter et viriliter, uno assultu, Deo adjuvante, cepit illud et de militibus et clientibus regis Franciæ ducentos viginti; quod incredibile videtur quoniam Lochas munitissimum et fortissimum est natura et artificio.

Item Pictaviam advolat, Tailleburgum et Engolismensem cepit et omnes sibi adversantes in Aquitania parvo tempore sibi subjugat.

Interea Johannes, frater regis Richardi, comes, qui cum exercitu erat in Normanniam, et sinescalli et barones regis Richardi, sub fide et juramento firmaverunt inducias usque ad xiv menses cum rege Franciæ (1).

MCXCV. — Rex Richardus ab Alemannia navali evectione revertitur et in civitate Londoniensi applicuit, ubi ab omni populo cum magna lætitia excipitur. Rex vero Francorum Philippus, audito ejus adventu, exercitum ad expugnandam Normanniam præparavit; quo audito Richardus rex transfretavit et ei audaciter restitit [G].

MCXCVI. — Rex Anglorum Richardus Britones rebellantes, missis.... onum millibus, mira probitate perdomuit [G].

MCXCVII. — Obiit Radulfus, episcopus Andegavensis [A, G].

Guillelmus ordinatur, cathedra sancti Petri [A].

Celestinus papa obiit; Innocentius ordinatur (2).

MCXCIX. — Hoc anno obire Radulfus episcopus Andegavensis et Ricardus illustrissimus rex Angliæ, qui vulneratus est apud castellum Caluz et sepultus est apud Fontem Ebraldi [B].

Die vero Paschæ postea, receptus fuit Arturus apud Andegavim a burgensibus ejusdem civitatis. In octabis autem Paschæ factus fuit dominus Johannes, regis [Henrici] filius, dux Normanniæ apud Rothomagum; die vero postea Ascensionis intronizatus fuit in regem apud Londonias.

Obiit Burchardus (3) de Sacilleio, idibus marcii.

---

(1) Fin du ms E. — (2) En 1198, d'après le ms B.
(3) Dans le ms G, la date 1198 est placée en tête des faits qui précèdent.

MCC. — Hoc anno accessit rex Francorum apud Turones, et exinde adduxit Arturum secum in Franciam. Octava autem die ante festum beati Johannis Baptistæ, cepit rex Johannes Andegavim et adquisivit totum regnum quod erat patris sui usque ad Crucem Karoli regis (1) [B, G].

Tunc obiit domnus Guillelmus, episcopus Andegavensis [A, B].

MCCI. — Hoc anno accessit Johannes rex Angliæ apud Parisius, et pacificatus est cum rege Francorum (2). Postea vero rex Francorum dedit filiam suam Arturo, rege Angliæ inconsulto [B, C].

MCCII. — Hoc anno orta est guerra inter regem Francorum et regem Anglorum, eo quod rex Franciæ filiam suam dederat Arthuro, rege Angliæ inconsulto. Accepta autem regis filia, idem Arthurus accessit apud Mirebellum, Francorum, Britonum, Pictavensium multitudine comitatus; ubi, in die sancti Petri quæ dicitur Ad Vincula, captus fuit cum pluribus baronibus qui cum eo convenerant. Et exinde Willelmus de Rupibus, Andegavensis senescallus, Francorum, Britonum, Pictavensium, Andegavensium baronibus comitatus, accepta contra regem Angliæ guerra, die mercurii ante festum Omnium Sanctorum, cepit civitatem Andegavim et eam munivit.

Rex Johannes ei promiserat se de Arturo liberando suam facere voluntatem et consilium; et quia rex noluit, guerram movit contra eum (3).

---

(1) Ms G *Magni*.

(2) Le ms G met ceci en 1202, et au lieu de *rege Francorum* il met *rege Philippo*.

(3) Ce passage ne se trouve que dans le ms G.

Die autem mercurii ante Purificationem beatæ Mariæ, accessit Robertus de Turneham ad eamdem civitatem (1); et ea miserabiliter deprædata et in parte combusta secessit (2).

Hoc anno Willelmus de Bello Monte, in crastino sancti Maurilii, consecratus est episcopus.

MCCIII. — In festo Paschali, feria secunda, adveniente Willelmo de Rupibus, senescallo Andegavense, cum exercitu suo, Beaufordus (3) sine conflictu ei reddita est. Denuo infra quindecim dies Philippus, rex Francorum, navigio adductus, Saumur suæ ditioni subjugavit.

In eodem etiam mense apud Castrum Novum convenit exercitus Pictavensis et Andegavensis, comitantibus Britonibus, et inito conflictu et defendentibus se aliis, obtinere non potuerunt; sed deinde, deficiente regis Angliæ auxilio et consilio, cives ejusdem castri (4) sese pacifice contradiderunt et Willelmus senescallus, ex indignatione, turrim et muros solo tenus prostravit.

Deinde de die in diem multiplicata est miseria in regionibus Cenomanniæ, Pictaviæ et Andegaviæ et Britanniæ ita ut, villis et castris et oppidis deprædatis et combustis, nulli ætati aut conditioni parceretur. Ingruente igitur hinc inde seditionis procella, rex Anglorum de suis spem bonam reportans quibus tutelam Normanniæ commiserat, instante Adventu Domini, in

---

(1) Andegavensem.
(2) Ms G : Accesserunt gentes regis Angliæ latenter ad suburbium civitatis Andegavis [sub cau]sa religionis ; [quod] deprædarunt et partem [pontis combusserunt] et eodem die inde recesserunt.
(3) Ms G *Bellus fortis*. — (4) Ms G Castellani et Burgenses.

Angliam transfretavit ut iterum, reparato exercitu, fortior et securior rediret. [A die autem illo utrum mortuus sit Arturus au vivus generaliter dubitabatur, quia quid de eo fecisset Johannes avunculus ejus nesciebatur (1).]

Interim autem Alienora, quondam Anglorum regina et regis mater, apud Pictavim in fata recessit; de cujus morte rex, vehementissime contristatus, magis sibi timuit et in Normanniam redire ultra quam satis distulit. Audiens namque rex Francorum regis Angliæ discessum, in Normanniam cum omni exercitu suo se ingessit et, combustis et captivatis undique oppidis et populis, ad Falesiam devenit, quam sibi sine difficultate prælii subjugavit. Interim a Britonibus Mons Sancti Michaelis cum ipsa abbatia, igne imposito, devastatur. Nec mora, Rothomagus et Vernuel (2) sese ultro dederunt; et sic tota Normannia ditioni regis Francorum, per seductiones, manifeste succubuit.

Videns itaque rex Francorum sibi prospere apud Normanniam successisse, apud Chynon exercitum aggregavit et, habito inaudito conflictu, vix tandem castellum de Russeth (3) obtinuit; et inde recedens, Willelmum de Rupibus, cum exercitu Pictavorum et Andegavensium et Francorum, ad oppidum obsidendum reliquit, et apud Loches sese recepit et pace seductoria obtinuit. Cum autem videret rex quod viri memoria digni qui erant intra castra Chynon nullo conflictu, vel pace, vel precio, vel promissis Willelmo

---

(1) Cette phrase n'est que dans le ms G.
(2) Var. ms G : *Rothomagus civitas et Vernolium castrum.*
(3) Ms G *Rolleth.*

de Rupibus se redderent, apud Chinon se contulit et omnem exercitum suum undequaque secum adunavit, et præparatis machinis, et diversis et inauditis, oppida de Chinon cœpit impugnare. Cumque illi qui infra mœnia erant nequaquam per longa tempora resistere posse viderent, quicquid victualium habebant cum armis et equis igne combusserunt et muros ultro super hostes prostraverunt et, exeuntes, usque ad mortis discrimen viriliter dimicaverunt. [Hos tandem expugnatos rex vinctos misit in Galliam, et munito castro rediit Parisius.] (1)

MCCVI. — Venit rex Francorum apud Brachesac, in die Ascensionis, et in crastino recedens castrum de Brachesac subverti precepit. Crastino igitur ascensionis die Andegavim veniens, cum summo honore ab episcopis, abbatibus, clero et populo suscipitur, et ibi pernoctans Nannetum expetiit. In cujus adventu cives congratulati claves civitatis obtulerunt et sese ejus dominio subdiderunt [B].

Audiens jam (2) rex Francorum quod rex Anglorum in Normanniam transmeare disponeret, die Pentecostes a Nanneto recessit et portus et oppida Normanniæ acie militari permunivit. Porro rex Anglorum, consilio et mandato vicecomitis de Toarz et quorumdam baronum Pictavensium, apud Rochele, innumero comitatus exercitu, applicuit et oppidum de Borc cum civitate ipsa sibi subjugavit; et per mediam Pictaviam iter arripiens, cum ad fluvium Ligerim pervenisset nullum navigium transmeandi invenit. Die igitur mercurii quæ Nativitatem beatæ Mariæ præcessit, divino

---

(1) Ceci n'est que dans G. — (2) Mieux *tamen*.

fretus auxilio, quod etiam dictu mirabile et nostris inauditum temporibus, veniens ad Portum *Alaschert* aquam manu signans, cum toto exercitu transvadavit et Andegaviam miserrime deprædavit, et eam possedit quousque adventum domini regis Franciæ audivit, videlicet in festo beati Michaelis; et inde recedens, pontem civitatis cum domibus adjacentibus igne devastavit et in Pictaviam recessit [B].

Habito denique hinc inde consilio, uterque rex de pace tractans, ad spatium duorum annorum treucas (1), interpositis obsidibus, assumpserunt; et hoc consilio sacræ Domus Hospitalis, et tali conditione ut quod rex Anglorum adquisierat pacifice usque ad tempus præfinitum obtineret. Tali igitur pacto, rex Angliæ Angliam repatriavit [B].

Obiit Bartholomeus Turonensis archiepiscopus [B].

MCCVI. — In hoc anno, circa festum Ascensionis, rex Philippus obsedit castrum de Brachesac super Guidonem de Toarcio, quo capto [penitus] ad terram redegit. Inde veniens Andegavum ibi [cum summo] honore receptus est. Postea pervenit Nannetas, [quæ ei] a militibus et burgensibus reddita est; et ibi moratus [una nocte] ipso die remisit exercitus suos et venit Parisius. Nec mora Johannes [cum turba militum] et armatorum apud Rochellam [applicuit, ubi milites] ei confœderati sunt et etiam [burgenses]; indeque congregatis exercitibus, recedens ad partes [Pictaviæ], quædam castella super regem [Franciæ] expugnavit; quædam vero ei reddita fuerunt (2)] [G].

---

(1) Sic.
(2) Le récit détaillé de l'expédition du roi Jean en Poitou, Bretagne

Inde ad Nannetas veniens, Britonibus viriliter resistentibus, rediit apud Clizon castrum, quod expugnavit. Castrum Celsi ei redditum est. Postmodum autem rediens, venit cum maxima multitudine armatorum ad fluvium Ligeris; et transeuntes sine navigio fluvium ad locum qui dicitur Portus Loripedis, nullo resistente, præsente Willelmo de Rupibus senescallo, die tertia ante Nativitatem beatæ Mariæ, quæ fuit mercurii, ceperunt civitatem Andegavim, fregerunt ecclesias et violenter quæ in ecclesiis invenerunt rapuerunt. Nec post multos dies reddita est regi Angliæ domus de Ponte Seeii fortissima, quam eodem anno Willelmus de Rupibus construxerat. Rex autem Angliæ quamdiu [Andegavis] fuit, Andegavensem terram circumquaque admodum vastavit et cœpit firmare civitatem. Audiens autem rex Francorum Philippus quod rex Angliæ ita civitatem Andegavis expugnaverat, ira motus, cum omni festinatione congregavit exercitus suos et quantocius potuit venit apud Chinonum. Rex vero Angliæ, audiens adventum [regis Franciæ], recessit a civitate per Pontem Seeii [trans] Ligerim [relinquens] Savaricum de Malo Leone apud Andegavim cum.... militibus.... nec post multos dies, postquam audivit regem Francorum approximantem, ipse Savaricus cum suis recessit. Obsedit rex Angliæ castrum Treveris; quo minime expugnato, occasione instantiæ regis Philippi, recessit a civitate, ponte Andegavis incendio prius tradito. Inde transit Ligerim et domum Pontis munitam

---

et Anjou donné par le ms G est malheureusement incomplet par suite de la mutilation du texte original. Nous avons mis entre crochets ce que nous avons cru pouvoir restituer.

victualibus et servientibus reliquit. Abiit rex Angliæ cum gentibus suis versus Toarcium. Accedens autem rex Philippus ad partes Toarcii, cum gentibus suis inæstimabilibus, terram vicecomitis incendio et deprædatione miserabiliter devastavit, parcendo tantum ecclesiæ et religioni. [Factis tandem] induciis inter reges, rex Francorum remeavit Parisius [jubens quod] priusquam domus Pontis Seeii expugnaretur et omnino cum [propugnaculis] prosterneretur; quod ita factum est. Rex vero Angliæ Rochellam [rediit] . . . . et ruptores, imo raptores, qui cum eo fuerant [de bonis] et rebus ad ecclesias pertinentibus, pro stipendiis, execrabiliter investivit. Inde parato navigio, aura favente, intravit mare, iter suum ad Angliam dirigens. Multi autem et innumerabiles de gentibus suis in Pictavia mortui et languentes remanserunt, et naves plurimæ quæ cum rege Angliæ mare intraverant, antequam ad Angliam pervenirent, periclitatæ sunt; rex vero evasit et in Angliam venit [g].

MCCVII. — Hoc anno, Gaufridus, archidiaconus Parisiensis, archiepiscopus Turonensis consecratur, dominica quæ fuit Agnetis virginis [b, g].

Eodem anno, v° kal. marcii, audita sunt tonitrua maxima cum terræ motu circa mediam noctem. Ipso anno fuit eclipsis solis, circa horam terciam, xi° kal. marcii [b, g].

MCCVIII. — Obiit Gaufridus archiepiscopus Turonensis [g], xii° kal. maii, die sabbati [b].

MCCIX. — Dominus Innocentius papa misit duodecim abbates Cisterciensis ordinis prædicare hæreticis Albigensibus; qui incedentes, pedites et prædicantes, non potuerunt eos convertere [b, g].

MCCX. — Franci et alii innumeri populi cruce signantur in pectore, contra Albigenses vadunt, capiunt Carcasonam [g] et alias civitates et castella miraculose, facientes immanissimam stragem hæreticorum et catholicorum quos non poterant discernere [b].

MCCXII. — Eunt crucesignati in Hispaniam contra Sarracenos qui ceperant terram usque Tholetum. Recuperant Christiani Calatrave et multa alia castra capiunt [g]. Miremummelinus victus fuit in bello et fugit (1) [f].

MCCXIV. — Philippus, rex Franciæ, Ottonem imperatorem vicit et fugavit; et comitem Flandriæ, comitem Boloniæ et multos alios nobiles in eodem bello cepit.

Eisdem diebus Ludovicus, filius ejus, Johannem regem Angliæ de Andegavi et obsidione castri quod [vocatur] Rupes [Monachi], solo adventus sui timore, fugavit [g].

MCCXVI. — Obiit Johannes rex Angliæ [g].

MCCXVII. — Inclitus comes Simon de Montfort, fortis athleta Christi circa hæreticos Albigenses, in obsidione Tolosæ occiditur, lapide mangonelli [g].

MCCXX. — Obiit Otho, per papam Innocentium mirabiliter institutus et per eundem, propter superbiam, mirabilius destitutus nec postea restitutus (2) [g].

Anno domini MCCCXVI, in die veneris post octabas apostolorum Petri et Pauli, fuerunt tonitrua magna apud nos Andegavis, de nocte [e].

Anno domini MCCCXVII, vii idus maii, obiit

---

(1) Ici finit le ms B. — (2) Ici finit le ms G.

Guillelmus Major, episcopus Andegavensis, apud Bauné [E].

En marge du ms E à l'année MCLXXVII, où il est dit : « Vigilia sancti Andreæ et in die factus est ventus vehemens, pinnaculum S. Albini ruit; » *On lit :* Quod reædificatum corruit anno Domini MCCCL°, in crastino sanctæ Luciæ, hora vesperarum, pontificatus Clementis papæ VI anno nono, Fulconis de Matefelonio episcopi Andegavensis anno XXVII°, regni Johannis regis Francorum anno primo; anno primo quo Johannes de Bernicheria, primo monachus Sancti Sergii Andegavensis, postea ad istud monasterium translatus fuit abbas Sancti Albini, habendo respectum ad benedictionem, quæ fuit anno MCCCXLIX°, in crastino sancti Thomæ apostoli, in ecclesia Sancti Albini de Pontibus Seii. Et illa die intravit possessionem abbatiæ ; sed incipiendo annum ab electione ipsius, erat annus secundus, nam electus fuit anno MCCCXLIX°, III^a die octobris. Et XVII^a die dicti mensis providit sibi dictus papa Clemens VI de dicto monasterio, quia dictum monasterium suæ dispositioni reservaverat ante mortem Petri Bonelli, qui tunc erat abbas et fuit doctor decretorum solemnis, et primo fuit monachus Monasterii Novi Pictavensis et post abbas de Baziaco, Santonensis diocesis, et post hujus monasterii, qui mortuus fuit anno Domini MCCCXLIX°, XXVII^a die septembris. Et tunc maxima vigebat mortalitas quam medici epidimiam vocant; et antea mortui fuerant de illa mortalitate Petrus de Moreis, prior claustralis, Petrus Pieferré, armarius, Guillelmus Armigeri, elemosinarius, Guillelmus Beloteau, infirmarius, Petrus de Bannis, hostelarius, tres pueri et frater Robertus Grafin, magister eorum; et extra monasterium, in prioratibus, in maximo numero mortui fuerunt et priores et socii. Et illa epidimia ivit per universum orbem. Non tamen æqualiter desæviit ubique, nam in aliquibus partibus non remansit decima pars hominum, in aliquibus sexta, in aliquibus tertia pars mortua fuit, in aliis quarta. Et incepit dicta mortalitas in partibus orientis et descendit ad occidentem et ibi minus regnavit, id est mitius se habuit; et in provincia Turonensi mitius se habuit quam alibi communiter. Et erant tria genera illius epidimiæ : nam quidam spuebant sanguinem; alii habebant maculas in corpore rubeas et subnigras ad instar pectinis marini vel turturis piscis, et istorum nullus evadebat; alii habebant apostema seu strilnam in inguine vel sub acella, et aliqui istorum evadebant. Et dicta epidimia cessavit in Andegavia anno Domini MCCCXLIX°, circa festum Omnium Sanctorum; et inceperat anno præcedenti Andegavis, circa festum beati Andreæ, et incepit penes fratres Sancti Augustini. Et sciendum est quod illi morbi erant valde contagiosi; et quasi omnes infirmis servientes moriebantur, et sacerdotes qui eorum confessiones audiebant.

Item illo anno XLIX° et L° sequenti et LI° usque ad augustum, fuit maxima pluviarum habundantia et secuta est fames maxima ; nam anno LI° valuit sextarium frumenti fere duas marchas argenti, nam valuit apud Bracum Sacum XVIII libras monetæ tunc currentis; et valebat florenus Florenciæ XL solidos, florenus ad scutum de primis L solidos, de ultimis XLIII; et vinum etiam fuit carissimum sed optimum, nam pipa vini valebat XIII florentinos vel XII denarios auri ad scutum, de novis.

Et anno sequenti fuit maxima fertilitas per totum regnum Franciæ, et bladi et vini; et fuerunt optima. Et optime bladum fuit venditum in messibus, sed post fuit ad maximum forum.

Et illo anno LII°, die sancti Nicholai hiemalis, fuit mortuus Clemens papa VI; et XII^a die sequenti fuit electus dominus Stephanus Alberti, Lemovicensis dyocesis, primo episcopus Noviomensis, post Claromontensis, post cardinalis tituli sanctorum Johannis et Pauli, post episcopus Hostiensis; et vocatus fuit Innocentius, hujus nominis sextus, qui hodie vivit.

Scripta fuerunt hæc die XVI^a maii, quæ fuit dies martis ante Ascensionem Domini, anno MCCCLVII°, pontificatus dicti Innocentii anno quinto, regni dicti Johannis regis septimo, qui tunc erat captus in Anglia; et fuerat captus prope Pictavis, anno præcedenti, die XIX^a septembris, et fuit captus in bello, quod bellum obtinuit Eddwardus princeps Walliæ, dux Cornubiæ, primogenitus regis Angliæ.

CARTÆ ET CHRONICA

DE OBEDIENTIA MAIROMNO.

CARTÆ ET CHRONICA

DE OBEDIENTIA MAIROMNO.

CARTA DE MALIS CONSUETUDINIBUS QUAS RAGINALDUS DIMISIT IN OBEDIENTIA MAIRONO (1).

(1068-1078,)

Hæ sunt porprensiones et male consuetudines quas Raginaldus thesaurarius misit in curtem Sancti Albini de Mairono, postquam ille fuit senior de Mosteriolo.

I. — Antiqua consuetudo fuit quod si aliquis se clamavit de homine Sancti Albini ad viarium de Mosteriolo, viarius non distrinxit eum donec aut monachus aut qui Maironum servabat rectum clamanti vetuisset. Quod si viarius mandavit homini Sancti Albini ut ad se iret, et ille non ivit, non gajavit viario despectum, si

---

(1) Cartulaire de Saint-Aubin, chapitre xix, charte 1ʳᵉ. Dans la première charte nous avons numéroté les alinéas pour mieux faire connaître les Mauvaises Coutumes établies par le seigneur de Montreuil-Bellay, au préjudice des moines de Saint-Aubin d'Angers, sur leur prieuré de Méron.

non mandavit eum propter illa forfacta que ad viariam suam pertinerent.

Nunc autem, nova consuetudine et torta, pro qualicumque causa, vel etiam sine causa, mandet viarius de Mosterolo hominem Sancti Albini; nisi statim ad eum abierit, disgagiat latro miserum, opprimit, dampnat et tollit sua. Istam consuetudinem non habuit, tempore Gaufridi Martelli, Berlaius neque Geraldus filius ejus in curte de Mairoño, sed Raginaldus thesaurarius misit eam, in torto, post mortem Martelli comitis (1). Hanc novam, ut dictum est, consuetudinem et tortam calumpniatus est abbas Otbrannus Raginaldo thesaurario, et inde prendidit bellum adversus eum, dicto certo termino quando bellum esset; sed comes habuit essonium infra terminum belli et prendidit respectum ab eo usque infra octo dies, in quibus submoneret eum vel ipse comes vel abbas. Post essonium comitis, submonuit eum abbas de lege facienda, sed in illo remansit et adhuc remanet; et tamen semper consuetudinem tenet.

II. — Pastum de bosculo Lancioni vetat Raginaldus hominibus Sancti Albini, et monachis etiam radices ad calefatiendum, cum ipse et sui ramiliam et radices illius bosculi auferant et usurpent; nam Fulco comes boscum non concessit seniori de Mosterolo nisi solummodo ad suum calefacere et ad castellum claudendum, si talis boscus esset ut ex eo claudi posset.

III. — Fulco, comes Antiquus, petiit ab abbate Sancti Albini, amore et prece, ut prata quæ habebat

---

1. Geoffro Martel, comte d'Anjou, 1040-1060.

apud Mosterolum faceret sibi secari ab hominibus de
Mairono. Hec prata postquam dedit Fulco Junior (1),
nepos Gaufridi Martelli, Raginaldo thesaurario, quod
Antiquus Fulco amore vel prece a monachis habuit,
Raginaldus in coactitiam consuetudinem vertit; et
vetante Fulcrado monacho, qui Mairono preerat, hominibus Sancti Albini ne secarent ea, Raginaldus ideo
predam de Mairono prendi jussit et prendidit. Quod
videns Fulcradus monachus, valde doluit et abiens
Fulconi comiti, qui prata dederat, monstravit. Qui
Fulco adversum Raginaldum, qui presens aderat,
presto fecit jurando probare, aut per se ipsum aut per
quendam suum hominem, quia quando ei prata dedit,
sicut consuetudinem nescivit ita nec dedit.

IV. — Post hæc quesivit Raginaldus quatinus abbas
Otbrannus (2) daret ei de rebus Sancti Albini in fævum,
tali pacto ut et Maironum bene in reliquum servaret
et res alias omnes Sancti Albini ubicumque ipse ser-
vare posset. Habito de hac re consilio, dederunt ei
abbas Otbrannus et monachi in fevum prata et vineas
apud Andecavum, et alias fevos Caballariorum, unde
factus est homo abbatis Otbranni, [et] juravit ei fidelitatem et monachis ejus. Quam fidelitatem bene quidem fecit, sed factam male servavit : nam post hæc,
sine ullo forfacto vel causa, domnus Raginaldus,
homo Sancti Albini, predam de Mairono prendidit et
LX libras eam redimi fecit. Quas LX libras gagiavit
postea, quasi penitens, abbati Otbranno ad terminum; sed, veniente termino, nec solvit nec alium

---

(1) Foulque IV Rechin, comte d'Anjou, 1068-1109.
(2) Otbran, abbé de Saint-Aubin, mort en 1077.

deprecatus est in quo solveret. Qui de predicta preda duos boves retinuit, quos reddere pactum habuit; sed et hos, sicut nec LX libras, minime postea reddidit.

V. — Gaufridus filius Hemenonis, suus vassallus, cepit predam in terra Sancti Albini propter L solidos quos ipse domnus Raginaldus ei debebat; et hos domnus Raginaldus Fulcrado monacho regagiavit, sed postea, sicut et cætera, non solvit.

VI. — Johanni Paisan tulit Calvinus XXX solidos, propter bannum quem non criavit in nostra ecclesia; quod in consuetudine non est ut homo scilicet noster, propter viarium, in nostra æcclesia bannum criet.

VII. — Willelmo de Paneroli retulit Calvinus XXX solidos, propter unam minam de annona quam portabat ad Salvum Murum filio suo, qui manebat ibi; sed et illi qui eum prendiderunt XI solidos habuerunt.

VIII.— Dadoni, fabro monachorum, tulit etiam Calvinus XXX solidos, propter annonam quam, ut venderet, ducebat ad Salvum Murum, castellum comitis.

IX. — Alia vice retulit Calvinus jam dicto fabro XV solidos, propter XII denariatas de panibus quos portabat uxor ejus ad vendendum trans fluvium Dive.

X. — Item tulit Calvinus Adhelardo Avole IX solidos, propter unum porcum mortuum quem aportavit Maironum in collo suo; cum consuetudo non est ut homo Sancti Albini donet de hoc pedagium quod in collo suo portaverit vel reportaverit.

XI. — Rursus tulit Calvinus Rainaldo XV solidos; propter telam quam posuit super asinum cujusdam vicini sui; cum consuetudo non est ut donent nisi, unum pedagium si duo aut tres homines, vel usque ad septem, onerant asinum in domo alicujus hominis.

XII. — Et Brientio tulit Calvinus xxv solidos, et Otberto xiv solidos et bovem unum, propter Raginaldum de Parenai.

XIII. — Savaricum et ortolanum distrinxerunt pedagiarii Ebardus et Calvinus, propter ruscam de apibus quam portabat ad **Salvum Murum**, propter hoc solum quod posuit eam ad terram de collo suo intra pedagium.

XIV. — Baldinus viarius quesivit in curte de Mairono annonam per vim et consuetudinem. Sed hanc consuetudinem contradixerunt ei Drogo et Rotbertus monachi; pro qua causa minatus est eos verberare in ipsa domo sua, precepitque hominibus suis ut caperent res Sancti Albini ubicumque invenirent et homines ejus usque ad mortem verberarent. Quod et fecerunt: nam unum de famulis monachorum usque ad mortem verberaverunt, alium autem verberatum despoliaverunt et ita dimiserunt, ablatis duobus asinis quos ipsi duo minabant. Homines etiam ejus assalierunt de nocte homines Sancti Albini et feminas, qui ambulabant ad molendinum, et verberaverunt eos.

XV. — Ipse rursus et sui homines occiderunt anseres hominum Sancti Albini et portaverunt; et sui homines intraverunt per violentiam in vineas monachorum et vinitorem verberaverunt et racemos portaverunt.

XVI. — Ipse quoque Baudinus fregit portam monachorum et, evaginato gladio, persecutus est intra claustra portarium.

XVII. — Tulit etiam Baldinus Alberto cuidam, homini Sancti Albini, quadrigam suam et eum verberavit.

XVIII. — Viarius de Mosterolo distrinxit, more francorum hominum, illos qui ducunt uxores feminas Sancti Albini ; sed consuetudo non est ut distringantur postquam eas duxerint, nisi sicut et illi qui de suo capite sunt homines Sancti Albini.

XIX. — Hildrado, homini Sancti Albini, tulit Willelmus, viarius de Mosterolo, xxx et III solidos et xiii sextarios de frumento et latus de porco et unctum unum. Hoc regagiavit Raginaldus abbati Otbranno apud Maironum ; sed postea non reddidit, sicut semper consuetudinem habet non reddendi.

XX. — Quotiens habent Mosterolenses metum de Toarcio vel de alia aliqua parte, statim mittit viarius de Mosterolo propter homines de Mairono ad custodiendum castellum. Et hoc facit etiam cum habent guerram cum comite Andecavensi, cujus abbatia est; sed consuetudo non est antiquitus ut castellum custodiant, nisi tunc solummodo cum caballarii de Mosterolo vadunt in hostem cum comite Andecavensi foras suam terram.

XXI. — Audiendum etiam est qualiter confundant et opprimant viarii de Mosterolo pauperes homines Sancti Albini de Mairono. Venit latro viarius ad aliquem de villanis et mittit ei supra quod olim vel sanguinem alicujus fudit, vel furtum fecit, vel canis ejus leporem cepit, et celavit. Villanus audiens revera quod non fecit negat; vicarius contra quod mendaciter finxit affirmat. Villanus, impatiens mandatii supra se missi et fidens in recto suo, destinat se probare per sacramentum quia quod vicarius ei supramittit non fecit. Latro audiens sacramentum, quasi tandem invento quod querebat, calumpniatur ei illud per bellum, cum ille quod villano supramittit nec viderit nec verum esse sciat, nec testem qui vel sciat vel viderit habeat. Miser homo audito bello, sicut nescius pugne, pavescit et quasi fecerit quod non fecit dat guagium latroni; qui sumpto guagio exinde tanquam si teneat villanum in carcere vel in vinculis, ut revera facit ita, dampnat eum de substantia sua, affligit et opprimit. Hoc latrocinium et hanc fraudem exercent sepissime viarii de Mosterolo in hominibus Sancti Albini de Mairono, consentiente et amante, immo et volente et jubente, seniore de Mosterolo; sed vicecomes de Toarcio, non ita subjectus vel obnoxius Andecavensi comiti sicut senior de Mosterolo, judicat aliter et melius erga homines Sancti Albini. Judicat enim et precipit ut, si viarius suus calumpniatur hominem Sancti Albini de aliquo forfacto sine teste, homo Sancti Albini, facto plano sacramento, liber et quietus remaneat.

De his et aliis multis, quas memorare longum est, injuriis, a Raginaldo thesaurario, [Sancti Albini et ejus monachorum] (1), sicut supradictum est fideliter, nobis Sancti Albini humillimis monachis irrogatis, querelas et clamores multos sepe privatim et publice fecimus; sed illius superba violentia et audaci contumacia prevalente, justitiam exinde obtinere nequivimus.

---

1) Les mots « Sancti Albini et ejus monachorum » que nous avons placés entre crochets sont tout-à-fait inutiles pour le sens de la phrase.

CARTA DE MALIS CONSUETUDINIBUS DIMISSIS A RAGINALDO THESAURARIO ET BERLAIO NEPOTE EJUS IN OBEDIENTIA MAIROMNO (1).

(Vers 1080 et 1087.)

Jam vicinantem mundi terminum crebrescentibus inditiis signorum fidelissimo Christi ore promissorum colligentes, nos quoque negligenter huc usque ac nequiter vixisse callentes, cum non ignoremus scriptum : « que seminaverit homo hæc et metet »; et quod per operum semina ad retributionum manipulos, sive in bono sive in malo, portandos vel sustinendos necessario cunctis sit perveniendum, quanto brevius ac incertius hujus vitæ spacium habemus, tanto citius ac certius aliquid operari debemus quo, post fragilitatem et miseriam presentis vitæ, æternitati ac beatitudini mereamur asciri futuræ. Quapropter ego Rainaldus, Sancti Martini Turonensis thesaurarius (2), et Berlaius nepos meus (3), pro animabus nostris ac parentum nostrorum, relaxamus Sancto Albino et ejus monachis omnes malarum immissiones consuetudinum ortarum per improbitatem vicariorun nostrorum in curte de Mairono, partim scientibus nobis, partim nescientibus; constringentes nos ad antiquam sex forsfactorum consuetudinem que sunt : raptum et incendium, sanguis ac furtum, lepus ac pedagium : ita ut de nullo

---

(1) Cartul. de Saint-Aubin, chap. xix, ch. 2.
(2) Il avait succédé en 1067 à Geoffroi de Preuilli et mourut en 1082 ou 1083.
(3) Berlai ou Bellai II, seigneur de Montreuil-Bellay.

alio, nisi de quo monachi justitiam facere noluerint, forsfacto, vicarius de Mosteriolo distringat hominem de Mairono ad hanc constitutionem nostram et divisionem. Cum aliquot horum sex forsfactorum in curte de Mairono recens fuerit factum, mandabit vicarius de Mosteriolo quem scierit vel suspicatus fuerit exinde culpabilem villanum ut ad se veniat, justitiam de prenotato forsfacto facturus apud Mosteriolum vel apud aliquem in curte de Mairono quem ei mandaverit locum. Quod si venire contempserit, despectum vicario proinde emendabit. Si autem venerit et se per sacramentum de objecto forsfacto purgare voluerit, vicarius sine teste sacramentum illius calumpniari poterit, sed quamdiu villanus se purgare voluerit, nunquam ab eo vicarius sacramentagium habebit; et si vicario non confiso rectitudinis suæ, lex remanserit, nec tunc omnino sacramentagium habebit. Si vero villanus aut aliquis amicus ejus vel monachorum per concordiam pro lege vicario aliquid dederit, tunc sacramentagium dabit. Si vero se purgare potuerit, nullum alium de tota curia, de toto forsfacto, sine teste appellare potuerit. Si autem de pedagio vicarii appellatio fuerit, tempus et merces et castellum, vel villa in quo et de qua et ad quod vel ad quam pedagium asportatum fuit, ad que appellatus respondeat, nominanda erunt. Si vero de lepore, non nisi per veras aut verisimiles probationes hominem appellare potuerit.

Si autem alicujus canis sine illius incitatione leporem ceperit, si integrum aut meliores partes cani abstulerit et ad curiam portaverit, quietus inde erit. Bosculum de Lanthono monachi, ut mos est, ad omnem suum capient usum, exceptis ceppis. Pastum de Lanthono homines de Mairono peccoribus suis, exceptis ovibus suis et capris, a festo sancti Michaelis usque ad festum sancti Albini transitus, id est usque quo bosculus ille fructificaverit ac frouduerit, habebunt. A festo autem transitus sancti Albini usque ad festum sancti Michaelis, abstinebunt omnes bestiæ villanorum a pasto bosculi. Toto anno, si qualescumque bestie bosculum illum incurrerint evadendo, et de hoc pastor se poterit purgare quod scienter eas ibi non custodierit, nichil inde emendabit. Si Toarcenses, vel Losdunenses, vel aliqui de vicinis castris, predam hominum de Mairono sine illorum forfacto abduxerint, ac predam suam redimere coacti fuerint, pedagium inde non dabunt. Si autem pro alicujus forsfacto de quo purgare se non possit, preda sua sibi ablata fuerit, illamque postea aut emerit aut redemerit, pedagium inde dabit. Pedagium non dabit homo de hoc quod portabit collo suo, nisi de pluma, de cera, de uncto, de rusca, de peregrinis et magni precii rebus : de pluma, I denarium; de tabula aut cruello cere, I obolum; de rusca, I obolum; de uncto plus valente VI denarios, I obolum; de bacono cum uncto suo, I denarium; de lecto furnito, I denarium; de trosello maritali, IIII denarios; de equo aut equa non ferrata, I denarium; de ferrato II; de bove, de asino, de porco, I obolum; de tribus ovibus aut totidem capris, I denarium; de uno quadrante lanæ, I denarium. Si plures homines unum asinum pluribus mercibus oneraverint, pedagium de uno asino dabunt, excepto si fuerint merces peregrine vel magni precii. De aliis rebus secundum suum valere pedagium dabitur : de plus valentibus, plus; de minus, minus.

De quicquid attulerit de foris homo de Mairono ad victum suum, sive de labore seu de emptione sua, sive panem, sive vinum, seu carnem, seu fenum, vel aliud aliquid hujusmodi, nisi illud vendiderit, pedagium inde non dabit; si autem illud vendiderit, die quo vendiderit pedagium dabit. Si pastores aut alii aliqui fructus de virgultis, vel racemos ad manducandum de vineis occulte sumpserint, vel ad vinum fatiendum ad domos suas portaverint, aut jarbas usque ad III furati fuerint, aut studio furandi, de loco ad locum in uno campo transmutaverint, easque ille cujus erant invenerit et ut suas sumpserit, latrocinio non deputabitur. Similiter et de minutis rebus sicut de cultello, de sagitta, de arcu, de bulzono, de balteo, de tricia asini. De talibus et his similibus minutis rebus si furate fuerint, furto non deputari precipimus. Si scutarius aliquid furatus fuerit alicui, et ante fidem promissam aut sacramentum juratum rem recognoverit ac reddiderit, furto non imputari precipimus. Si vero post fidem promissam aut sacramentum juratum scutarius rem furatam inventus habere fuerit, nisi vicarius de fure villano justitiam fecerit, tertium inde minime habebit.

Cum ad mandatum vicarii, pro aliquo sex forsfactorum suorum, homo de Mairono pro aperto forsfacto quod ei premandaverit ad horam et locum nominatum venerit, si vicarium non invenerit ac se uxori, aut familiæ illius, aut aliquibus de vicinis suis presentaverit, et jam se ibi diu stetisse questus fuerit, ac postea abierit, despectum non emendabit. Si vero vicarium invenerit et de juditio contenderint, curiam baronum adeant. Quod si ibi diffiniri non poterit, et ipsum dominum villanus appellaverit et de hoc respectum quesierit, vicarius ei negare non poterit. Cum autem in curiam ipsius domini vicarius et villanus convenerint, quicquid dominus et curia ejus, aut idem quod vicarius aut aliud judicaverint, villanus vicario despectum pro hoc non emendabit. Si autem pro timore non inveniendi pedagiarium, aut alterius alicujus incommoditatis, hesterna die qua cum sarcina sua aliquis abire voluerit, pedagium pedagiario obtulerit, illum non refutari illumque solutum et quietum ire precipimus. Si vero ipso die quo abire voluerit, pedagium ei portaverit et illum non invenerit, uxori suæ aut familiæ, aut alicui legitimo illius vicino per testimonium illud tradat, qui pedagiario non renuerit reddere. Si autem ei oblatum fuerit, etiam si renuerit, lex illi proinde non emendabitur, sed quando pedagium suum ab illo quesierit in capite ei reddetur. Si villanus de Mairono bestias suas extra illam curtem pro aliquo profectu suo duxerit, et infra unum annum et diem eas reduxerit, pedagium inde non dabit. Si autem eas ad crementum alicui dederit, die qua abierint pedagium dabit; cum vero redierint de cremento tantum pedagium dabit. Si villanus de pellibus bestiarum suarum, sicut catorum, agnorum et aliarum bestiarum his similium, aliquid vendere voluerit, pedagium non dabit nisi mercator inde vendendo et emendo effectus fuerit.

Ad hanc itaque constitutionem nostram et divisionem, ego Rainaldus thesaurarius et Berlaius nepos meus, curtem de Mairono ab omni potestate vicariorum nostrorum et importunitate et violenta questione, preter quod hic divisum est, Sancto Albino et ejus monachis concedimus liberam et quietam : ita ut preter sex supradicta forsfacta, sicut hic divisum est, in ditione monachorum, ad faciendum de ea quod eis placuerit, cuncta curtis sit posita; et quicquid in ea perditum, jactatum inventum fuerit, in potestate monachorum cujus curtis est sit. Sanguinem de hominibus familie Sancti Albini et de colibertis ejus nunquam habebit dominus castelli Mosterioli, nec furtum de hoc quod furatum fuerit intra claustra monachorum, nisi foris productum fuerit. De preteritis ergo peccatis nostris, quæ in ipsa curte vel ubi ubi contra Sanctum Albinum et ejus monachos perpetravimus, ab abbate Girardo et ejus monachis humiliter veniam petentes, ac deinceps emendationem promitentes, ac de hujus rei fide portanda abbatem et monachos dulciter ac sine dolo osculantes, hoc scriptum fieri ac in curia legi jussimus; et manibus propriis, ego et Berlaius nepos meus et Grecia neptis mea, signavimus recipientes a monachis, quos nobis pro hoc reconpensant, мc solidos denariorum et unum equum c solidorum et unam unciam auri : quadringintos solidos michi; Berlaio, nepoti meo, quingentos et equum supradictum; Ursoni de Mosteriolo x libras; Grecie, nepti meæ, unam unciam auri.

Istarum rerum testes sunt isti : Urso, Otoerius, Galocius, Haimericus de Artet, Haimericus de Aient, Baldinus, Walterius de la Haia, Gaufridus Mainerii, Tetmarus, Gosbertus Balthan, Willelmus de Turre, Widdo Rebursus, Gaufridus Popin, Audoinus panetarius, Hugo Brocardus, Widdo de Rupibus, Radulfus de Coldreio, Walterius de Colons, Odo de Rol, Giraldus prepositus, Gaufridus de Sancto Leodegario, Ebrardus vicarius, Burcardus filius Gaufridi Foal,

Sanson, Secardus canonicus Sancti Martini, Lodoicus, Radulfus de Brachesac, Ingelricus, Herveus Bovet, Widdo de Salmonceiaco, Anfredus, Durandus, Archenolus. De presbiteris : Rotbertus, Habelinus, Durandus, Wihomarus. De monachis : ipse Girardus abbas, Gaufridus Raherii, Girbertus, Hucbertus, Johannes, Matfridus, Rotbertus. De laicis : Fulcherius de Cohorneio, Gaufridus de Varenna, Aldulfus, Haimarus Malspetith, Barbotinus, Hilarius, Constantinus cocus, Gaufridus, Lunellus, David de Mairono.

Signum Raginaldi †. S. Berlaii †. S. Grecie †.

Aliquot annis postquam hæc carta, sicut supradictum est, concessa et subscriptionibus legitime roborata est, Berlaius dominus Monasterioli, suggestione quorumdam de ipsius curtis liberatione et immunitate dolentium, in eadem curte Maironi ultra sex supradicta forsfacta, quæ sola ibidem retinuerat, volens aliquid usurpare, de liberis hominibus ejusdem curtis D solidos denariorum violenter extraxit, quia omnes eos sui juris esse dicebat, et maxime eos quos vulgus albanos vocat. Unde reclamantibus monachis, post sepius declinata juditia, tandem interdicto divini offitii et agnitione justitiæ ad satisfactionem compulsus, supradictos D solidos manu propria guagiavit abbati Sancti Albini Giraldo, Andecavis, in camera episcopi, abbate residente ad dexteram episcopi, Berlaio vero ad sinistram. Guirpitis supradictis liberis et albanis unde cum monachis contenderat, ibidem ergo audientibus qui aderant, presens carta vulgaribus verbis expressa est distincte et aperte a Marbodo archidiacono, et iterata concessione Berlaii tota confirmata et roborata. Accepit tamen inde a monachis Sancti Albini ccc solidos, et Ursus de Monasteriolo LX. Actum Andecavis, in vigilia Pentecostes anno MLXXXVII°, videntibus et audientibus quorum hic nomina subscripta sunt : Gaufrido Andecavorum episcopo, Marbodo archidiacono, Gaufrido Martini, Girardo abbate Sancti Albini, Hucberto priore, Motberto monacho, Salomone monacho, Rotberto monacho, Matfrido monacho, Girberto monacho, Tetbaudo monacho, Mauricio monacho, nepote Girberti monachi. Ex parte Berlaii : Ursone de Monasteriolo, Tetmaro de Doeto, Girardo filio Emenonis, Petro de Coldreis, Haimerico de Arceio, Walterio David, Evrardo Bisiolo, Bernardo Bruno, Durando furbilione. Ex parte monachorum : Adhelardo de Senona, Aldulfo preposito, Walterio Borno, Rannulfo Rusello, Haimaro Malpetit, Rotberto de Insula, Rotberto de Treviis, Gaufrido Pulsato, Fulcrado corvesario, Barbotino, Willelmo Pinthone, Fortino.

Ego Isembertus, Pictavorum episcopus, auctorizo et consigno hoc scriptum, a monachis Sancti Albini michi oblatum, astipulante hoc ipsum æcclesiæ Sancti Petri, cui ego gratia Dei presideo, clero (1) ac mecum promittente adjutorium monachis supradictis, per ministerium nostrum, contra illos qui hujus scripti firmitatem infringere aut adnullare presumpserint; presentibus et laudantibus testibus istis : Petro archidiacono, Lisoio capellano, Rotberto canonico Archemore cognominato, Willelmo cubiculario, Walterio monacho de Hispania, et aliis multis.

Signum Isemberti Pictavorum episcopi †. S. Petri archidiaconi †.

---

(1) Méron et Montreuil-Bellay dépendaient du diocèse de Poitiers, dont l'église cathédrale est consacrée à saint Pierre.

CARTA DE CONSUETUDINIBUS QUAS HABET BERLAIUS IN MAI-
RONO, QUÆ CUM SUPERIORE CARTA JUNGENDA EST QUÆ AB
EODEM BERLAIO ET A RAINALDO THESAURARIO, AVUNCULO
EJUS, FIRMATA EST (1).

(Vers 1090.)

Domum debent habere monachi in castello Mosteriolo, in qua per singulos annos mittet prior Maironi
de annona et de vino suo convenienter ad reservandum
ibi, et inde retollendum quando voluerit. Ipsa autem
cum habitatoribus suis ab omni consuetudine libera
esse debet et immunis; nec distringentur habitatores
nisi per manum monachorum et prepositi eorum. Pratum comitis, quod est sub Monsteriolo, colligent dimidium per singulos annos et in grangiam portabunt
homines de Mairono : uno anno superiorem partem et
alio inferiorem. Quod si pro hac re de aliquo eorum
clamor fuerit, non distringetur nisi per monachos et
per prepositum eorum.

Si dominus Monsterioli perrexerit in exercitum
comitis Andecavensis et duxerit secum milites suos et
gildiam, ibunt homines Maironi in excubiam castelli,
ita ut dominus castelli priori de Mairono hoc sugge-
rat et prior, per prepositum suum aut per aliquem
suorum, homines summoneri faciat; ibuntque ad ex-
cubandum dimidii una nocte et dimidii alia; et cum
ierint, dormient et jacebunt apud amicos et domes-
ticos suos per castellum. Quod si assaltus aut hujus-

---

(1) Cartul. de Saint-Aubin, chap. XIX, ch. 13.

modi aliqua necessitas castello insurrexerit, parati erunt ad defensionem castelli; si autem de absentia alicujus clamor fuerit, non distringetur nisi per monachos aut per prepositum eorum.

Post concordiam itaque quam monachi Sancti Albini cum Rainaldo tesaurario fecerunt, Berlaius, nepos ejus, honorem Monsterioli adeptus, iterum multas consuetudinum querelas eisdem monachis intulit; quas omnes monachi Sancti Albini, partim pecunia, partim vero justicia ecclesiastica, reppulerunt, excepto hoc quod hic scriptum est, quod superiori carte ab avunculo suo factæ idem Berlaius inseri precepit. Sed quia factum non est, ne cito a memoria laberetur, hic fecimus annotari.

CARTA DE VINAGIO QUOD VOLUIT BERLAIUS IMMITTERE MAIRONO, IN TERRA SCILICET ILLA UNDE VINEE ERANT EXTIRPATE, ATQUE DE CONCORDIA CUM EODEM EXINDE PERPETRATA (1).

(Vers 1090.)

Notum sit cunctis, presentibus atque futuris, quia Fulco comes Junior dedit Berlaio de Monsteriolo vinagium quod habebat in terra Sancti Albini de Mairono. Post aliquantum vero temporis, cepit idem Berlaius monachis supradicti sancti multas inferre molestias, dicens se debere vinagium habere de illis terris unde pridem vineæ extirpatæ fuerant, quæ vinagium reddiderant. Quod monachi se minime facturos res-

_____
(1) Cartul. de Saint-Aubin, chap. xix, ch. 15.

pondentes, dixerunt quia nunquam tempore priorum comitum, nec ipsius Fulconis adhuc regnantis, hujuscemodi consuetudinem reddidissent. Unde discordia aliquandiu interposita, tandem Berlaius, erga monachos se injuste agere recognoscens, calumpniam vinagii quod requirebat ex toto monachis dimisit: benivolo animo eisdem concedens ut sicuti sine calumpnia tempore antiquorum comitum tenuerant ita ex tunc in antea tenerent, excepto ut si in illis terris vineæ aliquando reedificarentur unde extirpatæ fuerant vinagiumque reddiderant, vinagium inde sibi redderetur; ita tamen ut per aliquem suum hominem primitus cumprobaret quod vinagium solitæ fuissent reddere.

Hæc igitur concordia, ut rata inconcussaque consisteret, dederunt monachi Beati Albini prefato Berlaio xv libras denariorum, audientibus et videntibus istis : de parte Berlaii, Willelmo milite de Turre, Gosleno Segaudi qui tunc vicarius erat de Mairono; de monachis, Hucberto de Castro Gunterii, Goscelino qui tunc obedientiæ preerat; de famulis monachorum, Fulcrado preposito, David de Mairono.

CARTA DE MOLENDINO DE MAIRONO QUOD DIRUPERAT BERLAIUS DE MOSTERIOLO (1).

(1087-1106.)

Audiant filii et successores nostri, litteras istas vel legant et in eis scriptum invenient, quod Berlaius de

---

(1) Cartul. de Saint-Aubin, chap. xix, ch. 3.

Mosteriolo, per consilium malorum hominum, dirupit sclusiam molendinorum nostrorum, et quoddam molendinum ita vastavit ut molere non posset. Quod audiens abbas Girardus (1), ipse et quidam de fratribus perrexerunt ad eum, rogantes ut dampnum quod eis fecerat recognoscere et emendare dignaretur; sed tunc eos audire contempnens, perpetratam injuriam emendare noluit. Transivit itaque aliquantulum temporis spatium eo in malitia permanente, sclusiaque dirupta et molendino non molente. Postea, Deo volente, recognoscens quod injuste monachos tractaverat, dedit eis potestatem reedificandi sclusiam et molendinum sicut ante vastationem fuerant, promittens se non ultra ea lesurum. Propter hanc conventionem, ut eam erga monachos firmissime teneret, dedit ei Hubertus monachus, qui tunc apud Maironum erat, c solidos denariorum, et Girardus abbas perdonavit ei vIII libras quas ipse Berlaius ei debebat. Testes istarum rerum sunt isti: Haimericus de Bernezai, Walterius Davit, Haimericus de Arzai, Hubertus monachus qui tunc obedientiæ preerat, David famulus ejus.

CHRONICA VEL SERMO DE RAPINIS, INJUSTICIIS ET MALIS CONSUETUDINIBUS A GIRAUDO DE MOSTERIOLO EXACTIS; ET DE EVERSIONE CASTRI EJUS A GAUFRIDO COMITE.

Ad laudem et gloriam regis regum et principis principum et Domini dominorum, qui in unitate sua cœlesti magnus et laudabilis et in sanctis suis semperest

---

(1) Girard, abbé de Saint-Aubin, de 1082 à 1106.

mirabilis [nos] (1) inspirati ab illo qui discit sapientibus sapientiam, qui docet hominibus scientiam, qui linguas infantium disertas facit, qui arcana revelat de tenebris et abscondit vel in lucem prodit ea quæ nostris acciderunt temporibus, de beatissimi præsulis Albini virtutibus, sagaci studio litterarum, sequacibus memoriter tradere curavimus.

Fuit itaque nostris temporibus quidam tyrannus, nomine Giraudus, Berlaii filius, qui castrum Mosterioli post patrem suum Berlaium crudeliter rexit; de quo qualis fuerit et qualem vitam duxerit et qualiter indignam vitam digna morte finierit, meus specialiter sermo enarrabit. Erat vir iste crudelissimus, dolo et astucia serpentinus, moribus ac [crudelita]te caninus, [voraci]tatis rapacitate lupinus, feritatis inmensitate leoninus, cordis inflatione taurinus, colore corporis et habitu mentis neronianus; et ut eum qui se transfert in Angelum lucis amplius imitaretur, [eum mali-]tiositate aliquando simulare videbatur.

In prædicto vero castro Mosterioli ab antecessoribus suis fundata erat ibi turris damasci fortis et mirabilis, quæ ita circumdata murorum plurimorum circumquaque constructionibus cingebatur ut omnibus hominibus, præ nimia fortitudine, in admirationem et stuporem haberetur. In hujus ergo castelli munitissimis munitionibus, quasi leo in spelunca sua habitans Giraudus, nunquam nisi raro inde egrediebatur, quippe qui felis [am]arissimis humoribus totis perfusis visceribus, modo frigoribus modo caloribus et

---

(1) Le mauvais état du ms. a nécessité des restitutions qui sont placées entre crochets.

variis sæpe [et] propriis incommoditatibus premebatur. Igitur adjunctis secum multis fortissimis viris, veneno suæ maliciæ infectis, omnes villas et provincias proximas et cunctas circumquaque devastabat æcclesias suæ propinquitatis, omnes et earum [homines] et possessores gravi jugo servitutis deprimebat. Præterea loqui [non superflu]um duximus de his quæ in curtem sancti ac gloriosissimi, præsulis Albini de Maïrono [a genti]bus supradicti agebantur tyranni.

Iste siquidem, potens in maleficiis, impotens vero in beneficiis, in tot et in tantis violans præcepta tonantis, in supradictam curtem tot et tantas et tam malas consuetudines et inauditas immiserat ut unaquaque ebdomada VIII solidos denariorum in hominibus ibidem commorantibus violenter extorqueret, et eos sæpissime, falsis appellationibus in curia sua vehementer affligens, redimere faceret. Quod enim in commune est [nec]essarium, in communi est sermone monstrandum : quod videlicet Giraudus et antecessores ejus [nichil] unquam penitus jure hereditario in tota supradicta terra possederunt; cum igitur verum sit quod monachi totam terram illam in jus proprium haberent, etiam antequam castrum Mosterioli a comite Andecavorum fuisset constructum et prædecessoribus Giraudi [illius datum].

Igitur præsentibus et futuris sit percognitum quod, sicut testantur fidelia scripta regum Francorum, et precipue Karoli Magni regis gloriosissimi, totam terram de Maïrono cum [silva de La]nthono ecclesiæ beati Albini, Andecavorum præsulis, a regibus Francorum solidam et quie[tam ab] omni consuetudine fuisse donatam, hoc etiam debemus memoriæ tradere quod in [tempore] dominationis Giraudi Berlaii [noscimus] advenisse.

Accidit itaque quadam [æstate], cum messes jam ad colligendum essent paratæ et monachi vellent, [ad jus suum] explendum, homines mittere, Giraudus ne hoc fieret nisus est prohibere, nisi ei prædicti monachi c. libras denariorum viderentur persolvere. Robertus vero abbas Sancti Albini (1), vir per omnia virtutum floribus adornatus et divinæ gratiæ muneribus approbatus, rem hujuscemodi audiens et tyranni voluntati satisfacere renuens, divinæ inspirationis instinctu, propriis pedibus viam una cum ceteris fratribus, sine aliquo vehiculo, cum labore maximo, per medium castrum Mosterioli, ab urbe Andecava usque Maironum pervenerunt, et sese ad colligendas segetes a quibus homines prohibiti fuerant aptaverunt.

Homines vero prædicti castri, cum monachos prætereuntes cernerent et inde sibi grave periculum et totius castri casum imminere præscirent, planctibus et lacrimis et suspiratibus imis Giraudum petierunt ut monachis obviam pergeret et veniam suppliciter postularet. Ille vero tyrannus, crudelis et rigidus, nulla suorum precibus pietate motus, sed magis ac magis iracundiæ facibus accensus, nec monachis obviam ire nec veniam voluit postulare. Nec multo post, jussione abbatis directis ad Giraudum nunciis, ille, non tam pie quam maliciose, monachos ad propria redire et hominibus messes permisit colligere. Igitur reversis ad propria monachis, Giraudus prædictam convenientiam minime tenuit, sed prædam monachorum violen-

---

(1) Robert de la Tour Landri, élu en 1127, mort en 1154.

ter rapuit et segetes de terra illorum ad castrum suum, per vim et rapinam, adducere fecit; ad extremum vero homines omnes monachorum ire [ad excubandum] coegit. Deus vero omnipotens, Giraudi maliciæ terminum volens ponere, hujuscemodi finem in præsentiarum visa est habere.

Itaque Gaufridus (1), Andecavorum comes nobilissimus, vir aspectu decorus, armis strenuus, consilio providus, scientia philosophus, cum tot et tantas injurias per totam terram suam a Giraudo illatas ferre non posset, in Domino confisus, adductis exercitibus, castrum supradictum viriliter obsedit (2), munitiones per gyrum construxit et per annum integrum moenia et ædificia universa circumquaque funditus eradicavit. Denique vallibus et fossatis terra et lapidibus impletis et machinis prope turrem adhibitis, ipsam quoque turrem undique fortiter expugnavit et conquassavit; Giraudum et qui cum eo erant, inde veluti serpentes de spelunca egredientes, captos retinuit, et turrem postea penitus prostravit et eam ad nichilum redegit. Comes vero et universus exercitus Deo et sancto Albino pro tanta victoria gratias reddidit, Giraudum et socios secum apud Salmuri castrum adduxit, eosque catenis astrictos custodiæ mancipavit. [Nunc autem] est perventum ad Beati Albini miraculum. Nam cum comes, venando fessa præ nimio labore membra, sequenti nocte, sopori dedisset, et sæpe evigilans de Giraudo quid ageret secum multa pertractasset, cum jam Luci-

---

(1) Geoffroi le Bel, comte d'Anjou et duc de Normandie.
(2) D'après la chronique de Saint-Aubin, ce siége fut commencé en 1150 et le château ne fut pris qu'en 1151.

fer mane [alterum diem] sibi et universo orbi radiando nunciaret, subito raptus in extasi mentis, visa est ei assistere quædam persona valde venerabilis; quæ ita semel et secundo et tertio dicente : « O Gaufride, comes venerande, ad Giraudum, quem captum tenes, vade, et litteras falsas quæ sunt de Mairono, et quas nemini vult ostendere, cito reddere compelle. [Quia enim precibus meis victoriam a Domino obtinuisti, tibi] necesse [est] obedientiam [istam, sicut] promisisti, antiquæ restituere libertati. » Hæc dixit et subito visio disparuit; sed quem visionis hujus dixerim auctorem nisi beatum Albinum pontificem, ecclesiæ suæ provisorem et defensorem?

Quam utique visionem cum comes, expergefactus, siniscallis suis, Gaufrido scilicet de Cleeriis et Hugoni fratri suo et Gosleno Turonensi, per ordinem retulisset, prior ecclesiæ B. Albini, nomine Guarinus, subito ad comitem intravit et eum, ex parte abbatis et totius congregationis, humiliter salutavit. Comes vero, lacrimas fundens præ gaudio, visionem priori referri jussit, causamque ei itineris sui aperuit. Statim directis ad Giraudum nuntiis, ei mandavit ut cartam quam habebat, in qua erant scriptæ consuetudines de Mairono, ei transmitteret : dissimulans se velle videre et cognoscere quot et quales consuetudines in supradicta terra apprehendere deberet, quamdiu terram illam in manu sua haberet. Quam quæsitam Giraudus ad comitem transmisit; comes vero priori tradidit et ut eam abbati traderet præcepit (1).

---

(1) Il est curieux de rapprocher ce récit de celui fait par Jean de Marmontier dans son histoire de Geoffroi le Bel.

Post modicum vero temporis, comes Gaufridus et Normannus episcopus, cum magno comitatu nobilium, tam clericorum quam laicorum, statuto die in capitulo Beati Albini simul venerunt; et in præsentia Rotberti abbatis et omnium qui aderant, cartas de Mairono comes præcepit afferre et legere, et propter laicos jussit sigillatim exponere. Omnes vero qui ibi aderant, postquam ea quæ in cartis continebantur audierunt, de tam malis et inauditis consuetudinibus mirari vehementer et ultra quam credi potest cœperunt, et ut obedientiam supradictam a tantæ servitutis jugo liberaret unanimiter rogaverunt. Ille vero cartas de manu monachi qui eas legerat arripuit et propriis manibus in puteum projecit, postea autem inde astrahi et igne jussit comburi. Consilio vero et voluntate filiorum suorum, Gaufridi scilicet et Guillelmi, et omnium ibi astantium, sicut erat jam dudum divinitus ammonitus, omnes malas consuetudines et exactiones quas Giraudus et antecessores ejus in terra Maironii immiserant penitus conquassari et adnullari stabilivit et antiquæ libertati restituit (1); retentis in manu sua tribus tantummodo forfactis, videlicet homicidium, furtum et incendium, quæ antecessor ejus Gaufridus Grisa Gonella, in carta sua de terra Sancti Albini retinuerat. Hæc omnia vero tradere scripto

---

(1) *Bulle privilège du pape Eugène III en faveur de l'abbaye de Saint-Aubin, datée du xvi des kalendes de décembre* 1152.

Præterea libertatem seu immunitatem a nobili viro Gauffrido, Andegavensi comite, et filiis ejus obedientiæ vestræ de Mairono, super pravis et indebitis consuetudinibus eidem loco impositis, concessam et scripti sui munimine roboratam, vobis auctoritate sedis apostolicæ confirmamus.

mandavit et sigilli sui auctoritate munivit; et omnibus heredibus suis, ut se et illos Dominus ab omni malo liberaret et ad vitam æternam perveniret, hanc libertatem custodire jussit. Sicque factum est.

Post tempus minimum, fir[mata] pace cum rege Francorum, prostratis jam undique sub pedibus suis cervicibus omnium inimicorum suorum, cum ei divina bonitas cuncta prosperaret juxta velle suum, gaudente [diabolo], plangente populo, comes nobilissimus migravit ad Dominum [et nunc in cœlo, cum] agminibus angelorum, Deum collaudat assidue in sæcula sæculorum. At vero Giraudus, [ludibrium] hominum factus et in angustia spiritus positus, cum ei superna pietas Dei [in futuro et] in presenti sæculo desideraret, gaudente omni populo, cum dedecore maximo transiit a sæculo.

Igitur, fratres carissimi, beatum Albinum, patronum nostrum semper in memoriam habe[atis, in cujus honorem] hæc omnia scripsimus ut. . . . . . .
. . . .

VITA BEATI GIRARDI

MONACHI SANCTI ALBINI

ANDEGAVENSIS.

VITA BEATI GIRARDI

MONACHI SANCTI ALBINI ANDEGAVENSIS.

PROLOGUS.

Cum, sanctissimi Girardi notitiæ fidelium gesta scribendo tradere cupientes (1), Dei omnipotentis, a quo omnis sapientia est, misericordiam et auxilium imploramus, ut qui ei bene vivendi virtutem largitus est nobis facultatem tribuat bona ejus opera digne referendi. Non enim levitatis vel arrogantiæ, sed totius pietatis et obedientiæ causa, seniorum nostrorum imperiis et precibus victi, majorem viribus laborem assumpsimus; qui beatum virum una nobiscum viventem in corpore viderunt, audierunt et dilexerunt, ideoque admirabilem ejus vitam in exemplum hominibus profuturam mandari litteris merito censuerunt : sicut enim dicere quod noceat perniciosum est, ita silere quod proficiat invidiosum est. Quod si aliquis, imperitiam nostram vilitatemque nostri status fastidiens, culpandum putaverit quod materiam et disertis viris

___

(1) Mieux *cupimus*.

meritoque reservandam præoccupaverimus, hujus modi reprehensor meminerit dominum Ihesum non per magistratus et oratores sed per publicanos et peccatores sanctum mundo Evangelium enuntiasse; simulque consideret quod sanctus iste de quo loqui voluimus, humilibus et exiguis contentus, altas sæculi res pro Christi amore postposuit et sanctæ Scripturæ simplicitatem tumentibus oratorum facetiis postposuit. Liceat ergo nobis de simplicitatis et humilitatis cultore simpliciter et humiliter aliquid elicere; et si non aurum et argentum, saltem pilos caprarum in tabernaculo Deo offerre. Confitemur equidem aliquem sanctorum (1) nobis doctiorem hujus operis relatorem esse debuisse; sed quia illud ab omnibus postponi cernimus, ruborem verecundiæ maluimus incurrere quam tanti viri operto silentio patiamur obumbrari. Multa quippe utilia, dum quasi melius dicenda doctis et indoctis sæpius prætermissa, oblivione deleta sunt; unde multum antiquorum studiis derogamus, quod vitas et gesta multorum scribere sanctorum neglexerunt quorum modo solemnitates colimus et actus ignoramus: exemplum quippe virtutis memoriæ hominum mundo placentium facile subducitur. Quapropter dabimus operam incredibilem, incredibilem et abstinentiam, digna hujus beati viri opera magis veraci quam diserto sermone describere : ut saltem quasi materiam habeant periti et sublimes unde, ad ædificationem ecclesiæ, loqui de illo diserte cum libuerit possint.

---

(1) Mieux *fratrum.*

VITA BEATI GIRARDI.

Igitur Girardus in pago Andegavensi, apud Castellum Gunterii, ingenuis parentibus procreatus est; quorum diligenti nutritus cura, sacro renatus baptismate, ecclesiasticis disciplinis imbuendus et litteris, religiosis præceptoribus traditus est. In ipsa autem pueritia erat ei maturum jam studium, singularis innocentia, ingenium non ad vitia sed ad ecclesiastica officia promptum. Psalmos, hymnos, cantica quoque ex libris propheticis excerpta assidue rimabatur; scurrilitates vero et obscenas poetarum turpitudines, quas sine jactura pudicitiæ vix ullus hominum discere aut docere prævalet, a corde et ore removit; lectiones autem autenticorum librorum quæ diversis temporibus in ecclesia recitantur, homelias quoque Evaugeliorum, antiphonas et responsoria, simulque cantilenam sancti Gregorii, discere curavit et memoriæ commendare. Hiis et hujusmodi pueritiæ suæ tempora studiis occupavit, et pectus Deo penetrale futurum non vitiis sed bono virtutum odore replevit. Ubi vero adolescentiæ annos attigit, vigiliis, orationibus atque jejuniis corpus exercere cœpit; sacris ordinibus more ecclesiastico sibi traditis, omni puritate vitam suam custodiens, acceptabilem se Deo et omnibus hominibus exhibebat. Virginitatis perpetuæ amator et custos, corpus suum ab omni spurcitia incontaminatum custodivit; nec ob id, in superbiam elatus, inferiores se unquam despexit, sed ad meliora hortari satagebat. Qui enim de virginitate vel abstinentia superbire non metuit, ita virtutes sicut brutum animal panes bajulat : quia nec brutum animal de panibus reficitur, nec superbus de virtute remuneratur. Quapropter iste sanctus, sicut luxuriam, ita quoque jactantiam, odium, cupiditatem, avariciam vitavit, contempsit, calcavit; a murmurationibus, a detractionibus, a læsionibus proximorum animum, linguam manusque continuit; omnibus benivolum, omnibus mitem, omnibus mansuetum se præbuit; et quia otiositas inimica est animæ, otio animum nunquam marcescere permisit. Plerumque in agro, nonnunquam in vinea, sæpius in horto aliquid operabatur. Circa ecclesiam maxime semper occupatus, sollicitus erat si altare venustum, si lampades mundæ, si parietes absque fuligine, si vestimenta integra et nitida, si vasa sacrosancta decenter reposita essent. Diligebat quippe, cum propheta, decorem domus tuæ, Domine. Talibus studiis talibusque virtutibus subdiaconus et diaconus effulsit.

Cum igitur juventutis annos ita transegisset, impulsu et favore bonorum, imo potius Dei nutu, sacerdos ordinatus est; in quo ordine positus, extendit vigilias, augmentavit jejunia, orationes multiplicavit. Elemosinas pro posse suo indigentibus libentissime largiebatur ; curam animarum agens, ignaros instruebat, errantes corrigebat, miseris subveniebat. Non opes aggregare, non prædia multiplicare, non domos immensis trabibus aut columnis ædificare curavit; sed omni modestia contentus, honestatem in habitu, humilitatem in moribus preferebat, cum bene gaudentibus gaudebat, cum flentibus vero flebat. Gregem Christi a leone invisibili, qui semper circuit quærens quem devoret, assiduis orationibus protegebat, scurriliter et turpiter se agentes severis sermonibus corripiebat, rixantes pacificabat, omnibus exemplum boni operis in se ipso ostendebat. Ecclesiæ igitur doctor erat egregius, quia bona opera magis facere quam dicere satagebat; et certe magis laudabile est et acceptum Deo sub silentio bene vivere quam solummodo benedicere et doctrinam suam male vivendo polluere. Quapropter beatus Girardus quos minus docebat sermone perfecte bono instituebat opere, ita ut qui vitam ejus pie intuerentur quid agere deberent adverterent.

Cœpit interea animus ejus ad meliora provehi, et quasi antea nihil promovisset, ad ampliora virtutum exercitia totis desideriis anhelabat. Videns namque mundum, in maligno positum, amatores suos per varios anfractus vitiorum et illecebras vitæ corruptibiliter ad præcipitia trahentem, cum propriis omnibus delictis relinquere cogitabat, ut Christum, pro nobis factum egenum, egens ipse sequeretur. Agellis itaque et domibus suis, ut mos est apud nos, parentibus derelictis, et facultatibus aliis distractis et pauperibus distributis, monachus in monasterio Beati Albini factus est; in quo ordine ita vivere studuit ut qui ante perfectis in religione monachis æquandus erat, ipsos jam perfectos perfectione laudabili superaret. Erat enim miræ humilitatis, summæ obedientiæ, adeo ut etiam minorum imperia non contempsit. Omni vilitate vel extremitate contentus, tantæ fuit patientiæ, ut frequenter acceptis injuriis rideret; cumque regulam vigiliarum, jejuniorum et divinorum officiorum, quam fratres alii tenebant, perfecte custodiret, tamen illam in quantum poterat occulte orando, vigilando, jejunando supergrediebatur. Virtute compunctionis maxime habundabat : raro enim aut nunquam sacrificium Deo sine lacrimis obtulit; in ipsa etiam psalmodia vel privata oratione lacrimis sæpissime suffundebatur. Incredibilem vero abstinentiam et prolixas cruces, quas corpori suo postea intulit, non ipso fervore conversionis arripuit; sed gradatim et per incrementa temporum, bonis meliora, melioribus semper ponebat optima, donec ad summum perfectionis culmen attigit. Pulcrius est enim ad summa de parvis ascendere quam de summis ad ima corruere. Quia igitur beatus est qui suffert tentationem, quoniam, cum probatus fuerit, accipiet coronam vitæ, beatum Girardum permisit Dominus ab inimico humani generis diu multumque multipliciter tentari, nec superari.

Cernens denique malignus spiritus illum, utpote virginitatis custodem, luxuriam omnino abhorrere, avaritiam calcare, odium declinare, superbiam devitare, gulam domare mundumque cum omnibus ludibriis et illecebris suis contemnere, invidit et ad eum impugnandum omnem dolum et totius malignitatis suæ convertit argumentum. Et primo quidem, erraticis et vanis cogitationibus, pectus illius tempore orationis fatigabat. Postea vero, cum ille minime cederet sed e contra oratione et lacrimis attentius insisteret, prædictis cogitationibus vanas imagines et deliramenta somniorum adjungens, ejus mentem adeo concussit ut publice, coram conventu fratrum, qualibus a diabolo artibus impugnaretur exponeret, et orationem pro se fieri a fratribus cum magna cordis contritione deposceret; cui abbas ipsius cœnobii, nomine Girardus, vir prudentissimus et plene in scripturis sanctis eruditus, sermonem faciens et hostis antiqui fraudes detegens ac scripturæ sacræ multifaria documenta sanctorumque virorum qui viriliter resistentes diabolo, eum, Deo auxiliante, vicerunt, exempla proponens, famulum Dei meruit ab instanti periculo liberari. Fecit ergo Dominus beato Girardo cum tentatione proventum, ut posset sustinere. Deinde extra monasterium, per cellulas abbatiæ, a prædicto missus patre, tanto liberius quanto secretius spiritualibus exercitiis inhærebat.

Sequenti tempore, quidam de proceribus, nomine Berlaius, locum qui dicitur Brociacus Sancto Albino in elemosynam dedit (1) : ea scilicet ratione ut abbas ibidem, ad excolendum illum, unum de suis monachis mitteret. Cui loco ab abbate jussus præesse, beatus Girardus oratorium ibidem ædificavit, terram excoluit, hortos et vineas plantavit, et quasi heremita illic, cum paucissimis agricolis, manuum suarum labore vivere cœpit. Victus illi cum bubulcis et pastoribus suis communis erat, excepto quod adipem et vinum illis interdum largiebatur, ipse vero penitus ab hiis abstinebat; ex illo enim tempore a pane triticeo et vini potione

---

(1) De hoc dono revestivit ipse Berlaius (castri Mosterioli dominus) cum uno baculo Girardum abbatem, Andecavis, in capitulo S. Albini, feria IVᵃ, Vᵒ idus septembris, anno ab incarnatione Domini MXCVIIᵒ, indictione Vᵃ.... *Charte de fondation du Prieuré de la Madeleine sous Brossay.*

penitus abstinere cœpit, adipem vero pluribus ab annis ante jam non attigerat. Pisces autem, si quando illi ab aliquo pro caritate mittebantur, fratribus suis agricolis impertiebatur; ipse vero legumina et lac pro summis percipiebat deliciis. Quotiens tamen foris cum fratribus comedisset, pisces eliceos attingere videbatur, semper ostentationem fugiens et suam abstinentiam toto studio occultare desiderans. Arnone jam et stamine non induebatur, cilicio tamen sub cuculla indutus et tunica. Asseres etiam et astulas, tenuiter feno vel palea coopertas, posuerat in loco ubi cubare consueverat.

Tantam ergo gratiam ex illo jam tempore promeruit a Domino ut animas defunctorum, quæ ex hac luce transierant, sæpe visibiliter corporeis oculis videret, et malignos spiritus crebro contueretur et contempneret. Duos etenim ecclesiæ nostræ seniores, ante aliquot annos defunctos, quorum unus Gido alter Petrus dictus erat, quadam die ante altare oratorii sui positus ad se venientes vidit; a quibus cum quæreret quomodo essent, in pace se quiescere responderunt. Alia autem attentare miracula nolebat, humanam laudem tota intentione devitans. Quamvis vitam virtutibus dignissimam gereret, tamen sola pietas eum ad quædam opera impulit, quæ nullus negare potest esse digna miraculo. Referamus ergo ex eis, sub testimonio Christi, nonnulla, ad laudem Dei et memoriam sancti sui et ad ædificationem multorum.

Juxta prædictam possessionem in qua manebat servus Dei, est bosculus cujus arbores non magnæ proceritatis sed nimiæ solent esse densitatis, tantaque abundantia spinarum et veprium ut vix ullum per eamdem silvam iter appareret. Cum igitur quadam die quidam rusticus prope eamdem silvam deambularet, audivit sonitum magnum inter vepres et virgulta accurrentis bestiæ. Qui aprum vel bovem putans esse exspectabat, cum protinus videt serpentem truculenti vultus et insolitæ magnitudinis; quo viso rusticus, nimio timore correptus, adjutorium cum magno stridore et clamoribus implorabat. Cujus voces homo Dei audiens, oratorio suo egressus, accurrit, conspexit draconem in hominem illum impetum facientem; cui statim, misericordia motus, in nomine Christi et facto signo crucis, imperavit ut hominem dimitteret et quam citius discederet. Paruit illico mala bestia et recessit et, silvæ densitatem repetens, amplius in illo loco non apparuit; vir autem Domini hominem ereptum, qui adhuc quasi febrem patiens tremebat, refovit et consolatus est ac sanum et incolumem ad propria redire jussit. Ad hoc igitur miraculum compassio illum et caritas impulit, quia maluit virtutem facere quam fratri non succurrere.

Per idem tempus vulpis, ex proximo nemore veniens, colonis ipsius ruris damnum inferre consueverat, gallinas eorum rapiens et devorans; cumque de hac re pauperes illi apud hominem Dei Girardum sæpissime quererentur, quadam die, summo mane, vulpis veniens domos pauperum circuire cœpit, prædam quærens quam raperet. Cum ergo in loco illo visa fuisset, eam rustici cum baculis et canibus sequi cœperunt. Unus etiam, jaciens baculum, eam percussit, quæ fugiens recto cursu ad genua viri Dei, qui juxta oratorium suum orans sedebat, venit et quasi catulus domesticus ejus vestigiis adhæsit; ipse vero inter genua sua suscipiens eam, increpato percussore et repulsis canibus, vulpem velut privatum animal manu mulcebat et solita ei simplicitate loquebatur. « Cur, inquit, o bestiola, gallinas pauperum rapiebas? Cur tale damnum hominibus nostris faciebas? Modo prope capta es et morti tradita; vide ne amplius hoc facias. Quod si feceris, si quando fueris capta, non alium fidejussorem quam pellem dabis tuam. » Talia dicens et ab ortu solis usque ad horam diei primam mansuete illam sub veste sua morari permittens, quando sibi placuit præcepit ut sana discederet; at illa, dicto citius obediens, ad propria latibula recessit et gallinas pauperum, ut audivimus, postea minime invasit. Quis hæc miracula neget esse? Quis non ob ista in laudem Dei resolvat ora, et merita sanctissimi servi sui Girardi prædicet!

Plurimis etiam videntibus et stupentibus, parvæ aviculæ, quæ semper hominum præsentiam refugiunt, ad eumdem virum Dei advolare consueverant et cibum ab eo intrepide accipere; quibus ipse grana seminum et nuces dabat, ita ut cum satiatæ aliæ discederent, aliæ satiandæ vicissim succederent. Sed hæc quamvis mira sint, tamen, in comparatione aliorum quæ gessit et durissimæ abstinentiæ ejus, ad quam sermo festinat, satis parva esse creduntur. Cum igitur, per decem et eo amplius annos vir Dei in prædicta villula commoratus, angelicam duceret conversationem, inimicus humani generis incitavit quemdam militem, nomine Jofredum, vicini castelli, quod Duatum vocant, dominum, ut persequeretur eum. Nam cum inimicitias prædictus miles exerceret adversus Berlaium, qui supradictam possessionem Sancto Albino donaverat, virum Dei Girardum, quasi Berlaii monachum, odio habens, et ejus substantiolam diripere gestiens, quadam die cum valida manu satellitum suorum improvisus ad domum ejus accurrit. Præsenserat quidem adventum ejus vir Dei et pauperes agricolas fugere fecerat; ipse vero cum pecudibus et sarcinulis suis in rupe sua se receperat. Filius ergo iniquitatis per agros discurrens, dum homines quos quærebat et pecudes non invenisset, furore arreptus, cum igne et fumo in rupem super beatum virum impetum fecit, volens rupem capere et servum Dei Girardum vel occidere vel, pecoribus captis, eum nudum dimittere; quod facere non potuit, quamvis ad hoc diu multumque cum comitibus suis sudaverit. Mirum dictu, sedebat interius senex solus, sine armis, sine defensoribus, sine ullo portarum obstaculo, quando foris diabolus, per ministrum suum, ardebat, fumabat, strepebat et quasi per rimas vasculi sui se ipsum horribilem et omni bellua truculentiorem quodam modo videntibus ostendebat, donec orationibus viri Dei repulsus, victus et confusus abscessit. Peccatum ergo infelicis illius viri vere misericors amarissime flevit, et illi adeo indulsit ut nec querimoniam quidem apud quempiam faceret.

Abbas autem et monachi beati Albini, audientes persecutionem quam servo Dei diabolus faciebat, eum a prædicto rure accersitum ad prædium quod Sarmasias dicitur migrare fecerunt; ubi tanta abstinentia se ipsum affligere cœpit ut monachus cum quo morabatur, nomine Ulgerius, ad monasterium veniens, abbati suggereret quod ipse servus Dei se penitus fame occideret. In hac ergo possessione cum se ipsum holocaustum vivum Domino quotidie immolaret, quadam die antiquus hostis, non in visione aut per somnium sed aperte et visibiliter, cum grandi turba satellitum arma bellica gestantium, eum in oratorio positum subito aggressus est, et impetu facto orantem obruere et discrepere moliebatur. At ille parum territus, Dei et beatæ Mariæ auxilium, luminibus in cœlum intentis, implorabat, et spem in Dei misericordia habens, terribiles minas et truces inimicorum vultus despiciebat; cumque clamaret ad Dominum, de illius auxilio securus, repente contra spiritus immundos signum crucis fecit. Illico omnis illa turba spirituum malignorum, ut fumus vento tactus, evanuit; sed recedens tam terribili strepitu omne illud oratorium concussit ut terra tremuisse et cellula funditus corruisse ipsi bono viro visa sit, fratres quoque, qui in ea tunc meridie in lectulis suis quiescebant, eadem concussione excitarentur. Servus ergo Dei, hostibus fugatis, majestati psallere cœpit quia ibi contriverat Dominus capita draconis et confregerat potentias, arcum, scutum, gladium et bellum, atque illuminaverat eum a montibus æternis. Laudanti igitur et gratias agenti, dominus Jhesus in summa cœli arce stans apparuit et ei, ut ipse postea confessus est, elevata manu benedixit. Nec hoc incredibile esse debet cum ipse Dominus in Evangelio pollicitus sit dicens: *Beati mundo corde, quoniam ipsi Deum videbunt;* promissa siquidem veritatis aliquando in præsenti sæculo explentur, aliquando in futuro complenda servantur. Hac ergo visione servus Dei exhilaratus ita deinceps robustus est redditus ut nunquam postea dæmonum impetus, quamvis oculis ejus sæpissime se ingererent, formidaverit.

Post hoc, jubente abbate, ad monasterium reversus, accepta licencia, secrete a monacho qui elemo-

sinæ fratrum præerat, nomine Arduino, panem ordea-
ceum postulavit, cum aqua cinere aspersa confectum ;
quo ad voluntatem ejus parato, uno pane parvulo
multis diebus usus est. Vino et piscibus pulmentisque
prorsus abjuratis, pomis arborum herbisque crudis
sine sale interdum utebatur. Potus ejus erat amarissi-
mus, aqua scilicet cum foliis lauri cocta. Hac itaque
esca aliquanto tempore usus, majorem abstinentiam
arripere cogitabat ; anima quippe Deo adhærens sibi
defectum videri (1) incurrere nisi semper possit melio-
rando proficere. Quapropter beatus Girardus ex illo
tempore ab omni pane et ab omni potu cœpit abstinere, herbis atque radicibus, pomisque arborum vel
nucibus sive cepis pro summis contentus deliciis ; si
quando ista deficiebant, aliquando mel et in præcipuis
solemnitatibus piscibus sine sale et potu utebatur. Non
tamen ob istam incredibilem abstinentiam a choro
psallentium deerat, sed omnibus diurnis et nocturnis
horis cæteros fratres ad Dei servitium anticipabat.
Omnibus noctibus in oratorio magnam partem noctis
ante vigilias pervigilem ducebat, post vigilias vero ad
stratum non revertebatur : quare, abbate et fratribus
concordantibus, a supradicto elemosinario ædificata
est ei domuncula juxta ecclesiam, in qua postea omni
die jejunans post vesperas reficiebatur ; in qua etiam,
nocturnis diurnisque temporibus, orationibus cum
lacrimis et gemitibus sine cessationibus vacabat. Qui
cum tantæ virtutis esset, nunquam tamen ob hoc vitio
succubuit jactantiæ, non aliorum prandiis detraxit
sed infirmis sæpe sorbitiunculas, cum adipe vel vino

---

(1) Mieux *videtur*.

factas, manibus propriis offerebat; et si paululum tardasset prioris sententia, sollicite illis misericordiam impendi flagitabat. Omnibus infirmis ciborum suorum reliquias quærentibus hilariter porrigebat et omnibus fratribus ad se venientibus cibos suos, etiam cum magnam pateretur penuriam, libentissime largiebatur: ita ut vix unquam aliquem vacuum a se abire permitteret.

Ipse autem, adhuc in mortificatione carnis suæ animatus, huic abstinentiæ adjecit ferreos nexus, quibus corpus suum durissime circumdedit. Torque igitur ferrea collum suum ambiit et ad ipsam torquem lapidem suspensum gestabat; cingulo ferreo, prope trium digitorum latitudinem habente, per ventrem sub cilicio cingebatur; annulos quoque ferreos in utroque brachio prope scapulas et prope manus, duobus scilicet in locis, habebat; similiter in utraque coxa et in cruribus circulos ferreos gestabat. Tali tantoque discrimine corpus suum damnaverat. Si quando vero parvum somnium percipiebat, super terram trunco vel lapide ad caput posito se reclinabat. Quid alii sentiant ignoramus; nos fidenter astruimus beatum Girardum inter tot cruces immensum tulisse martyrium : quotidie ergo lacrimæ, gemitus, et oratio sine intermissione. Denique quando per hortulum cellulæ suæ cohærentem deambulabat, cum parvissimo bidente noxia gramina eradicando, semper psalmum in ore habebat, venientibus ad se hilarem se præbebat et consilium sanctæ religionis illis ministrabat. Omni tempore quædam sancta læticia et rubor in facie ejus apparebat, unde satis mirabantur qui illius abstinenciam noverant, claritatem vultus ejus intuentes : septem quippe et fere amplius annis ab omni pane et ab omni potu, excepto dominico corpore et calice, abstinuit, nec ob hoc tamen tristi aut pallido vultu, ut diximus, erat.

Hunc igitur virum quis modo vere felicem dicere dubitaverit? cujus tota intentio totumque studium fuit Deum proximumque diligere et Dei servitio adhærere, cætera omnia quæ videntur in mundo nec nata computare; qui, quamvis carnis carcere circumdatus in terris degeret, ejus tamen tota conversatio secundum apostoli dictum in cœlis erat : unde non solum animas reorum sed et spiritus bonorum sæpissime contemplabat. Nam, ut ipse quadam vice cuidam familiari suo retulit, beata Dei genitrix Maria, quam post Deum omni virtute, omni studio omnibusque viribus excolebat, ei quadam nocte in ecclesia vigilanti apparuit et suam sanctissimam dexteram super eum extendisse dignata est, sanctam ejus abstinenciam Deo placitam et se ejus adjutricem fore commemoravit. Hoc igitur adjutorium quod beata mater misericordiarum illi promiserat in fine sibi affuturum beatus Girardus dicebat. Unde et ipse, sanctum nomen ejus invocando, ut in loco suo plenius referemus, ultimum exhalavit flatum; sed nunc ad ea quæ de illo interim dicenda sunt revertamur.

Sub ipso tempore, cujusdam patris, ante paucos annos defuncti, vidit animam in purgatoriis pœnis detineri. Cui vehementissime compatiens, tota intentione ad Dominum conversus, orationi cum suspiriis et fletibus pro ereptione ejus incubuit, quotidie salutare sacrificium cum magna cordis contricione offerens; nec prius destitit donec illa anima, absoluta, secundo illi appareret et pro liberatione sua, inclinato capite, ei gratias ageret. Multoties aliorum multorum, etiam qui ex hac luce migraverant, pœnam vidit et salvationem et quorumdam, quos reticere melius est, cognovit perditionem. Hæc si quidem dum referret, quibusdam incredibilia videbantur; sed plane incredibile non debet esse hominem spirituales naturas contra humanum morem posse conspicere, qui supra humanum modum spiritualiter prævaluit vivere. Causantur etiam aliqui, parum in scripturis sanctis eruditi, dicentes : « Si ita spiritualis erat iste vir ut spirituales creaturas posset conspicere, cur et alia prodigia quæ olim et spirituales viri faciebant ipse non fecit? » Quibus respondemus sanctam illius abstinentiam ingens quoddam miraculum fuisse, cui digne alia æquari miracula minime possunt. Nam multa miracula fieri in Evangelio Dominus protestatur. Quibus in judicio dicentibus : « Domine, Domine, nonne in nomine tuo prophetavimus et in tuo nomine virtutes multas fecimus? » Ipse dicturus est : « Amen dico vobis, nescio vos. » Patet igitur quod dignius et melius est puram vitam sine signis ducere quam signa et prodigia sine bona conscientia facere. Si quidem quod quidam, sæcularium litterarum peritus, ait : *Virtutis fructum sapiens in conscientia ponit, minus perfectus in gloria;* hoc beatus Girardus, quamvis litteras sæculares funditus ignoraret, perfecte complere sategit : quia conscientia primo contentus, minus gloriam quæ de signis exoritur quæsivit, licet ipsa sanitatum gratia non omnino illi defuerit, sicut deinceps fideliter narrare egrediemur.

Andegavis, apud Sanctum Laurencium, erat quædam reclusa, nomine Petronilla, ex multo tempore ibi Deo serviens, quæ magnopere expetebat ut de reliquiis ciborum viri Dei Girardi accipere mereretur. Quod cum vir beatus agnovisset, ei libentissime, sicuti omnibus petentibus solebat, partes ciborum suorum transmisit; quibus illa cum ingenti gaudio receptis apud se honeste recondidit. Non multo post, quædam mulier filium suum infirmum ad prædictam Beati Laurencii ecclesiam attulit, cujus guttur et fauces morbo illo qui a medicis anguina dicitur tam graviter intumuerant ut nec verba proferre nec cibum glutire prævaleret. Cumque mater ejus cum ipso languido in eadem ecclesia unam noctem pervigilem duxisset, et vix hora vel momento a gemitu et clamore quiesceret, prædicta sanctimonialis reclusa, ejus dolori compatiens, vocavit eam ad se et ait illi : «Ecce, mater, penes me habeo reliquias ciborum sanctissimi viri Girardi, qui apud monasterium Beati Albini moratur. De hiis, si placet, filio tuo demus; et si habes fidem quod meritis servi Dei possit salvari, procul dubio recipiet sanitatem.» At illa, cum ingenti gemitu, clamare fidem se habere, ut infirmo daretur viri Dei benedictio vehementer deposcere. Assumptis itaque fidei speique viribus, reclusa venerabiliter quartam unius pomi partem infirmo mox, sub invocatione sanctæ Trinitatis, intulit. Mirum dictu : mox ut infirmus illud salutare pomum ore suscepit et glutivit guttur, fauces ejus omnis languor deseruit; et recepto linguæ officio vocavit matrem suam et consolari cœpit, atque se incolumem factum commemorans, oblationem suam Deo super altare Sancti Laurencii obtulit et sic sanus cum matre sua recessit. Post hæc prædicta reclusa aliquantis sanctimonialibus in claustro Sanctæ Mariæ (1) febricitantibus, de eisdem reliquiis porrexit; quæ omnes, Deo miserante, sanitatem receperunt.

Panem et vinum et generales escas quæ illi cotidie, sicut uni de fratribus, competebant per singulos dies de refectorio, accipiebat elemosinarius et ubi ipse beatus delegaverat transmittebat. Erat autem apud vicum qui Trelaxiacus dicitur alia reclusa, nomine Osamina, multo tempore in sanctimonio ibi Deo serviens, cui uno die in ebdomada prædictam caritatem transmittebat. Igitur quadam [die] cum prædicta sanctimonialis panem et vinum beati Girardi sibi allata accepisset, quidam peregrinus juxta domunculam venit et importune elemosinam flagitare cœpit : cui cum illa primo nihil dare vellet, quia panem ibi non habebat præter panem domni Girardi, tandem, tædio victa, partem de illo pane benedicto dedit peregrino. Reliquam partem reponi fecit; cumque tota die usque ad vesperam more sibi solito jejunasset, sero admonente famula sua, cibum decrevit sumere. Facta ergo oratione panem beati viri, de quo partem pauperi dederat, sibi jussit apponi; quem cum famula afferre vellet, mirum dictu, integrum repperit. Statim, clamoribus et laudibus cellulam replens, integrum panem dominæ suæ retulit; quo viso stupefacta sanctimonialis, diu et ipsa in Dei laudibus inmorata est. Accepto itaque cultello, cum partem ejus desecuisset et famulæ suæ dedisset, in ipsa parte species cruoris apparuit. Credo equidem quia illum panem sanctificaverat panis vivus

---

(1) L'abbaye de Notre-Dame de la Charité, d'Angers, nommée depuis le Ronceray.

qui in deserto quinque panes, ut reficeret turbas, multiplicavit, cujus carne pascimur et potamur.

Vocato igitur presbitero quodam, nomine Petro, supradicta Dei famula, ostenso pane, rem ex ordine retulit; sacerdote vero et populo Deum proinde laudantibus, partem ipsius panis ipsa sanctimonialis reservavit, fidem habens ægrotantibus posse proficere, nec fides ejus inanis fuit. Denique presbiter fragmentum de illo pane infirmo dedit, qui per annos ferme tres febre diutina vexabatur; et continuo liberatus, salvus effectus est. Quædam vero mulier in supradicto vico hujusmodi infirmitates incurrerat ut, tumefacto gutture et inflatis faucibus, amitteret linguæ officium, nec ullum perciperet sibi subsidium; huic etiam cum predicta sanctimonialis offulam in ovo tinctam de illo pane porrexisset, statim morbo evanescente, sanitatem amissam recepit. Alius quidem homo, officio miles, caduco morbo vexabatur. Hic cum venisset ad sanctimonialem illam de prædicto pane petiit, accepit, comedit, sanusque discessit ita ut predicto morbo deinceps minime fatigatus sit. Aliæ etiam plurimæ sanitates de hoc pane factæ memorantur.

Quis tanta non obtupescat miracula; aut quis est qui ad merita hujus beati viri hæc non judicet referenda? Libere attestamur quia si grande miraculum est quando aliquis sanctus præsenti sibi infirmo suis precibus impetrat sanitatem a Domino, multo mirabilius miraculum est cum, absente ipso sancto et ignorante, Dominus per ejus merita sanitatem præstat infirmo.

Circa idem tempus, ipse beatus Girardus dolore pedis et tumore graviter vexatus est : scriptum quippe est quia quem diligit Dominus corripit, flagellat autem omnem filium quem recipit; flagellatur autem benignissimi patris benignus filius. Æquanimiter ac modeste præferens, studebat semper in doloribus gratias agere ; et cum sic infirmaretur ut se de loco ad locum removere non posset, detulerunt eum fratres in domum infirmorum et, lectulum ei construentes, pulvinar feno coopertum, eo absente, in eodem loco posuerunt. Quod ipse mox per spiritum cognovit, baculoque fenum excutiens pulvinar discooperuit, et, quasi accepta permotus injuria, omne fenum inde projici jussit; cilicium vero suum super asseres poni fecit et saxa, sicque collocari. Præcepit autem ut nullus medicorum, se ibi constituto, in domum illam ingredi permitteretur; cumque interrogaretur cur hoc faceret, summum se habere medicum testabatur qui solo nutu restaurat universa.

Tribus ferme hebdomadibus in infirmitate illa constitutus, nunquam ab oratione et laude Dei cessabat, nec in aliquo rigorem abstinentiæ, rogatus sæpe a fratribus, relaxavit. Nocte igitur quadam, cum post orationem et lacrimas paululum obdormisset, apparuit ei persona nobilis venerabilis quæ, dextera manu elevata, signum crucis super ipsius pedem fecit. Suum colligatum dissolvit, et cutem in modum crucis ruptam super pedem ubi tumor erat invenit, ac si ex industria cum aliquo ferramento crux ibi fuisset facta. Tunc, sanie decurrente, tumor defecit et post aliquot dies, reintegrata cute, omni dolore caruit. Ab illo tempore massam plumbi, signum crucis habentem, ad ferream torquem quæ collum ejus ambibat suspendit, et eam deinceps toto vitæ suæ spatio bajulavit.

Sane ex illo tempore, præ nimia abstinentia et ponderum sive vinculorum gravamine debilitatus, in choro psallentium stare non poterat; sed foris stans, baculo innixus, vel super terram recubans aut super scamnum prostratus, tempore orationis lacrimis et gemitibus vacabat. Cibum vero suum jam nolebat accipere antequam fratres ad completorium irent, ablutis prius pauperum pedibus et audita collatione, data quoque confessione. Siquidem a capite jejuniorum usque ad kalendas novembris ad mandatum trium pauperum, ubi mos est monachos claustrenses ire quotidie, ipse cum duobus fratribus quotidie ibat.

Miraculum de quodam peccatore, quem a morte animæ resuscitavit, inter ejus miracula pene dignum duximus, quia videlicet sicut anima melior est corpore, ita animæ resurrectio utilior est corporis resurrectione : utilius et dignius quippe est vivificare animam in æternum victuram quam resuscitare carnem iterum morituram. Quidam senior, post longam continentiam, in peccatum carnis non solum corruerat, sed etiam peccandi consuetudinem fecerat. Mala ergo consuetudine, quasi magna mole lapidis Lazarus in monumento, clausus, fœtere incipiebat. Die quadam igitur, beatus Girardus eum coram se transeuntem aspiciens, vidit duos dæmones eum dextra lævaque comitantes, qui illico cognovit per spiritum cui vitio subjaceret. Interea hominem illum, secrete ad se accersitum, cum nimio gemitu et lacrimis de proprio reatu cœpit increpare. Quid plura ? lacrimæ illius beati Dei servi inanes esse non potuerunt : confestim namque idem peccator, lacrimis perfusus et ad genua ejus prostratus, peccata sua humiliter confessus est, et præmissa emendatione a beato viro pœnitentiam accepit, quam tamen ipse pro eodem dimidiam fecit ; erat quippe illi consuetudo ut pœnitentias eorum magna ex parte perageret qui in præsentia sua Deo peccata sua confitebantur. Hominem ergo a morte animæ resuscitatum et a dæmonibus liberatum, exemplis consolantibus lætificatum precibusque purgatum, in pace dimisit. Quia vero istud miraculum pari modo multotiens de pluribus operatus est, ut frequenter audivimus, plane possumus astruere quia, quoties illud egit, toties mortuorum resuscitator exstitit. Ecce viri vita laudabilis, cujus meritum et corpora curabat et animas clarificabat.

In prædio cui Carteniacus nomen est, ecclesia in honore beatorum martirum Mauricii sociorumque ejus est constructa; in qua quidam presbiter, nomine Rainaldus, Deo sanctisque martiribus famulabatur, qui gravi arreptus molestia gravissime tercianæ febris ignibus urebatur. Tentatis autem frustra pluribus auxiliis quibus febres expelli solent, requiem invenire non poterat, cibum et potum non sine tormento capiebat. Itaque, doloribus coactus, ad virum Dei Girardum venit, ac primo ejus colloquiis optatum sensit levamen. Confortatus autem, de cibariis ejus, ipso tribuente, paululum accepit ; nec mora ille cibus cum benedictione sumptus tantam gratiam reportavit ut prædictus æger, illico evanescente [febre], incolumis de loco illo discederet et sanus diutissime ab illa peste permaneret.

Quidam adolescens, nomine Jofredus, pro honesta conversatione fratribus erat carus, qui in camera ubi vestimenta suuntur degebat. Cui cum quidam de monachis aliquid supellectilis commendasset, et ille illud cómmendatum perdidisset, præ ira in amentiam versus et a diabolo arreptus, tribus diebus ac noctibus sine cibo et potu permansit; nec in lectulo cubitabat, sed sub scamnis et lectulis se occultabat; nec Deum nec sanctos ejus recognoscebat, sed e contra ad se venientibus blasphemias et erratica verba dicebat. Cujus calamitati fratres vehementer compatientes, eum, vi abstractum de loco in quo se occultaverat, adduxerunt in ecclesiam, ante crucifixum Domini; ubi cum nec imaginem Domini recognosceret nec cibum sumere vellet, vocaverunt fratres beatum Girardum. Qui veniens, auditis rebus, pomum de cellula sua attulit et illud benedicens et desecans patienti dedit; quod cum illico comedisset æger, eum ad locum de quo adductus fuerat reduci præcepit, discedentibus vero omnibus, ad eum secreto vir sanctus venit factaque oratione, a dæmonio liberatum eum sub momento pristinæ restituit sanitati. Postera quippe die, veniente presbitero monasterii ad eum cum cruce dominica, æger sensu et sanitati redditus confessionem dedit, pectus tutudit, crucem adoravit et ita deinceps sanus et sensatus permansit ac si nullum antea incommodum passus fuisset.

Alius quidam famulus, cui nomen erat Morellus, qui in coquina fratribus serviebat, tumefactum brachium ab eo morbo quem medici carbonem nominant, collo suspensum ferebat. Accidit autem ut eunti beato Girardo ad ecclesias sanctorum confessorum Germani atque Hilarii, quæ apud Andegavim inter vineas sitæ sunt, iste famulus comitaretur eum quia ministerium coquinæ non poterat facere; cumque duo pergerent simul, respexit eum vir Dei, et videns brachium collo suspensum gestantem ait illi : « Quid habes in brachio? » At ille, soluto eo, ostendit illi infirmitatem quam patiebatur. Vir ergo Domini signum crucis super infirmum brachium fecit et ægroto præcepit ut in crastino, summo mane, secreto ad se veniret. Quod cum ille fecisset, ubi servus Christi signum crucis secundo cum oratione super illius brachium fecit, sine mora carbo crepuit, et sanie defluente, tumore et dolore sublato, brachium incolume apparuit, ita ut eadem hora in coquinam veniens, omne servitium suum perageret. Monachus ergo qui coquinæ præerat, nomine Guarinus, intuens eum cujus infirmitatem antea viderat laborantem, ait illi : « O stultissime! tu qui infirmus es, quare non requiescis? » At ille ostendit ei brachium suum sanitati redditum et narravit ei qualiter, per virum Dei Girardum, sanitatem adeptus fuisset.

His igitur factis datur intelligi gratiam miraculorum beato Girardo non defuisse, sed ne humanus favor ejus meritum in aliquo minueret, eam prudenti consilio devitare voluisse. Constat autem apertissime etiam prophetiæ spiritum illi non defuisse, ut in quibusdam quæ ante narravimus potest approbari, et sicut magis ex sequentibus liquebit exemplis. In libro namque Regum legimus quia qui modo prophetæ dicuntur olim in Israel Videntes appellabantur, pro eo quod res absentes et secreta Domini videbant; et in prima omelia super Iezechielem beatus approbat papa Gregorius quia prophetiæ spiritus prophetarum mentes aliquando de præterito, aliquando de futuro tempore tangit. Cur igitur beatum Girardum prophetiæ spiritum non habuisse nefas sit credere, qui quamvis de præterito et futuro nihil dixerit, sicut Moyses, David et Ysaias, res sui temporis sibi absentes sicut Samuel et Eliseus, videbat et annuntiabat.

Denique cum filius Henrici regis Anglorum, mare transiens naufragium passus, cum magna multitudine virorum et mulierum deperisset, eadem nocte vir Dei Girardus, procul a mari, Andecavis in cellula sua positus, eorum spiritualiter vidit et cognovit damnationem, et hoc mane quibusdam fratribus cum grandi mœstitia retulit.

Item, cum esset apud castrum quod Leionem nuncupant, quidam miles, cui Borrellus cognomen erat, in castellum quod appellatur Salmurum mortuus est, cujus pœnam et obitum servus Christi sub eadem hora spirituali intuitu vidit. Nam fratribus qui cum eo erant sciscitantibus cur solito tristior erat, diu multumque cunctatus tandem dixit eis : « Apud, Salmurum modo defunctus est miles quem Borrellum cognominatis, et ejus perditionem ego hac hora, Domino revelante, cognovi. » Mirati omnes, notata hora et die, sollicite ab hiis hominibus qui de Salmuro veniebant quæsierunt, et quærentes acceperunt eadem hora exspirasse Borellum qua vir Domini se illius cognovisse perhibuit interitum.

Sequenti anno, kalendis maii, erat beatus Girardus apud locum qui dicitur Sichilliacus (1), ubi, multis operariis congregatis, in data sibi noviter terra oratorium ædificabant monachi Sancti Albini. Igitur

---

(1) En 1121, d'après une charte de Saint-Aubin, *cum jam monachi in supradicta terra domos et capellam construxissent.*

ea die, cum apud Salmurum nundinæ celebrarentur, instinctu dæmonum, inter institores, causa cupiditatis et superbiæ, gravissima lis exorta est, ita ut usque ad sanguinis effusionem protraheretur; quod vir Dei Girardus, qui ab eodem castello ferme triginta milibus aberat, statim spirituali conspexit intuitu et amarissime flere cœpit, currensque velociter ante altare oratorii prosternitur, alta suspiria gemitusque profundens. Obstupefacti itaque fratres qui aderant et cementarii, causas tanti luctus tantorumque gemituum ab eo humiliter cœperunt inquirere. Qui protinus respondens ait illis : « Ecce apud Salmurum, in nundinis, instinctu et agitatione dæmonum maxima seditio exorta est; et, nisi pietas Domini subvenerit, gravissima cædes hominum et rerum jactura non mediocris fiet. » Hæc itaque locutus, orationi totus nisibus incubuit, orans cum lacrimis Domini clementiam, ut populum suum ab inimici molitione tutaretur. Fratres vero et operarii hæc audientes, non nimium admirati, non solum diem sed et horam notaverunt, et sollicite postea requirentes, illo die illoque tempore seditio quam vir Dei dixerat apud prædictum locum exortam fuisse compererunt; quæ tamen, ut credimus, ipsius lacrimis et precibus, cum esset magnis armatorum viribus et molitionibus incœpta, præter spem omnium celeriter exstincta est.

Item obitum Gelasii papæ vir beatus similiter cognovit et quibusdam fratribus indicavit, longe antequam nuncius mortis ejus de Cluniaco, ubi obiit, Andegavem veniret.

Alio tempore in cellula, meridie, ostio clauso, psalmum canebat; cumque ad eum quidam frater, nomine Garinus, accederet audissetque eum intentissime psalmos canentem, substitit et, metuens ne illi impedimento foret, redire voluit. At ille, hoc de cellula cognoscens, vocavit eum nomine suo et jussit ad se venire cum, sicut diximus, ostio clauso, alius si intro esset eum minime videre potuisset.

Item xi° kalendas augusti, dum vigiliæ, apud Viceliacum, agerentur solemnitatis beatissimæ Mariæ Magdalenæ, cujus sacratissimum corpus ibi positum a populis totius orbis expetitur et veneratur, divino judicio illa ecclesia igne concremata est; quo igne maxima multitudo virorum, mulierum, parvulorum, quæ ad vigilias convenerat, extincta est. Vir igitur Domini Girardus, Andegavis in cellula positus, eadem hora quid evenisset et propter quod peccatum evenisset divina manifestatione cognovit. Eo quippe tempore quidam monachus Viceliacensis, nomine Lambertus, pro honesta conversatione venerabilis, in pago Cenomanico, apud vicum qui dicitur Ostacus morabatur, qui tunc pro solemnitate illa ad monasterium suum minime perrexerat, sed in prædicto vico, festivitate pro modulo suo acta, die tercio Andegavem pro causa domus suæ veniens, cum viro Dei colloquium familiare habuit. Cui statim ipse vir Domini dixit : « Aliquid rumoris a monasterio vestro post solemnitatem audistis? » Cui monachus respondit : « Non, domine ; non enim qui ad solemnitatem de partibus istis ierunt adhuc possunt, regionem istam reversi, intrare, quia iter illud vix octo diebus peragitur. » At ille subjunxit : « Scitote pro certo quia ecclesia Viceliacensis, judicio Dei, concremata est, et quia ibi magna multitudo hominum periit ex hiis qui ad vigilias convenerunt. » Ad hæc stupefactusæ monachus ait : « Et vos, o domine, quomodo hoc didicistis? » Cui ille dixit : « Hoc ego Domini revelatione bene novi. Rogate autem vestram congregationem ut pro defunctis qui ibi mortui sunt Dominum deprecentur, quia multi ex eis Dei misericordia salvabuntur. » His auditis monachus ille, stupens super hoc verbo, reversus est ad cellam suam, cum ecce, post paucos dies, peregrini qui de ista regione ad solemnitatem ierant, a Viceliaco reversi, nuntiaverunt omnia ista contigisse sicut vir Domini spiritualiter viderat et monacho narraverat.

Nulli igitur videatur indignum quod cum prophetis eum numerare voluimus, quia evidenter spirituali gratia prophetis, et mundi contemptu apostolis, et mortificatione carnis martiribus, et pia confessione confessoribus, et perpetua virginitate virginibus consors factus, agnum virginem, virginis filium, sequitur quocumque ierit.

Igitur ut assertionem nostram super tantis ejus meritis caute concludamus, procul dubio possumus affirmare quia, sicut hunc virum quibuslibet nominatissimis sanctis majorem minoremve dicere temerarium est, ita cum cœlestis gloriæ participem et omnium sanctorum consortem negare dementissimum est. Quia vero de illo ut dignum est nequaquam loqui sufficimus, multa quæ de illo vidimus et audivimus omittentes, ne fastidium sermo incultus pariat legentibus, unum adhuc de illo miraculum perstringemus, ac sic tum fine vitæ illius finem hujus operis, Deo auxiliante, faciemus.

In possessione quæ dicitur Mosteriolus, mulier quædam, accepta a demonio, septem diebus sine cibo et sine sensu fuit; cujus propinqui valde mœsti, eam ad monasterium Sancti Albini adduxerunt, et ab elemosinario de reliquiis ciborum viri Dei Girardi quærere cœperunt. Videns autem fidem propinquorum, frater Arduinus, elemosinæ præpositus, et miseriæ mulieris compatiens, venit ad famulum Christi, et suppliciter rogare cœpit ut arrepticiam illam videre dignaretur. Cui protinus turbato vultu vir Domini respondit : « Quid est quod dicis, frater? Quid hoc ad me pertinet? » At ille conticuit. Rogavit tamen ut de reliquiis ciborum suorum ei mittere dignaretur. Quod cum impetrasset, et ipsi reliquias prædictus frater mulieri detulisset, mirum dictu, quæ prius omnem cibum respuebat statim viri Dei escam, ejus manu signatam, avide comedere cœpit. Servus igitur Dei mulierem, remotis fratribus, clam visitavit et aqua benedicta aspersam, facta oratione, signavit; quæ mox a dæmoniaca potestate, vel potius infestatione, liberata paululum requiescere cœpit. Domum integre sospitati reddita, postera die, cum propinquis Deum laudantibus, et ipsa Deum laudans atque benedicens, ad propria incolumis discessit.

Sed quia omnia opera ejus digna admiratione nequaquam possumus comprehendere, sufficiat vel pauca dixisse de plurimis; satisque sit nos et in paucis protulisse veritatem et in mults nauseam ivitasse legentium. Siquidem cui pauca non placuerint nec multa placuissent, et cui multa placuissent pauca non displicebunt.

Igitur beatus Girardus, senectute bona confectus, cum per xxxviii annos monachilis vitæ normam non tantum tenuisset sed etiam perfectione laudabili superasset, bono certamine certato, cursu consummato, fide servata, coronam justitiæ sibi repositam a justo judice exspectabat securus. Eodem tempore a monasterio egressus, villam quæ dicitur Brociacus, asello vectus, visitavit, ea intentione ut oratorium quod fundaverat (1) et locum quem ædificaverat tutaretur ab exercitu Fulconis Andegavensium comitis, qui tunc castellum quod Duatum vocatur, rebelle sibi, machinis paratis et instructo bellico apparatu, obsidere conabatur (2). Ubi paucis diebus commoratus, cognitis rebus quæ imminebant per spiritum, quod scilicet exercitus locum propter quem servandum venerat minime contingeret, et quod ipse post paululum vitam finire deberet, velociter ad monasterium rediit. Eadem vero nocte qua reversus est, vexacione itineris, nimietate algoris, pondere vinculorum, continuatione vigiliarum et abstinentiæ vehementer afflictus, acri dolore ventris et dissenteria etiam vexatus, super cilicium suum decubuit et per tres continuas hebdomadas graviter visus est laborare. Probabat quippe Dominus militem suum, et sicut aurum in fornace ita igne infirmitatis eum excoquebat, ut non inveniretur ullum in eo parvi sermonis vel negligentiæ vestigium. Corpore et sanguine Jhesu Christi sæpius reficiebatur; laudem Domini cum propheta os ejus assidue loquebatur; hymnum de Sancto Spiritu qui ita incipit :

Veni Creator Spiritus
Mentes tuorum visita

---

(1) En 1109, d'après la charte 3 du chap. xi du Cartul. de Saint-Aubin.

(2) Le siége de Doué eut lieu en 1123. Voy. la chronique de Saint-Aubin.

die et nocte frequentabat ; nomen quoque beatissimæ Mariæ matris Domini, matris scilicet misericordiarum, semper in ore babebat.

Erat autem pia sollicitudo erga eum abbatis ipsius ecclesiæ, domini videlicet Hamelini (1), qui eum, maxime ab eo dilectus, diligebat et venerabatur, sed et omnium fratrum ipsius loci, qui certatim pariter et singillatim sua illi impendere volebant obsequia, et qui de illius afflictione et resolutione unanimiter tristabantur. Cumque ad eum singuli fratrum, prout quisque poterat, ut ipse permittebat, accedere festinarent, pridie quam decederet, quidam frater, cujus cor, ineptiæ et levitatis cogitationibus obsessum, more humano aliquantulum a religione deviabat, in cellam in qua jacebat introivit et cum eo colloqui familiariter cœpit. Cui protinus vir Dei, cum neminem præter se et illum in domo illa adesse rescisset, ait : « Vade, frater, et cogitationes tuas abbati tuo confitere, ut possis dæmonem, qui jam te veneno suæ suggestionis inflammavit, a te expellere. » Quo audito ille, conscientia accusante, salubriter confusus expavit, et sanctæ confessionis antidoto virus dæmonis, cum precibus beati viri adjutus, abjecit, atque animi sospitate reperta, Dei clementiæ gratias egit.

O vere beata et Deo amabilis anima, quæ per Spiritum Sanctum tanta præscientiæ luce radiabat ut etiam humani cordis occulta ejus spiritualibus paterent obtutibus! O per omnia simillimum antiquis patribus virum prioribusque patribus comparandum, ante cujus meritum nec fraudem suam diabolus occulere nec

---

(1) Hamelin, abbé de Saint-Aubin, 1118-1127.

conatum suæ malignitatis potuit explere! Plane qu illius dicta et visiones deliramentis deputabant in hoc facto se potius delirasse recognoscant, in quo, jam a sæculo migraturus, propter misericordiam quod vidit non tacuit, ejusque sermoni frater correctus testimonium perhibuit. Ultimi quippe hujus sermonis probatio aliorum sermonum ejus est evidens commendatio.

Ferreos quidem nexus et lapidis plumbique onera in ipsa ægritudine, morte jam imminente, deposuerat; sed, cilicio obtectus, non super plumas sed super aliud cilicium mente suavissimus recubabat. Visitabatur et a multis religiosis, abbatibus et monachis, clericis et laicis, qui omnes de prolixitate martyrii ejus stupebant et ejus orationibus commendare suppliciter se studebant. Ipse vero tantummodo sibi necessarium impendi permittebat obsequium, et pervigil Domini revertentis a nuptiis præstolabatur adventum. Igitur pia confessione et sacratissima inunctione, dominica quoque communione et communi fratrum suorum vallatus oratione, pridie nonas novembris, dominica illucescente, post vigilias aperiri ostia cellulæ in qua jacebat jubet et, memor visionis quam supra retulimus et promissionis Dei genitricis, extensis manibus ita eam invocavit : « O domina cœlorum, fons misericordiarum, suscipe famulum tuum in tuo conductu et perduce me digneris ad Dominum. » In hæc verba vinculis carnis absolutus ad cœlestia regna migravit; et matrem pietatis in illa hora procul dubio gavisus est se invenisse ad Dominum ductricem, quæ olim promiserat illi se illius fore adjutricem.

Jam vero in examinato ejus corpore victricia illa

signa per quæ diaboli superbiam prostraverat patenter apparebant : vultus quidem ejus angelico quodam decore vernabat; cætera vero membra tanta macies ex nimiis jejuniis, vigiliisque et ponderum ac vinculorum vexacione protracta exhauserat ut sub pelle ossa numerari singula possent. Hæc igitur crucis signa quid spiritus ejus in carne positus semper egerit, quid cupierit, quid vitaverit, qualiter carni repugnaverit, qualiter ad æternam vitam suspiraverit indicabant.

Ad ejus exsequias et pontifex urbis ipsius venerabilis et tanta multitudo monachorum et clericorum, sanctimonialium et laicorum utriusque sexus et ætatis convenit quanta latissima illa ecclesia recipere potuit. Videre erat et collacrimari populum urbis feretrum ejus ambientem et unumquemque vestimenta et cilicium ejus tangentem et deosculantem ac faciem suam operire gaudentem; fratres vero ejus alios cum lacrimis psallentes, alios feretrum ejus bajulantes, alios subsequentes, omnes autem pariter de illius beatitudine in Domino præsumentes. Sepultus est igitur cum grandi honore in basilica Beati Albini, anno ab incarnatione Domini MCXXIII°, indictione II*, die supradicto, regnante Domino nostro Jhesu Christo, qui cum Patre et Spiritu sancto vivit et regnat Deus, per omnia sæcula sæculorum, amen.

EPITAPHIUM EJUS.

Transiit e mundo vir magnæ religionis
    Sacri Girardus numinis hospitium.
Eloquio simplex, habitu despectus, honoris
    Impatiens, pacis mansio, verna crucis.

Cuncta caduca nihil, magni cœlestia pendit;
 Subtraxit vitiis pectus et ora dolis:
Bis geminos et tres sine potu transiit annos,
 Et totidem panis usibus abstinuit.
Cujus longa fames, sitis, algor, vincula, fletus,
 Assiduæque preces promeruere Deum.
Clarus inops, vernans cruce, rebus, virginitate,
 Juste sacra polum vixit, amavit, habet.
Festa dies obitus foret ejus quarta novembris,
 In qua transivit tantus ad astra pater.

CHRONICON

SANCTI SERGII ANDEGAVENSIS.

CHRONICON

SANCTI SERGII ANDEGAVENSIS.

DCCLXVIII. — viii° kal. octobris. Pipinus rex moritur, pater Karoli Magni, anno ab incarnat. Domini dcclxviii (1).

DCCLXXXIV. — ii° kal. maii. Obiit Hildegardis regina, Karoli Magni uxor, anno dcclxxxiv (2).

DCCCXIII. — v° kal. februarii. Depositio Karoli Magni imperatoris, anno Dom. dcccxiii (3).

DCCCXL. — xiv° kal. julii, obiit Ludovicus imperator, Caroli Magni filius; et sequenti anno prælium factum est apud Fontanetum, a tribus filiis ejus Hlotario, Karolo et Hludovico (4).

DCCCXLIII. — Anno ab incarnatione Salvatoris dcccxliii, ab urbe vero condita [m]dxcv, qui est annus Caroli trierarchæ iii, Rainaldus eximius Caroli dux, genere Aquitanus, Nannetis urbis comes, contra Britones multa amicorum et propinquorum manu collecta, super fluvium Vicenoniam, in loco qui dicitur

---

(1) Ob. de Saint-Serge et calend. de Saint-Maurice.
(2) Obit. de Saint-Serge. — (3) Ob. de Saint-Serge.
(4) Obit. de Saint-Serge.

Meciacus dimicat. Et primo quidem congressu Britones fortiter pressi, terga vertunt; demum Lamberto suppetias ferente adeo persequentibus acriter resistunt, ut ante quos prius fugiebant, fugere compellerent; tantaque in eos cæde bacchantur, ut ingenti multitudine cum duce prostrata, copiosas domum manubias reportarint, non modica ob commercium turba servata. Præfuit autem Britannorum bello Herispogius, patre Nomengio gravi languore detento, habens secum prædictum Lambertum transfugam, qui in Nanneticæ urbis comitatum inhians, stragis hujus ductor et incentor exstitit. Quibus patratis, Lambertus exoptato doni potitur voto, non diu; nam exortis utrimque simultatibus, idem mox urbe ac regione pellitur. Triginta tribus autem post hæc elapsis diebus, mense junio, Normannorum ferox natio, numerosa classe advecti, Ligerim fluvium, qui inter novam Britanniam et ultimos Aquitaniæ fines in occiduum mergitur Oceanum, ingrediuntur. Demum dato classibus zephiro ad urbem, Nanneticam impiissimo Lamberto crebro exploratore præcognitam, celeri carbasorum volatu, pariter remorum impulsu contendunt. Quam mox navibus egressi undique vallant, et sine mora nullo propugnatore capiunt, vastant, diripiunt. Alii quippe scalis murum subeunt, alii oppilatum olim aditum offendentes infringunt et penetrant. Porro civitatis episcopus vocabulo Gohardus, vir innocens et omni pietate repletus, et clerus omnis cum monachis, qui ex vicino cœnobio, cujus vocabulum est Antrum; quod antefati amnis ictifero gurgite undique cingitur, ad urbem copiosum ecclesiæ thesaurum habentes confugerant; cumque reliqua vulgi multitudine, quos vel metus hostis incluserat, vel Præcursoris quæ inerat Nativitas, non solum ex vicinis regionibus et vicis, sed etiam ex procul positis urbibus attraxerat: cernentes intra mœnia hostem, certatim cuncti ad templum apostolorum Petri et Pauli, quod in urbe nobilius et pulchrius erat, utpote ignari certaminis, concurrerunt obseratisque ostiis ædis, solum quod supererat cœlitus auxilium anxie flagitabant. At gentiles, effractis ostiis fenestrisque propulsis, templum feraliter irrumpunt, imbellem pariter et inermem multitudinem gladio feriunt, tantaque crudelitate in Christi sæviunt gregem, ut præter quos sive captivandi sive distrahendi gratia in naves transtulerunt, omnem multitudinem sacerdotum clericorum atque laicorum, cum prædicto antistite intra ecclesiam gladio sternerent. Monachorum vero quosdam extra, alios intra ecclesiam, plerosque autem super ipsam templi oram, instar hostiæ trucidant; reliquos vero noctis crepusculo secum adducunt, classique imponunt. Quis, proh dolor! illius diei dolorem explicare; quis explicando a lacrimis valeat temperare? quando mortuarum matrum cruorem pro lacte suggentes pendebant ad ubera nati; quando sanctorum sanguine hostili mucrone fuso templi pavimenta madent, altaria sacra innocentium cruore oblita fluunt. Post hæc, erasis omnibus opibus, cum gregibus captivorum utriusque ordinis et ætatis ad naves remeant, ad quorum post modum redemptionem plurimum a cladis superstitibus collatum est. Quibus peractis, cœnobium Insularum, de quibus supra meminimus, natalitio apostolorum Petri et Pauli, scaphis adeunt, vastant, incendunt; quos extunc, præter intestinos, usque in præsentem antedicti regis annum, nullo propugnatore, utpote studiis in diversa imo perversa tendentibus, terra marique externos hostes assidue patimur (1).

DCCCLXXIII. — Anno dominicæ incarnationis DCCCLXXII (2) Rex Carolus Calvus Andegavensem obsedit urbem. Namque Normanni, postquam Robertum Andegavorum comitem, Ranulphum Pictavorum comitem, et alios multos generosæ stirpis viros, qui patriæ terminos armis tuebantur, Deo habitatoribus terræ adversante, occiderunt, cum nemo inveniretur qui eorum violentiæ resisteret, sollicitati paucarum civitatum vel regionum direptione, ex præda singularum quantæ essent opes universarum animo prospicientes, Andegaviæ civitatem, civibus fuga dilapsis, vacuam reperientes ingrediuntur. Quam, cum munitissimam et situ loci inexpugnabilem esse vidissent, in lætitiam effusi, hanc suis, suorumque copiis, tutissimum receptaculum adversus lacessitas bello gentes decernunt. Protinus navibus per Meduanam fluvium deductis, cum mulieribus et parvulis suis, veluti in ea habitaturi intrant, diruta reparant, fossas vallosque renovant, et ex ea exilientes, repentinis incursibus circum jacentes regiones devastant. Quod cum Carolo tam perniciosa pestis in visceribus regni inclusa nunciata esset, illico ex omnibus regnis quæ suæ ditioni parebant, veluti ad commune incendium extinguendum, exercitum colligit, atque castris in circuitu positis, civitatem obsidione cinxit; et qua Meduana fluvius, a partibus Britanniæ murum alluebat, Salomoni Britonum regi mandat, ut contractis auxiliis citius adventaret, ut

---

(1) Duchesne, *Scriptores historiæ Franc.*, t. II, p. 386.
(2) Corrigez DCCCLXXIII.

communem hostem communibus viribus expugnarent. Qui assumptis secum multis Britonum millibus, super Meduanæ fluvii ripas tentoria fixit. Igitur ex omnibus partibus urbe obsidione circumdata, multis diebus undique summa virtute dimicatur, nova et inexquisita machinamentorum genera applicantur. Sed conatus regis prosperitatis effectum non obtinuit, quia et loci facies non facilem præbebat assensum et paganorum valida manus, quia pro vita eis res erat, summo conamine resistebat. Exercitus autem immensæ multitudinis cum longo obsidionis tædio et gravi pestilentiæ morbo attereretur, cernentes Britones urbem inexpugnabilem esse, conati sunt fluvium a suo alveo deviare, ut exsiccato naturali meatu, naves Normannorum invadere possent. Cœperunt itaque fossam miræ magnitudinis ac latitudinis aperire; quæ res tantæ formidinis metum Normannis injecit, ut absque dilatione ingentem pecuniam Carolo pollicerentur, si soluta obsidione ex suo regno liberum præberet egressum. Rex, turpi cupiditate superatus, pecuniam recepit et ab obsidione recedens hostibus viam fecit. Illi conscensis navibus in Ligerim convertuntur et nequaquam, sicut spoponderant, ex regno ejus recesserunt; sed in eodem loco manentes, multo pejora et immaniora quam antea perpetrarunt. Eodem anno inæstimabilis locustarum multitudo totam pene Galliam pervastavit (1).

DCCCLXXIV. — IV° kal. julii. Salomon rex Britannorum, filius Herispoii (2), a suis interfectus est (3).

---

(1) Duchesne, *Script. historiæ Franc.*, t. II, p. 400. — *Rec. des Hist. de Fr.*, t. VII, p. 53.

(2) Il était son cousin et non son fils. — (3) Obit. de Saint-Serge.

DCCCLXXXVI. — v° idus maii. Domnus Hugo abbas moritur, anno ab incarnatione Domini DCCCLXXXVI; et ipso anno Normanni ascendunt usque Parisios et Senones (1).

DCCCCIII. — xi° kal. julii. Basilica B. Martini Turonensis, illa quam sanctus Perpetuus dudum condiderat, tertia vice cremata est, anno Domini DCCCCIII (2).

DCCCCXXII. — xvi° kal. octobris Robertus, Odonis regis frater, prius dux Neustriæ et abbas Sancti Martini, postmodum factus pseudo-rex, a Lothariensibus Suessione occisus est, anno Domini DCCCCXXI (3).

DCCCCLXXXVII. — xii° kal. julii, obiit Goffridus, Andecavorum comes, pater Fulconis, in obsidione Marsonis, anno DCCCCLXXXVII (4).

M. — Reparatur abbatia S. Sergii et Bacchi Andegavensis a Rainaldo episcopo.

Ædificatur monasterium S. Arnulphi de Crespeio a Galterio comite Ambianensi (5).

MVII. — Idus junii, ordinatio Huberti præsulis. Eodem anno Gaufredus comes natus est, II° idus octobris (6).

MXVI. — II° nonas julii. Prælium Pontelevense factum est inter Fulconem et Odonem comites (7).

MXX. — Kal. decembris. Apud civitatem Andecavam monasterium Sancti Nicolai dedicatum fuit, sub domno Huberto episcopo et Fulcone comite, anno ab Incarn. Domini MXX (8).

MXXVI. — Anno ab Incarnatione Domini MXXVI, captum est castrum Salmuris a Fulcone comite (9).

---

(1) Obit. de Saint-Serge. — (2) Ibidem. — (3) Ibidem.
(4) Ibidem. — (5) Ibidem. — (6) Ibidem. — (7) Ibidem.
(8) Ibidem. — (9) Ibidem.

MXXVIII. — ii° idus julii. Monasterium quod dicitur Caritatis Sanctæ Mariæ, apud urbem Andegavam, ab illustri comite Fulcone et Deo devota conjuge illius Hildegarde comitissa fundatum est; atque ad collegium sanctimonialium feminarum pervectum, dedicatum est per dominum Hubertum episcopum, anno ab incarn. Domini MXXVIII (1).

xii° kal. octobris, Goffridus comes, Fulconis comitis filius, Willelmum Pictavorum comitem cœpit, anno ab inc. Dom. MXXVIII. Et exinde exoriri cœpit et paulatim ingravari bellum illud execrabile quod contra comitem, patrem suum, per annos fere quatuor, subsequenter impie gessit (2).

MXXIX. — Depositio domni Fulberti, episcopi Carnotensis (3).

MXXXII. — Kal. januarii. Gaufridus comes Agnetem comitissam, quæ fuerat consobrini sui Willelmi comitis Pictavorum uxor, incesto conjugio assumpsit, anno ab Inc. Domini MXXXII (4).

v° kal. octobris, civitas Andecava horribili incendio combusta est, anno MXXXII (5).

MXL. — ii° kal. junii (6). Apud Vindocinum, monasterium Sanctæ Trinitatis dedicatum est, anno ab Incarn. Domini MLX (7).

xi° kalendas julii, obiit Fulco, comes Andecavorum, anno MXL.

MXLIII. — xii° kal. novembris. Henricus imperator

---

(1) Obit. de Saint-Serge. — (2) Ibidem. — (3) Ibidem. — (4) Ibidem.
(5) Ibidem. — Conférez ces deux alinéas avec la chronique de Saint-Aubin.
(6) *Januarii*, chronique de Saint-Aubin. — (7) Obit. de Saint-Serge.

sponsam suam, filiam Willelmi comitis Pictavorum et Agnetis, apud Vesbrianim (1) recipit, anno MXLIII; quo fuit fames maxima et memorabilis (2).

MXLIV. — xii° kal. septembris, Tetbaldus comes, Odonis filius, a Gosfrido, filio Fulconis, captus, civitatem Turonicam sequenti die reddidit, anno MXLIV (3). Quo anno processit fames miserabilis et famosissima per totam Galliam (4).

MXLV. — vi° nonas martii. Depositio domni Huberti episcopi (5).

MXLVII. — xvi° kal. julii, Karofense monasterium Dei et Domini nostri J. Christi Salvatoris mundi dedicatum est, anno a nativitate Dei ex Virgine gloriosa generi humano propitia MXLVII.

vii° idus decembris, ordinatio domni Eusebii episcopi, cognomento Brunonis, qui fuit anno ordinationis Clementis papæ.

MLIII. — xiii° kal. maii. Obiit Leo papa, reversus Romam ab expeditione qua Normannos, Apuliam per tyrannidem tenentes, prælio aggressus superatus est, anno MLIII (6).

MLVIII. — iii° nonas novembris. Apud civitatem Andecavam dedicatio monasterii Sancti Sergii facta est, anno ab Incarn. Dom. MLVIII (7).

MLX. — ii° kalend. aprilis. Depositio domni Hervei abbatis.

---

(1) Var. *Vesontionem.*
(2) Ibidem. — Conférez avec la chronique de Saint-Aubin.
(3) Cet article se retrouve dans la chronique de Rainaud et dans celle de l'Évière.
(4) Obituaire de Saint-Serge. — (5) Ibidem.
(6) Ibidem. — Conférez avec la chronique de Rainaud.
(7) Ibidem.

Id. novembris. Obiit Gaufridus comes, filius Fulconis Jerosolimitani, anno ab inc. Domini MLX, monastico habitu sumpto ab Adraldo abbate Sancti Nicolai. — Obiit Hainricus rex Francorum (1).

MLXII. — II° nonas aprilis. Apud civitatem Andecavam monasterium novum Sancti Salvatoris dedicatum est, anno Domini MLXII (2).

MLXIII. — VI° idus maii, depositio domni Wulgrini episcopi.

MLXVI. — Anno incarnationis Domini MLXVI, apparuit stella, et traditus est Gosfridus comes Junior a suis Fulconi fratri suo, et Conanus comes Britannorum mortuus est, et Willelmus comes Normannorum post cruentum bellum cum gente Anglorum semet ipsum elevavit in regem (3).

MLXVII. — Apparuit cometa terribilis multarum calamitatum in sequentibus annis subsecutarum, ut post patuit, portentrix. Nam in ipso anno comes Normannorum Willelmus Anglorum regnum, magno periculo impugnare aggressus, bello publico magna ac miserabili cæde cruento expugnavit, atque in regem elevatus, coronari se fecit.

Eodem anno comes Britannorum Conanus juvenis et malitiosus, Andecavorum terram superbe adorsus, pervasioni suæ ac superbiæ in ipsa Andecavorum terra subita morte peremptus est.

Ipso iterum anno Gaufridus comes junior, quem

---

(1) Conférez avec la chronique de l'Évière.
(2) Obit. de Saint-Serge. — Comme dans la chronique de Saint-Aubin.
(3) Cet article est emprunté à l'un des obituaires. Il place sous l'année MLXVI des événements que la chronique copiée par Duchesne rapporte plus exactement à l'année MLXVII.

Barbatum cognominaverunt, traditus est a suis Fulconi fratri suo; et civitas Andecavis tradita est ei II° nonas aprilis, IIII° feria hebdomadis quæ dicitur Pœnosa, scilicet ante Cœnam Domini (1). Quam traditionem ultio divina terribilis celeriter subsecuta est. Nam die crastina, dominicæ scilicet Cœnæ anniversaria, ab Andecavina turba, maligno spiritu turbata, miserabili nece peremptis tribus maximis auctoribus illius traditionis, Gaufrido videlicet de Prulliaco, Rainaldo de Castro Gunterii, Giraudo de Monasteriolo, quartoque capto ac non multo post simili morte mortuo, Roberto scilicet ipsius Andecavis præposito, pluribus in locis plures proinde, ut existimatio dedit, tribulati sunt ac mortui (2).

MLXVIII. — In sequenti anno captus est iterum supradictus comes Gaufridus a Fulcone fratre suo in bello publico; ac Fulco in comitatu ab Andecavinis, vellent nollent, receptus (3).

MLXXVI. — (4) In mense septembri comes Normannorum, qui et rex Anglorum Willelmus, obsedit in Britanniis castrum quod dicitur Dolum. Quod cum diu obsedisset, nihil profecit; sed etiam machinis suis succensis ab eo infructuose discedit, defendentibus illud scilicet fortibus Andecavorum militibus (5).

MLXXXI. — VI° kal. septembris. Depositio domni Eusebii episcopi (6) Andecavensis.

---

(1) C'est-à-dire le mercredi 4 avril 1067.
(2) Cet article a été emprunté à la chronique de Rainaud et est reproduit par la chronique de l'Évière.
(3) Ibidem.
(4) Ici commence la chronique copiée par Duchesne.
(5) Voyez la chronique de Rainaud.
(6) Obit. de Saint-Serge.

MLXXXII. — iii° idus aprilis. Depositio domni Dacberti abbatis (1).

MLXXXIII. — xii° kal. aprilis, factus est terræ motus Andecavis, die ad occasum vergente.

MLXXXIV.—Sequenti anno obiit Hoel Brito, comes Nannetensis, qui dedit Sancto Nicholao insulam nomine Deneralem.

MLXXXVIII (2).

> Bellatorum fortissimus,
> Anglorum invictissimus,
> Willelmus rex hic obiit.
> Heu ! quid tantus corruit!
> Fuit enim prudentior
> Nostris et honoratior,
> Largus dator pecuniæ
> Calcatorque nequitiæ.
> Cujus regnum paciferum
> Fuit atque fructiferum,
> Superbos enim triverat
> Sub pedibusque straverat.
> Bonos dilexit clericos
> Verosque magis monachos.
> Quid plus? Veri christicolæ
> Flos fuit ejus gratiæ.
> Quem, Christe, forti dextera,
> Ab omni pœna libera
> Cœloque tecum colloca
> Gavisurum per sæcula (3).

---

(1) Obit. de Saint-Serge.
(2) Ce qui suit est porté par erreur dans cette chronique sous l'année MLXXVI.
(3) Emprunté à la chronique de Rainaud.

MXCIII. — vi° kal. aprilis. Depositio domni Achardi abbatis.

vi° idus octobris. — Depositio domni Gaufredi Andecavensis episcopi.

MXCV. — Quoddam mirabile monstrum in Andecavensi pago cuidam Raginaudo nomine apparuit, quasi hora nona diei, juxta villam quæ Alodus dicitur, in quadam semita jacens, simile trunco, tamen quasi habens humana membra, sed turpiter formata et aculeis plena. Quod cum ille aspexisset et in cœlum respexisset, vidit aliud non minus mirabile : hominem similiter per aera volantem, alas habentem, qui caput igneum habens, ad terram veluti percussa avis volitando cadebat et monstro illi appropians, hæc dolentis verba sæpius repetebat : Baimelas ! Baimelas ! quare moriar? Cumque jam prope monstrum fuisset, monstrum se erexit et os, quod in medio verticis habebat, aperuit, illumque recepit totumque comedit, viro astante et ejus ossa quasi a dentibus illius comminui audiente. Quem cum totum comedisset, quasi per spatium unius hastæ saliens per suum fundamentum, miserum illum in altum projecit; qui cum aera fugiendo peteret, plusque fugere non valeret, iterum rediit, monstrumque vellet, nollet, repetiit a quo quod primum passus fuerat, tertio pertulit, et sic visio non comparuit. Illo vero se signante et quo pergere cœperat tendente, iterum in via sua miræ magnitudinis hominem invenit, qui hoc monstrum quod viderat, diabolum illum qui ab eo comedebatur, illum qui majus contrarium Deo fecerat dixit, et sic evanuit. In hoc eodem anno stellæ spissim quasi pluvia de cœlo pluere visæ sunt.

In hoc ipso anno papa Romanus, nomine Urbanus, post concilium apud civitatem Claromontem, ab eo cum innumerabilibus personis episcoporum et abbatum celebratum, ad Andecavam urbem descendit et in qua ecclesiam beati Nicolai dedicavit et ad Hierusalem iturum exhortatorio sermone populum commovit. Subsecuta est e vestigio fames pro frugum penuria, juncta simul hominum mortalitate. Memoratus vero papa, ad urbem Turonicam rediens synodumque in ea tenens, monasterium Sancti Mauri, quod ab antiquis temporibus abbate caruerat jamque per multa tempora monasterio Fossatensi subjacebat, ab ejus potestate eripuit abbatiamque fore perpetualiter instituit.

MXCVIII. — Apparuit rubor mirabilis in cœlo, prima noctis vigilia, candidis intextus lineis, perdurans usque ad auroræ principium, vi° kalendas octobris, die dominico. Post hoc signum die nono, factus est terræ motus eadem hora, iv° nonas octobris, feria secunda (1).

MXCVIIII. — Sequenti anno, obiit Urbanus papa. Eodem anno Hierusalem recuperaverunt Christiani.

MCII. — Auditum est tonitruum cum terræ motu viii^a noctis hora, iii° kalendas februarii (2).

viii° idus aprilis. Depositio domni Bernardi abbatis (3).

MCIII. — Guillelmus rex Anglorum Rufus peremptus est.

MCVI. — Anno ab incarnatione Domini mcvi, apparuit cometa, longiores et latiores quam solet extendens

---

(1) Cet article est emprunté à la chronique de Rainaud.

(2) Emprunté à la chronique de Rainaud. — (3) Obit. de Saint-Serge.

radios, durans plusquam quindecim noctibus, portentrix totius luctus.

Eodem anno venit Boadmundus, dux Antiochiæ, in Galliam, et accepit uxorem filiam Philippi regis Francorum; et postea venit Andecavum et receptus est in cunctis ecclesiis cum honore maximo et non minima reverentia. Eisdem autem diebus evenit terræ motus hora matutina, feria sexta, iv° nonas maii.

Reverso autem Boadmundo ad civitatem Biturim, Goffredus Martellus junior obsedit castrum quod vocatur Candeium, cum comitibus tribus, Alano Britonensi, Helia Cenomannensi, Roberto Bellesmensi, non minimoque exercitu. Castellanis autem se fortiter defendentibus et multos de exercitu occidentibus, cum tandem diversa machinamenta ad diruendum castrum præparata seque non posse evadere cernerent, castrum se reddere et pacem facere velle finxerunt. Cumque de hoc invicem privatim castellani et comes cum aliquantis suis amicis juxta castrum loquerentur, paratis occulte archeriis, eum sagitta in brachio graviter vulneraverunt. Qui ad mortem percussus et optime confessus, dominico accepto corpore et adorata cruce, eadem nocte, proh dolor! occubuit, et ad Sanctum Nicholaum deportatus, cum inenarrabili totius patriæ planctu, ab omni monachorum et cleri ordine honorifice in ecclesia juxta patruum suum, Goffridum Martellum, est tumulatus. Traditus est autem nocte et mortuus pro pace et justitia xiv° kal. junii, feria sexta; tenuit autem honorem terrenum honorifice tribus annis et totidem mensibus (1).

---

(1) Tout ce passage est emprunté à la chronique de Rainaud.

MCVI (1). — vi° kal. aprilis. Depositio domni Radulfi episcopi Andegavensis. Ejus mater Constantia dicta est, ac de ea memoria habetur vi° die septembris (2).

Anno MCVIII. — Obiit Fulco comes, nepos Gaufridi Martelli Senioris.

MCX. — Apparuit cometa, atque ilico mortuus est Helias, Cenomannensis comes; et Fulco comes Andecavorum recepit civitatem Cenomannorum, qui filiam Heliæ duxerit uxorem, ad quam jure pertinebat. Et in ipso anno Philippus, rex Franciæ, mortuus est, cui successit Hludovicus filius ejus.

MCXIII. — Anno ab incarn. Domini mcxiii, v idus januarii. Depositio domni Walterii (3) abbatis.

MCXIIII. — Allatum est brachium sancti Sergii martyris ab Antiochia Andecavim, per Hugonem de Matefelono.

MCXVI. — Defunctus est Robertus de Arbrissello, vir religiosus ac Deo dignus, qui Fontem Ebraudi et alia plura divina congrua famulationi loca fundavit, quique multos diversi sexus ad conversionem tam prædicationis verbo quam vitæ traxit exemplo.

Eodem anno facta est gravis dissensio inter Fulconem comitem Juniorem et burgenses Andecavenses.

MCXVII. — Portentum mirabile de luna visum est, nam magno noctis spatio tota apparuit sanguinea et non lucebat neque movebatur, scilicet iii° idus decembris, post mediam noctem. Et cum esset viiiiᵃ, (4) factus est ventus tam immensus, vigilia Natalis Domini et

---

(1) Alias MXCVII. — (2) Obit. de Saint-Serge.
(3) Obit. de Saint-Serge. — (4) Sous-entendez : Kal. januarii.

nocte præcedente, ut arbusta evelleret, macerias et ædificia solo tenus dirueret.

MCXXIV. — Castrum nomine Monasteriolum Berlai captum est a Fulcone, Andecavorum comite, diutina obsidione per ix ebdomadas.

MCXXVII. — xvii° kal. aprilis. Depositio domni Radulphi episcopi Andegavensis.

MCXXIX. — Fulco comes, relicto filio suo Gaufrido, adhuc juveni, imperio et gubernaculo Andecavorum, Turonorum et Cenomanorum, Hierusalum petiit accipere sibi regnum, in quo regnavit annis xv.

MCXXXII. — Facta est combustio civitatis Andecavæ horribilis et inaudita retroactis seculis. Nam v° nonas octobris, quodam die sabbati, circa horam sextam, flante aquilone, accensus est in media civitate ignis, videlicet apud Sanctum Anianum; et tanto incendio grassatus est ut ecclesiam Sancti Laudi et omnes officinas, deinde comitis aulam et omnes cameras, miserabiliter combureret et in cinerem redigeret. Sicque per Aquariam descendens, omnia solotenus consumpsit et ecclesiam Sanctæ Trinitatis cunctasque officinas monachorum et cellaria, annona vinoque refertas. Ibi mirabile quoddam accidit : nam ecclesiola Sancti Eutropii martyris inter aulam comitis et Sanctam Trinitatem sita est; quam cum ignis undique diutius circumdedisset, ac etiam desuper texisset ita ut omnibus qui aderant omnia comburi viderentur et consumi, tandem discessit ignis, omnia illa relinquens intacta. In illa enim ecclesia quidam non modicæ æstimationis vir tunc temporis reclusus erat, nomine Herveus.

MCXXXIII. — Natus est Henricus, filius Gaufridi comitis Andecavorum, ex Mathilde filia Henrici regis

Anglorum, quæ prius uxor fuerat imperatoris Alemanniæ. Præfati Henrici nativitas III° nonas martii exstitit, dominica die, in medio quadragesimæ, in Cenomannica civitate, ubi et baptizatus est.

MCXXXIIII. — Sequenti anno natus est ei alius filius ex eadem Imperatrice, nomine Gaufridus; et tertio anno tertius filius Guillelmus nomine natus est.

Obiit Petrus bonæ memoriæ, Sancti Sergii venerabilis abbas. Successit ei Herveus et hic æque bonus. Gaufridus comes Andecavorum castrum Candeium destruxit et dissipavit.

MCXXXV. — Sequenti anno Henricus rex Anglorum obiit.

MCXXXVIII. — VI° kal. octobris. — Depositio domni Willelmi, Exoniensis episcopi; sicut pro abbate, sic fiat pro eo (1).

Exercitus Falesiæ fuit (2).

MCXXXIX. — Mathildis Imperatrix mare transiit, volens Angliam adquirere; et Gaufridus comes Mirebellum in dominium accepit (3).

MCXLI. — Stephanus, rex Angliæ, in bello capitur. Mathildis Imperatrix plurimam partem Angliæ recuperat. Gaufridus comes Lisoias et Falesiam recepit.

MCXLII. — Gaufridus comes Castellum Celsum obsedit et cepit; qui postea cum exercitu in Normanniam veniens, castella plurima et Moritonium cepit, et post hæc Henricum filium suum per Robertum

---

(1) Obituaire de Saint-Serge.
(2) Ici commencent les additions à la chronique de Pierre Bechin jusqu'en 1146 inclusivement.
(3) Reproduit par la chronique de Saint-Aubin.

comitem Glocestriæ in Angliam ad matrem suam transmisit (1).

MCXLIII. — Gaufridus comes Abrincensem urbem et Constancias immo totam Normanniam citra Sequanam adquirit (2).

Obiit Fulco Rex Hierusalem. Innocentius papa obiit.

MCXLIIII. — Celestinus papa obiit.

Gaufridus comes Rothomagum multaque castella ultra Sequanam strenue adquirens, dux totius Normanniæ efficitur.

Combustio pontis Andegavensis, sabbato post edictum.

MCXLV. — Guerra baronum contra comitem Gaufridum.

Obiit Lucius papa. Stella cometes apparuit diversos ortus habens (3).

MCXLVI. — Fames per Gallias.

MCXLVII. — xv° kal. novembris. Depositio domni Ulgerii episcopi (4).

MCXLVIII. — Obiit Ulgerius, episcopus Andecavensis, cujus loco sequenti anno ordinatus est Normannus de Doeio. Et hoc anno factus est ventus tam vehemens, feria iv^a ante Pascha, ut arbusta evelleret, macerias et ædificia dirueret (5)

MCL et MCLI. — Gaufridus comes obsedit Monasterium Berlai, et erectis machinis expugnavit illud, et ce-

---

(1) Reproduit par la chronique de Saint-Aubin. — (2) Idem.
(3) Les articles placés sous les années MCXLIV, MCXLV et MCXLVI sont semblables à ceux de la chronique de Saint-Aubin.
(4) Obituaire de Saint-Serge.
(5) Additions à la chronique de Pierre Bechin.

pit Giraudum Berlai et coadjutores ejus. Rex Francorum et Gaufridus comes pacem fecerunt. Unde rediens Gaufridus comes apud Castellum Ledi infirmatus, obiit, et ad Cenomannicam civitatem delatus, in ecclesia S. Juliani sepultus est a Guillelmo Barraudo, tunc urbis Cenomannensis episcopo. Sepulturæ patris tres filii interfuerunt, quorum major natu Henricus inde Andecavis veniens cum maxima processione a clero et populo gaudenter et honorifice susceptus est (1).

MCLI. — Gaufridus (2), dux inclytus Normannorum et comes Andecavorum, quoddam castrum munitissimum, nomine Monasteriolum Berlai, viriliter debellando cepit, ipsumque castrum triplici muro cinctum et turrim quæ in eo miræ pulchritudinis et proceritatis eminebat, funditus evertit. Giraudum vero, ipsius castri dominum, cum uxore et liberis, et Andream de Doeio et Guillelmum de Blazone et Rorgonem de Coceio, cum uxoribus et liberis et fratribus, et cæteros omnes qui in eodem castro erant, non in deditionem, sed ut hostes, vinculis mancipandos suscepit. Verum tamen tam præclaræ victoriæ successus, non sine multo labore multisque sumptibus, per varia quoque suorum discrimina et cædes adeptus est. Nam per continuum annum castrum præfatum obsedit et sex munitissima castra contra ipsum ædificavit; eminentissimas quoque duas turres ligneas, quæ castelli illius turrim altitudine fere coæquarent, adversus ipsam erexit. Addidit et sex tormenta, quæ vulgo perreriæ vocantur,

---

(1) Additions à la chronique de Pierre Bechin.
(2) Ici continue la première chronique de Saint-Serge jusqu'à la fin de l'année MCLIII où elle se termine.

quorum assiduo et indefesse verbere turris prosterneretur. Pugnatum est etiam a rege Francorum Hludovico per integrum annum, cum totis viribus et proceribus regni, adversus prædictum ducem eadem causa, ut a castri expugnatione hoc saltim modo desisteret ; sed illustrissimi ducis prudentia et magnanimitas omnia quæ in eum hostiliter cogitabantur et parabantur, consilio et armis elusit et ejicit.

MCLII. — Accidit mirabile quoddam Andegavis. Cum convenissent monachi sanctorum Martyrum Sergii et Bacchi ad celebrandam solemnitatem eorumdem sanctorum, et expleta celebritate, sequenti nocte, matutinas, laudes, versum, hymnos, omnibus Sanctis tractim psallerent, fulgur de cœlo cecidit super eos et inter eos; quo perterriti, tanquam mortui ad terram ceciderunt, nec tamen quisquam in aliquo læsus est. Hoc multi in civitate vigilantes viderunt. Illi etiam, qui monachos Calonnenses ad festum adduxerant, in navicula jacentes, turrem ecclesiæ tanto fulgore perfundi se vidisse testati sunt ut eam ardere putarent. Guillelmus abbas tunc temporis cum aliquot fratribus Romam adierat, causa Baugeiensium ecclesiarum a beatæ memoriæ domino Eugenio papa III confirmandarum contra Robertum, abbatem S. Albini, et monachos suos; qui per judicium memorati papæ, uti dignum erat frustrati ad propria remearunt, præfatis ecclesiis monasterio Sancti Sergii Andecavensis a prædicto papa Romanaque curia plene adjudicatis.

MCLIII. — Venerabilis Antiochenæ ecclesiæ patriarcha, nomine Aimericus, beatissimi martyris Sergii caput sanctissimum, per Girorium de Bello Pratello, dominici Hierosolymitani Templi militem, ecclesiæ ejusdem martyris Andecavis direxit. Quod non parva exultatione susceptum est, a domno Engebaudo Turonensi archiepiscopo, domnoque Gaudino, Mauristranæ (*sic*) quondam ecclesiæ archiepiscopo, Normanoque Andegavensi episcopo, Alano Redonensi pontifice, Bernardo Nannetensi præsule multaque abbatum, monachorum, clericorum copiosaque populi multitudine, xv° kalendas februarii, supradictis archiepiscopis et episcopis, cæterisque religiosis personis, remissionem delictorum constituentibus christianis pœnitentibus et diem anniversarium hujus susceptionis in æternum solemniter celebrandum esse decernentibus.

MCLVI. — v° kal. aprilis. Depositio domni Roberti, Exoniensis episcopi, — quantum fit pro abbate nostro, tantum fiat pro eo (1).

MCLXVI. — Henricus rex Arvernos rebelles adversatus est; multaque eorum castella et vicos succendit et destruxit. Guerra inter Ludovicum regem Francorum et Henricum regem Anglorum oritur.

Andegavis, in ecclesia Sancti Sergii, translatio sacri corporis sancti Brioccii, præsente Henrico rege secundo Anglorum, Gaufrido episcopo et multis abbatibus et baronibus (2).

MCLXVII. — Henricus, rex Anglorum, Calidum Montem, castrum in Franciam situm, mira celeritate captum, succendit.

Combustio pontis Andegavensis, idibus novembris.

---

(1) Obit. de Saint-Serge.
(2) D'après les additions à la chronique de Pierre Bechin, qui se prolongent jusqu'à l'année MCLXXX.

Obiit Guillelmus, abbas S. Sergii. Hic dedit litteras sociales Orhandæ, abbatissæ S. Mariæ Andegavensis. Successit Osbertus. Apud Rothomagum Mathildis, mater Henrici regis, obiit ii° idus septembris.

MCLXVIII. — Henricus rex cum Ludovico rege pacem firmavit.

MCLXIX. — Thomas archiepiscopus in sede sua peremptus est apud Cantuarium, iv° kalendas januarii; ante cujus interfectionem, eodem tamen anno, Henricus, Henrici regis filius, coronatus est in regem apud Londonias, proxima dominica die ante festivitatem sancti Johannis Baptistæ; patre suo volente et presente.

Conanus junior, comes Britanniæ, Alani comitis filius, et Berta, mater ejus, comitissa, iste in Britannia, illa in Anglia, moriuntur. Unde Henricus, rex Angliæ, totam Britanniam suæ ditioni subjugavit, et eam Gaufrido filio suo tradidit gubernandam, per manum Guillelmi filii Hamonis.

MCLXXI. — Obiit Osbertus abbas, xvii° kal. julii, successit Hugo.

MCLXXIII. — Incepit guerra pessima inter Henricum secundum, regem Angliæ, et Henricum tertium, filium ejus; qui Ludovicum regem Francorum et comitem Flandrensium, et fere omnes consules et barones patris sui in auxilium habuit; sed Deo disponente per victoriam et industriam patris terra tandem paci restituta est.

MCLXXV. — Facta est tanta inundatio ut multi pontes corruerunt et ædificia multa funditus everterentur; plures etiam domus per violentiam aquarum desuper pontem Andegavensem corruerunt.

MCLXXVI.—Facta est fames valida in regione Gallicana. Hugo abbas propter nimiam infirmitatem suam se deposuit, cui Lucas successit.

MCLXXVII. — Ventus terribilis fuit in vigilia sanctæ Andreæ. Eodem anno combustio pontis Andegavensis, feria IIª post octavam Pentecostes.

Depositio domni Gaufridi episcopi. Obiit Lucas abbas; successit Angerius.

MCLXXVIII. — Ordinatio Radulphi episcopi. Sol ita obscuratus est ut non luceret, nisi sicut solet luna lucere, in die sancti Maurilii.

Prælium factum est ultra mare inter christianos et paganos, sed Deo favente christiani victoriam obtinuerunt, in Epiphania Domini.

Concilium magnum Romæ sedit in præsentia Alexandri papæ, media quadragesima, convocatis prælatis sanctæ ecclesiæ ab universis terris, tam episcopis quam abbatibus.

MCLXXIX. — Philippus, Ludovici regis Galliæ filius, coronatus est in die Omnium Sanctorum apud Podium Sanctæ Mariæ; et filiam comitis Hanoensis in uxorem duxit.

MCLXXX. — Obiit Ludovicus rex Francorum (1).

MCXC. — IIº nonas maii, depositio domni Angerii abbatis nostri, cujus pater dicebatur Robertus, mater vero Orehandis, eorumque habetur memoria XIIIª die maii (2).

MCXCIX. — VIº idus aprilis. Obiit Richardus illustris rex Angliæ, a quodam balistario interfectus (3).

MCC. — VIIIº kal. junii. Depositio domni Guillelmi

---

(1) Ici finissent les additions à la chronique de Pierre Bechin.
(2) Obituaire de Saint-Serge. — (3) Ibidem.

beatæ memoriæ, Andegavensis episcopi, anno gratiæ MCC bissextili (1).

MCCI. — II° idus novembris. Depositio domni Reginaldi abbatis nostri (2).

MCCIII. — IV° nonas novembris. Depositio domni Nicolai, abbatis Sancti Sergii (3).

MCCXIII. — VIII° kal. septembris. Depositio domni Petri, Briocensis episcopi (4).

MCCXIV. — Anno domini MCCXIV (5), in crastino SS. Cirici et Julitæ, venit rex Angliæ ultimo apud Andegavim, et die sanctorum Gervasii et Protasii obsedit Rupem Monachi et inde recessit in festo....

Eodem anno et tempore, Philippus, rex Francorum, dimicavit contra Ottonem, dictum imperatorem, et comites Flandriæ, Boloniæ, Selesbiæ et eorum complices apud Flandriam quadam die dominica, in festo septem sanctorum dormientium, mense julio; et fugato, Dei auxilio, Ottone prædicto, a domino Innocentio papa excommunicato, cepit in bello illo comites prædictos et alios multos de eorum militibus, scilicet C et LI et amplius.

MCCXV. — Anno Domini MCCXV, celebratum fuit Romæ concilium a domino Innocentio papa Romano, kalendis novembris; in quo fuerunt duo patriarchæ Jerosolimitanus et Constantinopolitanus, et archiepiscopi LXXI, episcopi C et abbates CCXI.

---

(1) Obit. de Saint-Serge. — (2) Ibidem.
(3) Ibidem. — (4) Ibidem.
(5) Ce qui suit a été extrait d'un manuscrit de Saint-Serge, par Baluze. Arm. tome XXXIX, f° 74.

CHRONICON

VINDOCINENSE SEU DE AQUARIA.

CHRONICON

VINDOCINENSE SEU DE AQUARIA.

DCLXXVIII. — Principatus Pippini Senioris annus xxxvii.

DCCXIV. — Obiit Pippinus Senior; Karoli, ejus [filii] qui dictus est Martellus, principatus annorum xxvii.

DCCXLI. — Obiit Karolus Martellus. Hic primus decimas abstulit ecclesiis. In sepulcro ejus serpens inventus est; corpus vero ejus non est repertum.

DCCXLII. — Pippini, patris Karoli Magni, principatus annorum x.

DCCLI. — Regnum Pippini annorum xvii.

DCCLXII. — Hoc anno venit Stephanus papa in Galliam, et in ecclesia Sancti Dionysii Karolum inunxit.

DCCLXVII. — Obiit Pippinus, pater Karoli Magni.

DCCLXVIII. — Regnum Karoli Magni annorum x in Francia.

DCCLXXVII. — Karolus Desiderium regem totamque Italiam capit.

DCCLXXVIII. — Regnum Karoli Magni, annorum xxv in Italia.

DCCLXXXIV. — Hildegardis, Karoli Magni regina, obiit II° kalendas maii. Wittikindus, rex Alborum et Saxonum, debellatus a Karolo, cum suis baptizatur (1).

DCCXCVI. — Adrianus papa obiit. Cui succedens Leo mox Karolo regi claves confessionis sancti Petri et vexillum Romanæ urbis direxit (2).

DCCXCIX. — Leo papa a Romanis captus et injuriatus est; et Leutgardis obiit regina, secunda uxor Karoli Magni imperatoris.

DCCCI. — Karolus, imperator Romanorum factus, domni Leonis papæ dehonestationem regaliter ultus, multos Romanos exilio damnavit, obtinente eis papa vitam et membra.

DCCCIV. — Domnus Alcuinus, abbas monasterii beati Martini Turonensis, obiit. Ipso anno domnus Leo papa, ad Karolum regem in Franciam usque Remis venit; et receptus honorifice atque donariis ornatus Natale Domini cum eo celebravit (3).

DCCCVI. — Hoc anno, nonis julii (4), feria v^a, prima aurora incipiente, luna xiv^a, signum crucis mirabiliter apparuit in hunc mundum. Eodem anno, III° kalendas septembris, luna xii^a, die dominico, hora iii^a, corona mirabilis in circuitu solis apparuit.

DCCCIX. — Hoc anno, XVII° kalendas augusti, ii^a feria, incipiente hora diei v^a, eclipsis solis apparuit, luna xxix^a.

---

(1) Comme dans la chronique de l'archidiacre Rainaud.
(2) Même remarque.
(3) Conforme à la chronique de Rainaud.
(4) *Junii* dans la chronique de Rainaud.

DCCCX. — Pippinus filius Karoli Magni, rex Italiæ, obiit viii° idus julii (1).

DCCCXI. — Karolus, major filius Karoli regis, obiit ii° nonas decembris. Mors Nicephori imperatoris, cui Michael, gener ejus, successit.

DCCCXIV. — Inclytus imperator Karolus migravit ad Christum feliciter, v° kalendas februarii. Initium regni Hludovici.

Tutor opum, vindex scelerum, largitor honorum,
Karolus orbis honor, orbis et ipse dolor (2).

DCCCXXII. — Hlotharius in successionem regni substituitur (3).

DCCCXXIII. — Pippinus, Hludovici imperatoris filius, rex factus est Aquitaniæ (4).

DCCCXXIV. — Karolus rex natus est, Hludovici filius, qui Calvus cognominatus est; et ipso anno Hlotharius, primogenitus ejusdem regis filius, consors imperialis levatus est dignitatis.

DCCCXXXIII. — Hludovicus regnum amisit, deficientibus a se Francis; et Hlotharius, filius ejus, illud suscepit itemque Hludovicus illud recepit (5).

DCCCXXXVI. — Præliatum est a Rainaldo, nobili comite Nannetensium, contra Herispoium, Nomenoi filium, et alios Britannos apud Metiacum; in quo prælio victores Britanni facti, per fraudem perjurii et transfugæ Lamberti comitis, prædictum Rainaldum et omnes pene suos interimunt. Et eodem ipso anno prælium inter Lambertum et Odonem comites in quo perierunt

---

(1) Voyez la chronique de Rainaud. — (2) Ibidem.
(3) Ibidem. — (4) Ibidem. — (5) Ibidem.

multi nobiles viri : ipse Odo, comes Aurelianensium, Willelmus frater ejus, comes Blesensium, Guido comes Cenomannensium, Teuto abbas Sancti Martini (1).

DCCCXXXVIII. — Ordinatio Dodonis episcopi [Andegavensis].

DCCCXL. — Hludovicus imperator moritur.

DCCCXLI. — Prælium factum est inter Karolum regem et Hlotharium, fratres, apud Fontenetum. Abhinc Karoli regnum Calvi (2).

DCCCXLIII. — Civitas Nannetica a Normannis capitur vice prima, prodente eam Lamberto perfido comite, qui a fidelitate Francorum regum ad Nomenoium Britonem se contulerat; qui etiam, ipsius consilio, in Britannia regnum usurpare ausus est.

DCCCLI. — Nomenoius, Britannorum tyrannus potius quam rex, cœlitus percutitur; cui succedit usurpativo in regno Herispoius, filius ejus (3).

DCCCLV. — Hlotharuis rex moritur, prius factus monachus in monasterio Promiæ, ob peccatum persecutionis paternæ (4).

DCCCLVI. — Domnus Herardus ordinatus est Turonensium archiepiscopus (5).

DCCCLVII. — Herispoius, filius Nomenoii, rex tyrannicus Britonum, a Salomone occiditur (6).

DCCCLVIII. — Hoc anno, iii° idus novembris, Hludovicus invasit regnum fratris sui Karoli. Domnus Herardus archiepiscopus, generali synodo in Turonica

---

(1) Conférez cet article avec la chronique de Rainaud aux années DCCCXXXV et DCCCXLIII.

(2) Comme dans la chronique de Rainaud.

(3) Semblable à la chronique de Rainaud.

(4) Ibidem. — (5) Ibidem. — (6) Ibidem.

civitate habita, quædam necessaria sanctorum canonum capitula excerpsit quæ firmius custodienda sanxit, xvii° kalendas junii.

DCCCLXI. — Igneæ acies apparuerunt in cœlo, circa gallicinium (1).

DCCCLXVII. — Nicolaus papa obiit, et Adrianus successit (2).

DCCCLXVIII. — Hlotharius, filius Hlotharii illius qui superius monachus factus obierat, fraterque Hludovici imperatoris, moritur Placentiæ atque in monasterio Sancti Antonini sepelitur. Et ipso anno Hludovicus, frater ejus, Beneventum cum exercitu perveniens, quam expeditionem vivo adhuc et jubente patre inceperat, Sarracenos, qui urbem ceperant, expugnat; et occiso duce eorum Amalmather, civitatem recuperat et omnia pene Beneventanorum castella quæ a Francis recesserant et se Sarracenis conjunxerant recepit, loca sanctorum quæ impii Sarraceni ac perfidi christiani fœdaverant, Deo adjutore, restauravit et purgavit (3).

DCCCLXIX. — Translatio sancti Ermelandi abbatis in insula Antro.

DCCCLXXIII. — Hoc anno Karlomannus, filius Karoli regis, oculis mulctatus est; et ipso anno, xiv° kalendas septembris, locustarum immensa congeries per Gallias pervolavit, quas subsecuta est tanta vis nivium quanta nulla ætate in nostris regionibus visa refertur. In Francia vero cometes apparuit diebus xxv, et fames exstitit horribilis per Franciam, Burgundiam

---

(1) Semblable à la chronique de Rainaud.
(2) Ibidem. — (3) Ibidem.

et Aquitaniam: ita ut non essent qui sepelirent cadavera morientium, sed se invicem homines manducarent.

DCCCLXXIV. — Salomon, rex Britonum, a suis interfectus est, iv° kalendas julii (1).

DCCCLXXV. — Fames valida per universum Karoli regnum incubuit. Cometa visa est mense julio, et eclipsis fuit solis v° kalendas novembris. Karolus Minor, veneno periit, id est ille quem dicit Ado, Aquitanorum regem jam factum, adversa fuisse dehonestatum injuria (2).

DCCCLXXVII. — Karolus imperator obiit, id est Calvus, et filius ejus Hludowicus regnum recepit. Et eclipsis solis facta est mirabilis, hora viii^a.

DCCCLXXIX. — Hludowicus moritur, rex Germaniæ.

DCCCLXXX. — Hludowicus invasit regnum Hludowici consobrini sui Germanici.

DCCCLXXXI. — Ordinatio Rainonis episcopi Andegavis.

DCCCLXXXIII. — Hludowicus Minor moritur, filius Hludowici Germaniæ regis.

DCCCLXXXVI. — Karlomagnus moritur, unus filiorum Karoli Calvi, qui clericus factus oculis mulctatus est.

DCCCLXXXVII. — Domnus Hugo Abba moritur, et Normanni ascendunt usque Parisius et Senonas.

DCCCXC. — Odo rex factus est.

DCCCXCII. — Hoc anno visa est cometa in cauda Scorpii, per dies ferme LXXX; quam subsecuta est vali-

---

(1) Article identique à ceux des chroniques de Rainaud et de Saint-Aubin.

(2) Semblable à la chronique de Rainaud.

dissima siccitas toto aprili ac maio; iv° autem idus maii et xvii° kalendas junii, ita immensum gelu vineas et sigalum decoxit ut per omnem Franciam, Burgundiam et Neustriam et partem Germaniæ modicum quid colligeretur (1).

Precaria Georgii Lausdunensis cum Rainone episcopo Andegavensi facta est (2).

DCCCXCIII. — Hoc anno Karolus, Hludowici filius, rex factus est Remis. Hic fuit follus, qui postea a Roberto de regno dejectus est.

DCCCXCVIII. — Odo rex obiit.

DCCCXCIX. — Prælium factum est a Richardo duce contra Paganos in pago Tornodorensi, apud Argentoilum, et cum victoria et cæde Paganorum (3).

DCCCCIII. — Hoc anno basilica beati Martini Turonensis, illa quam olim sanctus Perpetuus condiderat, cremata est tertio, ii° kalendas julii; quam postmodum, nostra ætate, Herveus thesaurarius reædificavit (4).

DCCCCV. — Vitæ sancti Maurilii inventio, vel potius augmentatio, per Rainonem episcopum et Archanaldum scriptorem facta est (5).

DCCCCXI. — Apud Carnotum præliatum est, die sabbati, contra Paganos per Richardum atque Rotbertum duces; et perempti sunt fortissimi Paganorum sex millia octingenta (6).

DCCCCXVII. — Initium chronicæ Frodoardi.

---

(1) Semblable à la chronique de Rainaud.
(2) La charte était copiée dans le Livre Noir de Saint-Maurice d'Angers, n° 17.
(3) Comme dans la chronique de Rainaud. — (4) Ibidem.
(5) Semblable à la chronique de Rainaud. — (6) Ibidem.

DCCCCXIX. — Karolus rex a suis relinquitur.

DCCCCXXI. — Richardus dux obiit, et Rotbertus dux Franciæ unctus est in regem a Galterio Senonum archiepiscopo. Eodem anno interfectus est a militibus Karoli Lothariensibus; et Rodulfus dux Burgundiæ unctus est in regem Franciæ a Galterio Senonum archiepiscopo (1).

DCCCCXXV. — Warnerius comes occiditur a Paganis (2).

DCCCCXXIX. — Curtis Chidriaci Sancto Albino Sanctoque Licinio donata est a Fulcone comite qui Rufus dictus est, sub episcopo Herveo (3).

DCCCCXXXVI. — Radulfus rex Francorum, qui occiso Rotberto tyranno a Lothariensibus regnum susceperat, obiit; et Hludovicus filius Karoli, Ultramarinus, revocatus a Francis, regnare cœpit (4).

DCCCCXXXVII. — Ungari in Burgundiam venerunt (5).

DCCCCXLII. — Hoc anno apparuit cometes in occidentali parte cœli, mense octobri, per xxi dies, sub obscuro capite longam facem velut fumum post se trahens, paulatim ad meridianam partem tendens contra subsolanum.

In sequenti anno [DCCCCXLIII] subsecuta est pestis boum ingens per totam Germaniam, Franciam, Burgundiam et Aquitaniam; Italiamque non diu tenuit.

Tertio vero anno [DCCCCXLIV] vineæ combustæ sunt a gelu (6).

---

(1) Comme dans la chronique de Rainaud. — (2) Ibidem.
(3) Article identique à ceux des chroniques de Rainaud et de Saint-Aubin.
(4) Chronique de Rainaud. — (5) Ibidem. — (6) Ibidem.

DCCCCLIV. — Hoc anno Hlotharius, filius Hludowici Transmarini, rex factus est. Idem postmodum Hlotharingiam calumniatus est; cujus expeditionibus Gosfridus, Andecavorum comes, pater Fulconis ultimi, interfuit, multique alii nostræ ætatis viri.

DCCCCLVI. — Obiit Hugo, dux et abbas Sancti Martini, filius Rotberti pseudo-regis, pater alterius Hugonis qui et ipse postea factus est pseudo-rex simul cum Rotberto filio suo, quem vidimus ipse inertissime regnantem; a cujus ignavia neque præsens Henricus regulus, filius illius, degenerat.

DCCCCLXV. — Hoc anno, iv° idus maii, in maxima parte hujus regni, in omnibus fere villis in quibus ecclesiæ sunt, cœlestis ignis sine vento et tonitru ac turbine, non hominem neque pecus lædens, cecidit; et in quibusdam locis dæmones in forma luporum, ad imitationem caprearum balantes, apparuerunt et nocte auditi sunt.

Finis chronicæ Frodoardi.

DCCCCLXXIII. — Obiit Nefingus Andecavorum episcopus. Cui illico successit domnus Rainaldus inclytus præsul et memorabilis, utpote illo adhuc vivente jam designatus episcopus.

DCCCCLXXVI. — Prælium inter Karolum fratrem Hlotharii et Hlotharienses (1).

DCCCCLXXVII. — Otto imperator Parisius venit cum ingenti exercitu (2).

DCCCCLXXXVI. — Hlotharius rex obiit.

---

(1) Article identique à ceux des chroniques de Rainaud et de Saint-Aubin.
(2) Chronique de Saint-Aubin.

DCCCLXXXVII. — Obiit Gosfredus, Andecavorum comes, pater Fulconis ultimi, xii° kalendas augusti, in obsidione Marsonis super Odonem Rufinum facta (1).

DCCCLXXXVII. — Hugo dux simul cum filio suo Rotberto, levantur in regnum Francorum (2).

DCCCLXXXVIII. — Hoc anno Victor suum Paschale composuit.

MI. — Domnus Rainaldus, pius et munificus episcopus, canonicis suis ecclesias potissimum curtis illorum Spinacii reddidit, et de alodiis suis multis et grandibus eisdem testamentum condidit (3).

MIV. — Domnus Abbo abbas martyrizatus est in Aquitania, in monasterio ad Regulam, prope Kassinogilum, palatium quondam regium, qui cyclos xix scripsit.

MV. — Obiit domnus Rainaldus episcopus [Andegavensis].

MVI. — Gosfridus comes natus est, ii° idus octobris.

MVII. — Gosbertus abba sancti......... [obiit].

MXVI. — ii° nonas julii, prælium Pontelevense factum est inter Fulconem et Odonem comites. Victoria penes Fulconem fuit.

MXX. — Monasterium Sancti Nicholai apud Andecavem fundatum est.

MXXIII. — Obiit Hugo, archiepiscopus Turonensium, iv° idus junii; cui successit Arnulfus nepos, vii° kalendas decembris.

---

(1) Comme dans les chroniques de Rainaud et de Saint-Aubin.
(2) Comme le ms F. de la chronique de Saint-Aubin.
(3) Les chartes étaient copiées dans le Livre Noir de Saint-Maurice, n°s 23-25.

MXXV. — Rotbertus rex, immo regina ejus Constancia, pacem fecerunt cum comite Odone, et Fulconem Andecavorum elegantissimum in bellicis rebus comitem, solum nequiter reliquerunt in guerra quam cum illis et pro illis sumptam gerebat. Igitur Odo, in Francia regis impedimentis solutus, Fulconem expugnare speravit et totis nisibus adorsus est; annoque præsenti Montis Budelli castellum, quod circiter annis decem retro abhinc contra civitatem Turonicam firmaverat Fulco, obsedit et turrim ligneam miræ altitudinis super domgionem ipsius castri erexit. In toto tamen labore tanto nihil aliud profecit, nisi quod interim Salmurum optimum castellum, quod adhuc tunc in Andecavensi pago habebat [Odo] capiente Fulcone amisit; et machina illa [Montis Budelli] ad ultimum noctu super eos qui vigilias exercebant repente corruit multosque optimos et nobiles Franciæ milites suo casu contrivit et incendio quod confestim a castellanis superjectum est concremavit. Ita Odo et damno et pudore pariter affectus abscessit (1).

MXXVII. — Hoc anno Odo comes, quasi superiorem fortunam emendaturus, Ambasium castrum de improviso, cum acturus aliud putaretur, obsedit, habens secum Rotberti regis filium Heinricum, jam regem factum; sed tamen ibi quoque diu laborans nihil profecit, defendente oppidum maxime inclyto clerico Sulpicio, castellano ejus et Sancti Martini thesaurario, suis rerum copiis ac sapienti industria.

Et eodem anno civitas Turonensis combusta est.

---

(1) Article entièrement conforme à la chronique de Rainaud qui rapporte ces événements sous l'année 1026 au lieu de l'année 1025.

Eodem ipso anno Brito Alanus, Lus obsidens, a Fulcone obsides omnes quos ei Herbertus dederat extorsit.

MXXVIII. — Domnus Fulbertus, episcopus Carnotensis ecclesiæ, mirabilis modernorum temporum doctor, obiit in Domino, iv° idus aprilis.

MXXXII. — Combustio civitatis Andecavæ, prima nostrorum temporum, v° kalendis octobris. Et eodem anno Heinrici regis levatio in regnum Francorum (1).

MXXXVII. — Dedicatio sanctæ matris ecclesiæ Carnotensis facta est, xvi° kalendas novembris. Et eodem ipso anno exortum est bellum plus quam civile inter Fulconem Hierosolimitanum et filium suum Gosfredum, qui cognominatus est Martellus, et fere per annos quinque protractum est (2).

MXL. — Dedicatio Sanctæ Trinitatis, monasterii Vindocinensis, facta est ii° kalendas junii (3).

Hoc ipso anno obiit Fulco comes, xi° kalendas julii.

MXLII. — Hoc anno fames fuit miserabilis per totam Galliam, quæ maximam plebis partem inaudito mortium genere consumpsit.

MXLIV. — Tedbaldus, filius Odonis comitis, a Gosfredo comite Andecavorum captus, xii° kalendas septembris, postridie civitatem Turonum reddidit (4).

MXLVI. — Obiit domna Hildegardis religiosa comitissa [Andegavensis].

MXLVII. — Obiit domnus Hubertus, dulcis memoriæ, Andecavorum præsul, vi° nonas martii, cui successit

---

(1) Comme dans la chronique de Rainaud. — (2) Ibidem.
(3) *Januarii*; ms F. de Saint-Aubin. — (4) Chronique de Rainaud.

domnus Eusebius Bruno, viii° idus decembris, domni Clementis papæ anno i°.

ML. — Heinrico imperatori filius natus est et a domno papa Leone IX baptizatus.

MLI. — Heinricus rex Francorum uxorem duxit Scythicam et rufam. Comes quoque Willelmus Pictavorum uxorem duxit.

MLIII. — Leo papa Normannos Apuliam per tyrannidem tenentes, bello aggressus, superatus est (1).

MLIV. — Domnus Leo papa obiit, xiii° kalendas maii (2).

MLV. — Domnus Victor successit, et synodus facta est Turonus.

MLVII. — Civitas Nannetica comiti Gosfrido ab Hoel comite reddita est; qui non bona usus fide, auferre eam illi tentavit, sed vix quadraginta dies retentam turpiter amisit.

Ipso eodem anno, rex Henricus Andecavam urbem advenit (3).

MLX. — Obiit Henricus Francorum rex, anno ordinationis suæ xxix; et eodem ipso anno obiit Gausfredus comes, Fulconis filius, xviii° kalendas decembris feria iii^a, hora diei prima : monachili habitu prius suscepto a domno Adraldo, abbate Sancti Nicholai (4).

MLXII. — Hoc anno, ii° nonas aprilis, apud civitatem Andecavam dedicatum est monasterium novum in honorem et nomen summi Salvatoris mundi, filii

---

(1) Mêmes termes dans la chronique de Rainaud. — (2) Idem.

(3) Ici se termine le récit du premier auteur de cette chronique ; en 1060 commence son continuateur.

(4) Conférez avec la chronique de Saint-Serge.

Dei, et Domini nostri Jhesu Christi per venerabiles episcopos domnum Hugonem, archiepiscopum Vesonciensium, domnum etiam Vulgrinum, pontificem Cenomannorum, atque Quiriacum, episcopum Nannetensium.

MLXIV. — Obiit Albertus, abba Majoris Monasterii.

MLXVI. — Hoc anno obiit Fulco, Vindocini comes, xi° kalendas decembris, natali sancti Columbani, meridie.

MLXVII. — In hoc anno apparuit cometa terribilis, multarum calamitatum in sequentibus annis subsecutarum, ut post patuit, portentrix. Nam in ipso anno comes Normannorum Guillelmus, Anglorum regnum magno periculo impugnare aggressus, bello publico magna ac miserabili cæde cruenter expugnavit, atque in regem levatus se coronari fecit.

Illo item anno comes Britannorum Conanus, juvenis et malitiosus, Andecavorum terram superbe pervasus est; pervasioni suæ ac superbiæ [succumbens] in ipsa Andecavorum terra subita morte peremptus est.

Ipso anno Gaufridus comes junior, quem Barbatum cognominaverunt, traditus est a suis Fulconi fratri suo, et civitas Andecavis, ii° nonas (1) aprilis, iv° feria hebdomadæ quæ dicitur Pœnosa, scilicet inter duo Pascha; quam traditionem ultio divina terribilis celeriter subsecuta est : nam die crastina, Dominicæ scilicet Cœnæ anniversaria, ab Andecavina turba, maligno spiritu turbata, miserabili modo peremptis tribus

---

(1) Les manuscrits de la chronique de l'Évière portent ici *kalendas*, mais c'est une erreur; il faut *nonas*. —Voyez la chronique de Saint-Serge.

maximis auctoribus illius traditionis, Gaufrido videlicet de Prulliaco, Rainaldo de Castro Guntherii, Giraldo de Monasteriolo, quartoque capto ac non multo post simili modo mortuo, Rotberto scilicet ipsius Andecavis præposito, pluribus in locis plures proinde, ut existimatio dedit, tribulati sunt ac mortui (1).

MLXVIII. — In sequenti anno captus est iterum supradictus comes Gaufridus a Fulcone, fratre suo, in bello publico, ac Fulco in comitatum ab Andecavinis vellent nollent receptus (2).

MLXXV. — Hoc anno, v° kalendas novembris, xiii^a luna, nocte dominica, antequam diesceret, vidimus tertiam lunæ partem ab austro nigriorem sacco cilicino, quæ nigredo paulatim in spatio duarum defecit horarum.

MLXXVII. — Hoc anno combustum est cœnobium Sancti Petri Carnotensis, ix° kalendas septembris, antequam fratres ad nocturnos surgerent; manente illæsa Sancti Hilarii basilica.

MLXXXI. — Obiit domnus Eusebius cognomento Bruno, Andecavorum præsul, vi° kalendas septembris; cui successit domnus Gosfridus, anno eodem, viii° idus maii, dominica die cathedra sublimatus episcopali. Eodem quoque anno defunctus est dulcis memoriæ Arraldus, Cenomannorum episcopus, iii° kalendas decembris, feria ii^a.

MLXXXII. — Obiit Odericus, hujus loci abba (3), vir famosus suis diebus in ordine monastico et disciplina,

---

(1) Cet article a été emprunté à la chronique de Rainaud et est reproduit par la chronique de Saint-Serge.

(2) Idem. — (3) C'est-à-dire de Vendôme.

iv° nonas octobris. Vixit autem in abbatia xxxvii annos et tres menses ac dies quatuor.

Cui successit sequenti anno domnus David abba, ii° nonas junii, non vivens in abbatia amplius quam duos annos duosque menses.

MLXXXV. — In hoc anno obiit supradictus venerabilis bonæ memoriæ pater David, viii° idus augusti, feria iv°. Cui successit domnus abbas Berno, non in eodem sed in anno subsequenti, ix° kalendas maii.

Eodem anno quo abbas David, obiit Burchardus comes, bonæ indolis adolescens, filius Fulconis comitis Anserali cognominati, ii° kalendas marcii.

MLXXXVII. — Hoc anno obiit Guillelmus rex Anglorum, qui prius quidem Normanniæ comes fuerat quique etiam, cum multo exercitu mari transito, regem Anglorum, Haraldum nomine, in publico bello devicit seque creavit regem totius Angliæ.

MXCII. — Hoc anno combustum est monasterium novum Sanctæ Trinitatis in Sanctonico, ii° nonas junii; et in crastino castrum Subiense, quo plures igne perierunt.

MXCIII. — Hoc anno abba Berno baculum pastoralem, ætate fessus, ægritudine pressus, ultra non valens ferre, coram cunctis fratribus in capitulo dereliquit atque in ipso capitulo electus est domnus abba Gosfridus, juvenis ætate, moribus maturus, forma modesta, corpore formosus, litteris maxime instructus et cæteris bonis adornatus, xii° kalendas septembris; et ab Ivone episcopo, ix° kalendarum earumdem, honorabiliter consecratus.

MXCV. — Hoc anno, ii° nonas aprilis, intempesta nocte ceciderunt ignitæ stellæ longo tractu per universum orbem. Eodem anno, iv° kalendas marcii, consecravit Urbanus papa crucifixum Sanctæ Trinitatis Vindocinensis cœnobii, atque perdonavit septimam partem peccatorum suorum omnibus qui uno quoque anno anniversarium ejusdem consecrationis diem ibidem celebrarent.

MXCVI. — Sequenti anno, viii° idus aprilis, combusta est ecclesia Sancti Martini Turonensis totumque Castellum Novum.

MXCIX. — Hoc anno obiit domnus abba Berno, vir magnæ integritatis et innocentiæ, pater omnibus dulcissimus. Vixit in monachatu lx annis.

MC. — Hoc anno fuit discordia inter domnum abbatem et Gosfridum istius villæ comitem. Eodem anno reconciliati sunt, ipso comite Deo et domno abbati nudis pedibus satisfaciente.

MCVI. — In hoc anno apparuit stella, quæ modica quidem videbatur, sed magnum et prolixum post se trahere candoris vestigium ab omnibus admirabatur; quæ plurimis diebus ac noctibus tractum suum in occidentem tendere visa, plurimam desolationem portendebat. Nam in ipso anno Gosfridus Martellus Juvenis, comes Andecavorum, debellator et expugnator tyrannorum, protector et defensor ecclesiarum, in quadam obsidione occisus est (1).

Eodem quoque anno Buatmundus, vir magnæ opinionis et famæ, dux Antiochiæ, accepta ab apostolico licentia, venit in Europæ partes, castella et civitates

---

(1) Kal. junii obiit Gaufridus Martellus junior filius Fulconis interemptus sagitta in obsidione apud Candeium anno ab incarnatione Domini mcvi. — (Obit. de Saint-Maurice d'Angers. — *Arm. de Bal.* 39, f. 31.,

submonendo ut festinarent ire Hierusalem, liberare videlicet eos qui in captivitate tenebantur et illos adjuvare qui Turcorum oppugnationibus vexabantur.

MCVIII. — Obiit Philippus, Francorum rex, cui filius Ludovicus successit in regnum.

MCIX. — Hoc anno, xviii° kalendas maii, obiit Fulco comes Andecavorum, vir pietatis et misericordiæ plenus, frater comitis Gosfridi qui Barbatus cognominabatur. In monasterio nostro Andegavensi Sanctæ Trinitatis, sicut præcepit, est honorabiliter sepultus.

MCXVIII. — Magnus ventus in vigilia Natalis Domini.

MCXXXII. — Hoc anno combustum est monasterium Sanctæ Trinitatis Andegavensis, cum omnibus ædificiis et tota substancia totoque burgo de Aquaria necnon plurima parte civitatis (1). Eodem anno felicis memoriæ domnus abbas Gosfridus, dum causa idem monasterium reædificandi et fratribus qui inerant necessaria ministrandi Andecavim venisset, corpus, quod suum erat, terræ commendavit, spiritu vero, ut credimus, ad coelestia transmigravit, vii° kalendas aprilis. Cui successit domnus abbas Fromundus, pridie nonas ejusdem, totius capituli communi electione et quatuor abbatum qui præsentes erant et vocati fuerant assensione. Electus vero cum ab episcopo Carnotensi, pro consuetudine, benedictionem postularet, ipse autem e contra pro benedictione ab eo professionem exigeret, ille se nullatenus id facturum esse respondit. Timere enim se dicebat ne si pro benedictione contra

---

(1) Cet événement est rapporté à l'année 1131 par la chronique de Saint-Aubin.

dignitatem monasterii professionem faceret, maledictionem incurreret. Qua ratione, et auctoritate privilegiorum quibus Vindocinense monasterium fulcitur, cum victus esset [episcopus], non solum eum consecravit, verum etiam eum quod libertatem monasterii sui defenderet plurimum laudavit.

MCXXXVII. — Obiit Ludovicus, rex Francorum, cui Ludovicus, ejus filius, successit.

MCXXXIX. — Obiit Fromundus, bonæ memoriæ abbas Vindocinensis, xii° kalendas octobris. Cui successit domnus abbas Hubertus, vir morum honestate et sanctitate plenus. Rexit autem monasterium annis v et v mensibus et xvii diebus. Obiit xiv° kalendas aprilis.

MCXLVII. — Ludovicus, rex Francorum, cum multo exercitu Hierosolimam profectus est.

MCLI. — Obiit Gosfridus venerabilis comes Andegavis, anno quo arcem Monasterioli castellumque funditus everterat; cui successit Henricus, qui paulo ante ducatum Normanniæ susceperat. Ipso anno obierat Helias, frater prædicti Gosfridi comitis.

MCLIV. — Hoc anno obiit Stephanus, rex Anglorum, frater Theobaldi comitis, nepos Hainrici regis; cui successit Hainricus, filius Gaufridi Andecavorum comitis.

MCLV. — Hoc anno obiit bonæ memoriæ domnus abbas Rotbertus, iii° idus januarii, feria iv^a; cui successit domnus Girardus abbas, vir honestæ vitæ et boni testimonii, electus, videlicet toto annuente capitulo.

MCLIX. — Hoc anno fuit exercitus Tolosæ, et Calvimontem obtinuit Hainricus rex.

MCLX. — Duo papæ Romæ, Alexander et Octavianus.

MCLXI. — Ipso anno, Tebaudus comes, Tebaudi comitis filius, cum magno exercitu militum atque peditum, castrum Vindocinum invasit et obsedit; qui prius quam ad castellum accederet, spolia ejusdem castri et thesaurum monasterii Sanctæ Trinitatis commilitonibus suis jam distribuerat, putans scilicet nullum sibi resistere posse. At Johannes, nobilis comes Vindocinensis, duorum filiorum suorum, Buchardi scilicet et Lancelini, fultus auxilio, multisque ex vicinis partibus ad auxilium ejus properantibus, castellum suum strenuissime defendit; sicque prædictus comes Tebaudus, non peracto quod voluit, territus ac confusus recessit, non tamen sine maximo damno suorum.

Sed antequam hoc ageretur, eodem anno, dominica septuagesimæ, luna apparuit tota nigra, deinde subrubens, postea recepit splendorem. Tanta autem postea fames exorta est ut matres projicerent infantulos ad portas monasterii. Tunc abbas Girardus instituit ut quotidie, a principio quadragesimæ usque ad festivitatem sancti Johannis, darentur pauperibus tria sextaria annonæ, præter consuetum beneficium. Pauperibus jacentibus in vicis et plateis portabatur panis et caseus vel legumen usque ad eamdem festivitatem.

MCLXIII. — Hoc anno Radulfus, senescallus tunc temporis in Sanctonia, extorsit a Pagano, priore Sancti Georgii de Olerone, c libras nummorum, inscio abbate Gerardo, et xii scyphos argenteos marciles propter boscum de Sauzelia, quem proprium regis esse asserebat et priorem de eo quod in illo ceperat accusabat. Quo cognito abbas Gerardus simulque conventus destinaverunt duos fratres suos, scilicet Jacobum et Guillelmum de Mesnil, ad regem in Anglia, significaturos ipsi regi tantam injustitiam indebite illatam, et deprecaturos emendationem fieri super tam damnoso detrimento. Quos rex clementer exaudiens et occasionem injuriæ supradictæ nequissimam et injustam esse intellexit et pecuniam injuste sublatam per manum Stephani Turonensis, custodis turris de Chinone, proprio thesauro monachis integre restituit.

MCLXXVII. — Hoc anno exulavit conventus Vindocinensis Andegavi, toto anno et mensibus duobus, a facie Johannis comitis.

MCLXXIX. — Philippus, rex Francorum, coronatur.

MCLXXX. — Obiit Ludovicus rex Francorum.

MCLXXXIII. — Obiit Hainricus Juvenis, rex Angliæ.

MCLXXXVII. — Hoc anno obiit piæ memoriæ domnus Girardus abbas, sedis suæ xxvi annis et dimidio; cui successit domnus Lucas abbas.

Hoc etiam anno natus est Ludovicus, filius Philippi regis Franciæ.

Hoc anno asportaverunt Sarraceni partem Dominicæ crucis de finibus Hierusalem.

MCLXXXVIII. — Combustio Vindocini a comite Pictavorum R[ichardo], circa medium Augusti.

MCXCI. — Hoc anno, cum duo reges contra gentiles transfretassent Hierosolimam, in vigilia beati Johannis Baptistæ, luna xxvii, facta est eclipsis solis.

[MCXCIX]· — Interdictum in tota Francia propter uxorem suam Dacam, cui abjectæ rex Philippus Alemannam super duxerat.

MCXCIX. — In hoc anno obiit Richardus, rex Anglorum, solo a summo judice superatus; cui successit in regno frater ejus Johannes.

MCCI. — In hoc anno domnus abbas Lucas, ætate

fessus, ægritudine pressus, pastorale baculum sponte reliquit, coram fratribus in capitulo ; et in ipso capitulo, de communi omnium voluntate, statim electus fuit domnus abbas Hamelinus.

MCCII. — Hoc anno Johannes, rex Anglorum, expugnavit Arturum, comitem Britanniæ, et cepit cum omni exercitu suo apud Mirebellum, in die festo qui dicitur Ad Vincula sancti Petri. Ipse enim Arturus in illo castro obsederat matrem ejusdem regis.

Eodem anno obiit Burchardus, comes Vindocini.

Hoc anno obiit domnus abbas Lucas, IV° kalendas novembris, feria III*, in die Simonis et Judæ.

MCCX. — Hoc anno profectus est exercitus super Albigenses.

MCCXV. — Hoc anno, tempore Innocentii papæ III, die sancti Martini hiemalis, sedit generale concilium Romæ; cui interfuit Hamelinus, abbas noster, locum ordine suum inter'cæteros cardinales obtinens. Domum nostram beatæ Priscæ virginis monachis reformavit.

[MCCXXII vel MCCXXIII]. — Obiit piæ memoriæ domnus abba Hamelinus. In eodem anno Gosfridus abbas ; cui successit Hugo abbas, vir honestæ vitæ et religionis.

Obiit Hugo abbas naldus, cui successit domnus Rainaldus abbas.

MCCXXVI. — Epacta XX, obiit Ludovicus rex Francorum, filius nobilissimi regis Philippi, dum rediret a captione Awiniuni; cui successit in regem Ludovicus filius ejus.

MCCXXVII. — Hoc anno obiit domnus Rainaldus abbas; cui successit domnus Rainaldus prior, qui rexit in pace ecclesiam istam per XVI annos.

MCCXXXI. — Hoc anno combusta est abbatia Sanctæ Trinitatis Vindocinensis, fere in parte.

MCCLIV. — Obiit domnus Reginaldus abbas. Eodem anno electus est Reginaldus in abbatem, qui tunc temporis erat prior Vindocini, confirmatus a Milone, Tusculano episcopo, sedis apostolicæ legato in Francia, et benedictus ab eodem Parisius, in ecclesia beatæ Genovefæ.

MCCLI. — Processio Pastorum pessima, tempore quod versus assignant :

> M semel et bis c, l et i simul addere disce.
> Ducit pastorum sæva Megæra chorum.

BREVE CHRONICON

SANCTI FLORENTII SALMURENSIS.

BREVE CHRONICON

SANCTI FLORENTII SALMURENSIS.

DCC. — Ungitur in regem Childebertus optimus.

DCCVIII. — Drogo filius Pipini moritur.

DCCXII. — Constantinus imperator a suis captus et excæcatus est. Hyrena mater ejus octavo anno post imperavit. Stella quæ Martis dicitur, eo anno, a mense julio usque ad alium mensem videri non potuit; et eodem anno Childebertus optimus migravit, tredecimo regni sui anno.

DCCXVII. — Pipinus obiit, iste est Karoli Martelli pater.

DCCXVIII. — Dagobertus filius Childeberti obiit, quinto anno regni sui. Pugna Karoli in Vinciaco cum Childerico et Ragranfredo.

DCCXLI. — Karolus Martellus moritur.

DCCL. — Hildericus tunsoratus et in monasterium missus est, consilio Zachariæ papæ. Pipinus in loco ejus rex factus est.

DCCLIV. — V° kalendas augusti, Stephanus papa unxit Pipinum et duos filios ejus, Karolum et Karlomagnum in reges, et Bertradam matrem eorum.

DCCLX. — Pipinus rex Doadum venit; ibique Wainferus obsides dedit et pacem cum rege fecit.

DCCLXIII. — Pipinus et Karlomagnus expeditionem habuerunt in Xacsoniam.

DCCLXVI. — Karlomagnus, Pipini frater, monachus factus est.

DCCLXVII. — Pipinus rex moritur, anno decimo octavo regni sui. Iste est pater Karoli et Karlomagni.

DCCLXXI. — Karlomagnus, frater Karoli, obiit.

DCCLXXIV. — Pius rex Karolus Romam abiit. Inde reversus Papiam cepit cum rege Desiderio.

DCCLXXVIII. — Hoc anno Karolus Magnus Hispaniam ingreditur.

DCCLXXXIII. — Karolus Romam veniens ab Adriano pontifice susceptus honorifice. Filius ejus Pipinus ex sacro fonte excipitur ab Adriano et alii duo filii ejus reges initiati sunt, Karolus et Ludovicus.

DCCLXXXVII. — Karolus Romam vadit.

DCCXCVI. — Hoc anno misit Leo papa claves confessionis sancti Petri et vexillum Romanæ urbis karolo regi.

DCCXCIX. — Romani, Leonem pontificem VII° Kalendas mai, letania majori, captum excæcaverunt linguamque ipsius præciderunt.

DCCC (1). — Karolus, tertio Romam veniens, a Leone pontifice susceptus, deferente etiam vexillum urbis. In die sanctæ Nativitatis Domini, ante confessionem beati Petri apostoli, cum gloriosus rex Karolus

---

(1) Dans le ms les événements qui suivent sont placés à la fois devant l'année 799 et devant l'année 800.

ab oratione surrexisset, Leo papa capiti ejus coronam imposuit, sicque ab universis acclamatum est : *Karolo Augusto a Deo coronato! Magno et pacifico imperatori Romanorum Vita et Victoria!*

Terre motus magnus.

Hic renovatur monasterii ordo, fratres promittentes regulam Albaldo viro sancto. (Iste reperitur secundus abbas monasterii) (1).

Feria secunda, hora diei quinta, eclipsis apparuit (2).

DCCCXI. — Pipinus rex Italiæ, filius Karoli Magni, obiit viii° idus julii.

DCCCXII. — Carolus, Caroli Magni filius major, obiit ii° nonas decembris.

DCCCXIII. — Nicheforus imperator obiit; cui Michael successit.

DCCCXIV. — Ludovicus imperator Romanorum coronatur Aquis Grani. Karolus imperator optimus Aquis Grani moritur, v° kalendas februarii. Omnes anni ejus xlv.

DCCCXXII. — Lotarius victus est.

DCCCXXIII. — Pipinus, filius Ludovici, rex factus est.

DCCCXXIV. — Karolus Calvus natus est.

DCCCXXV. — Hilbodus abbas efficitur, obeunte Arnulpho.

DCCCXXXIII. — Ludovicus regnum amisit.

DCCCXXXIV. — Itemque Ludovicus illud recepit.

---

(1) Ce qui est entre parenthèses a été ajouté par une main du quatorzième siècle.

(2) Cet événement est placé dans l'édition de dom Martène sous l'année 810.

DCCCXXXVII. — Normanni vastant Britanniam.

DCCCXL. — Ludovicus Pius obiit, filius Karoli Magni.

DCCCXLI. — Initium regni Caroli Calvi. Prælium factum inter fratres apud Fontanicum.

DCCCXLIV. — Nannetis a paganis capitur vice prima.

DCCCL. — Hoc anno Ludovicus imperator, interfecto duce Sarracenorum Amalmac[en], Beneventum recepit.

DCCCLI. — Nemonoius, Brittannorum tirannus, cœlitus percutitur : cui successit Heripoius filius ejus.

DCCCLIV. — Lotarius filius Ludovici obiit.

DCCCLV. — Herardus archiepiscopus ordinatur. Heripoius, filius Nemenoii, rex a Salomone occiditur.

DCCCLXVIII. — Nicholaus papa obiit, cui Adrianus successit. Translatio sancti Martini (1) in Fossatense monasterium. Cometes magna visa fuit diebus viginti ; et fames horribilis fuit eodem anno.

DCCCLXXIII. — Civitas Andecava obsidetur a Carolo Calvo et Salomone rege Britonum, ad expellendos de ea Normannos.

DCCCLXXIV (2). — Salomon rex interfectus est a suis. Fames valida per totum regnum Franciæ incubuit. Cometa visa est mense julio, et eclipsis solis fuit v° kalendas novembris.

DCCCLXXVII. — Hoc anno Carolus Calvus rex obiit, trigesimo septimo anno, et eclipsis solis facta est mirabilis, hora octava.

---

(1) Sic pour *Mauri*. — (2) Peut-être 973.

DCCCLXXIX. — Ludovicus qui Nichil Fecit obiit. Regnavit duos annos.

DCCCLXXXIII. — Ludovicus filius Ludovici obiit.

DCCCLXXXVI. — Karlomagnus filius Caroli Calvi obiit (1). Hic clericus factus oculis multatus est.

DCCCLXXXVIII. — Hugo abbas obiit. Normanni ascendunt usque Parisius et Senonas.

DCCCLXXXIX. — Odo rex factus.

DCCCXCIII. — Karolus Stultus, filius Ludovici, factus est rex.

DCCCXCVIII. — Odo rex obiit. Robertus frater ejus successit (2).

DCCCCIII. — Ecclesia Sancti Martini cremata, II° kalendas julii.

DCCCCXI. — Apud Carnotum præliatum est, die sabbati, contra paganos, per Ricardum atque Robertum : sex millia octinginti paganorum occisa. Hoc anno baptizatus est Rollo Normannus a Francone, Rotomagensi episcopo, a morte Karoli Magni anno centesimo (3).

DCCCCXVIII. — Karolus Follus rex a suis relinquitur.

DCCCCXX (4). — Ricardus dux obiit, et Robertus dux unctus est in regem.

DCCCCXXI. — Karolus Stultus vel Capet obiit, quadragesimo tertio anno.

DCCCCXXXIV. — Hoc anno venerunt Ungari in Galliam.

---

(1) Le chroniqueur confond ici le fils de Charles le Chauve avec Carloman, fils de de Louis le Bègue, mort en 884.

(2) Erreur. Voyez à l'année 920. — (3) Rollon fut baptisé en 912.

(4) Corrigez : 921.

DCCCCXXXVI. — Rodulphus rex obiit; et Ludovicus filius Caroli Ultramarinus regnare cœpit.

DCCCCXLII. — Cometes apparuit mense octobri per viginti unum dies, quem pestis boum subsecuta est.

DCCCCLV. — Lotharius, filius Ludovici Transmarini, rex factus est.

DCCCCLVI. — Amalbertus abbas efficitur.

DCCCCLVII. — Obiit Hugo, dux et abbas Sancti Martini, pater alterius Hugonis qui postea rex fuit.

DCCCCLXVI. — Hoc anno, iv° idus maii, in maxima parte hujus regni, in omnibus fere villis in quibus ecclesiæ sunt, cœlestis ignis sine vento ac turbine, non hominem neque pecus lædens, cecidit; et in quibusdam locis dæmones apparuerunt.

DCCCCLXVII. — Ludovico succedit Lotharius.

DCCCCLXIX. — Mille anni a Nativitate Christi. Locis [quibusdam] dæmones apparuerunt.

DCCCCLXXIII. — Obiit Lotharius, in quo progenies Karoli Magni destruitur.

DCCCCLXXIV. — Sanctus Loantius Sancto Florentio datur. Obiit Nefingus episcopus (1).

DCCCCLXXV. — Raignaudus episcopus ordinatur (2).

DCCCCLXXVIII. — Otho imperator Parisius venit cum magno exercitu.

DCCCCLXXIX. — Amalbertus abbas Sancti Benedicti efficitur.

DCCCCLXXXVIII. — Obiit Goffredus Grisigonela comes, pater Fulconis comitis, xii° kalendas augusti.

---

(1) En 973. — Chron. de Saint-Aubin. — (2) En 974. — Ibidem.

Hugo dux [rex] Francorum factus est (1).

DCCCCXCII. — Cometa visa est per dies octoginta et siccitas magna fuit. Prælium Conquareticum (2). Robertus rex fit (3).

DCCCCXCVI. — Hugo dux cum filio suo Roberto levantur in regnum (4).

DCCCCXCIX. — Urbs Andecava incensa est, post combustionem comitissæ Elisabeth.

MV. — Rainaudus episcopus obiit.

MVI. — Hubertus ordinatur episcopus. Goffredus (5) comes natus est II° idus octobris.

MXI. — Obiit Robertus abbas, VI° idus augusti; cui successit Adebertus.

MXIII. — Adebertus obiit, VI° idus aprilis; cui Giraudus successit.

MXVI. — Prælium Pontelevis inter Odonem et Fulconem comites, II° nonas julii.

MXX. — Monasterium Sancti Nicholai fundatum est.

MXXII. — Hoc anno Fredericus abbas efficitur monasterii Sancti Florentii.

MXXIII. — Obiit Hugo archiepiscopus (6), IV° kalendas junii, cui successit Arnulphus nepos ejus.

MXXV. — Salmurus capitur.

MXXIX. — Obiit Fulbertus Carnotensis episcopus (7).

---

(1) Le ms place ce fait vis à vis les années 988 et 989. Corrigez 987.

(2) Var. *Concareticum*.

(3) Erreur : c'est en 988 que Robert prit le titre de roi.

(4) Ici le texte est évidemment altéré : En 1096, Robert succéda à son père Hugues Capet, mort cette même année.

(5) Martellus. — (6) Turonensis.

(7) Le ms porte par erreur la mort de Fulbert à l'année 1039. Nous la replaçons à sa véritable date.

MXXX. — Corpus beati Florentii transfertur a Frederico abbate de ecclesia Sancti Hillarii de Scripta (1) in monasterio novo adhuc imperfecto, in dextro monasterii membro, super altare sancti Johannis Baptiste.

MXXXII. — Robertus rex obiit.

MXXXIII (2). — xii° kalendas octobris captus est Willelmus Pictavensis comes a Gaufrido filio Fulconis.

MXXXVI. — Initium belli plus quam civilis inter Fulconem et filium ejus Goffredum (3).

MXL. — Fulco comes obiit Jerosolimitanus.

MXLI. — Dedicatio nove basilice Sancti Florentii, idibus octobris.

MXLIV. — Hoc anno fuit fames in Gallia. Thebaudus, filius Odonis comitis, a Gaufrido comite Andegavensi captus est, xii° kalendas septembris. Post triduum civitatem Tur[onis] reddidit.

MXLV. — Obiit Hildegaldis comitissa.

MXLVI. — vi° nonas martii, obiit Hubertus episcopus; cui successit Eusebius.

ML. — Obiit Mathias comes.

MLI. — Dedicatum est altare crucifixi ab Eusebio episcopo Andegavensi.

MLIII. — Leo papa obiit

MLIV. — Fredericus, primus abbas et fundator hujus cenobii (4) obiit. Sigo successit. Ab initio regni Caroli filii Ludovici, quo regnante facta est destructio monasterii Sancti Florentii a Nemeneio Britone, usque Fredericum computantur anni centum octoginta tres.

---

(1) Var. *de Crypta* — (2) Alias, 1031. — (3) Var. *Gaufridum*.
(4) C'est-à-dire du nouveau monastère de Saint-Florent.

MLIX (1). — Obiit Henricus, rex Francorum, vicesimo nono anno regni sui. Goffredus comes Martellus, filius Fulconis comitis, factus est monachus Sancti Nicholai, Abrardo abbate.

MLXIV (2). — Goffredus Barbatus traditur, et barones interfecti sunt.

MLXVII. — Guillelmus dux Normanniæ Angliam conquisivit. Cometa terribilis apparuit.

MLXX. Obiit abbas Sigo, II° idus junii; cui successit Willelmus, IV° kalendas julii.

MLXXVIII. — Exercitus de Fissa.

MLXXXII. — Obiit Eusebius episcopus (3).

MLXXXV. — Fames valida.

MLXXXVI. — Guido Pictavorum comes obiit, mense Septembri; et Guillelmus rex Anglorum.

MLXXXVIII. — Hoc anno data est Casa Sancto Florentio.

MXCIII. — Aimericus, vicecomes Toarcensis, qui dedit nobis Casam, obiit; [obiit et] Gaufridus episcopus, VI° idus octobris.

MXCV. — Urbanus papa venit in Galliam, et exercitus Christianorum abiit in Jerusalem.

MXCVI. — Goffredus de Meduana ordinatur episcopus.

MXCIX. — Obiit Urbanus papa.

---

(1) Corrigez MLX. — (2) Corrigez MLXVII.

(3) La chronique de Vendôme assigne la mort d'Eusèbe Brunon à l'année 1081; et on lit dans l'obituaire de Saint-Maurice d'Angers, : « VI° Kalend. septemb. obiit domnus Eusebius, episcopus Andegavensis, anno Domini MCLXXI; rexit autem ecclesiam istam xxxv, tribus mensibus minus. »

MC. — Hoc anno Jerusalem capta est xviii° (1) kalendas julii, viii^a die obsidionis suæ (2). Obiit Guillelmus Angliæ rex.

MCI. — Hoc anno fundata est abbatia Fontis Ebrardi.

MCVI. — Hoc anno cometa rutilans apparuit. Goffredus Martellus occiditur.

MCVII (3). — Obiit Philippus rex.

MCIX. — Fulco comes moritur, et filius ejus Fulco accepit consulatum. Hoc anno ingens penuria salis fuit.

MCX. — Exercitus de Doe. Obiit Helias comes.

MCXIII. — Exercitus de Bracco Sacco.

MCXVI. — Ventus terribilis, nonis decembris.

MCXVIII. — Obiit domnus Willelmus abbas iii° kalendas junii ; cui successit Stephanus.

MCXX. — Calixtus papa venit Andegavim. Fulco comes abiit in Jerusalem. Filius (4) regis Anglorum necatus est cum pluribus (5).

MCXXIII. — Exercitus de Doado.

MCXXIV. — Exercitus de Mosterolio. Pestilentia et fames.

MCXXV. — Ulgerius episcopus ordinatur.

MCXXVI. — Obiit Willelmus dux Aquitaniæ (6). Obiit Aremburgis filia comitis Elye.

---

(1) Le ms porte ici iv° kalendas, mais c'est une erreur. La ville de Jérusalem fut prise le 15 juillet ou le xviii des kalendes.

(2) C'est à tort que notre chronique place cet événement à l'année 1100, il se rapporte à l'année précédente.

(3) Corrigez MCVIII. — (4) Willelmus.

(5) Peut-être d'après la disposition du ms faut-il placer cet événement en 1121.

(6) Guillaume IX, duc d'Aquitaine, mourut le 10 février 1127 (n. s.).

MCXXVII. — Aimericus vicecomes [Toarcensis] dolo suorum interemptus est.

MCXXIX. — Fulco comes Jerosolimam pergit.

MCXXX. — Exercitus de Mirebello.

MCXXXI. — Fulco rex Jerusalem ordinatur.

MCXXXIII. — Obiit domnus abbas Stephanus. vii° idus aprilis Henricus natus est.

MCXXXIV. — Exercitus de Candeio.

MCXXXV. — Obiit rex Angliæ Henricus.

MCXXXVII. — Siccitas magna a martio usque in septembri.

MCXXXIX. — Matildis Imperatrix transit in Angliam. Stephanus rex Angliæ capitur in bello.

MCXL. — Excidium Castri Celsi.

MCXLI. — Innocentius papa obiit et Fulco rex.

MCXLII. — Celestinus papa obiit. Goffredus comes totam Normanniam adquirit hoc anno, iii° octabarum Pasche, x° kalendas maii.

MCXLIII. — Obiit Lucius papa. Stella cometes apparuit. Fames magna.

MCXLVII. — Castrum Doadi capitur. Rex Franciæ et imperator Allemaniæ Jerusalem pergunt.

MCXLVIII. — Obiit Conanus dux Britonum et Ulgerius episcopus.

MCL. — Obsidio Mosterioli.

MCLI. — Hoc anno Mosteriolum capitur. Comes Goffredus obiit (1).

---

(1) VII idus septembris. obiit illustris Andegavorum comes Gaufridus tertius Martellus, gener Henrici optimi regis Anglorum, qui episcopales domos quotiens episcopi nostri obierunt a tyrannica despoliatione vasorum, totiusque suppellectilis, insuper auri et argenti et nummorum,

MCLII. — Thebaudus comes obiit. Henricus dux ducit Alienor, a rege Franciæ separatam.

MCLIII. — Normannus episcopus obiit (1), et papa Eugenius et Bernardus abbas Clarevallensis. Ascolania capta est.

MCLIV. — Stephanus rex Angliæ obiit. Henricus fit rex.

MCLVI. — Matheus abbas factus est episcopus Andegavensis et Stephanus Redonensis. Post hæc factus est Oggerius viginti sex diebus [abbas] et obiit; cui successit Philippus abbas.

MCLVIII. — Goffredus obiit Nannetis. Henricus rex Nannetim accipit et Toartium.

MCLIX. — Hoc anno dominus Henricus rex dedit feriam que est in maio Deo et beato Florentio, in manu Philippi abbatis. Adrianus papa obiit.

MCLX. — Obiit domnus abbas Philippus, IV° idus maii. Cui successit domnus abbas Frogerius, IV° nonas junii.

MCLXI. — III° idus martii obiit Matheus episcopus, sexto anno episcopatus sui. Fames magna.

---

vinique et annonæ, si ab episcopis viventibus erogata non fuerint in perpetuum, liberavit et quittavit, anno Domini MCLII (corriges MCLI). — Obit. de Saint-Maurice d'Angers. — *Arm. de Bal.* 39, f. 30ʳ.

(1) IV°. nonas maii, obiit bonæ memoriæ Normandus de Doe, episcopus noster, qui de navi ecclesiæ nostræ trabibus præ vetustate ruinam minantibus ablatis, voluturas lapideas miro affectu ædificare cœpit; in quo opere DCCC libras de suo expendit. Ecclesias quoque de Villaniis, quas adquisierat, et domos suas proprias nostro capitulo dedit; et ante episcopatum, archidiaconus, tabulam argenteam XXX et amplius marcharum ad altare matutinale dedit et pixidem miri operis, ad reponendum corpus Domini super altare dominicum, fabricari fecit. Unde eidem sex pauperes classica sonare. — Obit. de Saint-Maurice d'Angers. — *Arm. de Bal.* t. 39, p. 30ʳ.

MCLXIII. — Baudoinus rex Jerusalem obiit. Terræ motus factus est mense augusto. Turonense concilium.

MCLXV. — Terræ motus xii° kalendas julii.

MCLXVI. — Exercitus de Fulgeriis.

MCLXVII. — Guerra inter regem Franciæ et regem Angliæ. Obiit Matildis Imperatrix.

MCLXX. — Thomas archiepiscopus Cantuariensis occiditur.

MCCLXXI. — Obiit Amorricus rex Jerusalem.

MCLXXII. — Guerra inter regem Angliæ et filios ejus.

MCLXXIII. — Obiit domnus abbas Frogerius, cui successit Radulphus.

MCLXXVI. — Obiit abbas Radulphus, cui successit Mainerius iii° kalendas novembris.

MCLXXVIII. — Idus septembris, eclipsis solis hora diei tercia.

MCLXXIX. — Lateranense concilium. Ungitur in regem Philippus filius Ludovici, kalendis novembris.

MCLXXX. — Obiit Ludovicus pius rex, xiii° kalendas octobris.

MCLXXXI. — Obiit Alexander papa, iii° kalendas septembris. Ventus terribilis xiii° kalendas aprilis.

MCLXXXIII. — Obiit Henricus rex junior, iii° idus junii.

MCLXXXV. — Hoc anno venit Eraclius patriarcha in Galliam et Angliam, auxilium quærere. Contigit autem cum rediret cum rege Henrico de Anglia, xvi° kalendas mai, contremuit tota Anglia et multa ædificia subversa sunt; et facta est eclipsis kalendis mai, hora nona.

MCLXXXVIII. — Hoc anno fuit guerra inter Philippum regem Franciæ et Henricum regem Angliæ.

MCLXXXIX. — Nonis julii obiit Henricus rex Anglorum, apud Cainonem castrum, et Ricardus filius ejus unctus est in regem.

MCXC. — Fredericus imperator Alemanniæ et Philippus rex Francorum et Ricardus rex Angliæ Jerosolimam perrexerunt.

MCXCIX. — vii° idus aprilis obiit Ricardus rex, apud castrum Chaluz. Johannes frater ejus factus est rex.

MCC. — xiv° kalendas julii, capta est civitas Andegavis a Johanne rege.

MCCII. — Ludovicus comes Blesis, Balduinus Flandrensis et marquisius de Monte Ferrat iverunt Jerusalem.

MCCIII. — Hoc anno obiit Mainerius abbas.

MCCIV. — Hoc anno obiit Alienordis regina Angliæ.

MCCVI. — Obiit Bartholomeus Turonensis archiepiscopus; cui successit Johannes de Faia.

MCCXIV. — Hoc anno Johannes rex Angliæ obsedit Ruppem Monachi; sed non audens expectare adventum Ludovici, primogeniti regis Philippi, confusus recessit. Eodem anno et die dictus Philippus rex Francorum pugnavit cum Othone imperatore Alemoniæ (1) in Flandria, et comites Flandriæ et Boloniæ cepit.

MCCXV. — Hoc anno apud Romam universale concilium, sub Innocentio papa III.

MCCXX (2). — Hoc anno orta est inter Petrum comi-

---

(1) Sic pour *Alemanniæ*.

(2) Peut-être, d'après la disposition du ms, faut-il mettre ce qui suit en 1221.

tem Britanniæ et Amauricum de Credone et barones multos guerra.

MCCXXI. — Hoc anno mortuus est Michael abbas, vigilia sancti Martini æstivalis.

MCCXXII. — Hoc anno mortuus est Willelmus de Rupibus, senescallus Andegavensis. Eodem anno, in Nativitate Domini, terræ motus in Italia, et absorta est Bissia civitas. Eodem anno pluit pulvis in modum cineris.

MCCXXIII. — Obiit Philippus rex Francorum; cui successit Ludovicus primogenitus ejus.

MCCXXIV. — Hoc anno subjugavit dictus Ludovicus rex fere omnes nobiles Pictaviæ. Magnus ventus factus est.

MCCXXVI. — Hoc anno obiit Ludovicus rex, qui primo anno regni sui in Pictavia contra Anglicos Rupellam, Niort, Sanctum Johannem Angeliacensem, et quamplura alia castra in Gasconia, expugnavit.

MCCXXXV. — Hoc anno Ludovicus rex, filius regis Philippi, duxit in uxorem filiam comitis Provinciæ; et eodem anno dimicavit contra Petrum comitem Britanniæ et cepit Castrum Brientii et Castrum Odonis; et redditum fuit ei Castrum Celsum a dicto comite, dum idem rex esset in ejus obsidione, et totam terram dicti comitis circa id locorum devastavit et villas succendit et combussit. Item eodem anno fuerunt inundationes aquarum superfluæ et glacies et pruinæ, et occasione glaciei rupti fuerunt pontes Salmuri et pontes Turonis, metropolitanæ civitatis; et apud Turonim, pro ruptione pontium, submersi fuerunt homines infiniti.

MCCXXXVI. — Item anno sequenti fames mirabilis per totum orbem.

HÆC SUNT NOMINA

QUORUMDAM ABBATUM HUJUS LOCI

DEFUNCTORUM (1).

Maurontius. Hujus animam in cœlum ferri ab angelis vidit sanctus Ermelandus.

Albaldus, Arnulfus. Hi duo fuerunt tempore Caroli Magni.

Hilboldus, Frotbertus. Hii tempore Ludovici; nam Frotbertum istum fecit Ludovicus reverti de Italia et dedit ei Glomnense cœnobium.

Radulfus. Hic tempore Carlomanni. Carlomannus iste filius fuit Caroli Calvi, nepotis scilicet Caroli Magni imperatoris; qui Carlomannus a patre suo, jam tandem monarchiam regni post debellatos suos fratres obtinente, rex Aquitaniæ factus est. Sed hic idem, patre adhuc superstite, languore depressus, oculorum lumine privatus est. Require hoc ipsum in fine chronici Adonis.

---

(1) Livre Noir de Saint-Florent, f° 82°, n° 169, d'après la copie de dom Pitra.

Ansaldus, Gauzbertus. Hii duo quod veraciter abbates fuerunt, perlectis cartis nostris, invenitur; sed quanti meriti seu quantæ religionis nescitur.

Dido. Hic fecit talem commutationem cum quodam vassallo nomine Gauzberto, nam dedit ei de rebus Sancti Florentii sitis in pago Cinomannico, in villa Nimiaco, mansa quindecim; et e contra accepit ab eo in compensatione duo mansa et dimidium in pago Andegavo, in loco qui dicitur Miron. Facta est hæc commutatio anno x° regni Caroli. Hic, proximus Carolo Calvo, accepit Sancti Johannis et Sancti Gundulfi (abbatias) post destructionem monasterii Sancti Florentii a Nomenoio Brittone facta. Tantæ sanctitatis dicitur exstitisse iste Dido ut, cum in villa quæ dicitur Villa Johannis, quam ei, ob destructionem Glomnensis cœnobii ab isto Nomenoio factam, inclitus rex Carolus restituit, vitam finierit et inde ad Sanctum Florentium navigio corpus ejus humandum deferretur, cereos qui, more mortuorum, circa illud accensi erant nulla ventorum seu imbrium vis exstinguere potuit quousque corpus sepulturæ traditum fuit.

Hæcfridus. Huic dedit Carolus abbatiam Sancti Gundulfi, xxvi° anno regni sui, sicut Didoni fecerat. Hic Hæcfridus accepit a quodam viro, cognomento Drogone, mansum unum in villa quæ dicitur Anetono, juxta eclesiam Sancti Hilarii quæ dicitur Criptas, super fluvium Toarum, et prata in insula quæ dicitur Catver; et dedit ei in compensatione quamdam capellam in honore Sancti Cesarii constructam in pago Pictavo, quæ vocatur Miron.

Helias. Hic fuit primus abbas in cœnobio Salmuriensi.

Amalbertus. Huic Amalberto dedit Tetbaldus comes locellum Sancti Lupantii, annuente Harduino archiepiscopo Turonico. Hic fuit abbas Sancti Florentii et Sancti Benedicti; nam cum xxiv annis abbatiam Sancti Florentii tenuisset, effectus est abbas Sancti Benedicti (1).

Rodbertus. Hic fuit multum agilis in opere Dei. Nam tam laudabili strenuitate locum sibi commissum gubernavit ut nihil, illo superstite, de abbatia Sancti Florentii diminutum fuerit, sed plurima adauxit, nil unquam sua inertia amisit, sed voluntate multa adquisivit; et postquam abbatiam Sancti Maximini suscepit, tunc utrumque ovile ab insidiantibus lupis pastorali sollicitudine defendit, ibique, id est apud Sanctum Maximinum, obivit (2).

Giraldus. Hic, ad sepulchrum Domini orare desiderans, Hierosolymam perrexit, sed antequam illuc perveniret, comprehensus est a Paganis; a quibus multa supplicia perpessus, cum nomen Christi constantissime fateretur, tandem gladio inter verba orationis vitam finivit, nam cum decollaretur dicebat : « Omnes Sancti, orate pro nobis. » Hoc testatur domnus Ansbertus, Sancti Florentii monachus, qui cum ipso in eodem agone multa supplicia pertulit, sed tamen, Deo sibi auxilium ferente, vivus evasit et inde reversus nobis qualiter martyrizatus est per ordinem retulit; qui postea merito suæ prudentiæ, abbatiam Pontilevensis cœnobii regendam suscepit, et quamdiu advixit vigilanti sollicitudine gubernavit.

---

(1) Ici se trouve un récit de la translation des reliques de saint Florent. Voyez *Acta Sanctorum*, au 22 Septembre, p. 120.

(2) Ici est écrit, d'une main plus récente : *Adde hic Adhæbertum.*

FREDERICUS. Hic tempore Henrici Francorum regis fuit, consule Gaufredo in Andecava civitate atque Eusebio pontifice. Obiit autem MLV° anno ab incarnatione Domini, IV° kalendas octobris; et domnus Sigo successit ei in abatiam III° kalendas novembris, regnante supradicto rege, pontifice atque proconsule.

Ab initio regni Caroli filii Ludovici, quo regnante facta est destructio monasterii Sancti Florentii a Nemenoio Brittone, usque ad abbatem Fredericum, qui illud monasterium reædificavit et alterum apud Salmurum novum constituit, computantur anni CLXXX et III.

VERSICULI

DE EVERSIONE MONASTERII

SANCTI FLORENTII (1).

Dulces modos et carmina
Præbe, lyra threicia,
Commota quis cacumina
Planxere hyperborea.

Montes simulque flumina
Illa putent nunc Orphea,
Respondeantque carmina,
Silvæ canant melliflua.

Grave det organum tuba,
Alte resultet fistula,
Omnis canat harmonia,
Det Philomela cantica.

Olim nitens, clarissima,
Terrisque famosissima,

Sancti patris basilica
Florentii præcipua,

Sensit fera incendia
A gente crudelissima,
Vere bruta, Britannica,
Lugete cuncti talia.

Omnis enim quum Gallia
Florentii suffragia
Deposceret tunc cernua,
Contempsit hæc gens impia.

Olim pius rex Karolus,
Magnus ac potentissimus,
Fecit locum devotius
Pro beati virtutibus.

---

(1) Dom Pitra les a imprimés dans les Archives des Missions Scientifiques, tome IV, p. 182, d'après le texte original du Livre Noir de Saint-Florent, f° 6-8, avec un fac-simile des notes musicales. Il a aussi

Terris datis fecundibus,
Auxit honorem largius,
Et præbuit tunc vasculum
Cœna Dei magnificum.

Per hoc fugatur sæpius
Infirmitas languentibus,
Et sanitas fidelibus
Præstatur ex hoc protinus.

Post imperans Hludovicus,
Magni Karoli filius,
Ipsum locum benignius
Colit piis ornatibus.

Qui filiis rebellibus
Concussus, altis fluctibus
Et Franciam turbantibus,
Regnum reliquit mortuus.

His quatuor mox partibus
Regnum sibi secantibus,
Pro Francia jurgantibus,
Bellum fuit horridius.

Imperio sic turbido,
Crescit malorum factio;
Surgensque tunc dissensio
Permiscet omnes jurgio.

Invadit alter socios,
Crescunt mali super bonos,
Tyrannus omnis infremuit
Dantur honores impio.

Fit plurima vastatio,
Sanctis locis prædatio,
Cunctis bonis turbatio,
Rerum simul confusio.

Quidam fuit hoc tempore,
Nemenoius nomine.
Pauper prius progenie,
Agrum colebat vomere;

Sed repperit largissimum
Thesaurum, terræ conditum,
Quo plurimorum divitum
Junxit sibi solatium.

Dehinc per artem fallere,
Cœpitque mox succrescere,
Donec super cunctos ope
Transcenderet potentiæ.

Sic ergo discordantibus
Francis simul cum regibus,
Cum cæteris rebellibus
Fit Karolo contrarius.

Hic Karolus cum fratribus
Bellum gerebat sæpius,
Nec prævalebat hostibus,
Tantis repulsus cladibus.

Confidit unde impius,
Prædas agit Nemenoius,
Instando Redonensibus
Simulque Namnetensibus,

---

signalé les variantes et fautes de lecture ou d'impression qui se trouvent dans les *Acta Sanctorum ordinis S. Benedicti*, vol. II, p. 753, ainsi que dans le Recueil des Bollandistes, au 22 septembre.

Deinde Pictavensium,
Trans Ligerim manentium,
Pagum petit Medalgicum,
Glomnam locum pulcherrimum.

Turmam vocat monachicam
Multamque dat pecuniam;
Jubet suam mox statuam
Effigiari splendidam,

Quam ponerent pinnaculo
Ad orientem patulo,
Signum quod esset Karolum
Se non timere dominum.

Illi statim regi suo
Hæc pertulerunt Karolo;
Qui audiens superbiam,
Miratus est audaciam.

Tunc jussit ut pecuniam
Totam sibi disponerent,
Illius albo lapide
Sculpta risus imagine,

Quam ponerent pinnaculo
Ad orientem patulo;
Signum foret quod impio
Se subjugandum Karolo.

Iratus ille talibus,
Locum petit velocius,
Prædas jubet militibus,
Accendit ignem protinus.

Flammas ubique Brittones
Mox inferunt, ira truces;
Sanctus locus comburitur,
Tantum decus consumitur.

Heu me, dolores patriæ!
Heu me, honores gloriæ
Quam novit orbis pristinæ!
Heu me, fluant nunc lacrymæ!

Tunc excitatus cœlitus
Sanctus adest Florentius;
Respexit inflammantibus
Locum suum Brittonibus.

O quanta esset ultio
Si non foret permissio!
Percussus est sed impius
Debilitatis pedibus.

Precatur indulgentiam
Redire posset patriam;
Reversus ad Britanniam
Nimiam dat pecuniam.

Abbas erat Dido bonus,
Regi Karolo proximus,
Qui, convocatis fratribus,
Regem petit quantocius.

Exponit iras Brittonum,
Magnum scelus crudelium.
Tunc Rex, dolens in pectore,
Quærit vicem mox reddere.

Hinc Andegavam protinus
Urbem petit tristissimus;
Dat abbatiam loculi
Sancto Joanni dediti:

Sed hoc parum visum fuit;
Moxque alteram tradidit
Sancti Gundulfi nomine
Quæ partibus est Franciæ.

Magnis datis muneribus,
Circa locum fit sedulus,
Restituit nunc felicius
Decorat atque pulchrius.

Gaudete cuncti cordibus!
Cantate magnis vocibus:
Sancte Florenti, quæsumus,
Adesto nobis cœlitus!

Amen.

HISTORIA

SANCTI FLORENTII SALMURENSIS.

FRAGMENTUM VETERIS
HISTORIÆ SANCTI FLORENTII.

Igitur (1) post miserabile excidium jocundissimæ patriæ, cum, supernæ miserationis respectu, gens effera, cladibus vastata, ad solum nativum est repulsa, more Israelitarum, Alleluia iterum cœpit resonari in terra desolata. Quod sanctæ recordationis Absalon, ejusdem Sancti Florentii alumnus, cernens, ipso ducente qui eundem ab aula cœlesti, qua sentential illata deputatus erat, alterum velut Abraham in occiduis partibus nostræ salutis intuitu patriæ tutorem direxerat, sancto animatus spiritu mirabili modo ad patriam revexit. Nam cum idem Christi famulus sanctos patronos Julianum atque Martinum, vix tamen repatriatos, conspiciens, clarissimum ac resonatum decus ecclesiæ Beati Florentii omnino quasi sub modio pessumdatum mœrens, præsertim audiens ceteros Glomnensium fratres avaricia cogente, nefas dictu, pacto mentito a Tornacensi

---

(1) Le commencement et la fin de cette rédaction primitive de l'histoire de Saint-Florent ne nous sont pas parvenus. Le texte du fragment, publié tel que le donne le manuscrit original, correspond à peu près à celui de la rédaction définitive imprimée ci-après, p. 228 à 285.

monasterio miserabiliter expulsos et hac illacque inedia afflictos atque consumptos, resque omnino illorum cum insignibus scriptis diabolicæ Tornaco retentis, spes redeundi omnis aboleverat.

Talia secum volvens, paterna ac fraterna dilectione insignis, ut propheta imprecat, animam suam in manu sua ponens, cum immani mortis periculo beati Florentii ossa a Tornaco tollens, primo, ut fertur, in vicum Restis dictum, deinde in jus ejusdem Sancti in excelsa rupe, haud longe a castro qui Vetus Truncus dicebatur, deposuit; quod paulo post, propter cœlestem inibi conditum thesaurum, Salmurum est nuncupatum. Itaque, diligens explorator, votum suum Eliæ presbitero, viro fideli, et aliis pandens, sancti corpus, ob debitum cultum, in castelli capella sancti Baptistæ Johannis est delatum; juvantibusque devote quam plurimis utriusque sexus cœnobium statuentibus, comes Teutbaldus ex Sancti Benedicti Floriacensis monasterio fratres adductos memoratum Eliam, una cum fratribus suis Otberto atque Rainardo, sacro habitu indutum simul abbatis loco præficiunt. At de sancti ornamentis quibus olim Glomnensis locus sacratissimus præfulgebat, a præfato comite Tornacenses monachi coacti, quædam, scilicet vas dominicæ cœnæ, turibulum cum pedibus a sancto Eligio fabricatum, missalem et psalterium in quibus sanctus Florentius fertur legisse, librorum, cartarum, reliquiarum, vestimenta, pallia, pauca reddidissent, meliora et numerosiora reddere compulsi, Francorum regem pecunia corruptum præsidio habuerunt.

Primus abbas in eodem novo monasterio fuit Elias, qui multum in constructione ejusdem cœnobii cum quodam fratre suo, nomine Otberto, laboravit. Ambo quippe erant presbiteri; et idem merito donum abbatiæ promeruit sed non diu tenuit.

Ipse etenim Elias, sacri cœnobii Salmurensis constructor, cum auctorem hujus operis Teutbaldum Blesis comitem, regia stirpe ortum, proventuum utilitatum consulendi gratiæ longe posito adisset, indeque lætus rediens jam soli proprii limen sulcaret, de equo in terram cadens ruptis intestinis, erat enim magnus statura, Salmuro est delatus; et cum inter multa pietatis consolationisque verba de successore eos allocutus [esset], III° idus martii, Christo spiritum reddidit, corpusque illius devotissime in oratorio (1) dicitur esse sepultum.

Hujus tanti patris Eliæ defunctione novella plantatio, ecclesia Salmurensis, mœrore adoperta, Teutbaldus comes ex monasterio Sancti Benedicti Floriacensis Amalbertum alumnum, prudentissimum virum et in ornamentis ecclesiæ in auro et argento construendis multum studiosum atque religiosum, abbatem constituit; qui et postmodum, ob strenuitatem ingenii, abbatiam Sancti Benedicti suscepit regendam. Qui qualis quantusve quamque sollicitus fuerit, impossibile dici videtur. Nam basilicam imperfectam cum officinarum ædificiis excellentissime peregit, ac pene cuncta picturis obtimis decoravit. Quæ profecto basilica quinque tunc aris in sanctorum patrociniis titulata dinoscitur, videlicet : dominica in sanctæ Trinitatis apostolorumque Petri et Pauli; matutinale pii patris Florentii; ædis dextræ sancti Johannis evangelistæ; sinistræ sanctæ Virginis Mariæ; et qua stabat fixa indicium nostræ salutis

---

(1) Variante en interligne : *presbiterio*.

sanctæ Crucis, quæ in medio navis sita maceriæ circundata girari poterat.

Tria tantummodo altaria, hoc est matutinale et membrorum, parva solum maceria arcuata tectis, reliquum ædificium lignorum camera depicta operiebatur. In porticu basilicæ quattuor unius altitudinis erant maceriæ super quas, in alta fabrica lignorum, signa majora congruentis magnitudinis dependebant. Harum mediæ maceriæ et navis ecclesiæ columnis arcuatis consistebant. Campanæ horis diurnis in choro trahebantur. Ad capud monasterii usque ad fossatum domus Gelduini, domini quondam ejusdem castelli, viridarium alto muro vallatum ob gratum levamen erat. In capella abbatis vel infirmorum, cujus frons erat dormitorium, duo altaria, inferius sancti Benedicti, superius vero sancti Michaelis, fecerat, quorum unum solo alterum quoque per dormitorii solarium, orationum obtentu, visitabatur. Cujus oratorioli longo post tempore quidam ex intromissis canonicis oportunitatem explorans, causa ibidem agendæ scripturæ, Sancti Benedicti destruxit altare; sed mox languore correptus nunquam demum sanus fuit.

Alia vero capella foris ædificata fuit inter viam et altare sanctæ Mariæ, situm in membro sinistro.

Aquæ penuriam claustri puteus exterus relevabat, nam suffossis ecclesiæ parietibus fortique cæmento et lapidibus facto, occulto meatu, aqua in lavatorium inducta auxilio in cæteris officiis erat; qui puteus foris secus cellarium existebat.

Interea coruscantibus sæpissime beati viri Florentii miraculis famaque per exteras regiones volitante, in brevi tempore plurimi illustrium virorum ibidem religionis habitum perceperunt, qui cum innumeris sancti suffragium deposcentibus eundem locum ditatum ornamentisque insignibus mirabilem reddiderunt; nonnulli vero, juxta utrumque testamentum, filios suos offerentes sancto, in proprios filios devotissime contulerunt.

Etenim cum prisca lex proponat carentibus germine alterum a puero extraneum heredem sibi juste supponi, ipse Christus Dominus, rei istius auctoritate, filius Joseph est dictus, multique alii in utroque decreto in ædibus sanctorum oblati sunt jure sanctitatis. Unde contemnenda est nuperrime adinventa quorumdam diabolica animositas, qui tales opprimendo etiam insanire faciunt. Monastico vero congruenti sancitum est moderamine monachorum filios alumnos in invicem vocitari. Ex horum disciplina duo, moderno tempore, nostræ ecclesiæ, mortuæ ac instar consepultæ, præcipui exstiterunt suscitatores: memorabilis Absalon atque pater Amalbertus. Tandemque antiquorum nobilium cœnobiorum ritu basilica per annos quamplures completa, comes Teutbaldus, assumpto suæ civitatis Turonensis antistite Arduino et [Nefingum] episcopum Andegavensem (1) cum infinita multitudine nobilium Francorum et terræ adjacentis utriusque sexus, festive nimis una cum domno abbate Amalberto, xii° kalendas junii, locum consecraverunt corpusque sancti Florentii transtulerunt.

Quo vero modo, tuitionis causa, in archa ænea ossa sanctissima sunt posita, ita in antiquorum scriptis invenimus.

---

(1) Sic. Le nom de l'évêque est en blanc dans le ms.

.... [repugna]tores captos et ante se positos, continuum malum et exercitus sui necem Fulco conclamando, Gastho quidam, vassus magnus et validus, dudum Giraldo abbati Jerusalem eunti socius, ejus ictu oculum, inflexus stans, amisit. Castri vero præpositum, Aimericum cognomento Pirum, xxiiii filios habens germanos fratres, Doado incarceratus, clandestino evasit filiique ejus nonnulli cum eo capti, nam plures cum Gelduino erant, Andegavis pœnis attriti sunt. Aliquo æstimatos precio F[ulco] comes a Salmuro extrudit suosque illic alligatos hæreditavit. Lx etenim fuisse dicuntur qui in tumultu, e scaloribus egressi, oppido ignem admoverunt, comite sæpius clamante : « Sancte Florenti, sine te concremari : meliorem enim Andegavis tibi habitationem exstruam. »

Cum cujus gleba cum adjudicasset repetere Andegavim, sui sanctum ferre non valentibus, a monachis delatus, quandam in prorim protinus insilivit et sic utcumque ad Treuvas, per jus sancti, ultra eam non delaturus, pervenit.

Nam mirum in modum sui cum transnavigare naucleri terram sancti satagerent, videbatur eis ut quo altius latebat unda fluminis, illic a sabulo detineretur ratis eo transcendente prorim. Tunc cunctis viribus adnisi nullatenus digredi de finibus valuerunt sancti; sed simul ac dux cum reliquiis nulla ditione posse progredi nec sanctum a suo velle separari agnovit, impium et rusticum illum vocans nullumque bonum sibi velle fieri, spreta voti sui Andegavis honoris tumulatione, continuo eas deseruit et absque haut admiratione recessit. Abbati vero ac monachis repetere stationem suam in Salmuro ut prius dixit;

sed illis multas ob angustias renitentibus, annuit orationi et ad prævidendum monasterii locum aptum, denotato tempore, una cum conjuge se asserit advenire. Tunc monachi illum beatum suscipientes gaudio cum ineffabili reduxerunt, sanctiente comite nil agi ulterius violentiæ.

Fratres igitur, proni, oratione emissa, contra impetum fluvii levius sunt retrogressi quam antea naucleri illo copia remigii dirivarentur impulsi. Deinde ad ecclesiam Sancti Hilarii, ad locum cui Criptas nomen est impositum tendentes pervenerunt, lætante ut credimus, cum angelis ipso qui olim pius doctor extiterat Martino; ubi deposito honere, tam metu quam itinere admodum fatigati, resedere, tanto prodigio proconante Galliarum populos, sopito totius sexus et ordinis in patris distractione lacrimosa acclamatione. Ibi quoque conventum navigio Glonna directum Fredericus abbas et Letardus prior, cum septeno simul numero fratrum, tandiu manere diffiniverunt, facientes pro posse opus divinum donec prædicto honeri congruum electo in loco inchoarrent receptandum; omnem enim illam terram sancti in jure possidebant.

Quod perquirentes, nonnullis ad Verreiam villam, quibusdam..... alio opinantibus, præostensum a Domino nec mora cum elegissent locum qui olim dictus Bonani Vadum, secus Toeri fluvium, ad Campum Spinosum vocitatum, anno millesimo xxvi, mense augusto, illud magnificum novum monasterium pro dicto inceperunt, in quod anno ab incarnatione Domini mxxx, vi° nonas maii, honus memoratum feliciter transtulerunt in monasterio novo adhuc imperfecto, in dextro ejusdem monasterii membro, super altare sancti Baptistæ Johannis, congregata immensa multitudine non solum affinium sed etiam urbium longe positarum. Illic utique Tudites Gaufridus Fulconis affuit filius, cum suo patre ac matre universisque cum Andecavorum primatibus.

O quam pulchre et mirabili modo antiquum nomen eximio nunc huic competit loco? quoniam qui amodo in eum bono vadent animo ad solidum transibunt de lubrico, ad lucidum egredientur de tenebroso. Enimvero vadendo ad consortium inibi habitantium, Deo opitulante, ad æthereum vaditur contubernium. Deorsum vero, quasi in fundæ jactu, in rupis facie, in antra propter ædificium excisa, clientela Sancti pedissequa et per ora Toerii commanens; procul enim tunc et rari erant habitatores.

Erat et aliud unde lucido præsagio os ferebat late multorum quod ad Nucariense vadum Sancti Florentii a monachis fieret monasterium. Quo haut longe ad orientem rivuli distillabant, quorum unus pini arbore vicinus, quorum unus loci ædificio prohibente excursu propter vinearum fusionem ultra difficilis repertu est obturatus, alter vero septentrionali devexu montis manans, temporibus Sigonis abbatis, præsente Herberto monacho præposito, fontis ubertatem illic esse putantibus effossus aruit.

Sed quoniam violenta holocausta sunt Deo abhominanda, auctoritate comitis prædicatum est ut quicumque ibidem aliquid possideret duplicatum alibi reciperet. Sicque exemplo patris nostri Abrahæ Davidque prophetæ fundatum est Dei templum et opimi confessoris sepulchrum. Cujus fabricæ centenus quotidie per diversa insistens operariorum numerus, cum per diem sollicite providerentur, unus siquidem inveniebatur qui tempore retributionis nunquam reperiebatur.

Interim quidam è nostris fratribus nomine Abundius, præpositus ac sacerdos, populo præcipue feriatis diebus ædificationi oportuna deferente, ad.... Toerii infantium sexus utriusque ludis impediri; quod compescendo monacus quosdam virga minans ac percutiens multis maledictionibus ab eis est multatus. Cum paulo post monacus, super surculum ligni residens, baculum permodicum cepit dolari ac sine mora baculo in caverna misso cultellum et juxta se positum continuo Dei permittente judicio animam exhalavit.

Huic structuræ sanctitate, sollicitudine ac pietate præcipua Hildegardis comitissa præstantissimum contulit adjumentum, suum que insuper carnetum retro beatæ [Mariæ] criptam, favores seu adulatores vitando, ædificaverat. Quæ cum diro mariti premeretur jugo, sapientissimis actibus illius mitigabat ferocitatem.

Triste nuncio Gelduinus audito, Odonem comitem Salmuro exercitum continuo applicari orabat, sed ille cepta nolens deserere spondet si et priorem non posset alium sibi restitui. Post mensem dierum obsessit. Inclusi fortiter reluctantes Francorum lignum congestum incenderunt; quod ægre ferente comite, tædio laboris et vindemiarum messione, Francis paravit discessionem.

Post tempus aliquot Odo comes et filius ejus Tetbaldus obsidionis propter magnum exercitum Salmuro promovit; qui prope ceptum novum monasterium in clauso vinearum septentrionali fixa tentoria, in colloquio comites diffinierunt ut Odo Salmurum relinqueret et Fulco Montem Boellum destrueret.

Quapropter Gelduinus ab Odone Calvum Montem

castellum recepit, multoque post Ponti Levis abbatiam ex patroni sui Florentii institutione fundavit.

Nam memoratum Ansbertum cum quosdam e fratribus norma disciplinæ instructos a nostro cœnobio eductum abbatem instituit; qui diu ipsum construendo locum gubernans Turonis, in Majori Monasterio, casu decedens sepultus est.

Denique Fulco comes versus Toarcenses, in jus Sancti Florentii, ex monte et nido falconum inditum nomen castellum instituit, quod duodecim coacti a monachis Espetvan degentibus cum aliis operariis peregerunt.

Quo adminiculante prælibatus Vitalis, Giraldi abbatis nepos, rapinam hians, monachos expulit prædamque non parvam obinde militari manu Glonna deductam; sed omni pollicita emendatione recepta promissa mentitus, monachos insuper S. Florentii duos, ab abbate Frederico ad habitandum ut prius illuc directos, etiam insectando effugaverat.

Subsequenti tempore, quendam Espetvan parochiæ potentiorem, nomine Jovinum, Ansterius, castri Mauritaniæ dominus, cepit; cujus captionis anxietate primum Isembertum, Pictavorum episcopum, conveniunt, pollicentes eo sibi reddito sua episcopali potestate presbiterum cum tota parochia subditam fieri Pictavensi ecclesiæ. Quod episcopus annuit gravique anathemate afflictos hominem liberavit.....

HISTORIA

SANCTI FLORENTII SALMURENSIS.

HIC INCIPIT QUALITER NORMANNI NAMNETAS VASTAVERUNT, ET QUALITER ABSALON MONACHUS CORPUS SANCTI FLORENTII REPORTAVIT.

Licet omnipotentis Dei judicia usque adeo profunda sint ut abyssus multa per prophetam esse dicantur, illud tamen videtur nobis non absonum a vero nec abhorrens quia sanctorum corpora, quotiens transferuntur, id eo fieri certissime creditur ut Dei et domini sui, cui vixerunt in mundo et cum quo vivunt in regno, per eos latius nomen laudetur et innotescat. Huic procul dubio hoc alludit sermoni quod multa poinde fiunt miracula, multæ construuntur ecclesiæ. Numquid enim a vestræ mentis elapsum est memoria quammulti in translatione Protomartyris a diversis curati sunt incommodis. Sed me fortasse redarguendum existimabitis quod in commune sanctorum exemplum unum ex majoribus produxerim; quibus non imperatus respondeo quia, licet plurimis major habeatur Stephanus, mirabilis tamen, teste propheta, Deus habetur in omnibus. Veniamus igitur, divina propitiante gratia, ad ordinem nostræ narrationis, et beati Florentii corpus qualiter quibusve de causis translatum fuerit, quantis ipsius translatio elucescat miraculis, sub brevitatis cingulo perstringamus.

Temporibus igitur Karoli Calvi, regis præcellentissimi, cum idem esset juvenis princeps ordinatus a patre, Ludovico scilicet Pio imperatore, Aquitaniæ atque Neustriæ aliorumque regnorum, et cum sub manu ipsius eadem regna florerent, suborto turbine longæ certationis a Lothario imperatore Romano et a Saxonico rege Ludovico, jam dicti fratribus principis, post interfectiones plurimorum vastationesque terrarum, hi tres duces convenerunt in prælium apud vicum Fontanicum, haud longe a palatio Aquis Grani. Patrata siquidem ibi hominum cæde lamentabili, tandem gloriosus rex Karolus, Deo propitiante, licet cum magna suorum discrimine, belli triumphum obtinuit fratremque suum Lotharium turpiter effugavit; quapropter tellus suis mandata cultoribus præda patuit gentibus alienis.

Dani namque atque Suevi, gens videlicet Aquilonalis, istius rei rumore captato, cum maximo navium apparatu littori appulerunt Neustriæ; impletumque est vaticinium Yeremiæ quod ab aquilone panditur omne malum habitatoribus terræ (1).

Recepti siquidem tuta statione terrarum, mercimonii speciem præferentes, primo sui adventus conamine urbem Nanneticam, tunc nobilitate sublimem, aggressi sunt; quam vacantem hominibus vacuamque

---

(1) Jérém., ch. i, verset 14.

reperiunt, quoniam, dies festivus natalis beati Baptistæ Johannis cunctum ad matrem ecclesiam populum invitaverat, in sinistro cujus abside pontifex Gohardus super aram beati Ferreoli divina celebrabat. Perscrutantes igitur advenæ quonam essent præfatæ civitatis accolæ, eos comperiunt ad prælibatam ecclesiam convenisse; in quam barbarica furore citius irruentes, hac illacque gladio debacchantes, inermem cum episcopo populum cæde miserabili mactaverunt.

Depopulata itaque pro libitu civitate Nannetica flammarumque incendiis penitus adnullata, circumjacentem regionem undequaque ferro pariter et igne vastaverunt. Erectis deinceps carbasis, ad alia climata Neustriæ aquatico cursu transvolantes, universos fines maritimos inter Ligerim et Secanam constitutos pessumdare decreverunt. Et quamvis illustrissimus rex Karolus eis multotiens restiterit, stragesque de eis non minimas dederit, et quemdam pontem pro ipsis arcendis super Ligerim construxerit (1), eos tamen prorsus e terra delere nullatenus valuit. Ipse enim, post mortem Lotharii, in Romanum imperatorem assumptus, tam infinitis curis detinebatur ut in Neustria seu Aquitania mansionem sedulam habere non posset. Nonnullo igitur annorum elapso curriculo, dum vice quadam in Gallia, properando a Romana urbe, more solito remearet, magno cum luctu suorum apud Ticinum veneficiis pessimorum defungitur; cujus obitu gens effera comperto, multiplicato suorum exercitu, quam aliquantulum omiserant fiducialius invadunt provinciam (2).

---

(1) Le pont de Cé, *Pons Saiaci.* — (2) C'est-à-dire l'Anjou.

Sed quæ lingua sufficeret ad narrandum tot diruptiones urbium, tot incensiones oppidorum, tot deprædationes terrarum, tot strages hominum, tot delubria non solum virginum sed etiam matronarum! Heu! Heu! pudet me referre plurima quæ sub illa tempestate in Christi contigerunt ecclesia. Hæc autem sunt divina judicia quæ, quamvis mortalibus sint occulta, nunquam tamen in Dei providentia sunt injusta. Quid deinceps de cœnobiis olim admirandis, tam monachorum quam canonicorum quam sanctimonialium, desolatis et solo tenus adæquatis, referendum? Verum inter cætera tantæ persecutionis discrimina nobile quoddam cœnobium, Mons Glonna antiquitus nominatum, miræ congregationis et pulchræ dilectionis fomentum, forma religionis et totius honestatis exemplum, barbarica rabie lamentabili desolatione legitur attritum.

Est autem locus iste in extremis Aquitaniæ partibus, non longiuscule Ligeris a ripa sepositus; quo in loco beatissimus confessor Dei Florentius, diuturno tempore Deo deserviens, felicem vitam feliciori fine confirmans, felicissimum migravit ad Christum; cujus nectarea diu sunt ibidem implorata suffragia ac celebriter honorata solemnia quoadusque gens improba dispersit, ut diximus, oves Christi pariter et ovilia.

De situ autem et constitutione loci hujus nobis foret dicendum, si facultas ingenii vel rerum memoria suppeditaret ad scribendum. Fertur quippe istud cœnobium a Karolo Magno, imperatore, columnis marmoreis olim nobili structura fabricatum, prædiis innumeris pluribusque donariis nobilitatum; non minus etiam a Ludovico prole ipsius, cognomento Pio, possessionibus egregiis insignitum; a Karolo quoque Calvo, inter eximia dona quibus prætaxatum nobilitavit cœnobium, cum universa regali exactione consuetudinum ab omni synodali censu, suis cum ecclesiis, legimus absolutum. Quod si de sancti virtutibus et laudum præconiis notitiam quis habere desiderat, libellum quo mirabilis ipsius vita continetur diligenti lectione percurrat. Illic enim recipiet qualiter Deo acceptus exstiterit, quantis miraculorum virtutibus floruerit: mortuum namque suscitavit, leprosos mundavit, dæmoniacos curavit, arreptitios sanavit diversaque languorum incommoda divinitus effugavit.

Hæc, de loco sanctique virtutibus summatim tacta, sufficiant; nunc autem scribendi articulum deflectamus ad cætera.

Igitur, sub memoratæ persecutionis tempore, Glonnense cœnobium multa rerum opulentia relucebat, copioso etiam monachorum numero et merito copiosiori præpollebat. Hii siquidem cœnobitæ clarissimi, audita tantæ vastationis procella, ingenti pavore percussi, fugam præparant et fugæ necessaria; acceptoque almi patris Florentii thesauro corporis pretioso, subito fugam arripiunt, egressique pristinum religiosæ conversationis habitaculum silenter apud advenas, exules ipsi magis et advenæ, commorandi vestigant hospitium. Tunc Mons Glonna, habitatio quondam monachorum florigera, barbaris in proximo vastantibus vastanda, cum mœrore et gemitu ineffabili relinquitur; tantusque luctus a discedentibus committitur quantus post incensionem loci illius a Nemenoio Britone, Deo odibili, patratam fuisse non refertur.

Quibus itaque fugientibus, Sancti Philiberti de Boulonnio (1) monachi, haud longe a Monte Glonna commanentes, obvio concursu sociantur, barbaricæ persecutionis rabiem pari proposito fugientes; qui partes Burgundiæ pariter decreverunt expetere simulque proposuerunt, quocumque eos Christus direxerit, commanere. Incliti vero patris Florentii portitores toto itinere consocios Beati Philiberti monachos alimonia propria sustentavere; et ubicumque ponebant metatum, Beati Florentii cortinis effigiabatur tentorium. Tandem una pervenere Tornacum, antiquum fundum Sancti Philiberti (2), [ubi] benigniter a sodalibus invitati, cum præfato ipsius sancti thesauro ornamentisque inæstimabilibus, hospitalitatis gratia multo tempore sunt recepti.

Toto igitur persecutionis tempore Beati Florentii fratribus ibidem in tuto commorantibus, tandem divinæ pietatis clementia respexit Franciam hostili gladio jam pene consumptam. Triplex itaque persecutio persecutoribus divinitus irrogatur: alios enim fames excruciat, alios ferrum trucidat, alios pestis cœlitus immissa subita morte catervatim exstinguit. Barbaris vero tum fame, tum ferro, tum peste pereuntibus, partim tamen in patriam refugientibus, pax rediit terris, in sua rediere coloni. Tunc locum suum quisque superstes adiit, quisque casum patriæ plorabundus ingemit: urbes videlicet dirutas, oppida valli-

---

(1) Lieu anciennement nommé *Deas* et situé près de l'embouchure de la Boulogne dans le lac de Grand-Lieu. Les moines de Noirmoutier s'y étaient réfugiés lors de l'invasion de leur île par les Normands.

(2) A. F. lat. n. 5653, var. *antiqui juris fundum Sancti Philiberti monachorum*. — La copie du Livre Rouge de Saint-Florent porte par erreur *Sti Florentii*. Tournus était une propriété des moines de Noirmoutier.

bus adæquata, ecclesias olim divino cultu celebres adnihilatas, villas in solitudinem redactas. Quis enim enumerare valeat quot et quanta tormentorum genera sceleratissimus ille Normannorum exercitus, nec Deum timens nec homines veritus, in nostrates exercuerat?

Audito itaque desideratæ pacis nomine, memorati fratres Beati Florentii, qui tunc temporis erant superstites, non mediocri gaudio gratulantur, hospites adeunt, grates referunt, devoti supplicant, tali precum affamine devotius alloquuntur : « Gratias huma« nitati vestræ referimus quia, prout debuistis, cari« tatem vestram nobis exposuistis exulibus. Nunc vero, « ultimum vale vobis cum gratia referentes, repa« triare disponimus, lares nostros desertosque cespi« tes revisere Deo favente unanimiter desideramus. « Vestram igitur fraternitatem propensius exoramus « ut sacrata pignora quæ caritati vestræ commisimus, « thesaurum videlicet patris nostri Florentii, vestri « gratia reportemus. »

Quibus Sancti Philiberti monachi tale reddiderunt responsum : « Primores et populus hujus regionis the« saurum quem petistis non concedunt; tanto se pri« vari patrono regio Burgundiæ non admittit; nos « etiam tanto, divino nutu, ditati munere, jure so« cietatis et hospitalitatis, vobis eum alio non pati« mur transportare. Proinde qui vult nobiscum vita « comitante manere, maneat, qui vero noluerit, quo« cumque placuerit discedat. Redite ergo, si vul« tis, in patriam; nobis enim sanctissimam quam ap« portastis non reportabitis sarcinam. » Sic illis pretiosum sancti corpusculum cum multiplicibus ornamentis violenter et avare retinentibus, monachi cum ingenti luctu hac illacque sunt dispersi.

Habebat autem beatissimus Florentius, ante sui corporis fugam, nutritum quemdam juvenem, Absalon nomine, jam liberum custodia. Hic divina dispensatione Cenomannum perrexerat, abbatis sui transmissus licentia, parentes suos visitandi gratia. Aliis igitur omnibus cum pretiosa corporis beati Florentii gleba imminentem barbarorum rabiem fugientibus, solus iste Cenomannis remansit cum parentibus; hæc enim civitas ab hostibus mansit intacta, cæteris circumquaque ruentibus tempestate Normannica. Erat autem Absalon iste vir religiosissimus, ordinis peritissimus, divinæ legis amantissimus, litteris plurimum eruditus, Deo placens et hominibus; cujus vitam, religionis abstinentia semper maceratam, exitus vitæ religiosior comprobavit.

Hic cum audisset quid suis fratribus infortunii contigisset, eos videlicet Tornaco cum gemitu discessisse, corpus patris Florentii ab illorum potestate in jus alienum, transisse, tantum se condolens amisisse patronum, secum gemebundus conqueritur, gravi dolore concutitur, Dei misericordiam corde supplici deprecatur ut luctus ejus in gaudium convertatur; nec defuit divina miseratio precibus supplicantis. Tunc ille divinitus inspiratus, dilationis impatiens, callem qui Tornacum dirigit festinanter aggreditur. Quid plura? haud longius inde perveniens, prudenti satis utens consilio, claudum se simulat, quasi contractus se genibus pariter et manibus, nisu reptili, se repræsentat. Sub hac mendacii specie Tornacum rependo pervenit, volens quasi debilis apparere ut libere mentis suæ desiderium liberius valeat adimplere. Habitu religiosus, vultu placidus, moribus egregius, sermone modestus, humilitate conspicuus, in elemosinam suscipitur; abbatis se præsentiam desiderare profitetur, ad abbatem deducitur, quis vocetur, unde et cur veniat requiritur. Se dici Absalon confitens, unde fuerit reticens, eorum vitam religiosissimam sui causam adventus esse fatetur, se velle cum eis mori pariter et vivere protestatur. Parent Tornacenses; Absalon suscipitur, fraterno cœtui sociatur. Qui cognitus in brevi pervigil in omnibus, in Dei servitio ferventissimus, in jejunando strenuus, in orationibus assiduus, placet omnibus, diligitur ab omnibus, plangitur ab omnibus, oratur ab omnibus ut ei membrorum sanitas condonetur. Mox ægritudinis causam requisitus, se non naturaliter asserit ægrotare; sed accidentaliter, jam jam grandiusculum, ægritudinem contraxisse.

Illi tractant de recuperanda sanitate, quam adhuc habens secum attulerat; iste molitur, ut fallat ac deferat quod secum non attulerat. Nec multo post totius ordinis cura regimenque scholarum ad instruendos pueros ei committitur; postmodum cantoris officium totiusque librorum armarii clavis contraditur; postremo secretarius efficitur, nec enim ipsum fallere poterat hora noctis ad surgendum certissima. Qui injuncto sibi congaudens officio, devotius solito fratrum incumbit obsequio : nam ut tutius fallat amplius placere desiderat.

Die quadam Absalon, abbatem conveniens, sibi memorat in visu revelatum sanitatis beneficium sese plenius fore recepturum sanctorum corpora si videret, si tangeret, si frequens assisteret, si jugiter cum eis orationibus insudantibus insudaret. Nec mora, sanctorum reliquiæ deferuntur in medium, conspiciuntur, tanguntur, cominus assistitur, orationes multiplicantur; sed miraculum nullum est prosecutum, quia nullum fuerat necessarium. Tunc Absalon, accepta pro voto sagacitate, clandestina licentia perquirit quonam modo suum desiderium compleat, qualiter ad archam vinclis ferreis circumseptam pertingat, qua arte desideratum inde thesaurum extorqueat; nec ad effectum desiderium suum ante perduxit donec serras, pro voluntate quidem acutas, quodam unguento, ne darent sonitum, delibutas præparavit. Dissimulata capitis rasitate, peram cervinam, vestitum laicalem, equum velocem, baculum peregrinalem per fideles necessarios silenter et occulte quæsivit.

Quadam itaque solemnitate celebri, fratribus nimio labore prægravatis, potionibus nectareis et somno consepultis, contractus noster demum erigitur, foribus ecclesiæ repagula fortiter opponit, fortius obseravit. Mox archam cum serra velox aggreditur, vincula rumpit, archam reserat. Scriniolum intus positum aperitur; de quo sancti reliquias, tam devote quæsitas, devotus enucleat et in pera cervina fideliter collocat. Hiis ita peractis, voti compos lætus efficitur, silenter egreditur, vestem mutat, equum ascendit et sub totius noctis silentio, latro fidelis, abscedit. Postera lux tacitas ut primum reppulit umbras, caballum itinere fatigatum in latibulo quodam dimittit et, ut fortis teripes, iter inceptum arripit.

Interea sat dicti monachi somno latius indulgebant, nam vini nimietas eorum mentes et oculos consepultos habebat. Tandem, lucente diluculo, subito expergefacti lumine, velocius surgunt spreto stramine. Abbas vero festinus currit anterior, pulsat ad ostium, obseratum invenit, clamat semel et iterum; nemo reddit responsum. Quapropter, oratorium circumiens, ostium apertum reperit, fratres intus recipit qui sinaxim ob nocturnalem, eo signum pulsante, decantant matutinalem. Postmodum Absalon quæritur, abesse deprehenditur, sanctissimi confessoris Florencii scriniolum vacuum reperitur, furtim sublatas esse reliquias invenitur. Statim capitulum pulsatur, fratres convocantur, quod contigit ostenditur, clamor ingens exoritur, dolor cum lacrimis et singultibus geminatur. Fit subitus populorum concursus, causa doloris requiritur, qua cognita mœror amplius augmentatur. Statim equites destinantur per universum regnum, discurritur circumquaque, secretarius quæritur qui, volente Deo, nequaquam invenitur.

Die tamen tertia, tres ex quærentibus milites in quadam planitie quem quærebant, iter agentem et quasi de longinquo venientem et jam deprehendi metuentem, conspiciunt ægrum pedibus, intonsum capite, propter simulatam ægritudinem, pro labore itineris se baculo subnitentem, sed, volente Deo, quem conspiciunt non agnoscunt. Accedentes itaque sciscitantur quis esset, unde veniret, quo tenderet; si contractum quemdam monachum per illud triduum equitantem vidisset. Quibus ille : « fateor, inquit, me pridie mo- « nachum quemdam obvium habuisse, sed si erectus « contractusve fuerit non quæsisse. » Quibus ille redeuntibus, resumpta fortitudine, cœptum iter non destitit maturare. Post aliquot dies cum quoddam flumen, aquis tumescentibus et super alveum excrescenti-

bus, transmeare disponeret, hostilem exercitum subito respicit, persequentes intelligit, se notatum a longe comperit. Timore percussus, talem ad Deum orationem, beatum invocando Florentium, flexis ad orientem genibus infudit. « Tu, inquit, pater Florenti, qui ab
« eoys partibus, pro multorum salute, divino ammo-
« nitu ad nos veniens flumen Rodanis lembo undique
« confracto transmeasti, quique illuc energuminum
« sanum reddidisti, erue me, famulum tuum, huc tui
« amore ductum, tuis precibus a manibus prosequen-
« tium. » Itaque vexillo crucis præmisso, gurgitem transivit more apostolico, lympha vix ejus attingente genua. Quo viso inimici persequentes, monachum inviti omittentes, suas cum confusione repetierunt regiones, eum sequi ultra non audentes.

Præfatus vero monachus, iter arripiens, Corbonis ad Rupes devenit, haud longe sepositos ab urbe Turonica ; perscrutansque in circuitu diligenter omnia quibus sarcinam decenter deponeret, loca invenit opportuna. Deinde, Ligeris transiens fluvium, qui Restis (1) vocatur pervenit ad locum, cujus antra avidius explorata Absaloni minime videntur habilia. Ex hinc ergo digressus, viam quæ juxta Vigennam fluvium [est] secutus, devenit tandem ad quoddam prædium, ipsius sancti liberalitate regia antiquitus possessionibus attributum, quod, in parrochia sanctæ Mariæ de Lentiniaco situm, barbaris cuncta vastantibus colonisque quaquaversum fugientibus, in solitudinem redactum instar heremi fuerat effectum. Habebat autem locus iste ab occidente castrum nomine Truncum, quod christiani

---

(1) Saint-Pierre-de-Rest, près Montsoreau.

tota persecutione tutissimum sibi fecerant latibulum, ab oreali vero climate memoratum Vigennæ fluvium.

Adveniens itaque novus hospes, loca singula sedulus explorator indagat si forte locum sacro corpori congruum reperire valeat. Reperitur tandem rupis concava in montis latere, versus aquilonem, secessum præbens amœnum; quam, licet humilem et indignam, pro loco tamen et tempore sacris ossibus collocandis judicavit accommodam. Huc ergo ea conferens, et cum qua potuit reverentia in abdito speluncæ reponens, orationum ac vigiliarum persolvit officia, humano [quoquam] solatio destitutus et in adquirendis necessariis deputatus; plurimo siquidem tempore juxta hominibus ignotus, donec pastores, pascuarum gratia gregibus suis providendarum longius intra solitudinem progressi, eum desertis locis commorari compererunt. Quocirca formidans ne, si hominum notitiæ appareret depositum suum damna aliquo modo sustineret, sine minitando ab accessu suo eos arcere cœpit.

Quadam die, dum in rupis suæ scopulo solus sederet et secum de custodiendo thesauro suo tractaret, repente quosdam conspexit Ligerim fluvium, puppi conscensa, transmeare paratos. Quibus visis, ad ripam nil moratus accessit; sciscitatusque ab eis an aliqui Normannorum depopulationi superessent qui regiones circumjectas incolerent, audivit apud Doadum plures existere qui, se suaque in specubus subterraneis occultantes, barbaricam feritatem declinassent. Quo comperto Absalon monachus, hilaris effectus, per mediam solitudinem viam arripit et ad hominum habitaculum gressum tendit. Audita iterum trium virorum fama, qui gloria celebres opibus ferebantur locupletes, ipsos specialiter visitat, ipsis omnem peregrinationis sive suæ reversionis historiam reserat, quoque modo corpus sancti retulerit quove loco occulerit intimat : unde inæstimabili gaudio perfusi, manibus ad sidera protensis, Deum, qui mirabilia solus operatur mirabilis, extollunt; Absalon ac si angelum destinatum de cœlo reverenter suscipiunt. Ardent animæ in honorem sancti confessoris almi templum Deo construere ac de facultatibus suis vel propriis magnifice ditare. Ne quid tamen inconsulte præsumant, comitem Theubaudum, cujus ditioni regionum occiduarum pars non modica parebat, adeundum censent. Quem enim comperunt ablatione beati confessoris vehementer fuisse tristatum, confidunt audita relatione ejusdem nihilominus gavisurum.

Aditur ergo comes, exponit monachus rei totius seriem, comperta relatione monachi comes gaudet quidem; parum tamen monacho fidem habens, ex suis amicis delegavit quos Tornacum dirigit, petituros eximiarum [reliquiarum] beati Florentii particulam. Quorum audita petitione, abbas et monachi, innovato rursus dolore, plangunt, defraudatosque se corpore confessoris egregii furto cujusdam monachi contracti pandunt. Legati nihil impetrantes ad comitem redeunt quæque ab abbate vel monachis acceperant exponunt. Comprobatur vera dixisse monachus; exultat comes nobilissimus. Tum monacho et hiis qui advenerant : « ite, inquit, bonum vestrum desiderium
« complete, locum habilem perquirite, monasterium
« Deo confessorique eximio construite. Quod si in ali-
« quo ad constructionem ejus sumptus vobis defuerit,
« mihi notificate; quibuscumque indigueritis de meo

« præberi faciam ipse. Monasterium vero illud in
« Glomna Monte situm, a Normannis combustum, nul-
« latenus reparare præsumatis, ne si forte in Gallias rur-
« sus irruptionem fecerint, exulare denuo sancta ossa
« cogantur locusque ipse in desolationem redigatur. »

DE MONASTERIO SANCTI FLORENTII APUD SALMURUM CASTRUM CONSTRUCTO (1).

Illi itaque, principis auctoritate suscepta, gaudentes repatriant, locum aptum perquirentes eligunt. Fuit, in loco ubi nunc Salmurus eminet, ab antiquo fabricatum castellum quod, a parvitate situsque sui angustia, Truncum vocabulo ferebatur, in cujus medio lacus erat lutosæ aquæ plurimum continens; ubi cum fundamentorum ponendorum opportunitas reperta esset, nisi lacus obsisteret, tentaverunt præfati viri tali sagacitate lacum exhaurire. Haud modica autem nummorum quantitate circa laci ripas aspersa, cœperunt undique quamplurimi ad auditum pecuniæ nomen confluere locumque quoquo poterant modo sub omni festinatione paludibus emundare. Cumque temporis plurimum laborando consumerent, sed in nullo penitus prævalerent, præciso montis latere, quidquid paludis egestum ibi supererat in subter labentem fluvium devolvi fecerunt; sicque loco mundato altius fodientes, mensuris adhibitis, fundamenta jecerunt. Cumque in notitiam memorati principis perlatum esset quia jam

---

(1) Nous avons cru utile d'ajouter au texte du manuscrit, ce titre et ceux qui suivent.

dicti tres viri ex suo tam immensum opus consumare nequirent, præcepit ipse consul munificus quæcumque necessaria forent religioso operi de sumptibus suis sufficienter provideri. Exinde operi cura impenditur, tandemque non absque labore magno perficitur.

Constituto temporis die, adest ipse princeps serenissimus, cum episcoporum et procerum francigenarum cœtu non minimo ad consecrationem basilicæ venerabilis congregato. Interim eo, a spelunca qua repositum fuerat, sanctum corpus transfertur et in basilica Sancti Baptistæ Johannis juxta posita collocatur. Procedit huc episcoporum cæterorumque ministrorum ecclesiæ sacer conventus, multis coloribus ornamentis decenter et religiose decoratus. Subeunt sacerdotes humeris beatorum membrorum sarcinam, a cervea sportula in scrinium corneum repositam; cumque ad ingressum novæ basilicæ propinquarent, tanta mole beatissimum corpus figitur quod comes aliique portitores ferre non valerent : factum quidem mirabile sed Dei procuratum dispositione. Tunc tantum pondus sustinere non valentes, cuidam magnæ molis saxo, levaminis gratia, in media platea reliquias superponunt. Ne quis autem incredulus in falso fictum attenderet, saxum adhuc in testimonium spectantibus apparet. Post paululum, resumptis viribus, comes cæterique corpus attollere conantes, cum penitus nequeunt, nutu illud divino teneri præsentiunt, terque solo prostrati cum universa multitudine princeps et episcopi, orant confessorem gloriosum ut se transferri permittat in ecclesiam tantis sumptibus tantoque labore ob sui honorem honorifice fabricatam; cumque nullus precantes sequeretur effectus, consilio inito, quidam,

senior cæteris, pulsat principem affamine. « Scias,
« gloriose princeps, hoc prodigium istudque miraculum
« hac de causa divinitus esse patratum, ne te lateat
« hujus rei significativum : quatinus qui sancto huic
« præparasti domum, conveniens quoque sibi provi-
« deas servitium. Hortor igitur ut illic constituas
« cœnobium, præparando victus monachorum compe-
« tenter in illo futurorum; porro pristinas sancti pos-
« sessiones ab exteris occupatas, monachis Deo et
« sancto amodo servituris reddas, alioquin scias istum
« hinc dimovendum donec istud totum concesseris
« devotivum. » Comes autem totum spondet, Deo annuente, se facturum. Flexo igitur genu, dextera pro-
tensa, offert sancto, de copiis suis, prædia proventuum
fertilitate multiplicia; similiter et cæteri, pro facultate
propria, plura de facultatibus suis offerunt donaria.
Inde sanctum corpus attollentes sine ullo labore,
psallantium concrepante jubilo, intra domus sacratæ
limina deferunt et super altare divinum honore divino
componunt, vi° nonas maii. Itaque omnibus ex more
consummatis, tres illi qui labore suo et industria fabri-
cam monasterii erexerant, sæculo renuntiantes ani-
mumque cum habitu mutantes, in reliquum vitæ suæ
Deo famulari sub monachili proposito decreverunt;
quorum vocabula, quia superius silentio compressi-
mus, hic ac nusquam opportunius proferenda cense-
mus : Othbertus de Furcis, Helyas de Lyniaco, Raginaldus de Reste. Horum Helyam abbatem præficiunt,
Reginaldum futuræ congregationis præpositum; Absalon vero patris sui custodem et famulum, suo pro
velle, custodiunt et constituunt.

Comes autem eis quamplurima prædia donavit

omnemque suam illius provinciæ dominicaturam attribuit. Præterea suas ecclesias omnimoda consuetudine absolutas istis addidit sanctique terras ab omnibus liberas reddidit, quod valde placuit omnibus religiosis etiam nihil habentibus. Et ut compleverunt omnia sancto die illa competentia, regressus est comes Francigenæ et proceres ad propria.

Ex illa autem die præfatum cœnobium tam in numero quam devotione accrescebat quotidie, plurimo sic permanens tempore. Cujus supplemento affuit quidam monachus, nomine Guallo, parentibus nobilis sed fide nobilior, qui servire maluit Deo quam animæ detrimentum lucrari in sæculo. Quem virum, decentis regulæ peritum in omnibus et approbatum, Seniorem sui fratres apud [Sanctum] Florentium direxerunt, alii ne, Normannis inde discedentibus, occuparent locum.

DE SENIORI MONASTERIO SANCTI FLORENTII APUD GLOMNAM MONTEM.

Qui dirivatus, neminem nisi Bernaldum Pennacum invenit, cui caro ferina cibus et potus erat venabulo pariter et pedicis, necnon in clibano, ne Normanni fumum viderent, cocta. Quem comprehendere vel loco ab illo exterminare nullatenus valuere, quamvis, canibus homines indagantibus, hunc vero nescientibus, — utpote pedestris qui non ibat, sed quibusdam instrumentis cervini in modum pedis acutis (1) calciatus erat,

---

(1) Les mss portent *ascultis* au lieu de *acutis;* et deux lignes plus bas *posteritate* au lieu de *postremitate*. Nous continuerons à corriger, sans les signaler désormais, leurs fautes bien évidentes.

— vi cum magna eum persequerentur grandia per nemora. Habebat quoque venabulum in postremitate ita incisum ut terram inde tactam caprinum putares vestigium. Qui, cum somnum capiebat, summas arbores ascendebat.

Guallo autem, postquam monasterium subintroivit, illius cryptas tam silvaticis scrofis quam illarum fœtibus plenas evacuavit. Tunc adjudicavit in clientela equites colligere, qui locum a perfida quidem gente sed non minus a solitudine destructum redintegrarent et sancti prædia fideliter munirent et ab externis supervenientibus defenderent. Dein exenia prudenter præparat quæ [ad] Hastensem, Normannorum ducem, delegare valeat, adhuc morantem in urbe Nannetica; quæ laudabiliter præparata per se ipsum ad ducem ut sagax destinat. Quem ut dux ad se cum donis agnovit advenisse, protinus surgit, relicta sede, orique illius os suum cœpit imponere; etenim utcumque christianus dicitur fuisse. Deinde Guallonem sciscitat quæ sit itineris causa vel quid appetat : præcipiens nil ut tenebras abdat, sed totum patefaciat. Tunc Guallo, mente exhilarata, duci se percunctanti quid appeteret significat. Quo dux agnito, tubam eburneam, Tonitruum nuncupatam, dedit monacho : hæc illi addens ut, suis in prædam exeuntibus, ea buccinaret et nequaquam de suo timidus esset ubicumque a prædatoribus audiri posset. Monachus itaque reversus prædictum, pro posse, locum cœpit ædificare et socios ad se attrahere, cum quibus Deum laudare et dignas grates valeret exsolvere. Cujus vernaculi aliquem cervum accipientes, sepum exinde extrahentes servabant et monacho deferebant, ex quo summa pro dignitate lumen faciebat sancti ante altare.

Quadam cum nocte unus ex vernaculis lumen illud accendisset, ex more, ostiumque monasterii meditaretur exire, aspicit ecce vas continens luminare suum ante conspectum adsistere; quod statim accipiens, cum rubore retrogradus devexit ad altare. Quo accenso alia vice, cum monasterium vellet claudere, subito videt priori similitudine illud post se extinctum affore : tunc ira permotus et sibimet incredulus, putans se quod fecerat non fecisse, vas cum lumine retro tulit, accendens tertia vice. Denique cum reverteretur ostiumque obseraretur, vasculum, magno impetu allidens ostium, admirabilem dedit fremitum, quo vernaculus fugit pavefactus et quid sibi acciderat narravit coram omnibus. Ex illa vero die non sepum sed ceram oleumque illic incenderunt. Ex tunc temporis miracula, Deo auctore, locum cœpere multis attestantibus frequentare, quorum plurima continentur descripta et nonnulla prætermissa sunt scribenda. Et dum illic crevit congregatio fide in moribus adornata, creverunt et patrocinia et Sancti prodigia : quia si absens corpore deerat, tamen virtutibus præsens aderat. Hunc enim locum ipse elegerat in quo beneficia et divina mysteria fierent, ex quibus scribere peroptaremus plurima si nobis omnimoda non deesset scientia. Attamen, confisi Dei adjutorio, utcumque referemus quatuor quæ multi, procul dubio post Guallonis discessum, loco viderunt in illo. Horum duo abbate Girardo visa fuerunt, reliqua duo Frederico evenerunt.

Igitur cum prædictus locus, aliquantulum præditus, non ut postea est refertus, monachis quidem perfecte ordinem tenentibus sed non minus divitiis eidem affluentibus, illuc affuit quidam sacerdos Albericus. Qui cum quadragesimali tempore a monachis tenebris, ut erat solitus, ad Mariolum populum tenebras dicturus regrederetur, factus est in rama sonus psallentium in aere divinitus, ita pulcherrimus ac si esset cœtus ac vox angelicus. Quod canticum ille æstimans dignum ut retineretur, nihil audiens percepit nisi solummodo quod dicitur : « Et erit in pace memoria ejus. » Dei mirabile, diversi diversa cogitando possunt volvere, sed nullus vera disputando ratione quid talia sunt audet astruere. Paterna tamen traditione instruimur quo tendebat sacerdos prædictus : monachos exstitisse antiquitus; quibus hac in re non contradicitur quia verisimile videtur. Ignorat etenim nullus illa ex provincia ortus quatinus ille vicus, in valle prope Ligerim situs, sæpe ipso fluvio exundante permanet ablutus, et tunc a pluribus magnifica metalla inveniuntur. Deinde alia vice, cum matutinæ fuissent celebratæ in chorum, conciola in dormitorium redeunte, monasterii dextro in abside, aliis cum clericis suoque doctore Teobaldo residente, qui monachus postea effectus castrum illud petrina circumdedit septione, ecce processio candidatorum virorum, veniens a septentrione, ecclesiam intravit angelico more; qui omnes flexo genu poplite veniam petebant ex ordine, protomartyris Stephani ante altare. Dehinc recto itinere Sanctam Mariam in Criptas cœperunt tendere psallendo satis dulcisona voce; quorum de cantu nihil percipere nec eorum aspectus, præ nimia claritate, clerus jam scriptus valebat sustinere. Fertur quoque nonnullos excubiarum castri officium excubandi deseruisse et nimias ob coruscationes neglexisse quas singulis noctibus in monasterium videbant descendere, ex quibus illam regionem universam ac si die astruebant coruscare. Una siquidem noctium, cum Fredericus, abbas valde religiosus, aliis in stratu quiescentibus, ex more solus oraret, subito tam præclara lux eum circumfulsit ut pene dies subsecuturus lucere magis non æstimaretur. Quam abbas nullatenus tolerare valens, repente foras est egressus tam admirando lumine stupefactus. Istud aliis cum innumerabilibus mansueto gustavit in pectore, donec vita Deo sacrata militavit in corpore. Dei etenim servitio mente et opere fuit studiosus, nulli, ut puto, invisus; quippe aptum et pium se exhibebat omnibus, exceptis dumtaxat irrationabilibus.

Cujus in vita patris Florentii stupenda accidisse noscuntur insignia, et facundiori scriptura et multiplici relatu digna; sed tamen ex illis unum, quod supra polliciti sumus silentio, ut remur, non est adhibendum ulterius. Die itaque quæ dominicam antecedit, cum post vesperas resideret in plateis, jam noctivagis incumbentibus tenebris, ecce vir senex, veneranda decorus specie et candida indutus veste, per aerem venit ab orienti climate, crucem purpuream in manu gestans, cujus fulgore totum castrum et renitere cœpit et rutilare; sed simulacrum super pinnaculum templi vel monasterii viris aspicientibus, devolavit statim et ex eorum oculis evanuit. Nec istud nec cætera quæ hac parvidica continentur scedula a quoquam sunt aspernenda, quoniam etsi ineloquenter sint dictata, tamen historia realiter fuit facta et in facto permanet vera, unde et habemus idoneos testes et veritatem non fallentes.

Unum adhuc, ad laudem beati patris Florentii, referamus miraculum quod nequaquam est silentio sepeliendum. Cum per annos circiter triginta gens Normannica nonnullas civitates et castella Neustriæ et Aquitaniæ deprædando vastasset et vastando deprædasset, ventum est tandem ad monasterium Sancti Benedicti cognomento Floriacum, quod pridem fuerat ab eis crudeliter incensum. Ubi a venerabili abbate Hugone, adjutorium sibi ferente nobilissimo comite Autisiodorensium, Gilbaldo nomine, invasi et usque ad interitionem deleti sunt, de quo certamine vix aliquis evasit qui eventum rei nuntiaret ceteris; in quo conflictu Ingelgerius Andecavorum comes, Fulconis Rufi filius, interfectus est. Pauci igitur Normannorum qui evaserunt præsidio vitam tuentes, cum copia tam captivorum quam rapinarum, transmarinas compulsi sunt repetere sedes; et cum a statione sua quam habuerant in insula huic monasterio subposita, ultra non reversuri discederent, presbyterum quemdam, qui solus in obsequio Sancti Florentii remanserat, apprehendunt secumque in una navium suarum, astrictum compedibus, vinctum projiciunt sicque, per Ligerim descendentes, in patriam redire disponunt. Presbyter vero, ægre ferens separari a tanto talique patrono, reductis post tergum oculis, videt monasterium humano habitatore vacuum atque desolatum. Tunc in hac voce fertur exclamasse sacerdos : « Heus tu, sancte Florenti, quare « me pateris sic a te disjungi? Cur me ita rapiunt isti « Deo odibiles pagani? » Hæc cum dixisset, statim navis cum qua vehebatur in vertiginem rotari cœpit atque omnibus qui aderant mortem minari. Presbyter vero, divinitus a vinculis solutus, aquis se Ligeris credidit et nando adducitur ripæ citeriori; Normannos autem qui illum captivum ducebant fluvius omnes absorbuit. Ipse autem, in silvam nomine Buionem ingrediens, monasterio Sancti Florentii, qui illum liberaverat, sese recepit.

Hæc super [Sancti] Florentii Senioris loco sermone significasse compendiose legenti non sit fastidio, nam nostra, ut diximus, narratio ex parte pendet ab illo; nunc autem ad eum in quo pater Florentius, post Normannicæ [invasionis] tempus, ab Absalone, ut memoravimus, perpulchre fuit depositus, Deo annuente, stilum divertamus; et misericors Deus annuat ut infacunda aridaque pusillanimitas saltem parvum quid inde prosequi valeat.

HELYAS DE LYNIACO, PRIMUS ABBAS SANCTI FLORENTII SALMURENSIS (1).

Igitur ædificio novi monasterii consummato, et thesauro reverendi corporis intus debito cum honore reposito, venerabilis comes Thebaudus ex Sancti Benedicti Floriacensis monasterio religiosos fratres adduxit eisque memoratum Helyam, ut diximus, abbatis loco præfecit. At de ornamentis pretiosis quibus olim Glomnensis locus præfulgerat a præfato comite Tornacenses monachi quædam reddere sunt coacti, scilicet: vas Cœnæ Dominicæ, thuribulum cum pedibus a sancto Eligio fabricatum, missale quoddam [et] psalterium

---

(1) Nommé peu après la consécration du monastère, faite le 2 mai 950, d'après M. Hauréau (*Gallia Christiana Nova*, vol. XIV, col. 621), il mourut le 12 mars 956.

unum in quibus sanctus Florentius fertur legisse ; de libris autem, cartis, reliquiis, vestimentis, palliis pauca quidem, et viliora, reddiderunt; quos cum sæpedictus comes meliora et numerosiora reddere compelleret, Francorum regem adierunt eumque, pecunia corruptum, præsidio habuerunt.

Primus igitur abbas in ecclesiæ novo monasterio fuit Helyas, miræ religionis et Deo devotus ; qui multum in constructione loci ejusdem desudavit. Hic ex vitæ merito donum abbatiæ promeruit, sed non diu eamdem abbatiam tenuit. Ipse etenim Helyas, sacri cœnobii Salmurensis constructor, auctorem tanti operis Theobaudum Blesis comitem, regia stirpe progenitum (1), quibusdam proventuum utilibus compulsus, consulendi gratia longe positum adivit; cumque peracto negotio lætus rediens, jam soli proprii limen sulcaret, de equo in terram corruens, ruptis intestinis, erat enim magnus statura, Salmuro delatus est ; et cum inter multa pietatis et consolationis colloquia de successore eos allocutus fuisset, iii° idus martii Christo spiritum reddidit corpusque illius in presbyterio devota fratrum concio sepelivit.

AMALBERTUS SECUNDUS ABBAS (2).

Hujus tanti patris defunctione novella plantatio, Salmurensis ecclesia, mœrore adoperta, in desolatione

---

(1) Richilde, mère de Thibaut le Tricheur, était fille de Robert le Fort.
(2) 956-985.

remansit. Tunc vero Thebaudus comes ex monasterio Sancti Benedicti Floriacensis alumnum quemdam, Amalbertum nomine, virum prudentissimum et religionis amicum, in abbatem præfecit, qui in ornamentis ecclesiæ auro et argento construendis plurimum desudavit. Hic etiam, post viginti quatuor annos quibus abbatiam tenuit, abbas effectus est Sancti Benedicti et utramque abbatiam cepit regendam. Hic qualis quantusve quamque sollicitus fuerit nostræ facundiam narrationis excedit. Nam basilicam imperfectam cum officinarum ædificiis excellentissime peregit, ac pene cuncta picturis optimis decoravit; quæ profecto basilica quinque tunc aris in sanctorum patrociniis noscitur titulata, videlicet : in dominica sanctæ Trinitatis, apostolorum Petri et Pauli memoria; matutinale in pii patris Florentii reverentia; tertium altare, in sinistro abside, erat in honore sanctæ virginis Mariæ; quartum, in dextra parte, sancti Johannis Evangelistæ; et qua stabat fixum nostræ salutis indicium, erat altare sanctæ Crucis, quod in medio navis situm, maceria circumdatum, girari poterat. Tria tantummodo altaria, hoc est matutinale et membrorum, parva solum maceria arcuata tegebat; reliquum ædificium lignorum camera depicta operiebatur. In porticu basilicæ quatuor unius altitudinis erant maceriæ, super quas, in alta fabrica lignorum, signa majora congruentis magnitudinis dependebant; mediæ vero maceriæ et navis ecclesiæ columnis arcuatis consistebant. Campanæ horis diurnis in choro trahebantur. Ad caput monasterii, usque ad fossatum domus Gelduini, domini quondam ejusdem castelli, viridarium alto muro vallatum gratum levamen erat. In capella abbatis vel infirmorum, cujus frons erat dormitorium, duo altaria, inferius sancti Benedicti, superius vero sancti Michaelis, fecerunt; quorum uno solo, alterum quoque per dormitorii solarium, orationum obtentu, visitabatur. Cujus oratorioli, longo post tempore, quidam ex intromissis canonicis opportunitatem explorans, causa ibidem agendæ scripturæ, sancti Benedicti altare destruxit; sed mox langore correptus nunquam deinde sanus fuit. Alia vero capella foris ædificata fuit inter viam et altare sanctæ Mariæ, situm in membro sinistro. Aquæ penuriam claustri puteus exterior relevabat: nam suffossis ecclesiæ parietibus forti cemento et lapidum curvatura, occulto meatu aqua in lavatorium emergebat et per cæteras officinas cursu subterraneo derivabat. Hic autem puteus foris, secus cellarium, existebat.

Interea, coruscantibus sæpissime beati Florentii miraculis famaque per exteras regiones volitante, in brevi tempore plurimi virorum illustrium ibidem religionis habitum susceperunt; qui cum innumeris sancti suffragium deposcentibus eumdem locum ditatum ornamentis mirabilem reddiderunt. Nonnulli vero, juxta utrumque Testamentum, filios suos offerentes sancto devotissime contulerunt. Tandem, antiquorum nobilium cœnobiorum ritu, basilica per annos quamplures completa, comes Theobaudus, assumpto Turonicæ civitatis antistite Arduino et episcopo Andegavensi, cum infinita multitudine nobilium Francorum et affinium utriusque sexus, una cum domno abbate Amalberto, xii° kalendas junii, locum solemniter dedicavit; corpusque beati Florentii solemnius transtulerunt. Nec multo post venerabilis abbas Amalbertus, tantum thesaurum sub firmiori custodia conservare decernens, in vasculum æneum, in quo nunc conclusa retinentur, transpositum obseravit. In ipsa vero transpositione [ad] declaranda cujus essent meriti, quæ visebantur ossa, seu ad confutandam præsumptorum irreverentem audaciam, quid gestum sit præsente ipso abbate et monachis suis, quamvis imperito stilo, referam.

Monachus ille, Absalon scilicet nomine, qui supradicti sancti reliquias a partibus Arverniæ, a monasterio videlicet Sancti Philiberti Tornaco nomine, quo Normannorum metu pridiano tempore fuerant deportatæ, Deo sibi auxilium ferente, propriam retulit ad sedem, quoddam scrinium corneum eas ad tempus composuit conservandas; de quo cum in illud, ut diximus, in quo nunc conservantur, jam dictus abbas, causa tutioris custodiæ, transmutasset, fabrum ferrarium qui eas extraheret, non enim aliter poterant aperiri, venire præcepit. Qui cum venisset, jussus ab abbate, ad mausoleum, forcipes in manibus habens, audacter ac si ad incudem suam accessit, forcipes tetendit, clavum momordit; et quia, nullam sancto impendens reverentiam, hoc agere tentavit, ultio divina confestim affuit quæ fabrum impudentem, merito suæ irreverentiæ, manifesta sensus amissione mulctavit. Quædam namque divina avis, ac si vehemens turbo, a capsella sancti progrediens illum invisibiliter in fronte percussit moxque, forcipibus elapsis e manibus, ipse retro stupefactus corruit. Recepto tamen post paululum sensu resumptisque viribus, accedere quam citius tentavit et quod illinc ultra non recederet jurando confirmavit. Abbas vero non sine divino nutu hoc fieri perpendens, inde triduanum fratribus indixit jejunium; et ut unanimi devotione sancti auxilium exorarent qualiter ipse, circa ejus sanctissima membra, quod disposuerat agere ipse sanctus fieri pateretur, eos ammonuit. Peracta autem supplicatione et jejunio, illuc cum magna cordis contritione accedunt, vasculum aperiunt, veneranda ossa inde extrahunt et in illud metallinum fusili opere compositum in quo nunc continentur, aspiciente cuncto populo castri Salmuri, recondunt. Et ut cunctis liquido pateret nullum de membris sancti abesse, sed omnia per jam dictum monachum ab Arverniæ partibus relata fuisse, excepta quadam particula capitis quæ illic, divina dispositione, remansit, ut et in illis regionibus nomen sancti digno honore veneraretur — testantur enim loci illius incolæ divinitus per eam miracula patrata se vidisse — sæpedictus abbas, cunctis audientibus et videntibus, talia dicebat : « En brachium sancti Florentii! En crus! En costæ! » Et ita per omnia membra dicendo omnique populo cuncta ostendendo, in præparato a se vasculo collocavit ostiolumque tanta industria conclusit quod a nemine postea potuit aperiri.

Hæc ideo memoriæ litterarum tradere dignum duxi quia veracium fideliumque testium relatione didici. Deinde comes Theubaldus, divino fervore repletus, domni Amalberti abbatis hortatu, inter multiplicia bona, lecticam super aram matutinalem sitam et capsam beati Florentii vas æneum in se continentem super posuit, cujus frontem et latera decentibus imaginum sculpturis operuit retrove prominentes ineas imagines depixit; tabulamque argenteam ante dominicum altare composuit, cujus margo superior hos capiebat versus :

Quisquis nescit honos quorum hac venerantur in ara,
Perspiciat Petrum Paulumque assistere Christo ;
Quam comes argento Thetbaudus comere jussit,
Quamque Amalbertus abbas jubet effigiari.

Quodam vero tempore domnus Amalbertus, agnito Theubaudi comitis Cainone adventu, sole ruente, a Salmuro illuc tendens, sub aeris axe ad cujusdam arboris radicem nocte jacuit. Hinc summo mane in curiam, nimia pro solito gratulatione exceptus, noctis super molestia plangitur ab omnibus. Tunc venerabili comiti suum pandens arcanum, inspirante Deo, quod quæsivit obtinuit. Nam magnificus comes, confirmante Turonorum præsule Harduino, cujus juris erat, anno incarnati Domini DCCCCLXXIII°, tradidit Amalberto abbati, ad glorificandum nomen Domini sanctorumque illic quiescentium, sacræ venerationis oratorium in quo sanctus Lupantius ac socii ejus requiescunt (1). Quo audito, quidam, ut fertur, Cainonensium clericorum, cum vita sancti Lupantii aliisque ornamentis pretiosis, aufugit et in Vigennam fluvium corruens, secum vitam memorati sancti cum ipsius ornamentis submersit.

Illud quoque inter cætera paginis est imprimendum quod de gestis beati Florentii nihil aliud est a Tornaco relatum quam quod in requietionis ipsius nocte legi-

---

(1) La charte du comte et celle de l'archevêque, relatives à la donation de Saint-Louant près Chinon, ont été imprimées par dom Martène, *Thesaurus Anecdotorum*, vol. I, p. 91, 92.

tur. Ut autem temporibus opportunis lectio de illo sufficiens haberetur, quidam Ingelbertus, litteris eruditus, ejusdem sancti monachus, secundum prioris vitæ dictamen largiori stylo aliam est prosequutus, scilicet: *Daniel divinæ attestationis* cum prooemio : *Mirabile Domini.*

Interea præclarus Christi minister, Galliæ occiduæ decus ac singularis operator, Absalon, dictum sapientiæ imitatus : *Fortis est ut mors dilectio ;* ac Dominici : *ut ponat quis animam pro amicis suis,* vas electum paracliti templum, beatum vitæ ordinem a primis infantiæ rudimentis acceptum, xv° kalendas marcii, in longævo feliciter complens senio, sepultus est diligenter, cum multo tamen mœrore, in monasterio, in prospectu corporis beatissimi patris nostri, ante aram dominicam, quod multis anxiis dat levamen.

Eodem tempore, speculum nobilitatis et religionis amator, comes Teutbaudus, post multa beneficia quæ nostræ contulit ecclesiæ, viam universæ carnis ingressus est. Cujus animam qualiter a malignis spiritibus beatus pater Florentius liberaverit, versibus talibus placuit subscribere :

    Cum cunctis certe sit dandum, præcipiente
Christo, poscenti cuncto præstentur egenti,
Præcipue famulis Christi nimium reverendis,
Cleris et monachis, divinæ legis amicis.
Pluribus in scriptis hii mandantur bene cunctis
Semper honorari, summi ceu regis amici.
Horum nam precibus quamplures eripiuntur
Ignibus ex Herebi ; datur et spatium miserandi,
Ut fuit ereptus Theobaldus francigenatus,
Terræ dux et herus, post regem, nobilis hujus.

Qui vivens turres altas construxit et ædes,
Unum Carnotum; sed apud Dunense reatum
Non minuit proprium, turritum dans ibi castrum.
Multa construxit, quæ non sine crimine fecit;
Verum conventus construxit, in hoc benedictus,
Et contra multos monachorum nempe per istos
Concessa venia gaudens, scansurus ad æthra;
Sumptibus ex propriis et plurima templa peregit
Deinque defunctus larvis est quam cito raptus;
Quod falsum minime, sed verum dicitur esse.

Harmantevus (1) enim referens hoc pluribus olim,
Ipse monasterii bonus abbas tunc Tufiaci,
Hic affirmabat certum fore quod referebat,
Huc ab Jerusalem quem cum multis redeuntem
Suscepit quondam, dubio procul, insula quædam,
In quam per pontum tempestas impulit illum.
Illic et quemdam viderunt tunc heremitam,
Cui percunctanti de qua tellure creati,
Dixerunt : « Pagus nobis est Gallia carus,
Quam nunc Theobaldus, sub rege, comes regit altus. »
Numquid, dixit eis, hunc defunctum fore scitis?
Tertia nam lux est quod sæclo mortuus hic est,
Cum quo letiferæ repetebant Tartara turmæ.
Illa phalanx lucum confregit, eundo per ipsum,
Et monstravit eum, dubitarent ne fore verum.
Et ponebantur turres collum super ejus,
Cum monachi plures illum venere sequentes
Et nimium flentes, et talia verba ferentes :
« Florenti vero nobis pater auxiliare !
« Eripe nunc istum, qui construxit tibi templum,
« Antea quam turrem nequam sibi conderet ædem,

---

(1) Premier abbé de Tuffé, diocèse du Mans, après la restauration de ce monastère vers l'an 1015.

« Ante monasterium quam sanctis conderet ullum!
« Tuque veni primus, nam te prius est veneratus! »
Protinus alacris venit Florentius astris,
Agmine cum magno, prior in splendore superno.
Quem simul ac cœtus venientem vidit iniquus,
Has voces subito cœpit depromere sancto :
« Quid vultis? non jure venitis, nam reus est hic
« Præceptor vester, nostrates nec Deus aufert
« Et justus judex nostrum non captat habere,
« Sed quidquid trahimus temnit, vel quidquid habemus. »
Letifer ista dedit; cui sanctus tale remisit :
« Hic vobis claret qui dimittatur oportet.
« Quem rex justitiæ nobiscum vult retinere
« Atque, data venia, jubet hunc sua scandere regna. »
Hos ad sermones, animam liquere phalanges
Letiferæ, sanctæ quam suscepere catervæ ;
Nec mora sunt lætæ sic psallendo retrogressæ :
« Felices justi patris Christique beati
« Cuncti dicuntur quorum delicta teguntur. »
Hæc heremita maris retulit supra memoratis,
Scilicet abbati cum multis sic redeunti.
Exin digressi terramque suam repedati,
Hora signata sic viderunt fore cuncta.
Doxa Deo trino majestas adsit et uno.

    Florenti, merito sat florens centuplicato
Atque luens serto super æthera congeminato,
Martyr honoraris, confessor glorificaris.
Et quamvis lictor tibi deficit et lacerator,
Non quin multoties sævissima verbera ferres,
Ast occidendo vitamque tibi removendo
Palmam martyrii non amittis pretiosi,
Martyr ceu verus, sed gaudes jure beatus.
Prorsus digne Deo pro nobis siste precator.
Ut pius et justus per te nostros regat actus,
Et tuus obtentus cuncto sit tempore promptus

Quæsumus, atque datus tibi complaceat famulatus
Et tuus hic cœtus tibi patrono stabilitus,
Fluctibus ereptus, portus et gaudia nactus,
Gaudeat in requie qua te jam credimus esse.
Sic et cunctorum tibi conventus monachorum
Intercessorem mereantur te potiorem,
Sentiat et patrem qui te veneratur in orbem,
Sanctis atque parem qui te vult esse parentem.
Cunctis divinam conquiras tu medicinam,
Nullus in hac vita qui non sit egens ope tanta.
Pro nostra certe, pro multorumque salute,
Divinos vultus studeas placare benignus.
Partibus occiduis, tenebris per te carituris,
Lumina donasti, dum Christum notificasti,
Ut bonus ac læta sprevisti terrea cuncta.
Nempe sequi meditans Dominum, terrestria vitans,
Huc ingressu veniens, pia dogmata Christi
Et Domini prorsus fidens, præcepta secutus
Liquisti sæclum, cupiens adquirere cœlum,
In quo cum sanctis astris, ut lucifer, altis
Fulges pro meritis. Adsis firma spes salutis
Nobis et cunctis, qui gaudes cœtibus altis,
Sisque pius ductor nostrique benignus amator,
Nam te laudamus, cupimus, amamus, veneramur.

Hunc omnes vere debemus semper amare
Atque suos actus per eum, quos est operatus
Cunctipotens actor nostri clemensque redemptor.
Gloria debetur cui laus et jure refertur,
Promere dignetur per quem quod adhuc operatur;
Et sibi majorem virtutibus addat honorem,
Et faciat sanctum crebris virtutibus altum
Per quem nos almo describat Christus in albo
Et sibi congenitos faciat super astra beatos.
Providus et castus prorsus fuit et tunicatus
Armis divinis et moribus iste benignis,

Sortis apostolicæ fuit et vir maximus iste,
Quem sibi pernitidus concedit apex duodenus.
Istius ægroti curantur munere sancti
Atque per hunc dantur largissima quæque pecudi;
Cujus per meritum, per sæcula mirificatum,
Poscimus ut Dominus, nos respiciendo benignus,
Moribus et ditet ditandoque munus adoptet,
Utque polo reddat quibus ad se pergere mandat,
Cum quo longævum gaudere queamus in ævum.

   Florenti, digna nimium ditate corona
Laudis, magnarum virtutum plene tuarum,
O felix vere pro nobis sancte precare.
Regnet cum Christo per te chorus iste precato,
Et veniant per te nunc sæcula pacis amatæ.
Nobis munimen te poscimus atque juvamen,
Te nunc laudamus, nobis præstes quod amemus,
In te speramus, servire [ut] te valeamus.
Laus tibi cum Genito, Patre et cum Flamine sancto.
Felicem vitam tribuas terramque beatam,
Laudes æternæ cui sint grates quoque magnæ.

   O Deus, immensæ cœlestis fercula mensæ
Redde tuis famulis, quibus adsis nauta fidelis,
Et cunctis te da quos mundat sanguinis unda.
Sit bonus et justus vir Christo quisque renatus,
Spesque fides dentur quæ nos semper comitentur.
Cedant et noxæ, det Christus munera doxæ,
Reddat gestorum qui cunctis dona suorum,
In quo sat freti valeamus degere cuncti.
Præcedant mores, sæcli fugiamus amorem,
Tantum quæramus cœlestia quæ teneamus,
Vincatur sensus, qui sæpe manet malesuasus,
Subque manu Christi possimus vivere læti.
Fiat quisquis novus, desistens esse vetustus.
Laudetur Dominus, trinus qui sistit et unus.
Omnes hunc laudent, recitent et semper adorent

Respiciat qui nos semper sibi corde benignos.
Exultent omnes dicere, non laudis inanes :
« Nobiscum Dominus, Dæmon procul atque tyrannus. »
Temet da nobis quo tu sine fine manebis
In sanctis factis, per te rex Christe beate,
Virtus donetur, zabuli virus vacuetur,
Suscipiat Christus quos amittit maledictus;
His præstet Christus bona quæ præstare suetus,
Judex terribilis, cum venerit agnus herilis,
Cum sat miranda doxa nimis atque tremenda,
Et sibi communes dextros acceperit omnes,
Suscipiens nosmet secum super astra reformet,
Tranquillam pacem quo det claram quoque lucem.

ROBERTUS DE BLESIS, TERTIUS ABBAS (1).

Eodem vero tempore venerabilis Amalbertus, Floriacensis et Salmurensis ecclesiæ duplici prælatione sublimatus, post excursum vitæ spatium, glorioso fine quievit. Post cujus tristissimam pausationem Salmurensis caterva, habito cum primoribus suis consilio, unum de suis fratribus, Robertum [de] Blesis, famosum, castum, nobilem, in sede regiminis abbatem præposuit. Qui sagacitate prudentiaque strenuus, agilitate et honestate splendidus, ingenio profundissimus, sanctitate eximius, licet angelis proximam in terris ageret vitam, active tamen studiis tam pervigil et indefessus deserviebat ut aliis patribus videretur et primus. Hic ergo, patroni sui exemplo annuali oratu Turonis redeuntis, quos domi positus flendo exorabat eorum

---

(1) 985-1011.

Romæ sepulchra frequentabat atque, ut apis prudens, in decorem et munimentum sibi a Deo traditæ ecclesiæ multa deferebat. Sed quoniam per pagum Andecavum sitæ juris Sancti Florentii ecclesiæ antiquorum ritu adhuc episcopali inquietudine, scilicet de censu et procuratione ipsius episcopi et clericorum suorum, aliisque pravis exactionibus quatiebantur, ut hæc aboleretur violentia et novum Salmurense cœnobium, ut quondam Glomnense, cum suo pastore omnino esset liberum, Rainaldus Andecavorum antistes, communi clericorum suorum consensu, valentiorem cæteris, scilicet ecclesiam Sancti Johannis, Ligeris alveo vicinam, dudum a rege (1) Sancto Florentio datam, in Sancti Mauricii suamque ditionem præfatus episcopus, tradente memorato abbate, recepit, utque idem abbas expetebat libentissime omnia concessit. Cujus nobile privilegium, in papiro conscriptum (2); sub obtentu Bertæ reginæ (3) ac filiorum ejus Theutbaldi atque Odonis, Romæ Johannes papa divinæ majestatis apostolorum cunctorum quesanctorum protestatione commonuit, atque eumdem Beati Florentii locum tuentibus vel augmentantibus horum omnium implorans benedictionem et protectionem, in malefactoribus vero tartari perhennem damnationem promulgavit; neque

---

(1) Charles le Chauve. Voyez page 198.

(2) La charte originale n'existe plus. Son texte est conservé dans le Livre Rouge de Saint-Florent, fol. 29. Elle porte pour date : *Andegavis mense junio die secundo, anno VII Hugonis regis* (994).

(3) Veuve en 995 du comte Eudes, fils aîné et successeur de Thibaut le Tricheur, elle avait presque aussitôt épousé le roi Robert, et elle conserva le titre de Reine même après que ce dernier mariage eut été dissous pour cause de parenté, en 999.

accusatio cujusdam prælati vel paris in ecclesiæ Beati Florentii abbatem abjecta, nisi sub duorum vel trium pontificum experimento, percipiatur. Quæ libertas hactenus manet inviolata ut in subrogatione abbatum, quocumque loco sacratio daretur, ut vidimus et accepimus, nullus Andegavorum præsulum professionem vel obedientiam expetivit. In eodem etiam privilegio continetur nullum omnino monachum nostrum ab aliquo prælato absque canonico judicio posse vel excommunicari vel interdici.

CONFIRMATIO JOHANNIS PAPÆ XVII, POSTULATA A ROTBERTO ABBATE (1).

Johannes episcopus, servus servorum Dei, dilecto filio Rodberto venerabili abbati monasterii Sancti Florentii confessoris Christi, siti in loco qui dicitur Salmurus, ejusque successoribus cunctisque in eodem loco commorantibus fratribus, perpetuum vale.

Convenit apostolico moderamini pia religione pollentibus in benivola compassione succurrere et promptum animi impertire assensum; tunc enim lucri potissimum premium apud conditorem omnium Deum reponitur quando venerabilia loca oportune ad statum rectitudinis fuerint perducta. Igitur quia postulasti a nobis quatenus monasterium Sancti Florentii confessoris Christi, situm in loco qui dicitur Salmurus, in

---

(1) Nous avons collationné le texte de cette Bulle sur l'original, conservé dans les Archives du département de Maine-et-Loire. Elle est du mois d'avril de l'an 1004.

territorio Andecavensi, privilegiis sedis apostolicæ decoraretur, libenti animo petitioni tuæ assensum damus. Quia vero ipsum monasterium olim a Karolo Magno imperatore nobiliter constructum fuerat in loco vocabulo Glomna, ubi sanctus Florentius post diutinam vitam spiritum cœlo reddidit, et preceptis imperialibus atque privilegiis cum amplissimis possessionibus roboratum atque ditatum est ; similiter a Ludovico cognomento Pio, ejus filio, omnis fiscalis exactionis vel cujuscunque legalis seu officiariæ pensionis simul etiam sinodalis debiti omnium ecclesiarum quæ ipsi monasterio subjacent immunitate donatum ; nos eidem antiquo monasterio, faventes precibus domnæ Bertæ reginæ ac filiorum ejus, Teutbaldi atque Odonis, nostra apostolica auctoritate in perpetuum confirmamus atque constabilimus ut si quis harum rerum temerator extiterit, seu possessiones, ecclesias, terras vel aquas ejusdem loci violare temptaverit, sub anathematis inditione damnatus sit.

De illo etiam novo cœnobio quod post vastationem Normannicam constructum est a nobilissimo comite Teutbaldo in loco qui dicitur Salmurus, in abbatia sanctæ Dei genitricis Mariæ ac sancti Johannis Baptistæ quæ a Karolo filio Ludovici collata fuerat eidem Sancto Florentio, postulantibus supradictis filiis nostris, statuimus apostolica censura, sub divini judicii obtestatione, ne aliorum quorumlibet dominio subiciatur aut inferiori potestati subdatur, sed in perpetuum per succedentes heredes Teutbaldi atque Odonis regatur ac defendatur. Si quis autem eorum ipsum locum cuicunque extraneæ personæ transfuderit, seu quæcunque persona eundem locum ab eis expetere aut coemere temptaverit, cum Juda proditore in extremo judicio anathema sit. Alligamus etiam eodem anathemate eos qui aliquid de his quæ ad presens idem locus possidet vel deinceps adquisierit auferre temptaverint, seu novas leges addere, nisi quantum scripto constitutum est ab archiepiscopo Arduino et comite Odone filio Teutbaldi.

Statuimus etiam ut si, decreto episcoporum, pagus ille excommunicationis sententiam exceperit, liceat eidem cœnobio missas ac reliqua sacra celebrare, neque ab episcopis propter hoc aliquod prejudicium sustinere cogatur. Quod si abbati ipsius loci aliqua calumnia vel crimen impingatur, liceat eum sub duobus aut tribus episcopis causam dicere neque irreverenter sine judicio illorum debeat molestari. Sint itaque servi Dei monachi ibidem habitantes quieti ab omni molestia cupidorum, et liceat eis propria bona disponere Deo favente ac nostra apostolica auctoritate confirmante : ut nulla unquam persona cujuscunque dignitatis aliquid de rebus vel possessionibus quæ ad eos pertinent quoquo modo auferre vel alienare presumat. Hæc autem sunt : fiscus Lentiniacus, cum ecclesia in honore Sanctæ Mariæ et capellis Sancti Hylarii ac Sancti Vincentii et omnibus quæ in castro sitæ sunt vel quicquid amplius ad ipsum pertinet; item villa quæ dicitur Distriacus cum ecclesia Sancti Juliani martiris; alia quoque villa quæ dicitur Ulmis, cum ecclesia Sancti Vincentii et capella quæ dicitur Manniacus cum terris quæ ad eas pertinent; villa quoque vocabulo Cadvernis cum Daneziaco et ecclesia ibidem sita; possessio quoque cum Castello Carnonis et ecclesia Sancti Petri et capellis Sancti Johannis et

Sancti Andreæ Sanctique Lamberti cum terris ad eas pertinentibus; item alia villa quæ dicitur Alomna cum ecclesiis in honore Sancti Johannis et Sancti Docellini et cum terris ad eas pertinentibus; alia quoque villa vocabulo Mironio cum ecclesia in honore Sancti Cesarii et terris quæ ad eam pertinent. Hæc omnia, auctoritate beati Petri apostolorum principis, coram Deo ac terribili futuro judicio, per hujus nostri apostolici privilegii confirmationem, eidem loco sancimus atque decernimus, et quæcunque a fidelibus eidem loco deinceps collata fuerint : ut si quis nefarius contradicere, invadere aut calumniare presumpserit, anathematis vinculo innodatus a christianorum societate in perpetuum separetur. At vero qui pio intuitu observator ac in omnibus extiterit custodiens hujus nostri apostolici constitutum, benedictionis gratiam misericordissimo Deo nostro multipliciter consequatur ac vitæ æternæ particeps effici mereatur.

Scriptum per manus Georgii notarii ac scriniarii sanctæ Romanæ ecclesiæ, in mense aprili, indictione secunda.

Sub tempore patris hujus Roberti, claustralis fabrica mira lapidum sculptura cum versuum indiciis ac picturarum splendoribus est polita. Ipse enim præfatus pater multitudinem copiosam ornatuum inauditorum, diligens exquisitor, adquisivit; videlicet magnarum ex lana dossalium cortinarum, fasterdium, tapetum, bancalium cæterorumque ornatuum variis imaginibus insculptorum. Nempe duas mirificæ qualitatis et quantitatis componi fecit auleas, quas trapezetæ conductivi preciosa seta elephanteas imagines venuste continentes consuerunt. Binos etiam ex lana dossales texi præcepit, quorum unus dum texeretur, memorato abbate in Franciam profecto, cum frater cellararius mystum solitum trapezetis vetuisset : « En, « inquiunt, in absentia boni domini nostri opus non « deseremus; sed ut vos nobis ita et nos vobis opus « inversum faciemus; » quod usque hodie inversum aspicitur. Item clarissima leonum specie multæ longitudinis sed et latitudine competenti sanguineos gestantes campos alios fecerunt, in quibus margo erat candidus, bestiæ vel aves rubeæ. Cujus in opere exemplum hujus patris cura compositum usque ad tempus abbatis Willelmi cunctis clarius palliis mansit nobiscum : nam in præcellis sollemnitatibus abbas elephantinis vestibus, alius priorum leoninis induebatur. Sed ét alium pallium detulit rotatum, validum et magnum ; quod ad maceriam cum cæteris tenditur. Ternas quoque, inter quasdam alias auro late circumtextas, decoravit abbas; stolamque ac manipulum eodem ornatu composuit, in quibus pendentes ad præcinctorium palmulæ tintinnabulis organisabant argenteis. Casulam quoque purpuream religiosus Robertus rex Francorum dedit, et uxor ejus Constantia regina albam levitæ circa collum et humeros aureis ligaturis intextam. Duo jaspidis albi zonis aureis alligati habita sunt dalmatica, quorum celebrius ex semet ipso sunt manicæ sinistræ fimbriæ, plectro cernuntur retortæ, recordationem portendentes, contra mundi principem, dominicorum præceptorum. Duo etiam præcipua tapeta a transmarinis partibus a quadam regina directa sunt. Verum quot et quantis ornamentorum copiis, prædicti patris instantia, sacer ille locus refulgeat non est nostræ facultatis evolvere.

In illis diebus Aymericus Toarcensium proconsul, et postmodum Nannetensis comes, magnifica beato Florentio concessit beneficia, videlicet ecclesiam Sancti Michaelis quem dicunt in Heremo. Porro hoc donum in plures annos est retentum et a patre Roberto, jam ætate provecto, diutius conservatum (1); sed quadam vice Pictavorum comes, illo deveniens, scutellatam piscium mullorum, unde locus affluit, a monacho præposito per nuncium expetivit; qua sibi denegata, sub nimia testificatione beati Florentii, monachos inde expulit et abbatiam fore constituit. Hic prænotatus Haimericus, prole carens, quasdam sui juris villas Sancto Florentio in successione condonavit (2); cui domnus abbas Robertus prope Toartiacum castrum terram optimam, tantum in vita, delegavit; sed illo obeunte, Rodulphus frater succedens antecessoris statuta contempsit.

Per illud tempus Fulco, Gaufridi filius (3), Andecavorum tenebat comitatum : hostium callidus ac fortis debellator, ferus nimis et prosperis eventibus famam

---

(1) La charte par laquelle le comte de Poitou, Guillaume III, le Grand, au mois d'août 994, confirme à l'abbé Robert l'église de Saint-Michel en l'Herm, que le vicomte de Thouars tenait de lui en fief, est imprimée dans le *Thesaurus Anecdotorum* de dom Martène, vol. I, p. 105; et dans le *Gallia Christiana Nova*, vol. II, Preuves, p. 410. Saint-Michel en l'Herm redevint au onzième siècle une abbaye indépendante.

(2) Voir au Livre Noir de Saint Florent, fol. 19 à 21, deux chartes dont la dernière, qui a eu pour témoins la femme, la mère, l'oncle et les frères du vicomte Aimery, a été donnée *mense augusto*, anno VII° regni Hugonis (993).

(3) Foulque Nerra, fils de Geoffroi Grisegonelle.

et fines suorum dilatans. Qui post mortem primæ uxoris, cum Helisabeth quoque causa adulterii concremasset (1), Hildegardem puellam illustrem duxit uxorem ; cujus primogenitus Goffredus, a fabri uxore apud Locas castrum educatus, Martellus cognomen accepit.

Hii duo, pater et filius, ut natura dictabat, feritate, viribus, crudelitate feris pene fuerunt inferiores : hostium calcatores, cujusquam ordinis immisericordes, expeditionibus insistentes, ecclesiarum jura fisco proprio redigentes et inde suis oppida militibus extruentes ad suum munimen, suæque provinciæ metas vel vicarias ad libitum componentes. Contra quos nec inusitando reniti summis etiam sacerdotibus fas erat, quia durum et avarum cor eorum nullius ordinis vel tenuem auditum impunitum præteribat. Ab hiis itaque raptoribus ecclesia nostra, tum prædonum pervasione, tum scriptorum amissione, gravissimum subiit detrimentum : nam ecclesiæ nostræ sub ipsorum non dominio sed tyrannide constitutæ, ab antecessoribus nobis attributæ, ne in sacris laici participarent, simulata religione, per prædictos tyrannos alienis ecclesiarum ministris potius sunt venditæ quam donatæ.

Eodem tempore ortum est bellum inter Conanum, comitem Britonem, et prædictum Fulconem comitem Andegavorum ; cujus belli victoria post multam utrorumque interfectionem, Conano necato, Fulco potitus est. Proinde proverbium est vulgatum : « Bellum Conquerentium, quo tortum superavit rectum (2). »

---

(1) Voir les chroniques précédentes, aux années 999 et 1000.
(2) Voyez les chroniques, à l'année 992.

Hujus Conani filius Gaufridus, prælibati Fulconis ex sorore nepos, Galone monacho impetrante, dedit Sancto Florentio locum Livriacum dictum, fœdere inito ut, cum orationum auxilio, patris sui Conani anniversarium ut monachi fieret, suum vero festivum ; sed et Galterus, Redonensium præsul, suorum exactionibus illum absolvit. Qui Gaufridus, nobilitate, viribus et armis præditus, Romanum pro oratu iter carpens, cujusdam matronæ hospitium ingressus est, cujus accipiter mulieris gallinam invadens occidit. Unde a tumultuosa muliere caput lapide percussus, sua re disposita, mortuus est, Alanum, sanctimonialium Redonensis abbatiæ fundatorem, et Eudonem filios suos hæredes relinquens (1).

Tempestate Normannorum, beatorum Mevenni atque Judicalis artus Pictavo territorio, loco Exionensi, dilati sunt, pars quorum in ecclesia S....... (2) sub tabulis tumulatur, alia vero, ligneo diligenter contexta loculo, castro Toarcensi in ecclesia sancti Martini (3) diutius reconditur ; tempore vero abbatis Roberti inde cum ingenti gaudio apud Salmurum in cœnobio beati Florentii, summum in divinis et humanis subsidium, translati sunt.

Nec summi Britanniæ sacerdotis Pauli nobis a Deo munus collatum debeo præterire. Nam sub prædicta

---

(1) Voir au Livre Blanc de Saint-Florent, fol. 67, la charte par laquelle ils confirment de don fait par leur père ; et au fol. 68, la confirmation de Gautier, évêque de Rennes.

(2) Lacune dans le Ms. Il s'agit probablement de Saint-Jouin de Marnes, *Ensionense monasterium.* .

(3) Il y a *Martini* dans le texte, mais ce doit être *Medardi*. Thouars n'avait pas d'église consacrée à saint Martin.

vastatione caput beati Pauli in Bufeto Nannetis, satis inculte sed non incaute, reconditum est; quod Toarcensis et Nannetensis princeps, consultu Sancti Florentii cœnobitarum, terno igne lini ternisque sarmenti combustionibus examinavit, postmodum vero in Glonnensi cœnobio, monacho subvehente, reponendum transmisit. Cujus auctor operis, per Andegavim ut fertur reversus, Doado postea necatus est. Jam vero rumor iste pene evanescebat, cum quidam Britannorum monachus, Glomnam veniens, tale dubitantibus retulit inditium quia retro ipsum caput, ad Clocam Marsi quondam régis, dum simul in loculo portarentur, paululum attenuatum erat; jejunioque peracto hoc reperiens, sancti Pauli verissime caput esse proclamavit. Solebat autem festivitas de hujus capitis delatione cum tribus lectionibus celebrari; verum capsa sancti per noctem divinitus in Glomna ædituos inquietante, domnus Sigo abbas sancti venerationem a ternis lectionibus duodenis promovit.

Adhuc nactum a Deo suffragium est enodandum. Nam quidam sancti monachi : Hilbertus, Roaldus et Avianus clericus cum aliis quibusdam, a beato Maximino Mitiacensis abbatiæ se sequestrantes, haut longe a castro Salmuro oratorium cum mansiunculis composuerunt Deoque ibidem non segniter adhærentes doctrina plurimos ac virtutibus instruxerunt. Quibus defunctis ibique sepultis, locus cum mansiunculis postea funditus est destructus. Postmodum vero Augomaro, genere Cenomannico, Salmurensi priori, quidam in visu astans qui essent vel quo in loco, quidquid ipsi cum sacro loco excoli deberent indicavit. Qui visionem dissimulans, tertio increpatus, tandem quod viderat prodidit; et de sub umbra albæ spinæ extracta corpora sanctorum intra veteris maceriæ vestigia, cum sarcofagis et membranis sanctis, abbas Robertus omnisque plebs reposuit et de super, in honore Sancti Vincentii, ligneam ecclesiam ædificavit.

Fuit autem hic Robertus multum agilis in opere Dei. Nam tam laudabili strenuitate locum sibi commissum gubernavit ut nihil, illo superstite, de abbatia Sancti Florentii diminutum fuerit sed plurima adauxit, nil unquam sua inertia amisit sed velocitate multa adquisivit; et postquam abbatiam Sancti Maximini suscepit, tunc utrumque ovile ab insidiantibus lupis pastorali sollicitudine defendit, ibique apud Sanctum Maximinum obiit. In cujus dormitione quoddam divinitus factum audivimus. Quia videlicet cum in exstasi factus esset, fratribus luctivagas voces emittentibus et inter mortem et vitam hæsitantibus, Boso, præpositus ejusdem loci et monachus, sic eos alloquitur : « Fratres, ut certi de hoc nostro patre simus, pilos « de pedis ipsius pollice evellite; et si adhuc spiritus « in eo est pedem retrahet, sin autem mortuum repu- « tate. » Qua probatione reductus : « Parcat, inquit, « vobis Dominus, fratres. »

Quibus quid mali egissent interrogantibus, ille respondit :

« Ego coram domino nostro Maximino aliisque « patribus nostris astabam; qui multa cum eis collo- « quentem hinc me educere cupiebant, sed vobis « pulsantibus sum reversus. At vero cum vobis ultra « non ero. Commendo vos omnipotenti Deo. Valete, « filii mei ! » Sicque a sæculo migrans, sepultus est in claustro ante arcellum capituli, anno MXI°, vi° idus augusti. Hujus dormitionem patris aliud præcessit præsagium, nam in Salmurensi cœnobio voces canentium sæpius audiebantur : « Migremus hinc ! » quod significabat domnum patrem Robertum sub alieno clymate sepeliendum.

ADHEBERTUS DE CAINONE, QUARTUS ABBAS (1).

Post cujus decessum domnus Adhebertus substitutus [est] qui ex pago Turonico, Cainonis castro, exstitit oriundus. Hic sub patre Amaberto in Beati Florentii basilica susceptus in monachum et educatus, in sancto habitu conversatus est. Fertur autem eum fecisse duo candelabra argentea quæ sunt inter duo presbiterii altaria. Hic autem, post felicis vitæ spatium, plenus virtutum et bonis odoribus glorioso fine quievit.

GIRALDUS DE THOARCIO, QUINTUS ABBAS (2).

Sane de successore facta est altercatio (3).
Quidam enim fratrum et Gelduinus, Salmuri dominus, Galonem monachum, Sancti Florentii procu-

---

(1) 1011-1013. — (2) 1013-1022.
(3) Une charte contemporaine donne sur ces faits des détails intéressants. Probablement par une erreur du copiste, l'abbé Adhebert est nommé Amalbert.

NOTICIA QUALITER AMISIMUS DANEZIACUM.

Tempore Odonis comitis, monasterii sancti Florentii quod in Salmuro est Amalbertus abbas disponebat. Hic ergo, infirmitate correctus, cum monasterii laborem ferre non posset, annuentibus fratribus, ad Sanc-

ratorem, præferebant; alii vero, cum Odone comite, Giraldum ex Toarcensis castri primoribus ortum, eligebant.

Huic Giraldus Ingelbaldi Divitis, cognomento Gobelli, frater exstitit; quod supernomen, in Toarcensi pago diffusum, per successores eorumque possessiones servatur in ævum. Prævaluit autem comitis sibique faventium voluntas, et quem præ cæteris elegerant Giraldum abbatem præficiunt; qui mundo clarus et mundi favoribus inhians, tyrannica potestate utens, multa Beato Florentio distraxit beneficiorum. Hic autem suis fautoribus, adulatoribus, parentibus et amicis prædia, terras, mansuras, domos et decimas concedebat. Multis etiam sub libero hominagii servitio terras donabat: nam sub memorata conditione idem Giraldus dedit Alberico, Montis Johannis castri domino, ecclesiam Sancti Albini Castello Penne (1) dictam, cum omni-

---

ctum Loancium secessit, quod levius sibi esset. Erat autem in eodem monasterio quidam monachus a puero nutritus, nomine Geraldus, genere nobilis, forma conspicuus, qui abbatem minus valere conspiciens jam precogitabat quia jure sibi monasterii regimen injungeretur, quod ipse et genere excelleret et viribus prevaleret; unde non solum ex monachis sed et ex laicis quoscunque poterat factores sibi præparabat. Amalberto interim obeunte, congregatio omnis in tres partes dividitur, et pars quæque quem sibi elegerat abbatem constituere conatur. Pars vero Geraldi jam pene prevaluerat cum ex adverso Gilduinus, sub Odone comite totius Salmuri dominus, insiliit et ne Geraldus abba fiat contradicit. Ejus autem facile repulsa est contradictio dum ipse, sicut et ceteri, ad consensum inducitur premio. Spondet quippe Geraldus illi ecclesiam S. Georgii de Capriniaco et caballum precii decem librarum; quem cum ei novissime reddere non posset, dedit ei, loco caballi, hanc de qua agimus, scilicet ecclesiam S. Johannis de Daneziaco. Itaque Gilduino concedente et Odoni comiti ut et ipse concederet suggerente, causa omnis diffinitur, et sic Geraldus abbas efficitur. *Livre d'Argent*, fol. 68.

(1) L'église de Chateaupanne fut dans la suite donnée par les seigneurs

bus suis appenditiis. Simili modo Petro ejusdem castri militi, cujus filium Amalbertum in baptismo suscepit, in signo filiolatus, ex Masnilii Sanctæ Mariæ ecclesia totius parrochiæ medietatem concessit; sed multo post, Frederici scilicet abbatis [tempore], asserentibus quibusdam non perhenniter abbatem Giraldum hoc donum fecisse, ipse Amalbertus, jam patre defuncto, monachos rogavit ut quoad viveret dimitterent, se vero mortuo libere reciperent. Quod monachis annuentibus, in Glonnensi sancti Salvatoris Sanctique Florentii ecclesia judicii examen manu propria tulit et donum æternaliter factum salvus ex judicio confirmavit.

Lugubrem, sed forte posteris profuturam, denudantes cognitionem, Polierni, Caroli imperatoris optimatis, magnum donum non tacebimus; cujus corpus in Glonnensi ecclesia ante altare sanctæ Radegundis, sub armario, est sepultum. Constat etenim sanctum Macharium, olim cum paucis Spiritu Sancto perductum, juxta Domini præceptum duplicatum certantem reportare talentum, apud Espetvain Gortiacumque, vel ut nunc dicitur Rotiacum, in pago Medalgico devenisse, ubi in vastissima solitudine aliisque locis diversa monachis cum oratoriis construxit habitacula. Monachos vero ad eum confluentes ibidem recepit eosque, datis sibi redditibus, largiter ampliavit. Tandem post longum tempus, Polierno tradente, prædicta loca cum universis appenditiis suis Sancto Florentio sunt attributa. Quod donum monachi ab omni episcopali et

---

de Montjean à l'abbaye de Saint-Georges-sur-Loire, ordre de Saint-Augustin.

laicali violentia plenius absolutum sub regia firmitate Polierni diu tenuerunt immune; unde etiam, post excidium occidentalis Franciæ, redeuntes monachi sicut Glonnensem pagum et hunc quoque repetierunt. Qui apud Espetven, lapidea diruta, majorem ligneam construxerunt ecclesiam, ævo in nostro senio jam consumptam (1). Quæ potestas centum quadraginta terræ mansuras contiguas habebat, cujus partem Giraldus abbas suis consanguineis, per hominagium Gaufridi Toarcensium vicecomitis, et posteris suis tradidit; in alia vero, quæ monachis remansit, Vitalem nepotem suum præpositum constituit.

Hic Giraldus, ad sepulchrum Domini orare desiderans, Yerosolimam perrexit; sed antequam illuc perveniret comprehensus est a paganis, a quibus multa supplicia perpessus, cum nomen Christi constantissime fateretur, tandem inter verba orationis gladio vitam finivit. Nam cum decollaretur repetendo dicebat: « Omnes sancti orate pro nobis. » Testatur domnus Ansbertus, Sancti Florentii monachus, qui cum ipso in eodem

---

(1) L'église qui la remplaça fut consacrée à la fin de l'an 1119, en vertu de la bulle du pape Calixte II qui est copiée dans deux cartulaires de Saint-Florent : Livre d'Argent, fol. 13, v. et Livre Rouge, fol. 6, v°. « Calixtus episcopus, servus servorum Dei, venerabili fratri R[ainaldo] Andegavensi episcopo, salutem et apostolicam benedictionem. Veniens ad nos St[ephanus], abbas S. Florentii, postulavit ut consecrationem ecclesiæ Beati M. charii de Spevano fraternitati tuæ committere deberemus; et nos ergo, ejus peticionibus annuentes, eam tibi ex nostra committimus licentia consecrandam. Porro illos qui ad ipsius consecrationis celebritatem devote convenerint, in eundo vel redeundo, infestari a quolibet, ausu temerario, prohibemus; remissionem quam eis de peccatis suis, juxta ecclesiæ consuetudinem, tua providentia fecerit, auctore Domino, confirmantes. Datum Turonis, IX° kal. octobris. »

agone multa supplicia pertulit, sed tamen, sibi Deo auxilium ferente, vivus evasit et inde reversus nobis qualiter martirizatus est per ordinem retulit; qui postea, merito suæ prudentiæ, abbatiam Pontelevis cœnobii regendam suscepit et quamdiu advixit vigilanti sollicitudine gubernavit.

Hic enim Giraldus, Odonis comitis imperio, Evrardo, Majoris Monasterii abbati (1), suam abbatiam commisit; deinde cum tribulato spiritu veniam poscens et valedicens, iter multis comitantibus aggreditur (2). Tandem, emenso terrarum spatio, in urbe Licaonico cum pagano quodam divite hospitatus est; a quo vas argento et auro pulcherrimum, quod ferebat abbas, paganus flagitans petitionem frustratus est. Paganus vero iratus cum pluribus armatis semitam occupavit. Tunc abbatem, per semitam transeuntem, jam martyrium anhelantem et letaniam a capite decantantem, maleficus ille paganus capite truncavit et vas memoratum cum quibusdam spoliis asportavit. Socii vero, de morte patris condolentes, assumpto cor-

---

(1) Évrard, abbé de Marmoutier de 1010 à 1031.

(2) Le voyage et la mort de cet abbé sont relatés dans deux chartes relatives aussi à la susdite église de Denezé.

« Ego Guillelmus abbas S. Florentii Salmurensis..., quamvis laudem et admirer quod abbas Giraldus, cui quarto loco in regimine successi, tantam satisfactionem de dispersione rerum S. Florentii egit ut Jerosolimitanum iter arripuerit, in quo etiam religiosa impatientia occidere se fecit... » *Livre Blanc, fol.* 30 v°, *et Livre d'Argent, fol.* 64.

« Non ignoratur abbatem Giraldum male direxisse in plerisque locis res S. Florentii Salmurensis sibi commissas. Quod ipse tandem recognoscens et facti penitens, res quidem male datas restituere monasterio non potuit, [sed] Jerosolimitanum iter arripuit, in quo et occisus fuit. Nec ejus talis penitencia eos quibus res Sancti contra jus dederat correxit... » *Livre d'Argent, fol.* 66.

pore cum lacrimis, abierunt et in quadam villa, haud longe ab ecclesia, in arena fecerunt humilem sepulturam; et inde progressi apud quoddam cœnobitarum monasterium diverterunt. Cujus abbas monasterii incommodo illorum audito passus est, missisque fratribus, post caritatis solatia, cadaver abbatis fecit apportari dignaque sepultura in suo monasterio sepeliri. Ansbertus autem monachus, Salmurensis ecclesiæ prior, Toarcensis natione, in seditione prænotata sagitta ventre perfossus est. Qui autem in illo remanente, per diversa quietem exquirens, pro vulneris incommodo vile stramen et pellem sibi supponebat. Confecto tamen itinere, a sancta urbe rediens isdem Ansbertus convalescens, Salmuro pretiosum pallium hodie conservatum detulit, multo post zona circumdata.

Eo tempore, casuali igne, cum parte castelli, Salmurense comburitur cœnobium ornatuumque aliquod perpessum damnum, denuo viriliter reparatum. Præsidebat nostræ tunc ecclesiæ domnus Evrardus, Majoris Monasterii abbas, consilio et eloquentia magnus licet susceptus. Hic, ab abbate Giraldo pro peccunia traditum Sancti Florentii redemit ornamentum pluraque alia melioravit.

FREDERICUS DE TURONIS, SEXTUS ABBAS (1).

Giraldo vero abbate hominem exuto, Odonis comitis præcepto ac nobilissimorum voto, anno MXX [II°], VII

---

(1) 1022-1055.

kalendas septembris, ex beati Martini disciplina, eligitur Fredericus in abbatem, Letardus in priorem, diversæque ætatis honestorum fratrum copia per omnes monasterii gradus est disposita. Qua maturante actione, Andegavis a pontifice Huberto, kalendis septembris, abbate Evraudo præsente, Fredericus consecratur propriisque in locis ab eodem Evrardo, præsente comite, de Majore Monasterio personæ Salmuro stabiliuntur; inquietos autem, ut ordo monasticus omnino teneretur, navigio Turonus direxerunt, qui gravitatem ordinis non ferentes paucis post diebus aufugerunt.

Itaque domno Evraudo ad sedem suam regresso, Fredericus abbas novus Glomnam, nostri primordium, tendens, a memorato Galone foribus obseratis, repulsus est; sed cum Letardum priorem isse cum aliis ad Fulconem Andegavensem comitem audisset, tandem cessit consilio abbatemque cum suis recepit.

Ipse vero Galo ex præcepto abbatis et voluntate propria, inscius quem circa se haberet abbas animum, usque Salmurum abbatem secutus est; quem abbas in claustro manere compulit aliumque in loco ipsius subrogavit. Iterumque propter suam virilitatem Glomnam remissus est, ubi demum vitam finiens sepultus est deforis, juxta membri dextri macceriam quo nunc sacrarium habetur, xiii° kalendas novembris. Ferunt quemdam clericum, hujus Galonis temporibus, antiqua privilegia nostra furtim substulisse et Budico Nannetensium comiti præsentasse; quæ, cum Budicus magnam suæ terræ partem Sancto Florentio deberi vidisset, igne cremavit. Inter hæc dum turgida Majoris Monasterii concio, cum justitia mixta plerumque impietate, Salmuro debaccharet, illorum quidam, pravitatis zelo accensus, claustri conspicabilem sculpturam, cum quodam martello capita ac cætera membra constringendo, sceleratissime deturpavit.

Sub hiis diebus Bernerius quidam, clericus valde ecclesiasticus, primus a Frederico abbate sacra veste induitur, qui postea ædituus institutus cymbalum deliberavit (1). Cum vero signorum faber metallum conflatum transfunderet, illo ut creditur destruente tercio deperiit qui execratur oblationem peccatoris. Cunctis ergo desperantibus, Gelduinus, Salmuri dominus, ad Bernerium monachum veniens ait : « Noli inquit, an-
« xiari. Trade mihi metallum residuum et recude :
« forsitan ego opus complebo. » Ante cujus horam effusionis ipse quoque Gelduinus ad Sanctum Cyricum secessit; factumque signum ab auctore suo Gelduinus estdictum; vocatur tamen, ob soni puritatem, Clarellus.

Fuit autem Fredericus abbas Turonis, ex servili Sancti Mauricii conditione, ortus; qui merito sanctitatis atque justitiæ quasi lucifer refulgens, abbatiam suo tempore multifarie multisque modis decoravit et melioravit. Fuit enim magnæ religionis, superbiæ destructor, humilitatis amator, in lectione assiduus, in vigiliis et jejuniis et oratione devotus, in dulcedine sanctæ compunctionis et abundantia lacrimarum Spiritu Sancto visitatus. Quod docuit voce prius fecit opere; quamdiu vixit duplici doctrina præfuit suis discipulis. Huic venerabili patri mos erat, sicut de Cassio Narniensi episcopo dicitur, quotidianas Deo offerre hostias, ita ut pene nullus dies vitæ ejus absce-

---

(1) Suppl. *conflare.*

deret quo non omnipotenti Domino hostiam placationis immolaret. Cui cum sacrificio valde concordabat vita : nam cum ad horam offerendi sacrificium venisset, velut totus in lacrimis defluens, cum magna cordis contritione semet ipsum mactabat. Ab initio suæ ordinationis usque ad tempus incensionis atque captionis Salmuri, quæ facta est a Fulcone Andegavorum comite (1), mansit in Salmuro. Ordinem monasticum invenit tepidum et depravatum et pene jam lapsum, quem et prædicando et operando fecit fervidum et erexit atque commutavit in meliorem statum. Habitatio castelli erat valde ei onerosa et animabus fratrum periculosa atque dampnosa; sed liberati sunt inde ordinatione divina.

Ex prioribus Salmurensis ecclesiæ alumnus quidam erat Giraldus, nomine Gibbopressus, ordine cæteros et vita transcendens; qui competenti oraculo super fluvium Thoerium, ubi Beati Florentii futura erat ecclesia, illo præmonente qui humilia respicit, columnam igneam miræ rutilationis a terra usque ad cœlum protensam felix contemplator aspicere meruit.

Jam Salmurensis locus, Deo factore, plurimum nobilitatis [obtinuerat] non solum monachis ordinem inclite tenentibus sed quotidianis facultatum augmentationibus, jam Majori Monasterio impar minime videbatur, jam quasi caput aliorum cœnobiorum

---

(1) Événement rapporté sous l'année 1025 par la Chronique de Saint-Florent, et sous l'année 1026 par les chroniques de Saint-Aubin et de Saint-Serge. On lit dans une charte de Saint-Aubin (cartul. f° 63): « Tertio anno postquam Fulco Salmurium cepit, ipse est annus consulatus sui XLII, male blandæ conjugis Heliardis instinctu ammonitus, curtem quæ Cepia vocatur.... monachis S. Albini violenter abstulit. »

excreverat sublimius, cum discordes motus subire
cœperunt inter Odonem, cognomento Campanensem,
Thebaudi comitis hæredem, et Fulconem Andegavorum
ducem, Gaufridi Tutudis (1) antecessorem. Tantum
enim inter memoratos duces emersit bellum ut Odo,
ob Fulconis metum, a suis parentibus Salmurum Sal-
murorum ambitu jam munitum amplius muniret et
victualium et armorum munimentis firmaret ut inde
securus regnum suum defenderet.

Fulco vero callidus ingenio, cum Elysabeth conju-
gem suam Andegavis, post immane præcipitium salva-
tam, occidisset ipsamque urbem, paucis defendentibus,
flammarum incendiis concremasset, Jerusalem petiit;
ubi paganis sanctuarium Domini possidentibus, ad
crucem pro urina pigmentum in pixide paratum emisit
barbamque flendo decerpsit (2). Postea repatriare dis-
cernens Romam devenit, in quo itinere prædones
quosdam sedem sancti Petri violantes ac transeuntibus
insidiantes, aliis vitam aliis vitæ subsidia rapientes, destruxit. Nam Rainerius, comitis archiarius, ducem prædonum, ad fenestras turris cum comite loquentem,
nomine Crescentem (3), in pectore sagitta perfodit; et
turre sic capta patriam a prædantibus, ut papa Sergius
expetierat, liberavit. Reversusque cum magnis laudibus pro peccatorum venia, sicut spoponderat, Bello-
cense locavit cœnobium et quas de Domini sepulchro

---

(1) Synonyme de *Martellus*, surnom de Geoffroi, fils et successeur de
l'oulque Nerra.

(2) Le premier départ de Foulque Nerra pour Jérusalem eut lieu
entre le 23 octobre 1002 et le 23 octobre 1003. Cartul. de Saint-Aubin.
chap. x, charte Ire.

(3) Voyez les Chroniques des comtes d'Anjou, page 103.

vel a sede Romana detulerat illuc condidit reliquias, sanctorum scilicet Laurentii archidiaconi, Crisanti et Dariæ, ipsumque locum venerabili abbati Odoni Sancti Gennulphi ad construendum commendavit (1).

Cui Fulconi cum, a Burgolio usque Ambaziacum, in ripa Ligeris nullum esset domicilium Turonus, cum adesset in silvæ opacitate, mansiunculam sibi concedi fieri simulative ab Odone comite expetiit, ad suum canumque suorum cubile; quam corylorum vimine intextarum vallibus et armis præmunitam Odo comes, insidiatum se prospiciens, ad evertendum accedens repulsus est. Quod Fulco ut audivit, castrum instituens Lenniacum, quia Lennæ rivulo (2) superjacet vocitatum, ad oppida quæ sui priores varia sorte adquisierant leviorem præbuit introitum, hoc est Ambaziacum, Locas, Vilentrast, Haia. Anno quoque MXVI°, feria VII^a, inter Odonem et Fulconem Pontelevense actum est bellum, in quo Andegavorum exercitus pene vastatus est signiferque comitis Sigebrannus de Chimiliaco peremptus; ipse etiam Fulco Ambaziacum aufugit. Quod audiens Herbertus cognomento Evigila Canem, Cenomannorum comes, eo tetendit; dumque cum sociis Odo in Caro flumine ac vado Chese, a loco belli plus leuga distante, membra propter æstum aqua lavarent celerrime Cenomannenses currunt; qui dispersos atque lassatos Francos, sole occumbente illorumque insuper oculos reverberante, iterato bello invadunt

---

(1) C'est en 1007, ou au plus tard en 1008, que Foulque Nerra fonda le monastère de Beaulieu près Loches.

(2) Aujourd'hui le ruisseau de Langeais porte le nom de Roumer. Le Lane prend sa source du même côté de la Loire, mais en aval, et se mêle au Doit pour former l'Authion.

infinitaque prostrata multitudine victoriam penes Fulconem miserunt.

Quodam tempore Fulco comes, secundo ab Jerusalem reversus, per Andegavis aulæ fenestras columbam cementum sæpe ferre et cavitatem cujusdam petræ implere conspexit. Tunc, quod in maris periculo voverat et mente tractabat, monasterium Sancti Nicholai e vestigio lapidis, anno MXX°, fundavit; dumque equum suum ad Meduanam aquam sub castello Sanctæ Mariæ ad aquatum mitteret, pavore valido equus cum sessore percussus est. Tunc comes propter hæc ait : « O inimice, modo monachos illic mittam; » quod et fecit, primusque fuit abbas Baldricus, ex Majori Monasterio assumptus. Qui postmodum solitariam vitam eligens in heremum secessit; cujus successor Hildinus ex monasterio Sancti Albini assumitur, et post eum Arraudus (1).

Eodem tempore præerat Salmurensi dominio Gelduinus, vir nobilissimus, natura ferus, armis strenuus, forma decorus, longo baronum et equitum agmine constipatus, hostes finitimos armis penetrans, longinquos sola fama deterrens. Quoties Fulco, Andecavorum comes, per illius viciniam transibat, metu conterritus aiebat : « fugiamus Salmurense demonium! « nam semper eum mihi videor ante meum videre con- « spectum. » Diuque illius virtute oppressus tandem Salmuro copiosum exercitum admovit. Tum Gelduinus nuntium ad Fulconem dirigit, ut trevas faceret; Fulco vero, ut dolosus et cupidus, hoc verbum frau-

---

(1) Voir le *Breviculum* et l'*Epitome fundationis S. Nicolai Andegavensis*, pages 1 à 5 de chaque volume.

dulenter interpretans, sisti jubet exercitum et in locum Clementiniacum prius dictum castrum exstruxit quod Trevas nuncupavit, ad Salmurensium reprimendam potentiam. Nam a priscis Franciæ regum temporibus, Andegavam atque Neustriam regionem libere tenentium, a castro Salmuro potentissimam dominationem, vulgariter vicariam dictam, terminabat Gegina vicus.

Tunc temporis in Montis Buelli vertice, versus urbem Turonicam, Fulco comes castrum firmissimum fecit. Quod Odo comes cum exercitu magno obsidens, Fulco vero ex adverso repellere nitens, viribus utrinque collectis, publicam condixerunt pugnam, ad quam Gelduinus cum Salmurensibus, Cainonenses quoque et Insulani cum Francis evocati conveniunt; cumque Fulco jam villam Brennoldem attigisset, obvium quemdam habuit qui Francos multipliciores et multo numerosiores nuntiavit. Tunc Fulco, Salmurum vacuum esse et solum recogitans, retrogressum dirigit; Ligerique ac Vigenna transvadatis, cum gravi exercitu insperate castellum obsidens, vi accepit et a castro, ruinam incendii funditus perpessuro, reverendam patris Florentii glebam extraxit. Abbas autem Fredericus et monachi gravem considerantes exercitum, gravius metuentes flammarum incendium, assumpto corpore sancti patroni et sanctorum reliquiis exierunt, sicut Loth de Sodomis vel sicut Abraham de urbe Caldeorum, anno MXXV°.

In hujus perturbationis miseria ubique pallidi desperatique erratice discurrentes beatissimi Docellini corpus, frequentatum virtutibus, oppidani ac monachi conclamando, quorumdam priscorum more, ad portam orientalem hostibus opponunt; paucisque qui remanserant occidentalem valide defendentibus, irruentes per orientalem adversarii sancti corpus auferunt et abscondunt et cum multimodis spoliis ad sedes suas devehunt; sed ubi? hactenus est obscurum. Tria signorum præcipua tantum igni fuerunt subducta scilicet vox DOMINI vocatum, et aliud a seniore Gelduino compositum nec non memoratum ab ejus filio Gelduino factum. Campana quoque argento permixta, sonora atque dulcissima, quæ longe post in novo facta monasterio, in nocte Assumptionis sanctæ Dei Genetricis, lecto ab abbate Frederico evangelio super fluvio tractu, super arcuatam turrem cadens minutata, denuo ab aurifice Odolrico minus valens est conflata.

Hora jam quasi nona, die calamitatis, paucos sed tamen robustos repugnatores captos manusque post terga ligatos Fulco comes ante se minabat, continuum malum Fulconi et ejus exercitui sæpius imprecantes. Quorum quidam vassus magnus et validus, Gastho nomine, qui cum abbate Giraldo dudum Jerusalem perrexerat, ictu gravi a Fulcone percussus oculum amisit. Castri vero præpositum, Aimericum, cognomento Pirum, viginti quatuor filios fratres germanos habentem, Doado incarceravit; qui postea latenter evasit, filiique ejus nonnulli cum eo capti, nam plures cum Gelduino exierant, Andegavis pœnis attriti sunt.

Interim sexaginta dicuntur fuisse qui, in tumultu eodem e squaloribus egressi, ignem oppido admoverunt, comite sæpius clamante : « Sancte Florenti, sine « te concremari ; meliorem enim Andegavis tibi ha- « bitationem extruam. » Cum cujus gleba cum adjudicasset repetere Andegavim, suis sanctum ferre non valentibus, a monachis delatus, quamdam in prorim protinus insiliunt et sic utcumque ad Trevas, per jus ultra sancti eum non delaturus pervenit. Nam mirum in modum sui cum transnavigare naucleri terram sancti satagerent, videbatur eis ut quo altius latebat unda fluminis illic a sabulo retineretur ratis eo trans-cendente prorim. Tunc cunctis viribus adnisi, nullatenus digredi de finibus valuerunt sancti ; sed simul ac dux cum reliquiis nulla indictione posse progredi nec sanctum a suo velle separari agnovit, impium et rusticum illum vocans nullumque bonum sibi velle fieri, spreta voti sui Andegavis honoris tumulatione, continuo eas deseruit et absque haud admiratione recessit. Abbati vero ac monachis repetere stationem suam in Salmuro ut prius dixit, sed illis multas ob angustias renitentibus, annuit orationi et ad prævidendum monasterii locum aptum denotato tempore una cum conjuge se asserit advenire. Tunc monachi illum beatum suscipientes gaudio cum ineffabili reduxerunt, sanciente comite nil agi ulterius violentiæ. Fratres igitur proni, oratione emissa, contra impetum fluvii levius sunt retrogressi quam antea naucleri illo, copia remigii impellente, fuerant dirivati. Deinde ad ecclesiam Sancti Hilarii, ad locum cui Criptas (1) nomen est impositum [pervenerunt] ; ubi deposito onere tam metu quam itinere admodum fatigati resederunt. Tunc conventu navigio Glomnam directo, Fredericus

---

(1) Voir plus haut, p. 198, et dans le Livre d'Argent, fol. 29, v°, la charte en vertu de laquelle l'abbé Hecfrid, dernier abbé du Mont-Glone, acquit le domaine qui devint le siége définitif du monastère.

abbas et Letardus prior, cum septeno simul fratrum numero, tam diu manere diffinierunt, facientes pro posse opus divinum, donec prædicto oneri electo in loco inchoassent receptaculum; omnem enim terram finitimam in sancti jure possidebant.

Quibus locum perquirentibus, nec mora præelectus a Domino locus est inventus, qui olim Bonali Vadum est dictus, secùs Thoerii fluvium, ad campum spinosum, ubi anno MXXVI°, mense augusto, illud magnificum, Deo auctore, novum cœperunt monasterium. Cujus fabricæ ea tenus quotidie per diversa operariorum numerus insistebat; cumque per diem omnes sollicite numerarentur, unus semper inveniebatur in opere qui nusquam apparebat in retributione. Huic structuræ, sanctitate ac pietate præcipua, Hildegardis comitissa præstantissimum contulit adjumentum. Suum insuper carnetum retro beatæ Mariæ criptam, favores seu adulatores vitando, ædificaverat; quæ cum diro mariti premeretur jugo, sapientissimis actibus illius mitigabat ferocitatem (1). Anno igitur MXXX°, VI° nonas maii, onus memoratum feliciter transtulerunt in

---

(1) A la comtesse Hildegarde et à son mari Foulque Nerra se rapporte l'anecdote suivante, que Baluze a copiée d'après un ancien manuscrit de Saint-Martin de Tours.

« Comitissa Andegavensis dilecta multum a marito suo fuit; et cum comes veniret de venatione obviam homini facienti potos, unum propria manu fecit et præcepit quod illum portaret cum aliis ad castrum. Qui volens eam truffare ait comitissæ : *Vere ille qui fecit potum hunc jacuit vobiscum, et hoc juro vobis.* — *Certe*, ait, *bene reddam me innocentem.* Quæ saliit per fenestras in aquam, nec in aliquo læsa est sed deducta per aquam usque ad locum ubi abbatia monialium Dominæ Nostræ fundata est; quam idem comes et comitissa, propter illud miraculum, fundaverunt Andegavis et peroptime dotaverunt redditibus bonis. »

Bibl. imp., mss Baluze, Armoires, vol. 77, fol. 187, v°.

novum monasterium, adhuc imperfectum, in dextro membro super altare sancti Johannis Baptistæ, ubi congregata est immensa multitudo non solum affinium sed etiam longe positorum. Affuit quoque Tutudes Gaufridus, Fulconis filius, cum suo patre et matre et universis Andegavorum primoribus. O quam pulchro et mirabili modo antiquum nomen Bononi Vadum huic eximio competit loco, quoniam qui huc bono vadent animo ad solidum transibunt de lubrico, ad lucidum egredientur de tenebroso! Enim vero vadendo ad consortium inibi commorantium, ad æthereum vadit contubernium.

Interim Gelduinus, audito quod a Fulcone captum esset Salmurum, anxius et dolens Odonem comitem cœpit rogare ut continuo exercitum Salmuro applicaret, sed ille, cœpta nolens omittere, spopondit se, si Salmurum non posset, aliud castellum Gelduino restitueret. Post mensem dierum Odo comes Salmurum obsedit; sed inclusi fortiter reluctantes machinam quam ex lignorum congerie Franci paraverant incenderunt. Quod comes ægre ferens, tædio laboris et vindemiarum instantia, Francos ad sua dimisit. Post aliquantum temporis Odo comes et filius ejus Thebaudus cum multo exercitu iterato Salmurum obsederunt, qui prope cœptum novum monasterium in clauso vinearum tentoria fixerunt. Tandem, in colloquio monachorum, Andegavis et Blesensis comites diffinierunt ut Odo Salmurum relinqueret et Fulco Montem Boellum destrueret. Quo facto, Gelduinus ab Odone Calvum Montem recepit. Tunc Gelduinus, reminiscens patroni sui Florentii, ex ipsius institutione Ponte Levis abbatiam fundavit, ubi memoratum Ansbertum, cum quibusdam e fratribus regulariter institutum, a nostro cœnobio eductum abbatem præfecit; qui diu ipsum locum feliciter exstruens feliciusque gubernans, casu, Turonis apud Majus Monasterium, decedens, sepultus est.

Denique Fulco comes versus Toarcenses, in jus Sancti Florentii, castellum ex monte et nido falconum nuncupatum instituit (1), quod duodecim, coacti a monachis Espevan degentibus, cum aliis operariis peregerunt. Cujus loci adminiculator prælibatus Vitalis, nepos abbatis Giraldi, rapinis inhians, inde monachos expulit. Qua de causa præda non modica militari manu Glomnam deducta est, quam Vitalis omni emendatione pollicita recepit; sed ipse promissa tanquam mendax præteriens, monachos Sancti Florentii duos, illuc ab abbate Frederico sicut prius transmissos, etiam insectando effugavit. Subsequenti tempore quemdam Espetvan parrechiæ potentiorem, nomine Jovinum, Austerius castri Mauritaniæ dominus cepit. Cujus captionis anxii monachi [primum Isembertum, Pictavorum episcopum, conveniunt pollicentes, eo sibi reddito sua episcopali potestate, presbiterum cum tota parochia subditam fieri Pictavensi ecclesiæ; quod episcopus annuit gravique anathemate afflictos hominem liberavit (2).]

---

(1) Montfaucon, sur les confins de la Bretagne et du Bas-Poitou.

(2) Pour compléter la fin de ce passage, nous ajoutons entre crochets les dernières lignes du fragment de la rédaction primitive. Le dernier rédacteur s'est probablement arrêté court, afin de ne reconnaître aucun droit à l'évêque de Poitiers sur les paroisses du territoire de Saint-Florent le Vieil « Per multa jam annorum tempora nulli omnino diocæsi assignatæ vel subditæ sed ab omni pontificali regimine, incertum

Denique Budicus, Nannetensium comes, cum ipse ac sui prædecessores Andegavensium comitibus servire solerent, quibusdam causis incurrentibus, contraria cœpit agere servus in dominum. Fulco vero cum filio Goffredo et uxore Agnete, quam defuncto viro suo Aquitanorum duce, anno MXXX°, incesto conjugio duxerat, Glomnam Montem tetenderunt et in occidentali parte montis castellu m dterminaverunt (1). Quod excidium monachi cum habitatoribus reverentes, multis precibus ne castellum ibi fieret comitibus persuaserunt. Qui comites paululum cedentes, priscam defensionem duarum ecclesiarum cymiterium ambientem quod, ritu veteri, crux ad orientem et alia ad occidentem sita propter infractiones præmonstrabat, construxerunt et monachis ad custodiendum dimiserunt. Aggerem quoque in prospectu monasterii cum curte lignea erexerunt. Quod castrum cum officinis claustri duo monachi Glomnenses, Thetbaudus præpositus et Albaldus cellerarius, lapideo robore concluserunt, qui per annos circiter sexaginta mirabili instantia ipsum locum gubernaverunt atque instauraverunt. Omnes antea consuetudines seu redibitiones tam in terra quam in Ligeris aqua, ut antiqua confirmatione statutum erat, Sancto Florentio cedebantur, unde illi comites partem assumpserunt partemque monachis reliquerunt. Toloneum autem aquæ Ligeris, omnium

---

quonam eventu, destitutæ. » *Cartul. Noir de Saint-Maurice d'Angers*, n° 47.

(1) Plusieurs chartes se rapportent à la construction de ce château de Saint-Florent-le-Vieil. Voir notamment Livre Noir, fol. 96, et Livre d'Argent, fol. 48.

navium seu calannorum sursum inferiusve euntium, totum cum esset monachorum, præter solummodo quartam partem magnarum navium duobus aut pluribus lignis compositarum, ipsi comites totum abstulerunt monachis. Quod cum monachi nimis dolerent, contra impiissimos tyrannos nil dicere ausi sunt. In prædicto autem comitis asylo clientela comitis illic commanens, rapinis et cædibus insistebat et seditiosa in monachos et eorum homines angebat. Sæpe enim ipsæ cœnobii portæ sanguine fœdebantur et per totum oppidum et in claustro, sagittis volantibus, homines vulnerabantur. Sed tandem, domni Sigonis abbatis ac cæterorum fratrum precibus, memoratis comitibus defunctis, turris et prædicta firmitas a Gaufrido juniore, Gaufridi Martelli nepote, destructa est. Additum est etiam ut idem castellum omnino sub dominatione maneat monachorum, excepto quod aliena ibidem non introducatur persona. Alia vero dudum, sub veteri castello, domus ab Hildegarde comitissa ædificata in valle fuerat; sed hac exstructa illa destructa est.

Quod Budicus comes Nannetensis non æquanimiter ferens, cum exercitu advenit, suisque mox per pascua ad prædam concurrentibus, cum reliquis quantum ex burgo potuit incendit atque vastavit; sicque discedens, non quantum voluit malum peregit. Quod fuisse multum inter alios sensit nobilis quidam juvenis Symon, miles, tunc triginta boum inde raptor et possessor. Demum cæcus factus et contractus, uxorem strenuissimam sibi adjungens, amplius quam quinquaginta annos pecunias augmentando postea vivens, aliorum manibus vel equa sua vehebatur; peccatique sui memor, monachis Sancti Florentii apud Bonovrium (1) sibi vicinantibus beneficia plurima contulit. Sed quia super Seniore Florentio interseruimus mentionem, de ipsius restitutione aliquam reddamus rationem.

A destructione igitur Sancti Florentii, quæ facta est a Nemenoio Britone, seu ab adventu Normannorum, quod utrumque factum est regnante Karolo Calvo, usque ad tempus illud quando relatum est corpus sancti Florentii a Tornaco per Absalonem monachum et in castro Salmuro reconditum, quid actum sit de monachis qui tunc dispersi fuerunt quove abierunt seu qualiter postea conversati sunt, nobis omnimodo incognitum habetur : nisi hoc quod in cartis nostris reperimus, post secundam destructionem hujus cenobii a Normannis factam, quod monachi cum corpore sancti Florentii, jussu piissimi regis Caroli, in partibus Franciæ ad locum Sancti Gundulphi, quem idem præcellentissimus rex jam pridem huic loco contulerat (2), post combustionem hujus loci a Nemenoio Britone illatam abierunt. Sed quomodo exinde migraverunt et ad Tornacum perrexerunt omnino ignoratur ; et hoc habemus certum quod istud Sancti Florentii monasterium desertum fuit et desolatum et omni humana habitatione vacuum. Arbores in eo creverunt, sues agres-

---

(1) Nous ne connaissons aucune charte de l'église de Bonnœuvre, nommée *Bonovrium*, dans la confirmation de Quiriac, évêque de Nantes, du v des ides de juillet 1073, *de Bono Opere* dans la bulle-privilége du pape Calixte II en faveur de Saint-Florent, datée du xii des calendes de mars 1122. L'évêque Benoît, ne l'a pas citée dans sa charte du 1er mars 1104. V. les Cartulaires de Saint-Florent.

(2) Le diplôme de Charles le Chauve, daté de Senlis le xvii des cal. de février (866) est copié dans trois des Cartulaires de Saint-Florent, et imprimé dans le Recueil des Historiens de France, vol. VIII, p. 597.

tes et cætera animalia agrestia conversationem in eo habuerunt; et ubi solebant audiri voces monachorum laudes Deo canentium, audiebantur nichilominus balatus atque fremitus quorumlibet agrestium animalium. Altaria omnia quæ Deo fuerant consecrata violata sunt atque confracta. Sub qua destructione maceriæ veternosæ, hedera repletæ, non multæ altitudinis, latum claustri spatium quadrifarie claudebant, portentantes quatuor magnas domos ibi fuisse, diversis ministeriis attributas; quæ maceriæ a domo dextro membro contra meridiem adhærenti ad orientem extensæ, infirmorum officinas viridariumque continebant. Sed quoniam modernis usibus erant discordes, ad mediocrem conventum, pluribus eversis mansionibus, constituerunt. Duos propter domorum fundationem puteos, unum in refectorio, alterum in cellario, obturantes, alios foderunt.

Anno igitur incarnationis dominicæ MLXI°, indictione XIV^a, epacta XXVI^a, concurrentibus VII, cyclo lunæ XIV, termino Paschæ V° idus aprilis, die dominico Paschæ XVII° kalendas maii, mense junio, XVIII° kalendas julii, dedicatum est monasterium sancti Florentii Senioris a domno Eusebio, Andegavensi episcopo, in honore sancti Salvatoris et sancti Florentii confessoris, eadem videlicet antiquæ dedicationis ejusdem monasterii dignitate confirmata. Altaria vero ipsa tunc denuo sunt consecrata; sed additum est aliquid ab eodem venerabili pontifice in unoquoque eorumdem altarium, quod antea non fuerat. Nam quod ante erat solummodo sanctorum martyrum Dionisii sociorumque ejus, nunc simul est omnium martyrum; quod olim erat tantum Stephani sancti prothomartyris, modo simul habetur omnium sanctorum ; quod erat sancti Johannis Baptistæ, nunc est et Evangelistæ et omnium apostolorum; et quod erat sanctæ Radegundis, nunc est ejus et omnium Virginum; quod erat sancti Martini, modo illius est et omnium confessorum. Tria vero sunt in eademæ de altaria quæ sine aliquo additamento sunt reconciliata atque benedicta : id est altare dominicum, quod est proprie sancti Salvatoris; et altare capitis, quod est sancti Florentii; tercium autem est sancti Hilarii, Pictavorum pontificis.

Causa hujus secundæ dedicationis fuit quod idem monasterium, olim a Karolo Magno constructum et a cæteris regibus nobiliter sublimatum, postea a Nemenoio , Deo odibili Britone, crudeliter legimus incensum (1). Nam cum ad illud usque tempus Britones regibus Franciæ servire soliti fuissent, ipse primus, quamvis non de regibus nec de regali sed de ignobili progenie ortus, contra Carolum Calvum se erexit; et ei servire contemnens, Redonenses Nannetensibus jungens sicque monasterium a patre Ludovico et ab avo Karolo Magno fundatum atque nobilitatum aggressus, incendit atque vastavit. Sed a sancto cui idem locus olim fuerat divinitus concessus invisibiliter percussus, data non minima pecunia, damnum quod sancto intulerat quantum potuit emendavit. Verumtamen signum suæ percussionis semper secum habuit, nam quamdiu vivit claudus permansit (2).

---

(1) Voir le diplôme de Charles le Chauve, daté du Vieux-Poitiers, le vi des ides de juin (849), imprimé dans le Recueil des hist. de France, vol. VIII, p. 501.

(2) Voir notamment ci-dessus, p. 201-204.

Hoc in loco multa magna fiebant antiquitus miracula, ideoque sabbatorum diebus maximus illuc infirmorum agebatur concursus. Ex quibus Raignaldus, vir singularis exempli et Andegavensium scholarum magister (1), Fulberti episcopi (2) doctrina eruditus, Frederici abbatis monitu, sancti Florentii miracula cum præfacundia, videlicet ab ardente puero in Metallica regione usque ad sauciatum spina in Arvernica patria, descripsit. Illa quoque responsoria temporibus domni Roberti abbatis edita, quia non ei grata erant, idem Raignaldus nova qua nunc utimur verborum serie composuit. Sigo vero, Carnotensis ecclesiæ decanus ipsiusque Fulberti cum cæteris a puero doctor, cantum fecit. Duos quoque hymnos ipse Raignaldus dictavit : *Canat chorus fidelium*, et *Sancte confessor*.

Sub prædicto Monte Glomna est memorata beatæ Dei genitricis ecclesia ad Mariolum dicta, cujus ante frontem Hiberis fluvius decurrit, per quem quondam, æstiva aquæ tenuitate, duo collegæ rustici pecudes ad pascua deducebant ; piscemque magnum, percham vocatum, unus illorum intuens et ad profundiora sequens, signum aureum fere centum librarum pedibus offendit, caldariamque primo putans ad ansas signum esse cognovit ; adscitoque collega, cymbalum foris trahunt et aurum cognoscunt dolique ignari, Galoni, Glomnæ priori, notificatum præbentes, ab eo terræ borderiatam, loco muneris, recipiunt.

Quod audiens Budicus, Nannetensium comes, a

---

(1) Il eut pour successeur Marbode, qui devint évêque de Rennes en 1096.

(2) Suppl. *Carnotensis*.

curia Fulconis Andecavorum comitis revertens, monachos, qui tres aut quatuor ibi commanebant, conveniens, idem signum, utpote illorum sicut sui præcessores adhuc dominus, minarum improbitate, pro decem libris denariorum extorsit.

Constat ergo hanc perpetuæ virginis Mariæ antiquam ecclesiam juris esse ab antiquis temporibus sancti Florentii servitricibus sanctimonialibus, opulentam claramque virtutibus; quæ gentis maritimæ procella, ad quamdam suarum refugarunt ecclesiam, ob quamdam illarum sororem, absentibus cæteris, a quodam stupratam. Quod quia delirando commissum est, aliis ad iracundiam provocatis, Delire (1) est vocata.

In prædicta sanctæ Mariæ ad Mariolum ecclesia fuit quædam ejus imago, Dominum amplectens brachiis. Quam cum fur ultra Yberim, unde venerat, ferre voluisset et aquam transire non posset, suo, volens nolens, restituit imaginem loco.

Hic fuit quidam presbiter, nomine Jovinus, qui nocte in castello jacens in lecto, serviebat enim ad crucifixum castro inclusis, sicut in hac fundatione statutum est, nunc ad memoratæ ecclesiæ plagam nunc et beati Florentii signa (2), aliique viri religiosi sæpius audierunt aliosque non audientes si id audirent perquisierunt. Qui presbiter capellam Sancti Johannis Baptistæ, in valle super Yberim sitam, consensu monachorum, ob amnium inundationem, destruxit et in monte illam transtulit. Jamque prope perfecta, se-

---

(1) Le chroniqueur veut probablement parler de Liré, près Ancenis, nommé *Liriacum* et *Lircium* dans les chartes des xie et xiie siècles, après qu'il fut devenu le siége d'un prieuré dépendant de Marmoutier près Tours. V. Archives d'Anjou, vol. 2. — 2. Sic dans les mss.

neque defuncto, cuidam viro quidam in visu astans :
« Surge, inquit, et Sancti Johannis ecclesiam dever-
« sam reædificare satage : quia non. Dei est voluntas
« illam destructam permanere. » Qui pro negligentia
insanus factus est. Deinde admonita religiosa mulier,
Alberga nomine, ecclesiam suo loco restauravit, in
qua, juxta maceriam dexteram, sarcophagum aperuerunt annulumque aureum cum digito et catholum argenteum et quinque solidos antiquæ monetæ argenteos invenerunt; nomenque Rainaldi scriptum erat
in annulo. Tunc ossa rapientes, humo sicut et innumera operuerunt, erant enim cimiteria mausoleis lapideis plena, terra obtecta; quæ abstracta confringentes, in ædificiis ponebant vel in calcem fundebant.

Quodam æstivo tempore, in ecclesia sanctæ Mariæ
quæ Marielensis vulgo dicitur res accidit talis. Nam,
Dei permittente judicio, domus Rainaldi cognomento
Manzelli, eidem ecclesiæ adhærens, ab igne apprehensa est, nulloque penitus defendente, ecclesia quæ
tota, præter vetustissimas macerias, erat lignea, ab
igne est consumpta. Post paucos vero dies, ecclesia jam
ex parte aliqua de immensitate carbonum inundata,
quidam clericus juvenis advenit, nomine Johannes,
cognomento Forestarius, clavos et firmaturam archæ
quæ juxta altare erat requirens. Qui repente corporalia ubi presbiter, tunc nomine Thebaudus, mysteria
sacrificabat invenit; reliqua, tam vestimenta quam
libros vel calicem, cum ipsa archa combusta et ad
nihilum penitus redacta, corporalia candidissima apparuerunt, in unius tantum capite parum signum ignis
remanente ob fidem credulis intimandam. Quod mox
palam facto, a domno abbate Guillelmo et fratribus

jussum est ut nunquam deinceps in usu existerent, sed inter sanctorum reliquias servarentur.

In sequenti vero quadragesima, in quinta scilicet hebdomada, in castro Sancti Florentii duo latrones occulte venerunt. Qui cum [tam] in foro sabbati quam in dominica Ramis Palmarum, ubicumque poterant plurimorum bursas truncarent, clamore facto post sermonem in cimiterio præfatæ ecclesiæ sanctæ Mariæ, ubi tunc ad crucem buxatam monachi venerant, a Giraldo Sancti Petri presbitero validissime sunt excommunicati moxque, sicut erant inter cæteros ab invicem divisi, pallere cœperunt et contremere. Qui ita detecti, capiuntur, ligantur, distrahuntur; sed tamen ut salvis membris dimitterentur Benedictus prior et monachi præceperunt.

In quodam sabbatorum, die in noctem vergente, quædam mulier, devotionis effectu, candelam super altare Sancti Florentii matutinale obtulit, quam Theutbaudus secretarius tollens super quoddam artificium ad hoc factum, ardentem affixit. Cogitans autem aliis horarum necessitatibus ipsam candelam posse reservari, dum ad eam extinguendam vellet accedere, arripitur timore. In tertia vice, tantæ timiditatis se in cogitatu reprehendens, audacter ad lucernam accedit; sed extensa manu ad extinguendum, antequam eam contingeret, valide ab invisibili in mamilla percussus est. Qui quasi semivivus cadens in terra, tota nocte ibi jacuit; cui digitorum vestigia per plures postea dies in mamilla nigra apparuerunt. Mane vero facto, die dominica, Thebaldus idem a loco percussionis, inter duo altaria infirmorum, domo sublatus vix per mensem convaluit.

De illis tribus tumulis qui inter duo altaria, matutinale scilicet et dominicum, inventi fuerunt, tempore domni Frederici abbatis, hæc ratio reddenda est nostris successoribus. Mausoleum sancti Florentii, in quo sanctissimum corpus ejus sepultum fuit, ibi a majoribus et prioribus nostris sciebatur, et a parte pedum per foramen parietis cernebatur. Duo vero tumuli qui hinc et inde apparent inventi fuerunt quando fratres altare sancti Florentii paululum in retro traxerunt. Quos cum invenissent, scrutati sunt singulos et invenerunt ossa miræ pulchritudinis, sed cujus essent scire nequiverunt : nulla erat enim noticia, nulla epigrammata indicantia qui essent qui in tali sanctuario sepulti fuissent. Quartum nichilominus invenerunt sarcophagum, non cum illis tribus sed ad lævam juxta maceriam, videlicet sub fenestra rotunda; de quibus omnibus hoc fiducialiter dicere ausi sumus quod magni apud Deum credebantur esse meriti qui tam honorifice meruerunt sepeliri. Tumulum quoque, longo post tempore, haud longe a monasterio cum aperuissent, quoddam philaterium super corpus defuncti invenerunt quem cum cæteris in monasterio collocaverunt. Alium vero in loco quo domus infirmorum quæ [in] veteri claustro sita est aperientes, spatam cum vagina juxta eum invenerunt; quem comitem aut magnum potentem fuisse æstimaverunt, quia antiquitus personæ cum signo suæ potentiæ tumulabantur, mulieres quoque cum armillis et inauribus et annulis variisque ornamentis.

Firmatus etiam, Sancti Florentii monachus, dum quoddam sarcophagum, ossa ut de cæteris ejecturus, aperuisset, funditus lumen amisit; tertioque die, duce prævio ad sarcophagum veniens, Deo sepultoque veniam petiit, vovens se ulterius sepulchrum alicujus nunquam effracturum, et lumen recepit.

Nunc ad novum Sancti Florentii locum redeamus.

Postquam illud magnificum operis ædificium, Deo juvante, est perfectum, convocavit abbas Fredericus quatuor episcopos ad dedicationem : Arnulphum Turonensem, Hubertum Andegavensem, Isembertum Pictavensem, Galterium Nannetensem. Affuit et Gaufridus Andegavensium comes, cum honorabili matre sua Hildegarde et conjuge sua nomine Agne, et cum eo multi viri nobiles necnon populus utriusque sexus infinitæ multitudinis, abbates et monachi et cleri quorum non est numerus. Tum dedicata est ecclesia in honore sanctæ Trinitatis et sanctæ Mariæ semper virginis et in memoria beatorum apostolorum Petri et Pauli et sancti Florentii confessoris. Anno dominicæ incarnationis MXLI° facta fuit ista dedicatio. Pauperes erant utræque Sancti Florentii ecclesiæ, sed ditavit eam jam dictus pastor textis, crucibus, libris divinæ auctoritatis, atque calicibus et aliis ecclesiasticis ornamentis; ob cujus industriam commissa est ei abbatia Sancti Juliani Turonensis per plures annos.

Hiis temporibus, sanctissimus Lupantius in monasterii sui choro humatus jacebat incertus, procurans multis remedia sanitatis; qui fodiendo quæsitus et inter alios inventus est, quorumque essent corpora in singulorum tumulis repertæ litteræ demonstrabant. Levati ergo honorifice, scilicet sanctus Salicus et sanctus Lupantius necnon sancta Lachia et sanctus Coremarus, in crypta majori sub altari sunt cum sarcofagis depositi, pridie nonas maii.

Eodem tempore, Bellaius, dominus Mosterolii castri, defunctus est; cujus corpus abbas Fredericus et Letardus prior afferentes, in locutorio quo pedes pauperum abluuntur honorifice sepelierunt. Hujus conjux, vocabulo Griscia, postea Andegavensis comitissa (1), annuentibus filiis suis Giraldo, Andegavis in Cœna Domini cum aliis interfecto (2), et Rainaldo multo post Remensium archiepiscopo, dedit Sancto Florentio terram in territorio Pictavensi, apud Trianglum castrum (3). Aliaque plurima beneficia ipsa Griscia comitissa Sancto Florentio concessit. Sed et memorata Agnes comitissa dedit Sancto Florentio locum quod Fossas dicitur, situm in pago Pictavo, qui Sanctæ Crucis monachalibus antea exstiterat, adaugens plura quæ illarum non fuerant, concedentibus Petronilla abbatissa cum monachabus; filiisque suis comitibus Guillermo et Guidone fide etiam spondentibus hoc donum nunquam violaturos. Multa quoque prædia ibidem monachi Sancti Florentii a pluribus magna pecunia emerunt (4).

---

(1) Une charte du Ronceray, rôle 3e, pièce 33, énumère les femmes de Geoffroi-Martel, en se plaignant de ce que le comte, au lieu de restituer à l'abbaye des vignes léguées par sa mère, la pieuse et vénérable Hildegarde, « suis eas concubinis potius quam uxoribus dedit : Agneti « primo, deinde Grecie, postea Adele comitis filie Odonis, item denuo « Grecie, postremo Adelaidi Theutonice. »

(2) En 1067. Voyez les chroniques précédentes.

(3) En 1064, le x des cal. d'octobre. Voir les deux chartes dans le Livre Noir de Saint-Florent, fol. 106 et 107.

(4) « Ego in Dei nomine Agnes comitissa, reminiscens peccatorum meorum ingentia pondera necne quæ peccatoribus debentur horrenda supplicia, et ut particeps effici merear illis qui, pro Christi amore, pauperibus sibi data largiuntur beneficia... trado monasterio Sancti Florentii, confessoris Christi, sito in pago Andegavensi, et monachis ibidem Deo servientibus, quandam terram proprietatis meæ, sitam in pago

Miles quidam dominicus Segebrannus (1) de Monteglisiaco, ejusdem loci Sancti Hillarii ecclesiam cum rebus ad eam pertinentibus Sancti Florentii monachis tradidit. Girorius quoque quidam, vassus territorii Lausduni, [orans] communem judicem, ut aperiret pulsanti, Sancti Florentii in ecclesia, ipso postulante, a domno Frederico monachus consecratur; qui pro suæ animæ redemptione eidem loco contulit ecclesiam Sancti martyris Ciltronii (2). Sanctissimi Clementini ecclesiam, stupendorum miraculorum fre-

---

Pictavo, in vicaria Metulense, de abbatia Sanctæ Crucis [Pictav.] hoc est villam quæ ab antiquis vocabatur Beltronum, nunc vero Fossas nuncupatur... per consensum et voluntatem filiorum meorum, Aquitanici limitis ducatum gerentium, auctoritate quoque venerabilis abbatissæ domnæ Petronillæ, ex monasterio ejusdem Sanctæ Crucis, cum tota congregatione sanctimonialium sibi subjectarum... » Archives de Maine-et-Loire, original mutilé. Cette charte doit être peu antérieure à celle de *Constantinus Metulensis vicarius... Data in mense junio, anno XII° regnante Hainrico rege* (1043). Il existe en original, à Angers, ou dans le Livre Noir, 25 chartes et notices concernant le domaine donné par la comtesse Agnès et qui ne tarda pas à devenir le siége d'un prieuré qu'on appela Saint-Georges des Coutures, *de Culturis*.

(1) Cette donation fut faite, avec l'assentiment de Foulque Nerra, comte d'Anjou, en l'année 1026, d'après une copie authentique de la charte originale, aux Archives de Maine-et-Loire. Sigebran était seigneur de Passavant. *Monteglisiacum*, nommé depuis *Mont-Yglis* puis *Montilliers*, fut après sa mort enlevé par son fils Guillaume aux moines de Saint-Florent, mais il le restitua à l'abbé Sigon, en 1060. Voir Livre Noir, fol. 79, v°.

(2) On lit dans la charte de donation, Livre Noir, fol. 95 : « Postulavit nos homo quidam, Losdunensis oppidanus, nomine Girorius, et uxor ejus nomine Widburgis, ut ab eis acciperemus locum Sancti Ciltronii et ecclesiam Sancti Petri. Sed quia ipse locus nudus atque indigens bonis omnibus nobis videbatur, vix illorum postulationibus assensum præbuimus; tandem vero ne sanctorum locus incultus et sine habitatore remaneret, illis multa promittentibus locum suscepimus... Actum est autem hoc tempore Frederici abbatis et Letardi prioris et Fulcodii monachi S. Martini, qui primus ipsum locellum Sancti Ciltronii ad con-

quentia inclitam, Guido de Valle Colorio sæpefato sancto concessit (1).

A tempore vero Normannorum usque ad abbatem Fredericum abbatia Sancti Florentii sub potestate seu dominatione comitum [de] progenie Thebaldi fuit; antea vero, usque ad destructionem quæ facta est a Britonibus sive a Normannis, non quoslibet alios sed reges Francorum habebat dominos. Idem certe sanctus confessor habuit nonnullas possessiones in diversis provinciis quas quia tempore prædictæ Normannicæ seu Britannicæ persecutionis amiserit visum est et nobis ipsis et aliis multis; de quibus noticiæ tantummodo atque cartæ apud nos remanserunt (2) quæ nobis indicant qualiter illas ipse sanctus adquisivit, sed indicare nesciunt quomodo eas amisit.

Rexit autem domnus Fredericus congregationem, sibi commissam annis triginta quatuor, et uno mense [et] diebus tribus, requievitque in Domino iv° kalendas octobris, magnum luctum gregi suo relinquens, [anno] MLV°, regnante Henrico rege, consule Gaufrido, Eusebio pontifice.

---

struendum suscepit; Gauzfrido comite et Agnete comitissa consulatum Pictavorum et Andegavorum sive Turonorum agentibus. »

Cette donation fut confirmée par Raoul et Gautier, fils de Giroire, en présence notamment *Aymerici de Vareza, servus ac gubernator omnium rerum Rodulfi supradicti, post obitum patris ejus*.

(1) L'acte de donation est aussi dans le Livre Noir, fol. 56, v°, mais la date manque. Elle est certainement antérieure à 1050. Pour le prieuré de Saint-Clémentin, près Bressuire, il y a 28 chartes des xi° et xii° siècles.

(2) La plus ancienne dont le texte ait été retrouvé, concerne le Cotentin et se rapporte à des domaines nommés *Begnacum, Venmagnacum, Molacum, Martiniacum, Bonno, Cornacum*, situés *in pago Constantino, in condeda Quarnacinse*.... *Acta sub anno tercio domni Chilperici regis.* M. Pardessus l'a imprimée dans les *Diplomata, Chartæ*, etc.

SIGO, SEPTIMUS ABBAS (1).

Huic successit domnus abbas Sigo, vir valde venerabilis, III° kalendas novembris (2) : columbina simplicitate præditus, dilectus Deo et hominibus, utriusque Testamenti, Veteris scilicet et Novi, adprime eruditus; liberalibus litteris, grammatica, dialectica, rhetorica, arithmetica, musica et cæteris artibus per omnia imbutus; et insuper litteras hebraicas et græcas peritissimus legendi et scribendi. Hic bibliothecam nostram, psalterium, missales, textus, epistolas Pauli, actus Apostolorum ad unguem correxit et emendavit. Totum studium ejus fuit in meditandis Scripturis sanc-

---

(1) 1055-1070. Dans le vol. XIV de la *Gallia Christiana Nova*, col. 627, il est porté comme VIII° abbé, Frédéric étant le VI°, parce qu'on a sauté le n° d'ordre VII.

(2) Il est le seul des anciens abbés de Saint-Florent dont la charte d'élection nous soit parvenue. L'original appartient aux Archives de Maine-et-Loire. Après un très-long préambule, on y lit :

« Nos omnis congregatio S. Florentii Salmurensis fratrem Sigonem nobis in abbatem eligimus, cujus obtemperantes arbitrio regulariter in cœnobio concorditerque vivamus. Cui de moribus castigatis unum omnes pariter testimonium perhibemus, qui conversationis ejus sobrietatem, castitatem, humilitatem atque patientiam longo jam tempore experti sumus. Quem etiam domino nostro Gauzfrido præclarissimo comiti, cujus juris nostrum inest monasterium, una cum domno Alberto, S. Martini Majoris Monasterii abbate, cujus professus est, cæterisque fratribus qui de eodem monasterio aderant, gratanter obtulimus, ut quod electio nostra decreverat illius confirmaret auctoritas. Deinde præsentavimus eum venerabili prudentissimoque patri Eusebio, Andecavensis urbis episcopo; ut cui comes exterius tradiderat auctoritate sua dominium, episcopus debita benedictione consecrans, ex more ecclesiastico, curam committeret animarum. Acta sunt hæc omnibus qui presentes erant gaudentibus magisque jubilo quam voce plaudentibus. »

tis, caritatem et misericordiam omnibus præbens, elemosinis largus, amator fratrum et eos ut filios diligens, infirmitates animarum et corporum spirituali et corporali medicamine curans. Erat etiam gaudens cum gaudentibus et flens cum flentibus. Siquidem quotienscumque illi aliquis, ad percipiendam pœnitentiam, lapsum suum confessus esset, ita flebat ut etiam illum flere compelleret. Videbatur enim sibi cum jacente jacere. Causas autem criminum quas illi confitebantur nulli nisi Domino soli, apud quem intercedebat, loquebatur : bonum relinquens exemplum posteris suis ut intercessores magis sint apud Deum quam accusatores apud homines, omnibus omnia factus est ut omnes salvos faceret. Et quid dicam de eo? Summæ potestates hujus sæculi : comites, episcopi et abbates, præcipui clerici, ut prudentem et veræ simplicitati deditum honorabant et mirabantur. Domnus abbas Hugo Cluniacensis cœnobii, vir valde venerandus, magistrum suum eum esse dicebat et quasi superiorem se conspiciebat. In Francia et in Aquitania et in Italia ejus fama volitabat. Suo tempore ecclesia nostra multum dilatata est et [in] adquirendis possessionibus et ecclesiis, et in personis nobilium, clericorum et laicorum secularem vitam relinquentibus et, ob famam tanti viri et loci nostri, ad Deum concurrentibus. In ornamentis quoque pulchris construendis de auro et argento, circa duo altaria quæ sunt in presbiterio, ut domnus abbas Fredericus, sagax fuit.

Quodam tempore venerabilis Sigo abbas a Salmurensi ad Glomnense cœnobium navali remigio per Ligerim descendebat, venitque ad locum quo Meduana fluvius ad Ligerim conjungitur (1), ibique quamdam ad insulam, die inclinata, diverterunt. Quæ autem corpori ad victum erant necessaria quærentibus, piscator quidam cum piscibus ultra amnem advenit et, accepto pretio, cum servientibus abundantissime refectus est. Piissimus vero pastor ad familiam reficiendam quædam ei jussit dari, cum quibus dum alacer rediret, nocte terras obumbrante, cum navicula submersus est. Proinde clamore exorto, propter noctem eum quærere desiverunt, de vita illius desperati. Anxius abbas totam in mœstitudine transegit noctem. Mane itaque facto, in summitate pali cujusdam exclusæ a periculo ereptus salvus inventus est.

Requisitus autem qualiter id ei accidisset, respondit se in aqua mersum abbatis memorati pannis protectum ab undis et baculo suo sustentante illo adduxisse salvum. Idem enim abbas semper in manu gestabat baculum facto more peregrinorum; vexabatur enim calculo incommodo, pro cujus gravedine ex hac excessit vita.

Cum Normannus, Montis Rebelli dominus Minoris, cum Andegavensium comite discordatus, illius terras, eo quod remotæ essent, nequiret devastare, Glonnensis cœnobii tellurem, quæ sub comitis erat tutela, promisit invadere. Quod reverendus abbas Sigo ac reliqui fratres Glonnenses cognoscentes, duos ex suis monachis ad eum dirigunt, exposcendo misericordiam; qui cum non minus quam promissis [mille] solidis a Normanno remedium non possent invenire, Glomnam regressi sunt. Tunc Sigo pater venerabilis ad eum venit,

---

(1) Bouchemaine, *Bucca Meduanæ*, où il existait des moulins et une écluse appartenant aux religieuses du Ronceray.

supplicans tyrannum, cumque ei quingentos solidos perdonasset de mille, abbas adhuc precibus insistens ejus se pedibus stravit; sed largiorem misericordiam non inveniens, recessit ad villam quamdam Sancti Florentii quæ Bornus dicitur, prandii causa illi præparati. Guimbertus vero, nil ibi refectionis sumens, concitus Glomnam accurrit, omnibus sub præconis voce indicens ne propter cujusquam raptoris vocem clamoris in campis ullus exiret. Facta [pace] cum tyranno licet gravem egressus (1), agebat equidem tunc nuptias, sororem Hoelli Nannetensium comitis viduam ducens uxorem, jussit suis ut simulata via, quasi in terra Sancti Florentii pergerent sicque retrogradum revertentes ex terra Montis Johannis insperatam multam ut raperent prædam. Quod advertens Rodulphus, Montis Rebelli Majoris vicecomes (2), erant enim eo tempore ambo castella pene contigua, quantum suorum potuit aggregans, per ripam Yberis fluvii suos quosdam in loco dimittens, accurrit ad Sancti Florentii monasterii portas; introspiciensque repente Johannem monachum, tunc secretarium, nescio quid operis agentem in monasterio, aspiciens sæpe eum ferociter, monachum inclamitando ad se evocans, ignorabat ejus proprium nomen, ut Sancti Florentii illi aliquod vexillum daretur rogavit, contra ejus et suos inimicos ad bellum ferre volens ut vulgariter vocamur advoariam. Quo illico accepto, hostes cum maxima præda redeuntes ad

---

(1) Mieux *gravi egressu.*
(2) Le prieuré du Grand-Montreveau, consacré à Notre-Dame, dépendait de Saint-Florent; celui du Petit-Montreveau, qui avait saint Jean pour patron, dépendant de Saint-Serge d'Angers.

Quercum Arbaldi invenit et validam ex eis stragem fecit, cæterisque turpiter fugatis seu raptis, duos etiam Normanni fratres cepit. Affirmabat quoque ipse domnum abbatem se vidisse baculum suum gestantem in ipsa acie, candidis revestitum vestibus, ipsumque se vicisse. Cum magno sacramento ipse Normannus asserebat monachis aliisque quam plurimis se tam perspicacissimæ profunditatis ingenii virum non vidisse.

Tempore memorati patris accidit apud urbem Redonicam quod abbatia Sancti Melanii ad tantam paupertatis extremitatem redacta est quod vix uni monacho, qui ibidem solus remanserat, inopis vitæ necessaria superessent. Cujus ecclesiæ casum illustris comes Britanniæ Goffredus, cognomento Bastardus (1), cum dolore percipiens, consilio et hortatu venerabilis uxoris suæ Bertæ, Salmurium ad memoratum abbatem nuncios delegavit, obsecrans et multa supplicatione implorans ut prætaxatam abbatiam reformaret eamque velut propriam in perpetuum possideret. Tunc venerandus pater, communicato fratrum consilio, precibus comitis adquiescens, sæpedictam Sancti Melanii abbatiam de manu ipsius comitis sub firma ejus dominatione jure perpetuo possidendam suscepit eique (2) fratrem Evennum, illustrem genere, summæ religionis et industriæ

---

(1) Fils naturel d'Alain III. Il était comte de Rennes seulement, et non de toute la Bretagne.

(2) « Cum cenobium S. Melanii Redonensis ita spectet ad monasterium Salmurense quod unius monachi sint fratres alterius et non debeat in eo abbas institui nisi de convenientia Salmurensis et de cenobiorum ipsorum altero eligatur. » Mais ce droit était contesté par le comte de Bretagne, ainsi qu'il résulte de la bulle du pape Lucius III (vers 1183) dont nous venons de citer un passage, d'après le Livre Rouge de Saint-Florent, fol. 15.

virum, abbatem præfecit. Hic igitur Evennus, suscepto abbatis officio, circa locum sibi commissum tanta vigilantia desudavit ut eum, sub brevi tempore, ordine et monachis et domorum ædificiis et libris et ornamentis quam pluribus ampliaret. Cognita igitur ejus sagacitatis industria et per totam provinciam divulgata, assensu comitis, postulantibus clericis ac clamantibus laicis, in archiepiscopum Dolensem promotus est, sicque duplicis honoris radio, archiepiscopus pariter et abbas, toti Britanniæ coruscavit. Cum autem viginti septem annis regimini abbatiæ strenue præfuisset, ad diem extremum perveniens intra monasterium cujus impiger restaurator exstiterat cum multo planctu omnium est sepultus. Post multum vero temporis, tempore venerandæ memoriæ Guillelmi abbatis ejusdem monasterii, accidit ut concors fratrum congregatio ejus sepulchrum, gratia relevationis, effoderent. Qui superposito lapide revoluto, tabulam plumbeam ad caput ipsius invenerunt litteris inscriptam, quæ verbis talibus continentur : « Anno dominicæ incarna-
« tionis MLXXXI°, Romano pontifice Gregorio VII°, VII°
« kalendas octobris, obiit domnus Evennus, Dolensis
« archiepiscopus et abbas Sancti Melanii, vir strenuis-
« simus omnique morum honestate præclarus, pater
« piissimus cœnobiique hujus restaurator munificus.
« Namque ut primum abbatiam suscepit, unum tan-
« tummodo in ea monachum reperit; infra vero viginti
« septem annos quibus monasterio præfuit, in tantum
« congregatio crevit ut die obitus sui perfectus nu-
« merus centum fratrum ibi remansit. Idcirco cre-
« dendum est eum a Domino non tricenum nec sexa-
« genum, sed potius centesimum percepisse fructum. »

Præfuit autem venerabilis pater Sygo in regimine hujus abbatiæ annis tredecim (1), mensibus septem, diebus viginti (2). Tandem vero cum jam plus morum quam annorum maturitate canesceret, placuit patri gratiarum et luminum granum suum, quod jam albescebat, ad messem in horreo felicitatis recondere et militem qui tam legitime certaverat honore pariter et gloria coronare. Sic ergo in senectute bona plenus dierum, non noctium, cujus vita tota fuit diei, non noctis, ii° idus junii, feliciter migravit ad Dominum; cujus venerandam corporis glebam fratres quos doctrina et religione plenius informaverat juxta prædecessorem suum Fredericum, retro altare crucifixi, cum honore debito tumularunt. Recte etenim juxta crucem meruit sepeliri cui semper abfuit gloriari nisi in cruce Domini nostri Jhesu Christi.

GUILLERMUS I, DOLENSIS, OCTAVUS ABBAS (3).

Post excessum venerabilis vitæ Sigonis, quidam bonæ indolis adolescens, Guillermus nomine, in abbatem præficitur, quem claritudo natalium et religiosa morum flagrantia cæteris instantius illustrabant. Hic ecclesiam nostram tanta religionis honestate decoravit ut per mundi terminos sanctitatis et opinionis ipsius radii coruscarent. Omnes enim, tam vicini quam remoti, ad orationes hujus sancti patris et fratrum sibi commissorum tanquam ad angelica suffragia confluebant. Audiens tam clarescentem famam, illustris dux Apuliæ

---

(1) Mieux XV. — (2) Mieux IX. — (3) 1070-1118.

G[uiscardus?], compunctus corde et inspirante gratia visitatus, præclara ornamenta et eximia exenia preciosa huic ecclesiæ destinavit; eamque ab omni debito absolvens, anniversarium suum apud nos annuatim fieri, benefactorum munificus, impetravit.

Preterea Aimericus nobilis vicecomes Toarcii, tam celebri fama perculsus, obedientiam de Casa beato Florentio contulit, quam cum omni libertate donatam miris et magnis redditibus ampliavit (1).

Sed et clarissimus vir J[ohannes], Dolensis dominus, hujus patris nostri frater secundum carnis originem, amore Dei et ammonitu fratris quem affectuose diligebat, obedientiam nobis apud Dol præclaram donavit et multis eam terris et proventibus sublimavit (2).

Nec solum in Minori Britannia sed etiam in Majore, ad transmarinas partes, fama patris nostri convolavit, ubi Monemutam (3) et quicquid habemus in Anglia merito suæ religionis adquisivit.

Quid plura? Ipsæ etiam abbatiæ suis pastoribus

---

(1) Voir à la suite de cette histoire des documents relatifs au prieuré de la Chaise le Vicomte.

(2) Voir au Livre Blanc, fol. 82 v, la charte de Jean, fils de Rivallon, approuvée par le susdit Geoffroi, comte de Rennes ; et au fol. 83 la confirmation d'Alain Fergent, comte de Bretagne, accordée huit ans après la fondation du prieuré de Saint-Florent-de-Dol, et datée de Nantes, le mardi 14 juillet 1086.

(3) Le prieuré de N.-D.-de-Monmouth, diocèse de Hereford, fut fondé par Guihenoc « lequel, dit dom Huynes, estant seigneur de Monemute, au temps de Guillaume le Conquérant, vint se rendre religieux en ceste abbaye Saint-Florent. » Les nombreuses et riches possessions du monastère saumurois en Angleterre, dans les diocèses de Chichester, Hereford, Landaff, Norwich et Winchester, pour lesquelles les archives de Maine-et-Loire offrent de belles chartes, sont énumérées le plus complétement par la bulle-privilége du pape Urbain III, datée de Vérone, le v des cal. de janvier 1186. Voir Livre Rouge, fol. 15, v.

destitutæ ad hoc cœnobium, tanquam ad unicum religionis speculum, recurrebant et consilium exigebant. De hac si quidem ecclesia, exigente sanctitatis merito, multi sunt in abbates electi (1) : B[rictius] apud Sanctum Jovinum, N[atalis] apud Sanctum Nicholaum, E[venus] apud Sanctum Melanium, G[uillermus] apud Sanctum Maurum, F[ulcandus] apud Sanctum Julianum ; qui omnes abbatias sibi commissas strenue ac vigilanter rexerunt easque sanctis moribus et rerum copiis multipliciter ampliarunt.

Tempore venerabilis patris Guillermi restituta est beato Florentio abbatia Sancti Gundulphi (2), quam per incuriam et inertiam monachorum sanctus amiserat. Multa adquisivit et pauca perdidit.

Hic cum per quadraginta octo annos abbatiæ nostræ strenuus administrator sollicite præfuisset, III° kalendas junii feliciter migravit ad Dominum. Qui dum sepulturæ mandaretur, patefacto sepulchro prædecessoris sui, abbatis videlicet Sygonis, corpus ipsius integrum omnino est inventum, vestimenta quoque omnia incorrupta penitus et illæsa. Hinc siquidem evidentius potest agnosci quanti meriti fuerit cujus corpus et vestes omnis incorruptio lædere formidavit.

Est etiam aliud præcedentibus adnectendum quod

---

(1) Nous avons complété leurs noms, dont les mss ne donnent que la première lettre.

(2) Les moines de Vierzon s'en étaient emparés, mais l'abbé Guillaume fit reconnaître ses droits par le concile de Bourges, en 1095, par celui de Troyes en avril 1104, et enfin par le pape Pascal II le 5 octobre suivant. Un nouveau procès fut suscité par les moines dudit Vierzon, cinquante ans plus tard, et le pape Adrien IV donna encore gain de cause à Saint-Florent dont l'abbé était alors Philippe. Voir les pièces originales aux archives de Maine-et-Loire.

tempore præscripti patris quidam ex fratribus nostris, Angerius nomine, orationis gratia Yerosolimam profectus est; cumque in transmarinis partibus moraretur, cognita ejus honestate et industria, in Catanensem episcopum meruit promoveri. Qui apicem tantæ dignitatis adeptus, matrem suam, scilicet et ecclesiam nostram, in cujus gremio a primis elementis fuerat educatus, ad memoriæ dulcedinem revocavit eique pretiosa quædam ornamenta cum præclaris exeniis, filium in nullo degenerans, destinavit.

STEPHANUS I, BURGUNDIO, NONUS ABBAS (1).

Post memoratum patrem piæ recordationis Guillermum, xii° kalendas julii, successit in abbatem egregius quidam ex fratribus nostris Stephanus nomine, natione Burgundio, clarus genere, sed clarior honestate, vir adprime litteris eruditus et in administratione temporalium impiger et discretus.

Hic in regimine sibi credito, vita pariter et doctrina proficiens, miris virtutum adoreis enituit et circa hujus ecclesiæ utilitates et negotia omni vigilantia vigilantius excubavit. Tandem vero, cum in abbatis officio tredecimum (2) annum complesset, sublatus de medio vii° idus aprilis feliciter in fata concessit. Cujus exequias unanimis fratrum congregatio devotissime celebravit ejusque corpusculum cum debita veneratione in capitulo sepelivit.

---

(1) 1118-1128 ? — (2) Mieux *decimum*.

MATHEUS DE LAUSDUNO, DECIMUS ABBAS (1).

Post transitum felicis memoriæ Stephani, regimen abbatiæ suscepit strenuus quidam ex nostris Matheus nomine, de castro Lausduno claris parentibus oriundus, quem litteraturæ profunditas et sanctitatis religio præ cæteris illustrabant. Hic in suscepto pastorali regimine verum pastorem se exhibens, pro negotiis hujus ecclesiæ ad tolerantiam laborum se totum exhibuit et in habitis defendendis et non habitis adquirendis strenua sollicitudine desudavit. Ipse enim, pro jure ecclesiæ suæ sibi commissæ, contra moniales Nidi Avis (2) et contra Xantonensem episcopum et canonicos (3) viriliter decertans hos et illas in Romana curia superavit. Nam, eliminatis monialibus, data viris sententia, Arbaudum obtinuit, Sanctum quoque Bibianum de Ponte contra memoratum episcopum et canonicos multis laboribus et impendiis adquisivit. Fecit etiam hic venerabilis pater dossalia duo egregia, quæ præcipuis solemnitatibus extenduntur in choro; in quorum altero viginti quatuor seniores cum cytharis et phialis depinguntur, in reliquo Apocalipsis Johannis opere descripta est eleganti. Fecit insuper quosdam miræ pulchritudinis pannos, sagittariis et leonibus et cæte-

---

(1) 1128-1155.

(2) Le pape Innocent II adjugea l'église de Saint-Jean l'Évang. d'Herbaud à S. Florent, le 1er février 1142, contrairement aux prétentions des religieuses de Nioiseau, aussi du diocèse d'Angers. V. Livre d'Argent, fol. 16, v°, et Livre Rouge, fol. 8.

(3) V. la bulle du même pape, datée de Latran, le xv des cal. de mai. Livre d'Argent, fol. 20, et Livre Rouge, fol. 8, v°.

ris quibusdam animantibus figuratos, qui in navi ecclesiæ festis sollemnibus appenduntur. Ipsa quoque de qua loquimur navis ecclesiæ arcuato opere ipsius tempore incœpta est et completa.

Sub ejusdem quoque tempore quidam de fratribus nostris, Fulcaudus nomine, sacrista hujus ecclesiæ, apud Sanctum Julianum Turonensem in abbatem promotus est; alius insuper sacrista noster, Guillermus de Normannia, apud Sanctum Maurum abbatis dignitatem et officium suscepit.

Cum autem venerandus iste Matheus huic cœnobio per viginti octo annos pastorali sollicitudine præfuisset, exigentibus honestatis ipsius meritis in Andegavensem episcopum assumptus est; cumque in suscepto pontificali regimine sex annorum curricula jam complesset, III° idus martii, apud Oratorium felici consummatione defungitur ibique cum veneratione debita sepelitur.

STEPHANUS II, DE RUPE FULCAUDI, UNDECIMUS ABBAS (1).

Cum autem divina gratia memoratum patrem de abbate in episcopum promovisset, venerabilis Stephanus prior istius cœnobii, de Rupe Fulcaudi non obscuris parentibus oriundus, vir eloquens et discretus, pari voto et assensu fratrum unanimi concorditer est electus. Qui tempore suæ electionis, priusquam benedictionem abbatis susciperet, meritis suis exigentibus, in Redonensem episcopum est assumptus. Hic siquidem, dum prioratu hujus cœnobii fungeretur, capitu-

---

(1) 1156.

lum hujus ecclesiæ, sub dormitorio situm, arcuato opere sub tam egregia venustate et artificiosa subtilitate construxit ut per universum regnum Franciæ vix aut nunquam consimile valeat reperiri. Fecit insuper capellam infirmorum domui cohærentem, in honorem gloriosæ virginis Mariæ sanctique Nicholai episcopi sanctorumque abbatum Benedicti atque Columbani, ab Ulgerio Andegavensi episcopo et Iterio Nannetensi celebriter consecratam. Hic itaque, et quando prior et quamdiu vixit episcopus, in discutiendis causis tam sæcularibus quam ecclesiasticis tanta discretione et facundia coruscavit ut in præsentibus et etiam in remotis partibus nulla fere negotia sine ipsius negotio vel præsentia diffinitionis sententiam sortirentur. Postquam autem placuit ei qui sibi tantam gratiam honoris et honestatis contribuit, decem annorum curriculis in episcopatu feliciter evolutis, felicius migravit ad Dominum [II°] nonas septembris, sepultusque est apud Sanctum Melanium in claustro monachorum, in ipso ingressu oratorii : ut, sicut ipse adhuc vivens postulaverat, omnium patesceret tam intrantium quam exeuntium pedibus conculcandus.

OGERIUS, DUODECIMUS ABBAS [1].

Huic siquidem venerabili Stephano, cum ad episcopatum assumptus esset, successit prior hujus cœnobii Ogerius nomine, de terra Sancti Florentii Veteris oriundus : vir sapiens et honestus et in administratione

---

[1] 1156.

temporalium impiger et discretus. Ad cujus vitæ custodiam, si diu superesset Lachesi quod torqueret, tanta fecunditatis affluentia locum istum uberem reddidisset ut opes Cresi pro inopia reputares. Sed quia humanæ vitæ terminos ab auctore rerum stabili providentia constitutos nullus potest mortalium præterire, cum prædictus pater post susceptam abbatis benedictionem viginti sex dies in regimine transegisset, xiv° kalendas augusti sarcinam humanæ carnis felici consummatione deposuit; eumque in ingressum capituli, post columnam marmoream, devota fratrum congregatio sepelivit.

PHILIPPUS DE SALMURO, TREDECIMUS ABBAS (1).

Successit autem memorato abbati prior hujus ecclesiæ Philippus nomine, natus de castro Salmuri, vir religiosus et morum honestate clarus, qui tempore suo cœnobium sibi commissum multis adquisitionibus ampliavit, multis honorum venustatibus decoravit. Ipse enim obedientiam Sancti Gundulphi contra Virsionensem abbatem ejusque monachos in Romana curia sub triumphali titulo in perpetuum adquisivit.

Hujus patris tempore translatum est corpus beati Florentii in capsam novam, studiosius præparatam, in qua nunc sanctus veneratione debita requiescit. Ad cujus translationem, ex præcepto felicis memoriæ papæ Adriani, accesserunt Joscelinus archiepiscopus Turonensis, Matheus Andegavensis, Stephanus Redonensis,

---

(1) 1156-1160.

Willelmus Cenomannensis, Laurentius Pictavensis, Bernardus Nannetensis episcopi; qui omnes summo honore et venerantia ossa venerabilis confessoris Florentii venerantissime transferentes, anno ab incarnatione Domini MCLIX°, VI° nonas maii, universis fidelibus ad eumdem terminum pia devotione beatissimi Florentii suffragia postulantibus remissionem et indulgentiam peccatorum annis singulis concesserunt (1).

Iste insuper venerabilis pater Philippus a nobilissimo tunc duce Normanniæ Henrico, comitis Goffredi filio, Salmurensem feriam impetravit (2). Dormitorium quoque monachorum incepit, sed inceptum perficere, præventus morte, non potuit. Cum autem quatuor annos in regimine fratrum explevisset, viam universæ carnis ingreditur atque in capitulo, ad lævam prædecessoris sui abbatis Stephani, sepelitur.

FROGERIUS DE SANCTO LOANCIO, DECIMUS QUARTUS ABBAS (3).

Huic autem successit venerabilis prior de Roca Fulcaudi nomine Frogerius, natus de Sancto Loancio, vir sapiens et litteratus et universa morum honestate conspicuus. Hic contra Xantonensem episcopum et ejus clericos apud Senonas, coram domino papa Alexandro

---

(1) La charte de l'archevêque et des évêques est copiée dans le Livre d'Argent, fol. 71, v°; et les bulles du pape Adrien IV et de son prédécesseur Anastase IV aux fol. 12, v° et 13 du même cartulaire.

(2) Dans la charte, non datée, du Livre d'Argent, fol. 53, et du Livre Rouge, fol. 24, Henri prend aussi le titre de roi d'Angleterre et de duc d'Aquitaine.

(3) 1160-1174.

Sanctum Bibianum de Ponte, sub sententia triumphali obtinuit; et insuper præfecturam burgi ejusdem Sancti Bibiani, quam quidam hereditario jure reclamabant, post multos sumptus et labores quam plurimos (1), in perpetuum adquisivit (2).

Hujus patris tempore claustrum monachorum novo et eleganti opere est constructum, et arcus lapideus qui inter capitulum et dormitorium est erectus. Pontem etiam de Salmuro, tradente venerabili rege Anglorum Henrico (3), data tamen non modica quantitate peccuniæ quæ pro eodem ponte Turonis debebatur recepit. Cum autem annos quatuordecim in abbatis officio peregisset, feliciter est ad patres suos appositus et in monasterio, ante altare crucifixi, venerabiliter est sepultus.

RADULPHUS NORMANNUS, QUINDECIMUS ABBAS (4).

Successit autem huic patri venerabilis prior Salmurensis castelli, nomine Radulphus, natione Normannus, vir litteris imbutus et religione præclarus. Qui cum per duos annos abbatiam rexisset apud Sanctum

---

(1) Le texte de la bulle d'Alexandre III, en date du 18 février 1164, existe dans le Livre Blanc, fol. 104 ; et la charte d'Adémar, évêque de Saintes, relative à la prévôté de Saint-Vivien-de-Pons, se trouve dans le Livre Rouge, fol. 66. Elle est datée de 1169.

(2) Ici finit le ms 5653 de la *Bibl. impériale*.

(3) La charte de ce prince a été copiée dans le Livre d'Argent, fol. 46 ; puis dans le Livre Rouge, fol. 24, avec la note *carta bona*. M. Teulet l'a imprimée dans ses *Layettes du Trésor des Chartes*, vol. 1, p. 86, d'après un vidimus du treizième siècle, auquel a été ajoutée la date 1162.

(4) 1174-1176.

Florentium Veterem, ix° kalendas julii, ab hac luce discessit; quem devotio fratrum in dextro abside monasterii, juxta hostium sacristariæ, venerabiliter sepelivit.

MAYNERIUS, DECIMUS SEXTUS ABBAS (1).

Successit autem huic patri venerabilis Maynerius, sacrista ecclesiæ istius, nobilis genere sed nobilior fide et honestate. Erat enim disertus in omnibus, discretus in singulis, dictrictus in elatos, compatiens in afflictos affabilis extraneis, liberalis domesticis, virga correctionis in oves, baculus defensionis in hostes, erogativus in pauperes, circa Martham laborando sollicitus, circa Mariam contemplando suspensus, caritativus in hospites, vernaculus prosperitatis in prosperis, clypeus constantiæ in adversis.

Hic ecclesiam istam recto moderamine (2) rexit viginti sex annis et sex mensibus. Plenus dierum, xvi° kalendas maii, spiritum Domino, a quo sumpserat, reddidit. Multa bona adquisivit, multa ædificia fecit : utpote introitum ecclesiæ cum galilea, refectorium, domus in-

---

(1) 1176-1203.

(2) Hec est forma juramenti quod facit abbas ad portam, antequam recipiatur.

« Ego frater *talis*, nunc divina providencia ac sacrosancte Romane « ecclesie et sedis apostolice gracia abbas monasterii S. Florencii de « Salmuro, omnia statuta et consuetudines dicti monasterii et membro- « rum ejus a predecessoribus nostris juratas et approbatas tempore ab- « batis Mainerii et successorum ejus, juro et approbo et eas me obser- « vaturus promitto ; et si quid in contrarium actum fuerit temporibus « retroactis, ad pristinum statum reduco. » Bibl. imp., Mss coll. D. Housseau, vol. XIII, n° 10272.

firmorum, locutorium ; et illos muros circa vineas diligenter incepit et viriliter consummavit. Hunc venerabilem abbatem Maynerium absolvat altissimus Altissimi filius, cujus memoria semper sit in benedictione ut ibi requiescat ipsius anima ubi requiescunt sanctorum animæ. Amen.

Qui vidit hæc scripsit et testimonium perhibuit veritati, filius equidem suus Michael (1) in Domino, quem post eum Dominus per gratiam suam ad regimen ecclesiæ suæ, quamvis indignum, sua miseratione, præelegit.

MICHAEL DE SALMURO, DECIMUS SEPTIMUS ABBAS (2).

Huic Maynerio successit ; de Salmuro natus, prior tunc temporis hujus cœnobii, vir urbanæ eloquentiæ et per cuncta vitæ laudabilis, providus in temporalibus et in spiritualibus discretus ; qui per totum tempus quo tenuit et ecclesiam istam rexit personas quas sentiebat religiosas et honestas, ad divini cultus augmentum alliciens, eas divinis exhortationibus sedulus adunivit, nec unquam, eo vivente, numerus monachorum sexaginta et amplius in conventu persistentium fuit diminutus. In temporalibus vero rebus tantam ei Dominus gratiam contulit quod nec priorem similem, nec haberet sequentem in ædificiis faciendis. Ædificavit autem Florentiam novam regiam (3) et fere omnes alias domos

---

(1) Auteur de cette partie de notre chronique. — (2) 1203-1220.
(3) D'après dom Huynes, Histoire manuscrite de Saint-Florent, cet édifice fut depuis appelé *la salle Saint-Michel.*

extra loquutorium et molendina nostra quæ sunt in Thoario, contra voluntatem omnium Salmurensium, propter redundationem ejusdem aquæ, satis efficaciter ædificata et velocius completa. In ornamentis ecclesiæ, scilicet palliis, infulis, capis, dalmaticis et tunicis sericis, ita providit huic ecclesiæ quod adquisitio sua potest comparari ad valorem quingentarum librarum et amplius. De servitute procurationum qua opprimebatur ecclesia ista in nundinis Salmurensibus, videlicet de Passavanto, de Malo Leporario, de Trevis et Sancti Christofori in Turonia baronum et plurimorum aliorum, deliberavit ecclesiam istam, ad valorem centum librarum annui redditus et amplius. Multa adquisivit et pauca perdidit. Ad ultimum, circa finem suum, ædificavit cameram suam novam magnam triplici architectura et eleganti opere sicuti modo apparet.

Præterea quanto magis proficiebat apud Deum et homines, tanto magis sæviebant contra eum æmuli et invidi, multa falsa objicientes in eum; ex quibus aliqui æterno carcere damnati, quidam per diversa loca dispersi et nonnulli judicio Dei correpti, morte pessima sunt oppressi. Præterea majora signa turris nostræ sumptuoso opere fecit fieri et de Carnotensi civitate fecit adduci.

Qui dum adhuc esset in bono statu corporis sui et octavum decimum annum duceret in regimine pastorali, pro quadam magna expeditione apud Andegavim profectus, in domum nostram de Balee diversus causa hospitandi, viribus corporis repente cœpit destitui, vocatisque fratribus suis utriusque abbatiæ, una cum religiosis personis ecclesiasticis et sæcularibus ejusdem civitatis, omnes benedicens et ab omnibus benedici postulans, feliciter vitæ terminum adimplevit; et inde translatus ad abbatiam nostram Salmurensem, a reverendis patribus Johanne archiepiscopo Turonensi et Guillelmo episcopo Andegavensi, in sinistra parte capituli, inter duas columnas, non sine dolore ac mærore circumastantium, venerabiliter est humatus, III° nonas julii, anno ab incarnatione Domini MCCXX°, regnante illustri rege Francorum Philippo, Romana civitate papa Honorio.

JOHANNES DE LODUNO, DECIMUS OCTAVUS ABBAS (1).

Successit autem huic venerabili patri Michaeli Johannes de Loduno, prior hujus cœnobii et præpositus Sancti Laurentii de Moteio, ætate quidem senior et sensu maturus, qui terram Sancti Florentii Veteris longo tempore strenue procuraverat; vir potens in opere et sermone, regibus, principibus et magnatis notus et amicus. Vir pecuniosus et rebus sæcularibus locuplex, qui extremis diebus prædecessoris sui, bonæ memoriæ Michaelis, ad supplementum hujus ecclesiæ et relevamen, quæ propter guerras et pravas collectas et multitudinem monachorum, conversorum et condonatorum aliquo onere debitorum sed tamen portabili, damnum incurrerat, prior procreatus fuit; et statim per ejusdem providentiam ecclesia nostra ad optimum statum rediit. Hic tamen Johannes in regimine ecclesiæ paucis diebus duravit, quia infra quatuor menses ab electione sua apud Sanctum Georgium de Castro

---

(1) 1220.

Oyson vitam finivit. Exinde translatus fuit ad abbatiam et juxta tumulum abbatis Michaelis est sepultus.

NICOLAUS FRANCISCUS, DECIMUS NONUS ABBAS (1).

Successit autem huic venerabili patri Johanni de Loduno Nicholaus, natione Franciscus, tunc temporis cellararius Sancti Florentii Veteris, vir urbanæ eloquentiæ, ætatis et ingenii sufficientis, sed infirmitate corporis detentus. Quem credimus, si longo tempore vixisset, valde huic ecclesiæ profuisset; sed cum jam quasi mortuus in electione sua fuisset, morte præventus, naturæ debitum reddidit infra novem menses, et apud Sanctum Florentium Veterem, in parte dextera capituli, humatus est.

Hii tres quasi uno anno vel infra quindecim menses obierunt.

ITERIUS DE RUPE FOCAUDI, VICESIMUS ABBAS (2).

Successit autem et huic Nicholao Francisco venerabili abbati Iterius, tunc temporis prior de Rupe Focaudi, de eodem castro vel territorio natus, qui longo tempore illum prioratum gubernaverat et ibidem multa ædificia construxerat et molendina dou Lerac a primis fundamentis erexerat. Satis senex et infirmitate corporis depressus, cum regimen abbatiæ per duos annos tenuisset, apud Rocam Focaudi, invalescente infirmitate

---

(1) 1220-1221. — (2) 1221-1223.

sua, ad ultimum diem vitæ suæ pervenit et ibidem humatus est. Quem credimus, si longo tempore vixisset, hanc ecclesiam multis modis accrevisset; attamen eam in bono statu reliquit, nec aliquid de rebus ecclesiæ devastavit.

GAUFRIDUS I, DE VALEIA, VICESIMUS PRIMUS ABBAS (1).

Post istum venerabilem patrem Iterium surrexit in loco ipsius Gaufridus de Valeia, tunc temporis prior Sancti Loantii : homo sensu et ætate senex, de communi assensu omnium electus, per omnia laudabilis et discretus. Qui quamdiu vixit regimen hujus abbatiæ tam in spiritualibus quam temporalibus optime administravit; sed pro tenui acie luminis oculorum cum non posset sine scandalo officium pastoris sibi commissum peragere, completis quatuor annis quibus hanc feliciter rexit ecclesiam, propria voluntate regimini resignavit. Qui postea per decem annos et amplius, in prioratu de Verria vitam deducens laudabilem, decrepitantis ætatis optans exitum, jam pene proximum sentiens in se promotos anhelitus, sanctiora appetens, mundana respuens et vagitus, ad claustrum rediit, pauper in sæculo, dives in Domino; in quo sub brevi temporis degens curriculo, demum exutus est carnis ergasstulo, anno incarnationis dominicæ MCC[XXVII° vel circa] (2).

---

(1) 1223-1227.
(2) La date n'est pas complète; ce qui est entre crochets a été ajouté par dom Huynes.

GAUFRIDUS II, VINDOCINENSIS, VICESIMUS SECUNDUS ABBAS (1).

Surrexit autem post istum Gaufridum in regimine hujus abbatiæ alter Gaufridus, tunc temporis ejusdem cellararius, natione Vindocinensis, in ista ecclesia a prima juventute nutritus. Qui dum in principio regiminis sui aliquos per abruta vitiorum ire conspiceret, eos fortiter redarguit et malitiam ipsorum viriliter compescuit; et cum essent cum magnis possessionibus ecclesiæ priores et ballivi, ad claustrum [eos] revocavit et alios in loco ipsorum substituit. Qui cum sibi conspicerent illicita non licere, assueta relinquere, conati sunt de ejus morte tractare; et ad velamen maliciæ suæ infecerunt aliquos juvenes verbis fallacibus contra prædictum Gaufridum insurgere, et appellationes multas, quasi de bona conscientia, promulgare. Sed vir prudens nec terrore concutitur nec eorum appellationibus deterretur, immo contra eos ad Romanam curiam solemnes nuncios misit; et contra prædictos malefactores inquisitionem impetravit, quæ ad episcopum Cenomannensem Mauritium a summo pontifice directa fuit, et ab ipso pontifice apud Sanctum Florentium Veterem prædictis malefactoribus dies assignatus fuit. Quorum principalis magister tunc temporis sacrista ejusdem loci existebat, nomine Radulphus, vir quondam magnæ auctoritatis et homo litteratus et in ista abbatia multo ante tempore armarius. Ad ultimum, peccatis suis exigentibus, recognovit coram prædicto

---

(1) 1227-1249.

episcopo potiones mortiferas contra prædictum abbatem fieri procurasse, et usque ad degustum ejusdem pervenisse, sed nihil, Domino concedente, ei nocuisse. Unde contigit quod prædictus episcopus, una cum sociis suis, prædictum Radulphum æterno carcere damnavit, in quo longo tempore miserabilem ducens vitam ad ultimum miserrimam vitam finivit. Quo casu alii perterriti, sive timore Dei correpti, nullam ei ex tunc molestiam inferre præsumpserunt.

Sed tempore tamen hujus venerabilis patris, post obitum reverentissimi et excellentissimi Guillelmi (1) Andegavensis episcopi, hujus monasterii defensoris, surrexit quidam episcopus nomine Michael, vir magnæ auctoritatis et excellentissimi ingenii, et maxime advocatus, qui contra istam ecclesiam et contra prædictum abbatem ita impetuose surrexit, pro territorio Sancti Florentii Veteris, quod in eodem territorio omnia jura episcopalia exercere disposuit. Sed prædictus abbas, consilio et auxilio reverendorum patrum Juhelli archiepiscopi Turonensis et Philippi primatis Bituricensis et multorum aliorum peritorum, contra prædictum episcopum in Romana curia et in metropolitani per spatium decem annorum et amplius viriliter dimicavit; et semper contra prædictum episcopum sententia lata fuit in prædictis curiis, excepta compositione quæ inter nos et prædictum episcopum, in presentia domni Odonis Tusculani episcopi, summi pontificis legati, pro bono pacis ordinata fuit : ita quod prædictus episco-

---

(1) Guillaume II, de Beaumont, évêque d'Angers de 1202 à 1240.
Michel de Villoiseau, son successeur, mourut au commencement de novembre 1260.

pus, per manum abbatis Salmuriensis, haberet de cætero octo libras singulis annis, quasi pro servitio suo impendendo et labore (1), quotienscunque opus esset, in territorio Sancti Florentii Veteris exercendo. Sed conventibus utriusque abbatiæ una cum prioribus et ballivis hanc pactionem contradicentibus, iterum contra prædictum episcopum dimicatum est, et non remansit ei quicquam de octo libris nisi triginta et tres solidos et quinque denarios, pro rata prioratuum, exceptis ecclesiis territorii prædicti ; et nobis facultas prosequendi super residuo non negatur, immo omnino conceditur.

Tandem idem Gaufridus, pro expeditione ecclesiæ contra prædictum episcopum et alios apud Lugdunum coram Innocentio summo pontifice ire compulsus, cum causas suas viriliter procurasset, aliquam ægritudinem in corpore suo sentiens et odium Andegavensis episcopi [Michaelis] prædicti circa istam ecclesiam expavescens dum hanc administraret, vigesimum secundum annum agens in administratione ecclesiæ, in præsentia domini papæ Innocentii ægritudinem et ætatem proponens, præsentibus pluribus de fratribus nostris ad curiam cum litteris conventus destinatis ad alterum eligendum, ex voluntate propria resignavit et apud Sanctum Laurentium de Moteio, de conscientia domini papæ, sibi mansionem elegit, in quo Deo diutinum exhibuit famulatum.

---

(1) Dom Huynes a copié tous ces actes dans son Histoire de Saint-Florent. Voy. fol. 199 à 212 de son manuscrit autographe, aux archives de Maine-et-Loire.

RAGINALDUS FRANCISCUS, VICESIMUS TERTIUS ABBAS (1).

Post hunc Gaufridum, convenientibus in unum ad eligendum prædictis fratribus in Romana curia adhuc manentibus, in nullo obstante sed consentiente summo pontifice, Raginaldus tunc temporis prior de Diogilo, non præsens sed absens, in abbatem electus est : natione Franciscus, vir simplex atque mitissimus, dulcis alloquio, dulcior animo. Cujus electione conventui cognita, ad promovendum ipsum ad ardua magnus fuit plausus atque lætitia ; sed brevi tempore post magna gaudia creverunt gemitus atque suspiria, nam anno secundo sui regiminis in eum intrat mors et fit caro cinis (2).

PETRUS DE NOZILIO, VICESIMUS QUARTUS ABBAS (3).

Post decessum vero dicti venerabilis Raginaldi, in capitulo monasterii Sancti Florentii convenientes, fratres unanimiter elegerunt fratrem Petrum de Nozilio : natione Turonensem, virum litteratum, urbane eloquentem, mitem, prudentem, et tempore electionis de se factæ jam ægrotantem. Qui quidem Petrus, tempore sui prædecessoris prædicti, major prior fuerat monasterii supradicti ; sed idem, assumpto dicti monasterii regimine, cœpit mox acrius infirmari in tan-

---

(1) 1249-1253.
(2) Cette dernière phrase est composée de vers rimés.
(3) 1253-1255.

tum quod, post amissionem proprii oculi non vixit sed languit, et elapso biennio a tempore assumpti regiminis expiravit. Cujus corpus ad caput prædecessoris sui, in capella abbatis, traditum est sepulturæ.

ROGERIUS NORMANUS, VICESIMUS QUINTUS ABBAS (1).

Quo defuncto, fratres undique ad electionem futuri pastoris vocati, dum de electione simul haberent tractatum, inimico inter eos zizaniam seminante, discordes fuerunt; quam discordiam mala et damna innumerabilia tam in spiritualibus quam temporalibus sunt secuta. Nam quidam ex ipsis, plus nationem quam rationem secuti, Rogerum celerarium Sancti Florencii Veteris, natione Normanum; alii vero, simili ducti errore, Aubertum priorem de Dyogilo, natione Engolismensem, perperam elegerunt. Lato vero prædictæ dissensionis negotio ad venerabilem patrem Michaelem Andegavensem [episcopum], post labores et expensas dicti monasterii infinitas, dictus episcopus, electione amborum cassata, de persona dicti Auberti providit; propter quod, ex parte dicti Rogerii et sibi adhærentium, fuit ad sedem apostolicam appellatum.

Dicto vero Rogerio in persona propria, Auberto siquidem per procuratorem, dictum negotium prosequentibus, omnibus quæ habebant consumptis et monasterio fere incredibili summa pecuniæ mercatoribus curiæ tam per litteras capituli quam etiam apostolicas obligato, dominus papa Alexander mandavit

---

(1) 1255-1270.

episcopo Abri[n]censi ut dictum Rogerium benediceret in abbatem monasterii prædicti, et quod ipsum benedictum institueret et in possessionem mitteret et defenderet in eadem; mandans etiam prædicto Auberto competenter de bonis dicti monasterii provideri, dum tamen institutioni non contradiceret supradictæ ; si vero contradicens perseveraret, dictus Abri[n]censis episcopus per censuram ecclesiasticam, auctoritate apostolica, compelleret Andegaviæ comitem et ipsius allocatos dictum Rogerum, missum in possessionem dicti monasterii, tueri. Et sic dictus Rogerius, abbas effectus, dicto Auberto de prioratibus de Gometo et Dyogillo providit, ab ipso vita comite libere possidendis; et promisit omnia debita solvere tam ab ipso quam a dicto Auberto, ratione dictæ dissensionis, contracta. Et post multis prioratibus et melioribus dicti monasterii clericis secularibus ad firmam quamdiu viverent assignatis, necnon firma seu censa aliorum prioratuum non [tantum] duplicata sed etiam triplicata, dictus Rogerius convenit cum dictis mercatoribus; et pro arestandis usuris debitum duplicavit illud, prout inter eos conventum exstitit, per annos singulos ab eodem eisdem persolvendum. O quanta mala, quantæ miseriæ, quanta divini servitii et elemosinarum et hospitalitatis subtractio occasione istius dissensionis provenerint, posset quis enumerare? Nam ex hoc conventus dispersus est et plures monachi per singula sunt monasteria relegati, prioratus extraneis sunt concessi, cultus divini nominis diminutus, hospites et pauperes a consuetudine beneficii defraudati. Rebus vero hiis se in hunc modum habentibus, is abbas sollertis ingenii in dicto regimine se habens, viriliter satisfacto suis creditoribus, ruinis reparatis, multa de novo utilia et necessaria construxit ædificia et plures redditus comparavit; et per quindecim annos, per quos dictum rexit monasterium, arctam pœnitentiæ vitam agens, sibi quoad præmium proficiens et aliis quoad exemplum, longo fessus senio, factis et verbis discipulos docens, obdormivit in Domino. Cujus corpus positum est in cripta quam sibi ædificaverat, subtus altare virginum (1).

---

(1) On lit dans une charte de Roger, abbé, et du couvent de Saint-Florent près Saumur, contenant règlement des droits respectifs du cellérier de Saint-Florent-le-Vieil et du prévôt de Saint-Laurent-du-Mothay :

« Quia vero caput nostrum et principium fuit territorium S. Florentii Veteris, quo sanctissimus Christi confessor Florentius, per longa tempora Deo deserviens et ibi felicem vitam felici consommatione consommans, felicissimus migravit ad Christum; post ejusdem sanctissimi confessoris obitum, eundem locum ab excellentissimo imperatore Karolo Magno prædiis innumeris et amplissimis donariis novimus insignitum. Post vero tempus diutinum, monasterium quod idem imperator construxerat, cœnobitis terrore perculsis, cum accepto patris almi Florentii thesauro corporis pretioso, subito inde fugam arripientibus, ab inimicis irruentibus funditus subversum est et inhabitabile dignoscitur remansisse. Quod cum antiquus hostis barbarica rabie gauderet debacchasse, Dominus noster Jhesus Christus, cujus miseratio est super omnia opera ejus, noluit sanctissimum confessorem Florentium a loco quem ei ostenderat per revelationem angelicam defraudari, immo clarius ad sui nominis honorem et almi confessoris Florentii potius augmentari. Pace reddita, fugatis hostibus, voluit ad susceptionem et honorem prædicti sancti patris nostri Florentii monasterium Salmuriense construi et magnis prædiis cum amplioribus ædificiis et maximis regum, potentum ac præsidum donariis ampliari : ita divina providente clementia ne de prædicto territorio S. Florentii Veteris, ob improbam subversionem vel per aliquam aliam rationem, dicto monasterio Salmuriensi in posterum præjudicium vel gravamen in aliquo generetur. Interea timentes hujus cœnobii incolæ, qui præcesserunt nos fratres qui in posterum eramus prædictum territorium S. Florentii Veteris administraturi, maligni spiritus versutiva instigatione, fraudem vel malitiam aliquam in se concipere

GAUFRIDUS III, MORETEL, VICESIMUS SEXTUS ABBAS (1).

Successit autem huic Rogerio Gaufridus dictus Moretel, subprior dicti monasterii, natione Andegavensis, de parrochia Sancti Martini de Platea oriundus, vir simplex et justus et timens Deum et recedens a malo. Mitis ad omnes, et fratres suos præcipue diligebat; et quamdiu in administratione ista fuit, circa opus pontis lapidei (2) viriliter desudavit. Unum de cimbalis, quem abbas Michael fecerat, fecit conflari et etiam reformari; et plura bona fecisset nisi vitæ brevitas faciendi aditum conclusisset. Per annum et dimidium in administratione degens, ydropisis morbo laborans, cum recepisset a physicis medicinam nec ad bonum eidem cederet, postmodum exstinctus est. Cujus corpus inter altare dominicum et hostium ecclesiæ quod ducit ad infirmitorium traditum est sepulturæ (3), sub quodam opere arcuato.

---

qua possent colla sua jugo monasterii Salmuriensis excutere, innodaverunt et inseruerunt consuetudines inauditas, quamvis bonas, ab aliis monasteriis extraneas. » Livre Rouge de Saint-Florent, fol. 71.

(1) 1270-1271.

(2) Voir pour la reconstruction en pierre du pont de Saumur, dans les *Layettes du Trésor des Chartes*, J. 178, n° 32, une charte originale de l'abbé Roger, datée du lundi avant la Pentecôte, en l'année 1264.

Après de longs débats, et en vertu d'une transaction passée au mois d'octobre 1270, les habitants de Saumur, *universitas burgensium et mansionariorum apud Salmurum, tam divitum quam pauperum,* furent affranchis à perpétuité, moyennant la somme de 150 livres, du droit de péage établi au pont dudit Saumur en faveur de l'abbaye de Saint-Florent. Voir la charte originale aux archives de Maine et Loire.

(3) « Frater Michael, humilis subprior et capitulum monasterii S. Flo-

GUILLIERMUS II, LORIER, VICESIMUS SEPTIMUS ABBAS (1).

Post hunc Guilliermus Lorier, præpositus Sancti Laurencii de Motheyo, natione Andegavensis, de parrochia de Verrie oriundus, abbas in isto monasterio creatus est, senex et provectus dierum : homo mitis, amator claustri et ordinis zelator, non recedens a claustro nisi necessitate cogente. Per annum et dimi-

---

rentii Salmurensis, omnibus et singulis prioribus prefato monasterio immediate subjectis ad quos presentes littere pervenerint, in Domino salutem et requiem eternam. Mortuo cum Christo bone memorie Gaufrido quondam abbate viduatoque, quod dolendum est, monasterio nostro pastoris regimine, vobis omnibus et singulis, vocantes vos universos et singulos, precipiendo mandamus quatinus, omni exceptione dilationeque remotis, in festo beati Clementis proximo venturo ad dictum monasterium nostrum personaliter accedatis, una nobiscum super electione pastoris et abbatis die crastina tractaturi ; procul dubio scientes quod tunc in dictam electionem quantum in jure fuerit procedemus, cujuslibet absentia non obstante : in signum suscepti mandati, prout vestra nomina exprimuntur in caudis, sigilla vestra presentibus litteris apponentes. Datum die dominica post festum beati Martini Vertavensis, in quo festo corpus prefati defuncti bone memorie Gaufridi, quondam abbatis nostri, cum lacrimis honeste tradidimus sepulture. Actum anno Domini MCCLXXI. *Michael Hurtaudi.* »

Cette encyclique fut adressée aux seize prieurs du château de Saumur, de Nantilly, d'Offard, de Boumois, Distré et Saint-Lambert des Levées, *diocèse d'Angers;* de Saint-Gondon, *dioc. de Bourges;* de Bruyères-le-Chatel, Deuil près Montmorency, Gonnesse et Sceaux, *dioc. de Paris ;* de Saint-Citroine, *dioc. de Poitiers ;* de l'Orme-Robert, Saint-Christophe et Saint-Laurent, *dioc. de Tours* : ainsi que l'indiquent les inscriptions placées sur les bandes ou queues détachées de la feuille de parchemin parallèlement à l'écriture de la lettre. Tous les sceaux apposés à l'extrémité de chacune de ces bandes sont aujourd'hui brisés. L'original est conservé dans les archives de Maine-et-Loire.

(1) 1271-1273.

dium vixit post assumptum administrationis officium. Cui multa facere non licuit, propter temporis brevitatem; ecclesiam tamen in bono statu dimisit. Cujus corpus ante altare martyrum in ecclesia est humatum.

GUILLIERMUS III, DE CULTURIS, VICESIMUS OCTAVUS ABBAS (1).

Successit autem eidem Guilliermus cognomine de Culturis, natione Pictavensis, homo mitis et suis fratribus curialis. Hujus autem tempore plures de prioribus istius monasterii super omnes alios divites reputati, utpote de Rupe Fulcaudi, de Dyogillo, de Braiosa, de Coceio, de Livreio et de Dolis et de Sancto Georgio, de Sella, de Monemuta in Anglia, et plures alii locupletes obierunt. Qui pecuniam ab ipsis habitam felicius expendisset, ut creditur, nisi malorum consilio usus fuisset. Sed quia de statu suo a quibusdam, qui forte zelum ordinis sui habebant sed non secundum scientiam, eidem quæstio movebatur, idcirco plura expendere et facere est compulsus quæ alias non fuisset facturus nec etiam expensurus. Et licet ejus æmuli 'coram Nicholao Andegavensi episcopo (2) sententiam depositionis obtinuissent contra eum, ex parte ipsius exstitit ad sedem Turonicam appellatum, cujus sententia depositionis exstitit confirmata. A qua confirmatione pro parte ipsius iterum exstitit ad sedem apostolicam appellatum ; et lite pendente in statu remanens, cum per novem annos totidemque menses

---

(1) 1273-1282. — (2) Nicolas Gellent, de 1260 à 1290.

et viginti dies vixisset in regimine pastorali, v° kalendas decembris, Domino reddidit spiritum.

Cujus corpus sepultum fuit ad hostium ecclesiæ afforis quo itur ad infirmitorium, prope capellam virginum, sub quodam opere arcuato. Cujus anima requiescat in pace. Amen.

CARTÆ ET CHRONICA

PRIORATUS DE CASA VICECOMITIS.

CARTÆ ET CHRONICA

PRIORATUS DE CASA VICECOMITIS (1).

I. — Carta de optimo libro missali tradito Aimerico Vicecomiti Toarcensium pro ecclesia de Casa, et de sacramento facto ab eodem vicecomite se prædictam ecclesiam
nulli unquam congregationi monachorum nisi sancti
Florentii esse daturum (2).

Anno ab Incarnatione Domini MLXIX°, eo scilicet tempore quo beatæ memoriæ domnus abbas Sigo in Salmurensi cœnobio Sancti Florentii pastoris fungebatur officio, Aimericus Toarcensium vicecomes a præfati sancti monachis unum missalem petiit; et ut ipse petierat, minis tamen ipsius valde perterriti, valde obtimum per domnum Aimericum, sue videlicet congregationis monachum, ad castrum usque Toarcense ei direxerunt. Quo cum prædictus pervenisset monacus, intravit in minorem cameram, ubi ipse vicecomes private tunc in lecto suo sedebat, et librum

---

(1) La Chaise-le-Vicomte en Bas-Poitou. Voir pages 189 et 307.
(2) Livre Blanc de Saint-Florent, fol. 57, v°.

qui a Sancti Florentii monachis ei offerrebatur præsentavit.

Causari tamen postea cum illo prædictus cepit monacus cur, tanti pretii dono requirendo, eorum non considerasset dampnum ac penuriam, quodque pro eodem missæ quam plurimæ remanerent. Ad hæc cum præfatus vicecomes responderet se pro quadam ecclesia quam in territorio suæ proprietatis, scilicet apud castrum Casæ, ædificare ceperat illum petivisse, monachus ilico subjunxit : « Si igitur vos hujus rei cau-
« sa illum poposcitis et illam æcclesiam, ubi eum
« delegastis, forte monachis tradere volueritis, rec-
« tius esse scitote illam in jus monachorum Sancti
« Florentii devenire a quibus jam est decorata tanto
« munere. » Cujus verbis vicecomes favorabiliter assentans, martyrium Dei attestans, sacramento se constrinxit nulli unquam congregationi monachorum nisi Sancti Florentii se illam esse daturum. Aderant autem tunc ibi tantummodo uxor ipsius vicecomitis, Orengardis nomine, super scabellum ad pedes ejus residens, et Gilduinus cognomento Vassaldus. Monachus vero vicecomiti et ceteris valedicens a loco discessit.

Fuit autem idem magni voluminis ac bene decoratus liber, ex capella domni Frederici abbatis, bina firmalia obtime fabrefacta ex argento habens; qui, ut nobis postea relatum est, ob penuriam nummorum est venditus atque ipsius precium in fabrica monasterii sancti Evangelistæ Johannis quod in prædicto castro situm est, ubi et datus fuerat, fuit expensum.

II. — CARTA DE CONSTRUCTIONE ECCLESIÆ CASÆ A JOHANNE CLERICO, ET DE PACE FACTA CUM NEPOTIBUS EJUS (1).

Scripsimus ad memoriam posterorum quod Aimericus vicecomes, incoans ædificare castrum Casæ, æcclesiam ejusdem loci construendam omnesque res ad eam pertinentes cuidam Johanni clerico commendavit; donec scilicet provideret ipse canonicos aut monachos quos ibi ad serviendum Deo institueret.

Parvo igitur post tempore, Deo bonam voluntatem ejus disponente et ad effectum perducente, monachos Sancti Florentii inibi collocavit : quatinus memoriam sui apud Deum atque uxoris ejus Amelinæ (2) omniumque parentum suorum indesinenter facerent, quibus prephatam ecclesiam cum omnibus quæ Johanni commendaverat aliisque multis beneficiis devote condonavit. Quod et Johannes concessit, accipiens societatem in capitulo Sancti Florentii : tali tamen pacto ut medietatem eorum quæ prius tenebat in vita sua frueretur; omnia autem monacorum essent post ejus obitum.

Multo vero post tempore (3), defuncto Johanne et monachis omnes ecclesiæ res possidentibus, sicut pactum fuerat, conquesti sunt nepotes Johannis, Petrus scilicet ac fratres ipsius, quod laboris patrui sui expertes remanserant. Quorum querimoniam extincxit pa-

---

(1) Original aux Archives de Maine-et-Loire.
(2) Seconde femme du vicomte.
(3) Cette seconde partie de la charte se rapporte environ à l'an 1115.

cemque taliter reformavit Guillelmus abbas Sancti Florentii cum monachis suis, annuente Gofredo tunc vicecomite. Concessit quippe Petro capellaniam sicut prius tenebat. Insuper addidit ei, causa amiciciæ et ut libentius serviret monachis, duas partes confessionum et IV sextaria annonæ, III minas frumenti et alias III sigalæ et sextarium avenæ et proprias domos Johannis cum suis viridariis et terra. Ad hæc etiam terram de Calceata cum prato quod juxta situm est, quæ propria monacorum erant ; terram denique Morini Rohonis et Constantini Belini, sicut a monachis tenebant. Hæc autem omnia concessa sunt Petro in vita sua. Post mortem vero ejus, si Aimericus frater suus sacerdos fuerit, sola ecclesiastica in vita sua a monachis tenebit; frater vero ejus Guillelmus, miles, et heres ejus proximus, cuncta ejus prædicta, præter ecclesiastica, ab abbate Sancti Florentii in fevo tenebit. Testes : Gofredus vicecomes, Gislebertus de Volula, Guillelmus filius Effredi, Giraldus Carantun, Guerrivus præpositus, Johannes vicarius. De monachis : abbas Guillelmus, Donatus, Umbaldus, Martinus prior de Casa, alter Martinus, Albericus, Evencius, Arraldus, Umbertus et alii plures. De famulis monachorum : Benedictus camerarius, Paganus, Albertus, Ingelbaldus. De amicis monachorum : Goffredus Mischinus, Ansterius camerarius, Budicus avunculus eorum, Guillelmus Arnaldus.

III. — FRAGMENTUM CHRONICÆ PRIORATUS DE CASA VICECOMITIS (1).

. . . .
contra Ostensum de Taliburgo præfatum vicecomitem diu protelata est res; sed inde rediens misit prædictum monachum qui abbatem Willelmum a Glomnensi cænobio, callide nimis atque invitum, pro hac causa usque ad castrum Casæ, mense novenbri (2), venire coegit. Secutus est abbatem Martinus prior de Chimiliaco, cum tribus aliis Sancti Martini monachis, usque ad castrum Casæ; et huic dono talem calumniam intulerunt, ante ipsum vicecomitem, quod jam ipse vicecomes de hac re eis donum, cum quodam cultello quem apud se habebant, fecisset, quando secunda vice, tercio videlicet retro anno, in regionem Anglorum abisset (3).

Quod vicecomes audiens, sacramentum quod olim comiti Pictavensi juraverat obtestans, se hoc non egisse affirmavit coram omnibus. Scire autem volens vicecomes utrum vera an falsa hæc esset calumnia, jussit prædictis Sancti Martini monachis ut, secunda ebdomada Adventus Domini, apud sæpedictum castrum Casæ, et abbas Sancti Florentii, ei adessent, si tamen de hoc quod calumniabant aliquid rationis

---

(1) Original aux Archives de Maine-et Loire.
(2) Les faits consignés dans cette première partie de la chronique se rapportent à l'année 1089.
(3) Il avait commandé le second corps d'armée à la bataille d'Hastings.

apud se inveniri quivissent; sin autem inaniter de hoc aliquid tractarent.

Ipse autem vicecomes cepit diligenter requirere si aliquis in ipso castro vel in toto suo territorio existeret qui hoc donum vel concessionem ab ipso Sancti Martini monachis factam aliquando audisset vel vidisset. Sed cum neque hic qui sæpefatum castrum ipso vicecomite jubente, Ingelbertus nomine, ædificaverat, neque Johannes canonicus, qui prælibatam sancti Johannis ecclesiam ab ipsis fundamentis construxerat atque in fevo ab eodem vicecomite tenebat, sed neque etiam ex filiis suis vel ex militibus aut mancipiis qui cum eo perrexerant, aliquis reperiretur qui hoc donum Sancti Martini monachis factum aliquando vel audisset, misit Turonus nuntium ad abbatem Bernardum ut si aliquid in elemosina quam Sancti Florentii monachis dare volebat calumniari potuisset ei intimaret. Abbas etiam Willelmus duos nostræ congregationis fratres, domnum scilicet Samuelem priorem et domnum Judicaelem præpositum, illuc pro hac causa direxit. Qui ab abbate Bernardo talem acceperunt responsum : ut abbas Willelmus, ad castrum Casæ ad prænominatum terminum pergens, donum a vicecomite salvo Sancti Martini dono acciperet; ipsi autem si aliquid apud suos monachos qui calumniam ingesserunt, sive etiam illos qui ex plurimis partibus in Natale Domini ad monasterium advenirent, sibi congruum reperire possent usque ad octavum diem Epiphaniæ illis mandaretur. Quod si in hoc spatio nil eis mandarent, Sancti Florentii monachi quod acceperant deinceps tenerent.

Ipse autem Bernardus abbas cum, inquisitione fac-

ta, nil ibi in ipso monasterio de sepefata calumnia*
reperire posset, Bernardum Pontiardum priorem et
Andream de Neelfa ad eandem calumniam investigandam, ad præfatos calumpniatores direxit, scire volens
cur eam ingessissent cum nil apud se de hoc quod
obiciebant invenirent. Qui ubi apud Sanctum Florentium, hospitandi gratia, abbate Willelmo jam ad prelibatum locum profecto, divertissent, in secunda dominica Adventus Domini, dum cum ejusdem loci
fratribus loquerentur, se hoc quod dictum est querere
dixerunt. Iterum autem misit ipse abbas Bernardus
domnum Ebrardum de Puisiaco, abbatis Willelmi
consobrinum, ad castrum usque Fontaniis dictum.
Qui cum inde reverteretur per domnum Aimericum
de Vallibus, Sancti Florentii monachum, abbati Willelmo ista mandavit: ut omni timore sublato, predictum locum Casæ susciperet; certissime sciens quia
ipse, propter rumorem quem Petrus eorum monachus, prior de Fontaniis, apud eos disseminaverat, ab
abbate Bernardo illuc directus fuerat et nil omnino
sibi ac ceteris Sancti Martini monachis congruum invenire potuit. Nam si, ut ipse Ebrardus scilicet dixit,
invenisset nullam super Sancti Martini, cujus et ipse
monachus erat, congregationem, ibidem pro certo
mitteret (1).

---

(1) La renonciation formelle et définitive de l'abbé et des moines de
Marmoutier est consignée en ces termes dans un acte authentique.

« Monachi S. Martini et S. Florentii quasdam querelas inter se habebant. Reclamabant namque monachi S. Martini adversus S. Florentii
monachos Casam in Toarcensi provincia. Quapropter domnus abbas Guillelmus cum quibusdam fratribus, Clarenbaldo scilicet et Hamone de Dol
et Rainaldo de Vieris, adiit presentiam domni Bernardi abbatis Majoris

Igitur abbas Willelmus cum aliis quinque fratribus, Algerium de Verreia prepositum atque Mauritium cellararium necnon Drogonem armarium Oliverium quoque atque prefatum Ingenulfum, ad castrum Casæ perveniens, diu ipse egre prestolatum tandem repperit vicecomitem qui ei de rebus quas dare eis volebat sero, in vigilia festivitatis sanctæ Luciæ, occumbente die, cum quodam sancti Augustini DE PENITENTIA libello et quodam cultello donum fecit. Atque cartam, in ipsa nocte, predictus Drogo conscripsit; quam antequam in crastinum mane, die scilicet jovis, a se invicem discessissent, idem vicecomes ante se legi precepit eamque, una cum filio suo Herberto, crucis impressione munivit.

Dominica igitur sequenti, tercia videlicet Adventus Domini, abbas Willelmus ad monasterium reversus quæ egerat fratribus in capitulo replicavit, et qualiter concessionem episcopi Pictavensis, Petri nomine, obtinerent inter se querere ceperunt. Tandem vero saniori reperto consilio, ipso die, tres fratres, predictum Drogonem, Oliverium atque Acardum, ad castrum usque Toarcinse ad vicecomitem miserunt, rogantes ut suis precibus licentiam episcopi eis obtineret (1).

Monasterii et cæterorum fratrum, petens cum humilitate ut calumniam quam eis in supradicta Casa inferebant quietam clamarent. Cujus peticioni domnus abbas B. et cæteri fratres in capitulo, caritatis vinculum potius amplectentes quam avaritiæ inhiantes, libentissime concesserunt. » L'exemplaire de la charte originale appartenant à Marmoutier existe encore dans les archives d'Ille-et-Vilaine. On en trouve une copie identique dans le Livre Noir de Saint-Florent, fol. 139.

(1) La charte originale par laquelle Pierre II, évêque de Poitiers, confirme à Saint-Florent les églises de la Chaise porte la date du 5 des ides de mars 1089 (ancien style). Voir aux Archives de Maine-et-Loire.

Invento autem ibi Rodulfo fratre ejus et Goffredum filium (1) ipsius Aimerici vicecomitis, rogatu ipsius cartam factis crucibus firmaverunt, omnia quæ in ea scripta erant sponte concedentes, die lunæ quo festivitas sancti Judicalis sive sancti Lazari colitur. De con . . . .
. . . .
episcopus altare matutinale in sancti Nicholai, sancti Hilarii et sancti Benedicti aliorumque confessorum honore; deinde, in dextro membro, altare in honore sanctorum Petri et Pauli aliorumque apostolorum ; item altare ad crucifixum in honore sanctæ Crucis sanctique Michaelis Archangeli et sancti Johannis Baptiste, sancti Stephani protomartiris sanctique Laurentii omniumque martirum Christi. His peractis, celebravit episcopus missam dominicam sancti Nicholai ad altare matutinale honorifice (2). In sequenti vero die, hoc est feria IV^a, ut supradictum est, dedicata est æcclesia sancti Nicholai. Altare vero dominicum con-

---

(1) Sic pour *Goffredo filio*.

(2) On lit dans une charte originale de l'an de grâce 1095, appartenant à M. le duc de la Trémoille : « Ego Herbertus Dei gratia Toarcensium vicecomes.... Statui quatinus ecclesiam sancti Nicholaï de Casa, quam pater meus (Aimericus) cœperat ædificare, sed morte preventus non potuit consummare, ego perficerem, honorarem, de his quæ mihi ipse dimisit ampliarem, contra omnes pervasores defenderem... »

L'Église paroissiale, consacrée à S. Jean-Baptiste, et celle du prieuré, ayant pour patron S. Nicolas, ne furent terminées que sept ans après la mort du vicomte Aimeri. La date de leur consécration est pour la première le mardi 6 et pour la deuxième le mercredi 7 décembre 1099, ainsi que l'atteste la très-curieuse et longue charte du vicomte Herbert, imprimée dans la *Nova Gallia Christiana*, vol. II , *Instrum.* p. 334. « Nunc igitur... decrevi, cum consilio domni Petri, patris nostri Pictaveusis episcopi,... consecrari predictam ecclesiam, etc. »

secratum est in ipsorum omnium sicut æcclesia honore, altare in menbro sinistro in sanctæ matris Domini sanctæque Mariæ Magdalenæ aliarumque virginum Christi.

Affuit autem abbas Willelmus æcclesiæ Sancti Florentii, abbas Brictius Sancti Jovini, abbas Gauffridus Malliacensis, abbas Rainaldus Sancti Cipriani Pictavensis, abbas Rainaldus Lucionensis, abbas Guarinus Sancti Michaelis Heremi, abbas Alexander Sanctæ Crucis Thalamonensis. Affuit quoque his duobus predictis diebus Guillelmus Aquitanorum dux et mater. ejus Hildegardis cum innumerabili multitudine optimatum. Non solum Pictavensium ac Toarcensium sed etiam ex semotis regionibus tam incredibilis utriusque sexus advenit conventus ut multi antiqui barones dicerent a tempore Carofensis (1) dedicationis talem se non vidisse. Tanta autem fuit cœli claritas et ubertas rerum ut his aliisque multis judiciis pateceret hujus celebritatis gaudium etiam et in cælo.

Anno incarnationis dominicæ MCI°, in secunda ebdomada quadragesimæ, Herbertus Toarcensium vicecomes et frater ejus Gauffridus cum Guillelmo comite Pictavorum, atque incredibilis multitudo omnium fere gentium, Jerosolimitanam peregrinationem arripuerunt (2). Quam autem devote hanc viam Herbertus vicecomes appetiit in paucis his verbis dinosci potest.

---

(1) En 1047, Voir la chronique de Saint-Serge.

(2) « Tempore Philippi regis et Petri Pictavorum episcopi, quando comes Pictavensis et vicecomes Arbertus Toarcensis cum optimatibus suis Hierusalem petierunt, instructi armis. » Charte de Saint-Michel en l'Herm, datée du jour de Pâques, l'an 1102.

Cum enim a castro Toarcio moveri vellet, Guillelmum, abbatem Sancti Florentii, baronesque suos ascivit, elemosinamque quam Sancti Florentii monachis apud Casam in sancti Nicholai æcclesia manentibus, cum sui corporis sepultura, jam dudum concesserat, scilicet medietatem omnium mobilium rerum suarum, iterum confirmavit; monachorumque Sancti Florentii orationibus, quibus se devoverat, [se] commendavit. Quantus vero hic fletus fuit, non est facile dictu. Deinde Pictavis cum habitum peregrinationis a domno Petro episcopo vellet accipere, ut episcopus confirmaret, quatinus illa peregrinatio patri suo Aimerico sicut sibi proficeret rogavit. Hic quoque nec episcopus vel ipse vicecomes vel quilibet alius vix se a fletu poterat continere.

Cumque in pago Pictavo, in Pratum Regalem dictum, ut inde iter arriperent convenissent, quidam monachus Sancti Albini Andegavensis ipsum vicecomitem Herbertum ut quandam ex precioso pallio cappam, sub precio ccc solidorum illi commodatam, æcclesiæ predictæ redderet benigne deprecatus est; sed vicecomite nolente nisi jam dicta pecunia sibi redderetur, monachus merens redire cepit. Pietate vero permotus vicecomes ad socios dixit : « En in via « Domini pergimus, et ccc solidi cito pertransient; me- « liusque est ut reddatur, ut ipsius sancti ac monacho- « rum precibus adjuvemur. » Quod omnibus laudantibus, revocato monacho, gaudentem Deumque et illos benedicentem cum cappa remittunt.

In ipso vero itinere sanctum Nicholaum corde et ore laudabat seque a sociis occidi dicebat cum quilibet alium laudaret. Constantinopolim vero egressi, dum per aridas terras quo antecessores eorum non abierant pergerent, pravitate predictæ civitatis imperatoris Alexis, per Vallem scilicet Lampadarum dictum, paganis insidiantibus, qui eos ex latere cernentes eos fame ac siti ac jumenta eorum valde attenuatos, subito in eos irruunt omnesque in fugam versos alii ferro alii fame ac siti alii a feris bestiis dum, ut ignoti locorum, fugerent ita perierunt ut vix ex centum millibus et eo amplius exercitus numerositate pauci, rebus amissis, evaderent.

Qui autem evaserunt, aliquantisper viribus ac pecuniis recuperati, post hiemem in Pascha Jerosolimis affuerunt. In quo die Paschæ cum Balduinus, ipsius civitatis dominus, successor Godofredi, Herbertum vicecomitem ut secum pranderet oraret, renuit dicens se multos suæ terræ habere pauperes socios quibus benefacere volebat; quod nimis laudabiliter et large tunc et aliis diebus fecit publice ac privatim. Nam licet in prefato bello omnia sua perdidisset, multa jam ab amicis qui ipsam terram armis ceperant, atque incolebant, receperat.

Visa itaque sancta loca, post Ascensionem Domini repatriare cum sociis suis volens, Jasphiæ portum navigando relinquunt tertioque die, agente vento in momento hore, sine periculo ad idem portum redierunt. In crastinum, paganos regionem vastantes devicit, auditoque, falso, fratrem suum Gauffridum tunc ab hostibus interemptum, angeri graviter cepit; statimque pene semimortuus de equo depositus aliquantisper aspersus aqua in se rediens, in civitatem est reductus, et sana mente dispositis rebus suis et fide illi a Gauffrido fratre suo confirmatis, novo incommoditatis die, v° kalendas junii, iv.ᵃ feria in ebdomada Pentecosten, hora fere tercia, spiritum tradens, ipsa die non longe a sancti Nicholai ecclesia in urbe Jasphiæ in littore maris sepultus est.

Multa autem suæ provintiæ æcclesiis dona concessit.

De æcclesia vero sancti Nicolai de Casa hoc ad fratrem suum dixit : « Est, inquit, ecclesia apud Casam « a patre nostro ceptam et a nobis in aliquo consum- « matam; cujus res ut quindecim saltim jugiter mo- « nachis sufficerent, nam septem vel octo tunc ibi- « dem erant, volebam augere. » Innuente itaque Gauffrido fratre suo germano, et baronibus ac famulis hoc laudantibus, concessit æcclesiæ sancti Nicholai de Casa monachisque Sancti Florentii in illam manentibus decimam frumentagii quod a rusticis ultra Separis fluvium, contra solis ortum, degentibus ad horrea Toarcensis vicecomitis singulis annis defertur. His rebus affuerunt : Petrus de Ganaschia, Berlaius de Passavant, Guillelmus de Aspero Monte, Gauffridus medicus Nanneticus, Legerius vicecomitis. . . .

. . . .

IV. — CARTA DE CONSUETUDINIBUS CASTELLARIÆ CASÆ (1).

Statutum est in constitutione castelli et parechiæ de Casa ab Aimerico vicecomite, et Isemberto Pictavorum episcopo (2) sua auctoritate id confirmante, ut omnes qui in castellaria Casæ, tam in arabili terra quam in tota foresta vicecomitis propria, tunc habitabant vel habitaturi erant, parechiani essent ecclesiæ ipsius castelli decimamque consuetudinariam, quam vicecomiti reddere solebant, prædictæ ecclesiæ servitoribus persolverent. Prædictus nempe episcopus, vir nobilissimus, ut æquitatis amator et rerum præteritarum non ignarus, [juxta] antiquorum patrum traditiones parechiam sequi debere asseruit decimationem.

Si exercitus in terra vicecomitis intraverit bellumque ei fuerit, homines sancti Nicholai, a præposito monachorum invitati, illuc pergent; et remanentes a monachis tantum distringentur. Sic namque diffinitum est apud Casam in præsentia Gauzfridi vicecomitis, filii supradicti Aimerici, post combustionem castri Toarcii (3) patratam a Gauzfrido Martello adhuc juvene, Andegavorum comite, anno dominicæ incarnationis MCIV°, die dominica, hora tertia, v° kalendas septembris.

At vero si contra rebelles in sua ditione, obsidionis seu vastationis causa, perrexerit, homines sancti Ni-

---

(1) Archives de Maine-et-Loire. Copie mutilée, faite par dom Huynes.
(2) Isembert II, mort en 1089.
(3) Voir les Chroniques de Saint-Aubin.

cholai castrum custodient ut præpositus vicecomitis juste disposuerit.

Fera seu venatio in terra sancti Nicholai ab aliquo suorum hominum [capta], si ictu ferri vel fuste fortuitu comprehensa fuerit, monachorum erit; si vero cum insidiis aut immissione canum, et reus et fera judicio vicecomitis subjacebunt.

Discordia qualiscumque inter homines sancti Nicholai et vicecomitis exorta nonnisi apud Casam, in curia sancti Nicholai, erit judicata, cujuscumque ordinis sit clamans.

Inde.... alii officiales vicecomitibus successissent, inter illos ac monachos lites factæ sunt; sed præfati Aimerici vicecomitis authoritate factorumque illius replicatione a monachis.... Ipse namque Aimericus totius castelli Casæ curiam sancto Nicholao concessit, ita ut ejusdem sancti homo cujuscumque etiam judicii prælii.... ibi lege convictus, liberum illum monachi reducant nullamque forfacturam emendet præposito.

Si vicecomes aliquam costumam in suos burgenses seu villanos levaverit, homines sancti Nicolai liberi erunt omnisque illorum redditio monachorum erit.

Et hoc ita solemniter vidimus confirmatum quando prædictus Herbertus, Aimerici vicecomitis filius, quamdam vendam carnis in castello Casæ immisit; quam, post tres fere annos, in Jerosolimitana peregrinatione jam morti vicinus, annuente Gaufrido fratre suo, jussit dimitti.

Ferarum omnium pelles quæ in spaleo vicecomitis sunt apud Casam, quocumque modo morbo vel ferro cum quolibet interficiantur, pellis sancto Nicholao erit; et quisque sit portitor, libram panis justitiamque vini idoneam pro unaquaque pelle a monachis accipiat.

Burgensis necnon ruricola quispiam vicecomitis seu monachorum, si ad alterutrum migrare voluerit, anno uno ac die exsul factus liberum iter deinceps habebit. Baronum vero homo, si ad monachos transierit, suscipiatur. Si quis tamen ipsius ejus prior dominus invenerit facultates, in illius erunt deliberatione.

V. — CARTA DE ECCLESIA ET MANSIUNCULIS ÆDIFICATIS A GISLEBERTO IN SYLVA VICINA CASÆ (1).

Posteræ generationi non incongrue fidelis mandavit antiquitas ut si quid in futurum memoria dignum judicaverint litteris mandare non negligant : quatinus preteritarum rerum incertitudo scripturæ testimonio certificetur, sicque totius calumniæ rixa sopiatur. Proinde tam presentibus quam futuris notificamus quod, eo tempore quo Martinus monachus æcclesiæ sancti Nicholai de Casa prioratum gubernabat, quidam vir religiosus, nomine Gislebertus, in vicina sylva, dono vicecomitis Gaufridi (2) et auctoritate Willelmi (3) Pictavensium presulis, æcclesiam (4) et mansiunculas religioni congruas ædificans, Deo ibidem

---

(1) Livre Noir de Saint-Florent, fol. 56, v°.
(2) Geoffroi, frère et successeur d'Herbert, mort en 1123.
(3) Guillaume Ier, évêque de 1117 à 1123.
(4) Probablement Saint-Florent des Bois, au sud de la Chaise-le-Vicomte.

devote serviebat. Quadam igitur die predictus Martinus atque Gislebertus in unum convenientes, cum de salute animarum suarum et studio spiritualis exercicii invicem colloquerentur, prefatus Gislebertus, honestate et bona fama religionis æcclesiæ Beati Florentii permotus, in manu ejusdem Martini cum libro missali concessit æcclesiam quam ædificare cœperat, cum omnibus ad eam pertinentibus, æcclesiæ Beati Florentii et monachis apud Casam commorantibus : ita ut se ab hac vita decedente proprio juri æcclesiæ Beati Florentii et monachorum ejus, absque alicujus calumnia manciparetur. Testes hujus rei : Martinus presbiter et Barbotinus de Palluel.

CHRONICON

SANCTI MAXENTII PICTAVENSIS.

CHRONICON

SANCTI MAXENTII PICTAVENSIS.

Pipinus Vetulus, dux Francorum, genuit Karolum Martellum, qui genuit Pipinum Pium qui de illa linea generationis primus elevatus est a Francis, evacuata linea de genere Faramundi. Pipinus Pius genuit domnum regem augustum imperatorem Carolum. Itaque, post Pipinum regem domnus Carolus, filius ejus; quem postea Romani elegerunt sibi advocatum sancti Petri contra Langobardorum reges, deinde ipsum domnum Carolum elegerunt sibi in patricium Romanorum, deinde elevaverunt in imperatorem augustum. Pipinus vero Pius, pater domni Caroli, postquam elevatus est in regem, regnavit septem annis, et obiit DCCLXVIII° anno ab incarnatione Domini; et ipso anno omnes Franci, magno gaudio exultantes, elevaverunt sibi in regem domnum Carolum Magnum; anno ab incarnatione Domini DCCLXVIII°. Sic enim computantur anni ab incarnatione Domini : a Nativitate Domini usque ad transitum sancti Martini, sunt anni quadringenti XLV; a transitu sancti Martini usque ad transitum Clodovici regis Francorum, qui primus christianus fuit de regibus Francorum, sunt anni CXII; a transitu sancti

Martini usque ad transitum sancti Eparchii, sunt anni cxx; a Nativitate Christi usque ad primum annum regni Caroli, sunt anni dcclxviii.

Domnus vero Carolus, piissimus et gloriosus imperator, genuit Ludovicum imperatorem; et post multa et laudabilia gesta, quæ enumerare longum est, dum in palatio Aquis Grani hiemaret, anno lxxii° ætatis suæ, regni autem xlvii°, subactæ autem Italiæ xliii°, imperii vero xiv° rebus humanis excessit, v° kalendas februarii, sepultus in basilica Dei genitricis Aquis Grani, quam ipse construxerat. Corpus ejus aromatizatum est et, in sede aurea sedens, positum est in curvatura sepulchri, ense aureo accinctus, evangelium aureum in manibus habens et genibus reclinatis humeris in cathedra et capite honeste erecto, ligato aurea catena ad diadema, et in diademate lignum crucis positum; et repleverunt ejus sepulchrum aromatibus, pigmentis, balsamo et musco et thesauris. Vestitum est corpus ejus indumentis imperialibus et sudario. Sub diademate, facies ejus operta est. Sceptrum aureum et scutum aureum, quod Leo papa consecraverat, ante eum posita, et sigillatum sepulchrum est. Nemo enim referre potest quantus pro eo luctus fuerit per universam terram, nam a paganis plangebatur quasi pater orbis. Obiit vero in pace, unctus oleo sancto et viatico munitus, anno dcccxiv° ab incarnatione Domini; et regnavit gloriosissimus Ludovicus filius ejus, pro eo.

Iste rex magnus ædificari fecit cœnobium Carrofum et cœpit anno ab incarnatione Domini dcclx° nono, et Rotgericus comes cum eo, in honore Sancti Salvatoris. Ædificavit et alia sex, ad similitudinem vii ecclesiarum quæ in Apocalipsin leguntur: cœnobium Rodonense, cœnobium Villelupæ, ubi quando aliquis frater obierit tabula percussa a pluribus auditur.

Carolus iste duos filios habuit ex Hildegarde regina. Primogenitus ejus fuit Drogo, qui factus est Metensium episcopus, alter Ludovicus qui ei successit in regno. Is sexto anno regni sui, Pipinum filium suum regem fecit Aquitaniæ; septimo autem anno alterum filium Clotarium regem Franciæ constituit.

Hilbodus et Frobertus abbates Sancti Florentii (1) fuerunt Ludovici tempore.

Karolo augusto Magno imperatore Francorum diem obeunte, Ludovicus filius ejus imperii gubernacula suscepit. Cujus tempore, variis tumultuationibus regno Francorum attrito, multo et gravi turbine Ecclesiæ visus est concuti status. Namque filiis diversa adversus patrem molientibus quantum ad totius specimen regni adtinet, intestina oritur collisio : cumque pater alios honoribus ob merita privare, alios cumulare opibus studet, id ipsum vero filii adversus patrem dejectos ab illo erigere, sublimatos deponere conantur, tempestatis instar maritimæ, subjectos hac illacque dispergunt. Qua causa res quarumque Christi Ecclesiarum contigit gravissima pati dispendia divi augusti Ludovici temporibus, cum, secundum evangelicum dictum Domini, abundante iniquitate refrigesceret caritas, multorum dissidio gentis Francorum accidit multifariam rempublicam ejusdem regni affligi. Namque, pravorum hominum consiliis, dum consultatio reipu-

---

(1) Au monastère du Mont-Glonne, avant sa destruction par les Normans. Voir plus haut, page 197.

blicæ in superbiam dominatumque se transformavit primoribusque magis sibi invicem invadere obloqui quam regni utilitati consulere placuit, cœpere regibus boni quique suspectiores existere quibus, ut ait Crispus, semper aliena virtus formidolosa est, atque in primis genti contraria sentire. Qua de re actum est ut, dum imperator nobilitatem veteranorum insequitur, at hi, memores pristinæ virtutis defensare libertatem nituntur, defectiones ab imperatore magnumque regni parant excidium. Sed quia nostri haudquaquam propositi est regum actus stylo comprehendere, immo miranda Dei opera necne quæ peracta sunt, ad ea quæ cœpimus redeamus.

Imperator, ut dictum est superius, suspectos Francorum primores habens, Germaniæ populos, Aquitaniam profecturus, evocat: Saxones videlicet, Toringos, Bajoarios atque Alemannos, eosque quos virtute pater armis subegerat [ad] regni statum incomposite convertit. Illud quoque animo Franci cœperunt in promptu agnoscere est. Liberalitate igitur trans Rhenum, ac si ob tutelam imperatoris, adepta, vitiis sese omnemque subdidere exercitum.

Imperii Francorum monarchiam Ludovico augusto ut dictum est gerente, venerabilis abbas Hilduinus cœnobii sancti martiris Dionisii legatos misit Romam atque ab Eugenio papa corpus beati Sebastiani martiris impetravit. Quo delato in Sancti Medardi basilica, juxta corpus ejus, in loculo gestatorio, ad tempus collocavit; quo in loco innumera miraculorum opera patrata sunt a Christo, interventu beati martiris.

Huic quatuor filii fuerunt : primus Clotarius quem imperatorem fecit, et Pipinus quem Aquitaniæ fecit regem, tertius Ludovicus rex Germaniæ, quartus Carolus Calvus rex Franciæ et Burgundiæ.

Anno ab incarnatione Domini DCCCXV°, domnus Ludovicus imperator, indictione x, anno imperii sui III°, Aquisgrani habito concilio, jussit fieri regulam canonicis ut, sicut monachi respiciunt ad librum regulæ sancti Benedicti, sic perlegant canonici inter se librum vitæ clericorum; quem librum Amalarius, ab imperatore jussus, collegit ex diversis doctorum sententiis. Dedit ei imperator copiam librorum de palatio suo ut ex ipsis ea quæ viderentur congrua excerperet; et ita, cum episcoporum decretis qui ibi fuerunt, vita clericorum roborata est.

Scripsit eidem imperatori Amalarius librum de divinis officiis et de varietatibus eorum, et de ordine psalmorum clericorum usum antiquum. In illo tempore Rabanus, Magnentii monachus doctissimus, magister Alcuini, imperatori ipsi porrexit librum valde mirabile de Theologia sanctæ crucis. Beda enim, doctus a Benedicto abbate et nutritus, docuit Simplicium, et Simplicius Rabanum, qui a transmarinis oris a domno imperatore Karolo susceptus est et pontifex in Francia factus. Item Rabanus docuit Alcuinum et Alcuinus Smaragdum imbuit; Smaragdus autem docuit Teodulfum, Aurelianensem episcopum; Teodulfus vero Heliam Scotigenam, Engolismensem episcopum; Helias autem Heinricum; Heinricus Remigium et Vobaldum Calvum, monachos, hæredes philosophiæ reliquit.

Anno DCCCXXIII° Abbo abbas et Gundacher prior præerant abbatiæ Sancti Maxentii.

Anno ab incarnatione Domini DCCCXXX° basilica Sancti Hilarii Nobiliaco dedicatur et corpus sancti Juniani illuc transfertur a Mariaco villa; quam translationem fecerunt abbas Godolenus, adjuvante Sigibranno episcopo et Fulcone abbate Sancti Hilarii. Huic Sigibranno episcopo successit Ebroinus episcopus.

Verum piissimo augusto Ludovico carnis onere spoliato, regnum Francorum, quod ex diversis nationibus solidum corpus fuerat effectum, trifarie dividitur atque a tribus ejusdem imperatoris filiis ad regendum suscipitur : et major quidem natu Clotarius Franciam cum Italia, Ludovicus Saxoniam omnemque Germaniam, Karolus autem Junior Burgundiam cum Aquitania accepit. Sed ut de regnis taceam, bella ne attrita decreverint an pace continua aliquanto floruerint, nostræ partis ærumnas brevi eloquio excurrere libet.

Karolo regni non minimam assecuto partem, infortunium junctum rempublicam maximo profligavit dampno : ac primo marchisis Britannici limitis inter se graviter perduellionem dissidentibus, bellum oritur lugubre utrique parti; quamvis Rainaldo occumbente victor Lambertus exstiterit. Nec adeo tamen victricia ab hoste retulit signa dum millia suorum prospexit oppetiisse satellitum; atque adversus Erveum repetens primum natorum Rainaldi, arma ob vindictam paternæ necis resumentem, eumdem male depugnantem devicit telisque confossum neci tradidit.

Hoc dissidii genere bellatoribus utrinque pereuntibus, pene omnis illa regio, defensoribus nudatis, vix præda gentibus patuit externis. Brictonum siquidem maxime limitem transgressa antiquum, Nanneticam regionem, Andegavensem quoque Meduanam usque fluvium vastando, cædibus atque incendiis redegit potestatem. Obstiterat quidem Lambertus jampridem id adnitentibus, sed jussu regis loco cedens Brictonibus explere conatus permisit barbaricos.

Præterea Normanni, gens Aquilonalis nostro generi plus æquo præcognita, nam jam piraticam exercendo sed libere terras nullo resistente pervadendo, omnem oram maritimam pessumdedit atque, ut verius dicam, in vastam redegit solitudinem. Fuerunt eorum pessum conatus sæpe a ducibus illarum regionum sibi succedentium frustrati, Lamberto scilicet atque Rotberto necnon Ramnulfo; sed illis varia sorte pereuntibus, omnis fere Neustria quæ a Gennabi urbe per transversum Luteciam usque Parisiorum pertingit oppidum, Normannicæ patuit feritati. Irruptionibus namque creberrimis cuncta vastando, circumeuntes primo pedites, quidem eo quod equitandi peritia deesset, deinde equis evecti, more nostrorum pervagantur. Interea stationem navium suarum, ac si asylum omnium periculorum, in insula quadam Sancti Florentii (1) supposita componentes, mapalia quoque instar ædificavere burgi, quo captivorum greges cathenis astrictos adservarent ipsique pro tempore corpora a labore reficerent, expeditione illico servitura; ex qua inopinatos discursus agitantes, modo navibus modo equis delati, totam circumquaque delevere provinciam. Et primo quidem adventantes urbem Nanneticam incendio concremavere; deinde Andegavensem percurrentes regionem, ipsam quidem civitatem concremant. Pictavorum castella atque vicos omnemque

---

(1) Suppl. *monasterio*.

patriam a mari usque ad eamdem Pictavam urbem propalantur, vastant, cædibus replentes omnia. Sequenti tempore, navigio Turonum veniunt eamque, de more, stragibus complentes, ad postremum ignibus tradunt, propalata circumquaque regione. Haud longe post, superiora Ligeris amnis navibus expetentes, Aurelianis perveniunt captamque urbem auro distrahunt.

Egio tunc temporis præsulatum præfatæ urbis gerebat; sicque ad tempus recedentes, secundo adventu prædicta civitas combustione dissipatur : ab eis matre dumtaxat ecclesia, quæ in honore Sanctæ Crucis, jubente Constantino augusto, a beato Evurcio præsule sacrata erat, studio bonorum hominum remanente. Quid denique solius Neustriæ clades memorando stilum protrahimus, aut solæ quatuor supra memoratæ urbes excidii dampna sensere! Quid Lutecia, Parisiorum nobile caput, resplendens quondam gloria oppidis fertilitate soli, incolarum quietissima pace, quam non immerito regum divitias impiorum dixero populorum, non magis ambustos cineres quam urbem nobilem potis est cernere? Quid proinde Bellovagus? Quid Noviomacum et ipsæ quondam Galliæ præstantissimæ urbes? Nonne et ipsæ irruptionibus Normannicis concidere? Piget referre cœnobiorum nobilissimorum tam virorum quam feminarum Deo devote servientium excidia stragesque non ignobilium plebium, captivitates matronarum, virginum ludibria ac cuncta quæ victores inferre valent tormentorum genera.

Quid Aquitaniæ ingentem referam afflictionem, quæ olim bellorum nutrix, nunc frigidam bello præfert dexteram, suosque optimos quosque genitalis soli in sese elidens patet nunc præda gentibus alienis! Ab ipso quoque, ut ita loquar, Oceani littore, orientem versus Arvernum usque clarissimam vetere tempestate Aquitaniæ urbem, nulla libertate retineri valuit regio, non oppidum aut vicus, non denique civitas quæ non strage ferali conciderit paganorum. Testatur id Pictavis, quondam fœcundissima urbs Aquitaniæ; hoc Sanctonicum, hoc Engolisma, hoc Petragoricum, hoc Lemovicas. Hoc certe Arvernus, terminus ejus barbarici gladii, ipsumque Avaricum, caput regni Aquitanici, proclamant: nulla scilicet bellica obviante manu, hostili graviter sese concidisse incursu.

His itaque hujuscemodi malis, per triginta ferme annorum curricula, Galliis non absque piaculo quorumlibet detritis, cultus quoque divinæ religionis quomodo processerit, utrum necne floruerit, in promptu est cuilibet, licet tardioris ingenii, mortalium persentiscere. Hæc de excidio jocundissimæ patriæ, breviter litteris mandare libuit.

Rege jam dicto Carolo regnante, fames admodum gravis universas occupavit Gallias. Clades etiam ex insectatione paganorum non modica totam Oceani incolentem littora attrivit gentem. Sed ut tertiam, juxta prophetam, orbis experiretur plagam, graves immissæ sunt bestiæ, quæ famem clademque effugientes barbaricam hianti ore exciperent.

Igitur Pipinus, rex Aquitaniæ, filius Ludovici imperatoris obiit, sepultus apud Sanctam Radegundem Pictavis. Hic jussu patris fecerat monasterium Sancti Johannis Baptistæ Angeliaco, in quo monasterio translatum est caput sancti Johannis Baptistæ, cum tribus innocentibus. Quod cum evenisset, libet breviter narrare.

Regnante Pipino rege Francorum, patricio Romanorum, Stephano papa residente in sede apostolica, cuidam viro religioso sacerdoti ac monacho, nomine Felicio, qui orationis gratia in illis diebus Hyerosolymam ab occidentali adierat, angelica visione dictum est : « Felici, surge, concitus perge ad civitatem Alexandriæ, et invenies ibi ecclesiam in honore sancti Johannis Baptistæ consecratam, ubi caput ejus cum tribus parvulis innocentibus reconditum est; quod accipiens, transfer in partibus Galliarum, in regione Aquitaniæ, in loco quem tibi ostendero. » De qua visione certus, expergefactus, reverendus senex, gaudio amplissimo repletus, pergens illico ubi jussus fuerat, cuncta reperiens, rectori sui itineris grates innumeras rependit; properansque ad locum, thesaurum sibi a Deo destinatum accipiens, in unius sportellæ conclusit sinu, statimque retro iter arripiens, junctis sibi sociis fratribus suis, qui cum eo abierant septem, vallansque regionem omnem illam, clam perveniens ad littus maris, invenit navem cum remigiis ac gubernaculo a Deo paratam. Illico ingressus est cum thesauro et magni pretii margaritis, navigantesque prospere, et Domino ordinante, pervenerunt ad portum, qui appellatur Engolinse, quo tempore in pago Alnisii pugnaverat Pipinus cum Gandalis, in quo prælio perdidit de nobilibus viris viginti; qui, admonitus per visionem ut pergeret obviam sanctis reliquiis, mox cum exercitu et mortuorum corporibus perrexit. Qui simul cum omnibus Dominum deprecatus est ut sui, quos perdiderat, meritis sanctorum quorum ossa deportabant, resuscitarentur; quod et factum est. Dehinc beatus Felicius et socii ejus, cum venerando rege Pipino, inter cætera Dominum deprecabantur ut eis salubre concilium suggereret ad sancta membra locanda; ædificantesque basilicam et in ea ciborium cum sex columnis lapideis, mirifici operis, bene compositis, non longe a Vultumnis littore, passus (ut arbitror) centum, in quo cum aromatibus et plurimis bonorum odoribus condientes caput sancti Johannis Baptistæ, almi præcursoris Christi, et beatorum innocentium in hoc ciborio concluserunt.

Construxit quoque idem rex monasterium Sancti Cypriani quod est in prospectu Pictavis, monasterium Brautomense, et transtulit canonicalem habitum in monasterio Sancti Eparchii Engolismæ; quibus monasteriis præfecit Martinum.

Circa hæc tempora constructum est monasterium Sancti Pauli Cormaricensis, ab Alcuino et cæteris sanctis canonicis (1).

Anno DCCCXXXVIII. — Pipinus rex Aquitanorum obiit ante Ludovicum patrem suum imperatorem (2).

DCCCXL. — Tunc eclipsis solis fuit et dominus Ludovicus obiit, ii° kal. junii, anno DCCCXL°; sepultus Metis apud Sanctum Arnulphum. Remanserunt tres filii ejus: Lotharius imperator, Ludovicus rex Germaniæ et Carolus rex Franciæ et Burgundiæ; qui pro regno Aquitaniæ inter se discordantes, bellum committunt in Fontaneto, quod est in Burgundia: Lotharius

---

(1) Voyez sur la fondation du monastère de Cormeri près Tours la note 2 de la page 368.

(2) Cette répétition, comme plusieurs de celles qui suivront, est placée dans le ms sous la rubrique : *Recapitulatio verborum supradictorum.*

ex una parte cum exercitu Italiæ, Carolus et Ludovicus ex altera cum Francis et Aquitanis.

DCCCXLI. — Fuit hoc bellum post mortem Ludovici [anno] primo, quidem Lotharius victor fuit; sed subito Garinus dux, cum Tolosanis et Provincianis superveniens, bellum restauravit et fugatus est Lotharius.

Prælium factum inter Carolum et Clotarium fratres apud Fontanetum, anno ab incarnatione Domini DCCCXLI. Abhinc Caroli Calvi regnum.

DCCCXLII. — Anno secundo post mortem Ludovici, Carolus et Ludovicus regnum partiti sunt sibi; et post duos annos venit imperatrix, mater Caroli Calvi, Turonis, [ubi] obiit, sepulta apud Sanctum Martinum.

DCCCXLIII. — Civitas Namnetica a Normannis capitur vice prima, prodente eam Lamberto perfido comite, qui a fidelitate Francorum regum ad Nomenoium Britonum se contulerat; qui etiam ipsius consilio in Britannia regnum usurpare ausus est.

DCCCXLIV. — Sequenti anno, Stephanus, comes Arvernorum, a Danis interfectus est. Ipso anno Rainaldus, comes Arbatilicensis, cum Lamberto Namnetis comite congressus, occisus est; et Namnetis eo anno a Winfaldingis capta est, et Carolus Calvus primo Britanniam ferro et igne vastavit.

Eodem anno, id est DCCCXLIV (1), cum nomen gentis Normannicæ apud nostrates nec auditum foret, repente de vagina suæ habitationis exiens, [illa gens] nancta piraticam cæstum a mari Britannico depopulata est loca, navibusque longis alveum ingressa Li-

---

(1) Le manuscrit porte, par suite d'une erreur évidente, DCCCLXIV.

geris, Namneticæ properat ad mœnia urbis, speciem præferens multitudinis negotium exercentis. Dies tunc festivus cunctum ad ecclesiam invitarat populum, nam erat sancti præcursoris nativitas, nec erat suspicio bellici tumultus et intrabatur portis semper patentibus. Sanctus etiam Gonardus (1) pontifex, in ecclesia B. Petri apostoli, super aram Ferreoli martyris, quæ est ad lævam ejusdem ædis, reverenter sacris instabat missarum solemniis. Igitur nullo prohibente ingressi Normanni, sub vestibus arma celant gladiosque sub umbra; intrantesque ecclesiam, enses denudant, ipsumque pontificem *Sursum corda* dicentem, juxta sacram victimam obtruncant, bacchantesque per populum nulli ætati parcendum putant; ipsaque urbe vastata ecclesiaque incensa, cum grandi captivorum multitudine et pretiosa captivitatis supellectile naves conscendunt et in insulam quamdam contubernium faciunt. Inde eruptionibus crebris, maritimis indefensis oris, multa formidine pressos incolas ignotas cogunt perquirere terras.

Claruerunt Sergius papa, cui Leo successit, Benedictus, Nicolaus, Adrianus, Johannes; Amalricus Turonus, Dodo Andegavinus, Godo Pictavinus, Bernardus Lemovicus, Amardus Petragoricus, Autbertus Engolismensis, Actardus Namnetensis.

Vicesimo anno ex quo episcopi Britanniæ sese a Turonica metropoli diviserunt, perrexit iste Actardus Romam, transmissus a synodo Suessionica, præsente Herardo archiepiscopo Turonensi, intimare cupiens

---

(1) Sic pour *Gontardus* ou *Gohardus*.

papæ Nicolao, tertio a Leone, qualiter non solum episcopi supradicti Turonensem archiepiscopum nequaquam recognoscerent metropolitanum, verum etiam princeps eorum Herispoius colla de sub jugo Caroli Calvi, filii Ludovici, omnino excussisset. Hunc Actardum deposuit Nomenoius, princeps Britannicus, de sua sede, et in loco ejus Gislardum substituit; quamobrem a Leone papa epistolis, et verberibus plenis, vehementer increpatus est.

Sanctus Guhardus trucidatus est a Normannis in civitate sua Namnetica.

Posteaquam isti Normanni civitatem Namneticam ceperunt non parvo tempore in ea habitaverunt et, exinde egressi, proximas regiones vastando prædaverunt.

Superveniens vero alia classis Normannica, ubi audivit eos in civitate ipsa residere omnesque provincias circumquaque quasi in proprium jus vindicasse, misit nuncios suos ad Erispoium, Britannicum principem, mandans ei, ut congregato exercitu veniret, junctique simul supradictos Normannos a civitate expellerent. Herispoius hæc audiens, Nannetum pergens et adjuvantibus sibi Normannis jam dictæ classis, civitatem obsedit. Illis autem deintus haud segniter se defendentibus, pugna gravis usque ad noctem deducitur, sauciatusque est in illo certamine Sidric, comes præfatæ classis. Nocte vero sequenti pacem fecerunt inter se Normanni cum insulanis. Insulanos ideo dico, quia in insula quadam Betia nomine, sub civitate Namnetica, sua magalia exstructa habebant. Mane autem facto, mare ingressi, per Sequanam fluvium superiores Franciæ partes agere cupientes petierunt; sed nefandissimi eorum conatus omnino frustrati sunt, nam a Carolo Calvo ibi congressi et usque ad internecionem omnes deleti sunt.

Eo anno apparuit in Francia stella quæ dicitur cometes diebus viginti ; et fames tritici horribilis per Franciam, Burgundiam et Aquitaniam, ita ut non essent qui sepelirent cadavera morientium, sed se invicem homines manducarent.

DCCCXLV.—Sequenti anno Bernardus comes Pictavinus et Arveus filius Rainaldi, congressi cum Lamberto comite, occisi sunt.

Alio anno Siguinus, comes Burdegalensis et Santonicensis, a Normannis captus et occisus est, et Sanctonas a Normannis igne concremata est, thesauris ejus optimis exportatis. Karolus, iterum Britanniam pergens, cum Nomenoio duce dimicat et victor fuit, Nomenoio fugato.

His temporibus Normanni diffusi sunt per Aquitaniam, quia duces ejus inter se bello deciderant (1) nec erat qui eis resisteret; et concrematæ sunt ab eis Hero insula et monasterium Deas, Burdegala, Santonas, Engolisma, Lemovicas, Parisius, Turonis, Belvagus, Noviomagum, Aurelianis, Pictavis, et innumera monasteria et castella destructa post mortem Ludovici imperatoris.

DCCCLI. — Karolus tertia vice Britanniam igne et ferro vastavit; et dum in Aquitaniam regressus (2) esset, Nomenoius dux Redonas civitatem et Namnetes capiens, destruxit eas et in Britanniam repedavit.

---

(1) Imp. *dissidebant*. — (2) Imp. *reversus*.

DCCCLII.—Anno sequenti, jubente Deo, ab angelo percussus interiit; et Karolus Calvus, quarto Britanniam ingressus, cum Erispoio filio Nomenoii dimicavit. Victor exstitit, sed magnam partem exercitus sui cum Viviano duce amisit.

DCCCL.— Anno ab incarnatione Domini DCCCL (1), Leo tenebat sedem Romanam xxiv annis; et post Stephanus, cui ex ordine per multorum annorum curricula cunctis spaciis temporum successionem sortiuntur sanctæ Romanæ sedis : Paschalis, Eugenius, Valentinus, Gregorius, Pelagius, item Leo.

DCCCLI.—Nomenoius, Britannorum tyrannus potius quam rex, cœlitus percutitur; cui successit usurpativo in regno Erispoius, filius ejus (2).

DCCCLII. — Et sequenti anno Lambertus, comes Namnetensium, a Gauberto comite Cenomannensium in bello occiditur; et Karolus quinta vice Britanniam vastavit et [per] Pipinum nepotem suum ibi positum adquirens, Britanniam sibi subjugavit occiso Erispoio.

Ramnulfus comes quoque Pictavensis et Raino comes Arbatilicensis, consanguineus ejus, cum Normannis in Briliaco villa dimicantes fugati sunt (3); et Gaubertus dux Cenomanensis, insidiis Namnetensium circumventus, occisus est (4).

---

(1) Dans le ms cet article porte, par erreur la date DCCCLX. Le pontificat de Léon III a duré 21 ans et non 24, de 795 à 916. Au lieu de *Pelagius*, le chroniqueur aurait dû écrire *Sergius*. Léon IV, élu en 847 est mort en 855.

(2) Cet article est semblable à ceux des chroniques de Rainaud et de l'Évière.

(3) En marge du ms de la main de Besly : *pridie non. novembris.*

(4) Ibidem : *mense marcio.*

DCCCLV. — Anno ab incarnatione DCCCLV° Lotharius moritur, filius Ludovici imperatoris qui fuit filius Caroli Magni, prius factus monachus in monasterio Prumiæ Sancti Salvatoris, ob peccatum persecutionis paternæ (1).

Karolus vero, xv° anno post prælium Fontaneticum, in regem Lemovicæ unctus est, in basilica Sancti Salvatoris, et inde ingressus est Franciam. Post paucos dies Lotharius imperator monachus factus est, quia patrem in carcerem ejecerat : quo mortuo de anima ejus altercatio visa est inter angelos nequam et sanctos; dæmones autem frustrati sunt. Parvo post tempore Ludovicus filius ejus obiit; et Carolus Calvus in imperatorem elevatus est, qui construxit monasterium Sancti Petri Parciacensis.

Temporibus Salomonis regis et ducis Cornubiæ, corpus sancti Matthæi apostoli translatum est in urbe Legionensi et conditum in ecclesia sancti Pauli episcopi; inde post quadraginta et octo annos translatum est in Lucaniæ partibus.

Anno ab incarnatione Domini DCCCLV°, Normanni a milliario uno prope Pictavim interfecti sunt.

DCCCLXIII. — Anno nono post hæc, id est DCCCLXIII° Pictavis a paganis vastata est, et basilica Sancti Hilarii igne cremata est.

DCCCLVII. — Herispoius, filius Nomenoii, rex tyrannicus Britonum a Salomone occiditur (2).

---

(1) Cet article est semblable à ceux des chroniques de Rainaud et de l'Évière.

(2) Cet article est semblable à ceux des chroniques de Rainaud et de l'Évière.

Dominus Herardus ordinatus est Turonensium archiepiscopus.

DCCCLVIII. — Hic, generali synodo in civitate Turonica habita, quædam necessaria sanctorum canonum capitula excerpsit, quæ firmius custodienda sanxit xvii° kalendas junii (1).

DCCCLXIII. — Corpus sancti Urbani papæ translatum est.

DCCCLXVII. — Ludovicus filius Caroli Aquitaniam venit.

DCCCLXVIII. — Cœptum est cœnobium Sancti Michaelis ad Clusam.

His diebus incœptum est monasterium Sancti Pauli Cormaricensis, ubi primus [abbas] exstitit Jacob (2).

Anno ab incarnatione Domini DCCCLXVIII, beatissimi Mauri (3) corpus, jussu serenissimi regis Karoli, in monasterium sanctæ Dei Genitricis et semper virginis Mariæ beatique Petri principis Apostolorum quod antiquitus Fossatense appellatur, digno cum honore translatum est; quod sanctus pontifex Æneas, in ipso monasterio suscipiens, in arca ferrea ad hoc ipsum præparata recondidit.

Eodem anno, pridie ante sanctam Pentecostem, iii° kalendas junii, ordinatus est famulus Dei Gauslinus primus abbas, post restaurationem monastici ordinis in cœnobio Sancti Mauri, in ecclesia Sancti Salvatoris,

---

(1) Conférez avec la chronique de L'Évière.
(2) Il y a ici erreur de rédaction. Le monastère de Cormeri fut fondé en 791 et organisé par Charlemagne et Alcuin en 800. Jacob n'en fut que le quatrième abbé, mais le premier depuis la soumission du monastère à la règle de Saint-Benoît : la date se rapporte à ce dernier fait.
(3) Imp. *Maioli*.

ante altare quod ipse ædificaverat in honore individuæ ac vivificæ Trinitatis, a summo pontifice Turonicæ urbis Ursmaro aliisque duobus episcopis; quem etiam ipso anno primum quidem Ebroinus antistes in ecclesia Pictavensi ad ordinem diaconatus, Dodo autem episcopus in ecclesia Andegavensi ad presbyterii promoverat dignitatem gradus.

Quo tempore gravissime Normanni affligebant Aquitaniam, et Helias Scotigena, Engolismensis episcopus, defunctus est; monasterium quoque beati Eparchii ab infestantibus paganis desolatum est, ita ut ibi nullus monachorum habitaret, et hac de re canonicalis habitus ibi reverteretur qui nuper exierat.

Turpio vero, abiens Franciam cum rege Carolo et inde regressus, non post multos dies cum Normannis congressus, occidens eorum regem nomine Maurum, ab eo ipse occiditur; et Emeno frater ejus Engolismæ comes extitit, et ipse post biennium cum Landrico comite Santonensi confligens, interempto Landrico, in castro Runconia reducitur saucius et octavo die moritur, sepultus juxta basilicam beati Eparchii, et reliquit parvulum filium Ademarum nomine; et Carolus hoc audito Vulgrinum propinquum suum, fratrem Aldoini abbatis ex monasterio Sancti Dionysii, direxit et præfecit Engolismæ et Petragoricæ, et Olibam statuit in episcopatu Engolismæ.

Carolus Bituricas vastavit fame.

Reædificatum est, ut dictum est, monasterium Sancti Mauri; et primus ibi ordinatus est Gauslinus abbas a summo pontifice Ursmaro Turonensi.

DCCCLXIX. — Lotharius filius Ludovici imperatoris obiit.

Sequenti anno fuit Vienna Carolo data.

DCCCLXXII.—Clusense cœnobium Sancti Michaelis inceptum est (1).

DCCCLXXV. — Eclipsis solis facta est mirabilis, hora nona.

DCCCLXXVI. — Fames valida per omne regnum Franciæ incubuit. Cometa visa est mense julio, et eclipsis solis fuit mirabilis v° kal. novembris (2).

DCCCLXXVII. — Interea Carolo Calvo de sæculo migrante, eodem anno regnum in Francia pro eo filius ejus Ludovicus Balbus accepit; nec ultra imperium accepit aliquis de regibus Franciæ.

Carolus Calvus imperator Romanorum et rex Francorum obiit, et filius Ludovicus regnum suscepit, et eclipsis solis mirabilis facta est hora nona.

Tunc Bajoarii et Alamanni ex gente eorum creaverunt (3) sibi regem Hotonem (4); Langobardi similiter ex gente sua regem Adalbertum, deinde Arduinum; Romani vero de senatoribus elevaverunt in regno Albericum, cujus frater Benedictus papa ordinatus est post Sergium, qui Johanni successit.

His ita evenientibus destructa monasteria erant, de quibus libet aliqua memorare. Monasterium Sancti Martini Vertavensis, quod ipse primus ædificavit, eversum erat. Monasterium Sancti Martini Turonensis, quod ipse sanctus Martinus incepit, destructum erat.

---

(1) Fait déjà rapporté plus haut, sous l'année 868.
(2) Conférez les chroniques de Rainaud et de L'Évière, sous l'année 875.
(3) Impr. *cremaverunt*. — (4) Ibidem *Othonem*.

Cœnobium Sanctæ Mariæ Lucionensis, quod Lucius quidam imperialis incepit et postea rexit sanctus Philibertus, destructum erat. Cœnobium Sancti Michaelis ad Eremum, quod sanctus Ansoaldus Pictavensis episcopus ædificavit, dirutum (1) erat. Monasterium Sancti Hilarii et cœnobium Sanctæ Crucis, quod beata Radegundis regina construxit, destructa erant. Cella Sancti Benedicti Quinciaci destructa. Cœnobium Sancti Savini et castrum in quo est, quod Carolus Magnus jussit ædificari, inviolabile mansit solum, cæteris multis destructis quæ non occurrit nominare.

DCCCXC. — Ramnulfus comes Pictavinus obiit.

DCCCXCII. — Visa est cometa in cauda Scorpii per dies ferme LXXX; quam subsecuta est validissima siccitas, toto aprili et maio. IV° autem idus maii et XVII° kalendas julii, ita immensa gelu vineas et sigalum decoxit ut per omnem Franciam, Burgundiam, Neustriam ac partem Germaniæ modicum quid colligeretur (2).

Defuncto rege Ludovico regnum pro eo filius ejus Carolus, cognomento Insipiens vel Minor, accepit anno DCCCXCIII (3) et Remis factus est rex. Hic fuit follus, qui postea a Rotberto dejectus est regno Francorum; nam Franci, conjurantes, eum ejiciunt de regno et Odonem Aquitaniæ in regno elevaverunt.

Quo tempore Rodulfus, rex Burgundiæ, cum fortissimo hoste Lemovicinum appulit, et congregati sunt contra eum innumerabiles hostes Normanorum; et

---

(1) Impr. *destructum.*
(2) Voir les chroniques de Rainaud et de L'Évière.
(3) DCCCCXIII dans le manuscrit.

commisso prælio in loco qui dicitur ad Destrictios, usque ad internecionem devastati sunt pagani, et exinde fugientes non ultra fiduciam præsumpserunt veniendi in Aquitaniam. Rodulfus autem Deo gratias retulit, pro quo animam suam posuerat, [et] cum magno triumpho regressus est. Et Normanni reversi terram vacuam reperientes, sedem sibi in Rotomago constituunt cum principe suo Rollo; qui factus christianus, [qui] captivos plures ante se decollare fecit in honorem deorum quos coluerat, deinde infinitum pondus auri per ecclesias distribuit christianorum in honore veri Dei, in cujus nomine baptismum susceperat.

DCCCXCIII. — Odo rex Pictavis venit.

Ramnulfus quoque comes Pictavensis habuit filium nomine Eblum. Qui Ranulfus consanguineus erat Willelmi nobilissimi comitis Arvernorum, summamque amicitiam cum eo et cum Rollo principe Normannorum habuit. Et quia pugnator fortissimus erat, a rege Odone valde honorabatur, et dum regalem aulam assiduaretur veneno necatur. In extremis Geraldo (1), ibi tunc præsenti, parvulum filium suum Eblum commisit tuendum. Ademarus autem filius Emmenonis, Sancia in conjugio copulata, Alduino comiti Engolismensi et Willelmo Petragoricensi familiarissimus existens, honore eorum ac si frater potiri videbatur. Qui a rege Odone vocatus ad palatium, provectus est Pictavus comes; regressusque a palatio sanctus Geraudus clam subductum filium Ramnulfi Willelmo, Aquitaniæ duci, comiti Arvernis credidit nutriendum, cui propinquus erat.

---

(1) Saint Géraud, comte d'Aurillac, patron de la Haute-Auvergne.

DCCCC. — Obiit Hecfridus episcopus Pictavinus et Froterius ordinatur.

DCCCCII. — Pictavis nocte ingreditur Eblus. Erat abbas apud Sanctum Maxentium Ademarus.

DCCCCIII. — Sequenti anno erat abba Ademarus Sancti Maxentii. Basilica Sancti Martini Turonensis, quam sanctus Perpetuus olim ædificaverat, cremata est pridie kalend. julii, quam postmodum nostra ætate Herveus thesaurarius reædificavit. Construxit enim cœnobium monachorum Sancti Petri Pruliaco castro, ubi primus abbas fuit Amblardus.

Similiter sanctus Geraudus, comes Aureliaco, suum cœnobium construxit in proprio jure, ubi iterum primus abbas fuit Berno. Willelmus comes Cluniaco sanctum Bernonem primum abbatem instituit, qui postquam subditis suis bene ministravit in eo monasterio defunctus est ac sepultus.

His diebus Otho, rex Bajoariorum, Langobardorum regnum sibi subegit. Similiter defuncto Alberico, consensu Benedicti papæ, Romanorum imperator promotus est; quo defuncto imperavit filius ejus Otho.

Francorum vero rege Odone obeunte, regnavit pro eo filius Arnulfus pauco tempore et mortuus est. Itemque Carolus minor regnum suscepit, unxitque eum Arbertus episcopus; contra quem iterato Francorum proceres conspirati, eum regno pellentes, Rotbertum ducem pro eo constituunt regem. Tunc inter se divisi sunt Franci, sed major pars favebat Rotberto.

DCCCCX. — Willelmus, dux Aquitanorum, construxit Clunianum monasterium in fundo proprio, quod in Burgundia noviter fecit. Qui cum non haberet prolem et sororem suam in matrimonio desideraret sancto Geraldo conjungere, nullatenus quivit; qui cælibem vitam ducens semper, cum ad copulam suaderetur amore filiorum, respondit : « Utilius est, inquit sine filiis mori, quam relinquere malos heredes. »

Erat etiam Ademarus, comes Pictavinus, amator sanctæ ecclesiæ; cumque et ipse prolem non haberet cum uxore sua Sancia, de futuro sæculo prospiciens sibi, concessit quædam ex jure proprio ecclesiis Christi prædia : Sancto Salvatori Karrofo Noeriam, Sancto Martiali Wultonnum, Sancto Johanni Neiriacum, Sancto Hilario Corcolmum, Sancto Eparchio Godorvillam.

Eo tempore Ebbo Bituricus cœpit ædificare cœnobium Dolense in honore Dei matris. Quod postea integravit filius ejus Rodulfus, ubi primus abbas fuit Berno; cui successit Odo, Frambertus, Rannulfus, Arbertus, Bernardus, Emeno (1).

DCCCCXI. — Apud Carnotum, anno DCCCCXI° præliatum est die sabbati contra paganos, per Ricardum et Robertum duces; et perempti sunt fortissimi paganorum sexies mille et septenginti (2).

DCCCCXV. — Berno abba suscepit curam Cluniacensis cœnobii, quam tenuit XI annis. Obiit autem idibus januarii, regnante Ludovico rege.

Anno Ludovici regis sexto, erat Garbertus abbas Sancti Maxentii.

DCCCCXVII. — Rainaldus abbas Nobiliaco obiit, et Rottardus ordinatur.

---

(1) Les séries d'abbés et autres personnages que donne le chroniqueur ne sont pas toujours exactes.

(2) Voir les chroniques de Rainaud et de L'Évière.

DCCCCXVIII. — Willelmus dux, comes Arvernorum, obiit.

DCCCCXIX. — Karolus Follus a suis relinquitur. Postea accito auxilio ab Othone imperatore, cum multo exercitu, partim de Bajoaria, partim de Francia, regressus Franciam, conserto prælio Rotbertum interfecit; regnumque recuperans, Hugoni, filio Roberti, ducatum permisit regendum.

DCCCCXXI. — Ricardus dux obiit et Robertus dux Franciæ unctus est in regem a Galterio Senonum episcopo, qui eodem anno occisus est a militibus Karoli Lothariensibus; et Rodulfus dux Burgundiæ unctus est in regem Franciæ a supradicto episcopo.

DCCCCXXVI. — Eo tempore, DCCC CXXVI° anno instante et Ludovico regnante, Odo abbas Cluniacum monasterium suscepit regendum.

DCCCCXXXVI. — Erat Ebulus episcopus et abbas Sancti Maxentii.

Temporibus hujus (1) fuit septimo anno abba Ermenfredus Sancti Maxentii.

Karolo migrante, Ludovicus Ultramarinus filius ejus regnum suscepit, quando Robertus tyrannus occisus est a Lothariensibus militibus. Eo tempore Hungari in Burgundiam venerunt (2).

Ipsis diebus Ademarus, comes Pictavinus, defunctus est et Pictavus, juxta basilicam Sancti Hilarii, IV° kalendas aprilis sepultus est.

Interea Willelmo duce mortuo, Eblus filius Ram-

---

(1) Supp. Rodulfi regis.
(2) Ce dernier fait est rapporté sous l'année 937 par la chronique de L'Évière.

nulfi Arvernis et Pictavis simul comes commotus (1) est, acceptaque in conjugio Adela, filia Rolli Rothomagensis, genuit ex ea Willelmum Caput Stupæ et episcopum Ebulum. Eblo duce defuncto, filiorum ejus alter episcopus factus est : Ebulus enim annuente Ludovico rege, pontifex Lemovicæ civitatis factus est; Willelmus vero Caput Stupæ Arvernis, Vellatis, Lemovicæ et Pictavis comes provectus, dux Aquitanorum et consul exstitit.

Hic germano suo Ebulo abbatiam Sancti Hilarii et Sancti Maxentii cum nonnullis possessionibus in Pictavensi solo præbuit. Fuit enim Ebulus, bonus pastor ecclesiæ, ædificavitque castellum Lemovicæ sedis, castellum Sancti Hilarii; et canonicos ibi disposuit, quia infestatione Normannorum idem locus a pristina monachorum habitatione desciverat. Restauravit monasterium Sancti Michaelis ad Eremum et multa alia laudabilia in opere Dei egit; qui defunctus, sepultus est in basilica supradicti angeli. Fuit autem successor Turpionis episcopi, avunculi Rotberti vicecomitis Albucensis; fuit autem Ebulus a sancto Martiale trigesimus nonus.

Eodem tempore, adhuc vivente Turpione, Odo et Teuthelo, canonici Sancti Martini illustrissimi, adimplentes evangelicum præceptum, derelictis omnibus suis, pauperes pauperem Christum secuti sunt et Cluniaco sancto habitu et vita induti sunt. Unde nutu Dei Odo abba præfuit sanctissimus, sicut in sequentibus dicemus. Teutelo, jubente abbate suo, archiepi-

---

(1) Sic pour *promotus*.

scopus invitus consecratus [est] Turonis. Quinquagesimus primus a sancto Gatiano successit Herbertus (1) episcopus.

DCCCCXXXVII. — Ordinatus est Albinus episcopus Pictavis.

Tempore illo Rollo defuncto, filius ejus Willelmus loco ejus præfuit, a pueritia baptisatus; omnisque multitudo quæ juxta Franciam habitabat fidem Christi suscepit et, gentilem linguam omittens, latino sermone assuefacta est.

Guillelmo ab Arnulfo Flandrensi comite interempto, filius ejus Ricardus succedens, christianissimus factus, ædificavit in ea Normannia quæ antea vocabatur Marcha Franciæ et Britanniæ monasterium Sancti Michaelis de Monte, ubi monachos ordinavit; item aliud monasterium Fiscannum, in honore sanctæ Trinitatis, ubi sepultus est, ubi quoque monachos posuit, et Willelmum abbatem eis præposuit, cui successit Johannes et alius Willelmus.

Ipsi quoque principi Ricardo [successit] filius ejus Ricardus, et huic alius Ricardus; huic quoque Robertus, pater ejus qui Willelmum genuit, ex ea quæ fuit filia pelletarii, burgensis [Falesiæ].

Eo tempore inceptum erat aliud monasterium de Sancto Michaele de Clusa, a sancto Johanne episcopo et eremita, ubi primus abba fuit Arveus; quæ duo cœnobia monachorum angelica jussione facta sunt, et creberrime ab angelis nimiis et fulguris et miraculis simul illustrantur.

---

(1) Mieux *Herbernus*.

Eo quoque tempore constructum est monasterium Sancti Florentii in Salmuro castro (1), ab initio regni Karoli, filii Ludovici; quo regnante, facta est destructio monasterii Sancti Florentii. A Nomenoio Britone usque ad abbatem Fredericum, qui illud monasterium reædificavit et apud Salmurum alterum quod nunc est Novum constituit, computantur anni CLXXXIII.

Illud in Salmuro castro institutum est hortatu et juvamine nobilis et præcellentis Tetbaudi, in quo, cum magno populorum ambitu, idem comes transtulit sanctissimum Florentium confessorem, ac propriis rebus, tam de alodis quam de aliis mobilibus facultatibus, honorare curavit; in quo etiam monasterio quemdam Sancti Benedicti alumnum, Amalbertum nomine, abbatem constituit. Iste Tetbaudus pater fuit Odonis comitis et Hugonis archiepiscopi. Huic Amalberto dedit idem comes locellum Sancti Lupantii, adjuvante Arduino archiepiscopo Turono; cui abbati successerunt Rotbertus, Audebertus et Giraudus, qui in via Sancti Sepulchri decollatus est.

DCCCCXXXVIII. — Obiit Odo, abbas Cluniacensis, XIV° kalendas decembris, atque Turonis sepultus est in monasterio Sancti Juliani, duodecim annos in abbatia existens. Eodem anno succedit Aimarus humilis abbas, Ludovico regnante.

DCCCCXLII. — Apparuit cometa in orientali parte cœli, mense octobri, per viginti duos dies, sub obscuro capite longam facem velut funem trahens post se,

---

(1) Le chroniqueur confond ici Saumur avec le Mont-Glonne ou Saint-Florent-le-Vieil, et commet plusieurs erreurs ainsi qu'on l'aura vu plus haut.

paulatim ad meridianam partem tendens contra subsolanum (1).

DCCCCXLIII. — In sequenti anno, subsecuta est, pestis boum ingens per totam Germaniam, Franciam, Burgundiam; Italiam quæ diu non tenuit.

DCCCCXLIV. — Tertio vero anno, III° kal. maii, vineæ exustæ sunt a gelu. Eodem tempore, venerandus abbas Aimo Sancti Johannis Baptistæ monasterii, Sanctique Cypriani quod est situm in prospectu civitatis, cum Rainaldo monacho familiari suo, transtulit corpus sancti Reverentii a Noiastro castro Pictavis, in monasterio Sanctæ Radegundis. Cui Aimoni successit ipse Rainaldus in abbatia; et postea eumdem sanctum transtulit, cum consilio Willelmi ducis Aquitanorum, in supradicto monasterio Sancti Johannis Baptistæ Angeriaco, quod cœnobium ipse dux multum diligebat et magnis honoribus ditaverat.

Francorum interea Ludovico rege vita exeunte, regnum pro eo Lotharius filius ejus, ex Gerberga regina progenitus, suscepit. Iste Lotharingiam calumniatus est : cujus expeditionibus Gosfridus comes Andegavorum, pater Fulconis ultimi, interfuit nostræque ætatis multi viri.

Eo tempore corpus sancti Matthæi, apostoli et evangelistæ, Salernum a Lucaniæ partibus, tempore Gisulfi regis, translatum est.

DCCCCLIV. — Corpus sancti Matthæi translatum est.

---

(1) Voir pour cette année et les deux suivantes, les chroniques de Rainaud et de l'Évière.

Eodem anno obiit Ludovicus, et Lotharius regnare cepit.

DCCCCLV. — Sequenti anno obsedit Pictavis civitatem cum Hugone duce. Ipso anno mortuus est Hugo dux.

DCCCCLVI. — In tertio, obiit Hugo dux et abbas Sancti Martini, filius Roberti pseudo-regis (1).

DCCCCLXI. — Regnante Lothario, erat domnus Ebulus episcopus et abbas Sancti Maxentii, regens abbatiam.

Hoc tempore exstructum est coenobium Sanctæ Mariæ et Sancti Vincentii Sanctique Leodegarii martyris quod est situm super Severa.

Eodem tempore coenobium Sancti Leodegarii Arvernis, Ebrolii coenobii (2), ubi abbas fuit Amblardus, cui successerunt Bernardus, Emmo, Raimundus, Girbertus, Willelmus, Gosfredus, Teptardus.

Nobiliaco Fulco abbas ordinatur.

Ipso anno Maiolus abbas, sexto anno ordinationis suæ, suscepit curam Cluniacensis coenobii.

DCCCCLXII. — Sequenti anno, obiit Alboinus episcopus [Pictavensis], cui successit Petrus.

Interea Willelmo duce, cognomento Caput Stupæ, effecto monacho apud Sanctum Cyprianum, ducem pro eo filium ejus Willelmum habuit Aquitania; qui filiam Tetbaudi Campanensis, vocabulo Emmam sive Emelinam, accepit uxorem, genuitque ex ea filium iterum nomine Willelmum. Quæ nobilis comitissa exstruxit monasterium in dote sua, Burgulium, in honore

---

(1) Voyez la chronique de l'Évière. — (2) Mieux *castri*.

sancti Petri apostoli, ubi primus abbas exstitit Guitbertus.

Willelmus comes Caput Stupæ reliquit monasterium, et veniens apud Sanctum Maxentium obiit ibi in pace. Willelmus vero filius ejus, cognomento Ferabrachia, successit ei.

DCCCCLXIII. — Obiit Willelmus apud Sanctum Maxentium, ubi erat Odo abbas.

DCCCCLXV. — Erat Ramnulfus abbas post Odonem.

DCCCCLXVIII. — Erat Constantinus abbas Sancti Maxentii post Ramnulfum.

Eo tempore, idibus maii, in maxima parte hujus regni, in omnibus fere villis in quibus ecclesiæ sunt, cœlestis ignis sine tonitruo ac turbine, non hominem neque pecus lædens, cecidit; et in quibusdam locis, dæmones in forma luporum, ad imitationem caprearum balantes, apparuerunt (1).

DCCCCLXXIII. — Erat Girbertus abba Sancti Maxentii, qui multa acquisivit.

DCCCCLXXV.—Obiit Petrus episcopus Pictavinus; cui successit Gislebertus episcopus.

DCCCCXXLVIII. — Otho imperator apud Parisium fuit, sed Franci fugaverunt eum (2).

DCCCCLXXX. — Obiit Otho imperator; cui successit Otho tertius filius ejus et nomine et actu.

---

(1) Voir la chronique de l'Évière, qui place ce fait sous l'année 965; et la chronique de Saint-Florent qui le rapporte à l'année 966. L'une et l'autre le datent iv° *idus maii.*

(2) En 977, selon la chronique de Saint-Aubin; conférez avec la chronique de Saint-Florent et celle de l'Évière.

DCCCCLXXXI. — Sequenti anno, tres apostolici apud Romam mortui sunt (1).

DCCCCLXXXV.—Obiit Hugo (2) Bituricus archiepiscopus.

DCCCCLXXXVI. — Sequenti anno, Lotharius rex Lemovicam adiit, et tempus aliquantulum in Aquitania egit; unde revertens, veneno a regina sua adultera extinctus est, Ludovicumque filium reliquit, qui uno tantum anno (3) supervivens et ipse potu malefico necatus est. Iste, puer adhuc, Blanchiam accepit uxorem; in quo etiam reges defecerunt de familia Magni Karoli. Et Karolus, patruus Ludovici, pro eo regnum Francorum accipere voluit, sed non potuit, quia Deus judicio suo meliorem elegit; nam Franci, inito consilio, eum abjiciunt et Hugonem ducem, filium Hugonis, in regem eligunt cum filio suo Rotberto.

Obiit Andegavinus Gosfredus comes, pater Fulconis ultimi, xn° kalendas augusti, in obsidione Marsonis super Odonem Rufinum facta, et ei successit Fulco.

DCCCCLXXXVIII. — Igne succensus est Karrofus.

DCCCCXCIII. — Bernardus abba emit curtem de Marciano.

DCCCCXCIV. — Sanctus Maiolus obiit Silviniaco, peracto vitæ suæ cursu felici. Ibi sepultus est, in monasterio apostolorum Petri et Pauli; et fuit successor beatus Odilo, non dispar virtutibus et merito vitæ, vixitque in abbatia feliciter triginta et tribus [annis].

Eo tempore, apud Majus Monasterium Turonis,

---

(1) Il s'agit ici des papes Jean XIV mort le 20 août 984, Jean XV mort en juillet 985, et de l'antipape Boniface VII mort en mars 985.
(2) Impr. *Otho*. — (3) Impr. *regno*.

post restaurationem Normannorum, et post sanctum Maiolum qui eum regebat, primus abba fuit Guitbertus; cui successerunt per multorum annorum curricula : Bernerius, Gosbertus, Sichardus (1) Evrardus, Audebertus, Bartholomeus.

DCCCCLXXXIX — DCCCCXCVI (2). — Hugo dux cum filio suo Rotberto levantur in regno (3). Hac de causa episcopus Montis Leudonensis (4), Ascelinus, majori hebdomada ante pascha in qua est cœna Domini, velut Judas Christum ipse tradidit Karolum. Qui Aurelianis trusus [est] in carcerem usque ad mortem, ibique genuit Karolum et Ludovicum et mortuus est; et expulsi sunt a Francis filii ejus, et profecti sunt ad imperatorem Romanorum et habitaverunt cum eo.

Sane dux Aquitanorum Willelmus, reprobans nequitiam Francorum, Hugoni subditus esse noluit. Unde factum est ut Hugo, exercitu Francorum adunato, urbem Pictavim obsidione fatigaret; dumque frustratus abscessisset, cum Aquitanorum manu Willelmus insecutus est usque Ligerim; ubi in gravi prælio Franci decertantes, et [ob] Aquitanorum animositates multo sanguine alterna cæde fuso, superiores Franci exstiterunt et sic reversi sunt. Pacem postea habuit Willelmus cum Hugone et filio ejus Rotberto.

---

(1) Impr. *Sicgardus*.

(2) Tous les faits qui suivent sont placés dans le ms sous l'année 996, mais il est évident que beaucoup sont antérieurs à cette année puisqu'ils se rapportent au règne de Hugues Capet. Nous les avons datés de 989 à 996.

(3) Comme le ms F de la Chronique de Saint-Aubin qui place cet alinéa sous l'année 987.

(4) Laon, dont l'évêque était alors Adalberon et non Ascelin. V. *Richeri Historiarum liber* IV, *cap*. 47-49.

Rex Hugo cogitans erga se gratiam Dei, quasi rependens vicem, defensor clementissimus exstitit ecclesiæ Dei. Nam ob hanc causam creditur progenies Karoli reprobata quia jamdudum, Dei gratiam negligens, ecclesiarum potius neglectrix quam erectrix videbatur. Beati ergo Dionysii cœnobium, quod jam pristinam normam monasticam corripuerat, rex Hugo regulari honestate, sicut in Dei oculis rectum erat, honeste restauravit, per manus venerabilis Odilonis abbatis; et alia sanctorum nonnulla monasteria in decorem pristinæ disciplinæ revocavit.

Eo tempore gravissimum bellum inter Willelmum ducem et Gofredum Andegavensem comitem peractum est. Sed Gaufredus, necessitatibus actus, Willelmo duci se subdidit seque in manibus præbuit, et ab eo Lausdunum castrum cum nonnullis aliis in Pictavensi pago beneficio accepit.

Ea tempestate, Otho imperator tertius, cogitans lucra Christi, ut ante tribunal judicis duplicatum rederet talentum, Dei voluntate populos Ungriæ (1) una cum eorum rege ad fidem Christi convertere meruit.

Girbertus vero, natione Aquitanus, monachus Aureliacensis Sancti Geraldi ecclesiæ, causa philosophiæ primo Franciam deinde Cordubam lustrans, cognitus ab imperatore, archiepiscopatu Ravennæ donatus est. Procedente tempore, cum Gregorius frater (2) imperatoris decessisset, iste Girbertus ab imperatore papa Romanorum sublimatus est, propter philosophiæ gratiam. Mutatum est nomen ejus pristinum et vocatus est Silvester.

---

(1) Imp. *Hungariae*. — (2) Pour *cognatus*.

Girbertus enim docuit Fulbertum, Carnotensem episcopum, qui post Leobinum exstitit episcopus; de quo multa scripta, vel in pagina vel in cantu, sanctæ ecclesiæ remanserunt. Hic iterum Fulbertus docuit Berengarium, canonicum Sancti Martini, qui item Brunonem Remensem et alios multos heredes philosophiæ reliquit. Bruno quidem, perfectus philosophus, monachus factus et eremita apud Calabriam multorum monachorum pater, obiit in Christo.

Præfectus Romæ Crescentius, cum contra Othonem imperatorem vellet imperium arripere Romanum, tandem coactus in turre quæ vocatur in cella, diu evasit; sed expugnata ipsa turre captus est, insidiis suæ conjugis, et patibulo suspensus; et pro eo planctus magnus factus est.

His ita evenientibus, Turonis Arduino episcopo mortuo succedunt Archimbaudus et Hugo. Similiter Lemovicæ civitati, Audoino episcopo succedunt Jordanus, Willelmus atque Wido.

Eodem modo Engolismæ Gundaberto subrogati sunt Fulcaudus, Ebbo, atque Ramnulfus.

His diebus supradictis, apud Burgulium cœnobium, in quo diximus primum patrem monachorum esse Gaubertum, cui temporum spatiis successerunt Berno, Rainaudus, Teudo, Raimondus, Johannes, Baldricus (1) atque Guitbertus.

Simili modo Girberto abbati Sancti Maxentii successit Bernaudus, qui recepit donum ab Aldearde vicecomitissa de cœnobio Sancti Leodegarii, quod erat antiquitus juris Sancti Maxentii, post sepulturam ma-

---

(1) Imprimé : *Balduinus*.

riti sui Arberti vicecomitis, et pro anima sua et filii Aimerici.

Hugo quoque dux Francorum, amator sanctæ ecclesiæ et servantissimus æqui, mortuus est; et regnavit pro eo filius ejus Rotbertus, vir claræ honestatis et magnæ pietatis, ornamentum clericorum, nutritor monachorum pauperumque pater assiduus, vere cultor Dei, rex non tantum populorum sed etiam morum suorum.

Similiter Otho imperator, haustu veneni, periit sine filiis; et pro eo consanguineus ejus Hinricus imperium suscepit. Siquidem Arbertus, Coloniæ archiepiscopus, expirante Othone in partes Capuæ, sceptrum et coronam auream cum lancea sacra secum afferens, ab Hainrico circumventus insidiis, captus est et imperatoris præventus honoribus.

Hainricus vero in imperio confirmatus, cum Langobardos sibi reperisset contrarios, misso Rodulfo duce Burgundiæ, Papiam obsedit et incendio tradidit; et palatium in ea sibi ædificavit et rebellantes sibi servire coegit. Duces quoque Græcorum cum partes ejus invaderent, ordinata expeditione oras (1) Apuliæ penetrans, tot dies expugnando eorum civitates ibi exegit usque quo pestilentia exercitus ejus laboraret, sicque reverteretur. Hic in terra Theodisca a novo civitatem ædificavit, vocabulo Baemburg, quam Benedictus papa in honore Dei Genitricis consecravit et parochias in circuitu, ex paganorum vicis et oppidis dum converterentur, ad illam attitulavit (2). Hic Clu-

---

(1) Imp. *partes*. — (2) Le ms porte *attulavit*.

niacensi cœnobio contulit dona : sceptrum aureum, coronam auream, sphæram auream, vestimentum imperiale, crucifixum aureum, pensantia simul libras centum, et alia multa; et cum Odilone, abbate ejusdem loci, crebrius colloquium familiare exercebat et in aula palatii sui eum præ omnibus diligebat. Huic conjuncta fuit in matrimonium Alaidis nobilissima, quæ construxit monasterium Paherne in honore Dei genitricis Mariæ semper virginis; ex qua habuit filium, quem vocavit nomine suo Ainricum.

M. — Anno millesimo obiit Alaidis imperatrix.

MIII. — Anno millesimo tertio, primum donum fuit Maliaco cœnobium construendi a Willelmo comite.

MV. — Gaufredus comes cognomento Martellus, filius Fulconis comitis Andegavorum, natus est pridie idus aprilis.

MX. — Romæ præsidente Sergio papa, et Rotberto Francorum rege regnante, Willelmus dux Aquitanorum construi præcepit cœnobium in honore sublimium Apostolorum Petri et Pauli quod vocatur Malliacum; quod plenissime, ut decuit, ditavit magnis reditibus multisque possessionibus et, quod majus est, excellentibus reliquiis sanctorum. Dehinc pluribus adunatis fratribus regulariter viventibus, præfecit eis abbatem nomine Theodelinum; deditque Sancto Maxentio quandam villam quæ vocatur Celesium, quando corpus sancti Maxentii delatum est Pictavis, ad concilium, vi° idus martii, tempore Bernardi abbatis et Gisleberti episcopi Pictavorum.

Interea defuncta conjuge Willelmi, ducis Aquitanorum, ex qua susceperat Willelmum, idem dux sororem Sancii, ducis Gasconiæ, Briscam nomine, in uxorem copulavit sibi; quæ ei duos filios genuit, Odonem et Tetbaudum videlicet, qui puer mortuus est, et alter consul et dux Gasconiæ elevatus est. Amore istorum filiorum, et pro remedio animæ suæ, dedit item sancto adjutori Maxentio aribannum in villa Sancti Maxentii, tempore Rainaldi abbatis.

MXIV. — Obiit Constantinus abbas Sancti Juniani Nobiliaci, cui temporaneus exstitit Letaudus abba et alii multi, sed inter alios præcipuus musicus et cantor; huic Constantino successit Imo.

Eo tempore Theodelinus abba (1) transtulit ossa sancti Rigomeri presbyteri a Cenomanico pago, temporibus Fulconis et Odonis comitum.

MXVI. — Fuit prælium Pontelivis, inter Odonem (2) et Fulconem consules, pridie nonas julii; et victoria penes Fulconem fuit.

MXX. — Monasterium Sancti Nicolai apud Andegavum fundatum est (3).

MXXIII. — Obiit Hugo archiepiscopus Turonensium, iv° idus maii, cui successit Arnulfus nepos ejus (4).

Interea defuncta Sancia, conjuge Guillelmi ducis, duxit tertiam nomine Agnetem, ex qua iterum suscepit geminos filios : Petrum cognomine Acerrimum, et Gaufredum qui et Wido vocatus est.

MXXIV. — Obiit Hainricus imperator.

MXXV. — Captum est Salmurum castrum a Fulcone

---

(1) De Maillezais, *Malliacensis*.

(2) Ici, comme à la ligne précédente, le ms porte *Hugonem* pour *Odonem*.

(3) Conférez avec les chroniques de Saint-Serge et de l'Évière.

(4) Chronique de l'Évière *junii* au lieu de *maii*.

et Gelduinus fugatus est. Tunc Fredericus abba, quarto anno ordinationis suæ, et fratres qui cum eo erant rapuerunt de mediis ignibus libros et quædam ornamenta ecclesiastica; et accipientes corpus sancti Florentii et reliquias cæterorum Scriptas pergunt ad ecclesiam Sancti Hilarii, ibique per aliquot annos in parvis tuguriis, more hospitum degentes, ecclesiam istam novam ædificare cœperunt. Quæ, cum perfecta fuisset, convocavit venerabilis abba Fredericus Arnulfum episcopum Turonensem et Humbertum episcopum Andegavensem, Isembertum Pictavensem atque Gauterium Namnetensem, et dedicatum est ab eis idibus octobris (1).

Eo tempore, apud castrum Liziniacum, habuit quædam nobilis matrona novem filios, tempore Hugonis Bruni domini ipsius castri, filii Hugonis Albi, qui fuit genitus Hugonis Kari, qui exstruxit primus castrum.

Per hæc tempora Ermengaudus, comes Hildergensis, post triumphos copiosos de Mauris et Saracenis, prælio inito ultimo, innumerabilem stragem Saracenorum interficiens, dum victor regreditur alium exercitum Maurorum offendit venientem; quem cum paucis suorum lassus persequens, multos eorum occidit et ipse cecidit. Caput vero ejus Saraceni pro magno thesauro secum asportaverunt; quod aromatizatum rex eorum auro cooperuit et semper secum in præliis ferebat causa victoriæ.

MXXVI. — Ordinatus est Gulferius (2) post Rainal-

---

(1) Consultez pour la date de ces événements les chroniques de Rainaud, de l'Évière et de Saint-Florent.

(2) Suppl. *Abbas S. Maxentii.*

dum ; qui unum annum solum vivens obiit, et Amblardus successit, ordinatus ab Isemberto episcopo successore Gisleberti.

MXXVIII. — Sacrosanctæ ecclesiæ Dei (1) sceptrum regente, Rotberto rege et Guillelmo duce in Aquitania, orta est tempestas inaudita apud nos magna, in sabbato viii° idus julii.

Eodem anno [dux] Guillelmus et Gaufredus vicecomes Toarcensis, quosdam servos et ancillas dedit (2) Sancto Maxentio in Celosia villa supradicta.

MXXIX. — Sequenti anno, post multa et laudabilia facta, ipse dux Guillelmus, monachus factus apud Mailliacum, plenus dierum in senectute bona obiit in pace, pridie kalendas februarii. Vixit autem septuaginta et unum annos.

MXXIX. — Obiit domnus Fulbertus episcopus Carnotensis ecclesiæ, mirabilis doctor modernorum temporum, iii° idus aprilis (3).

MXXXII. — Combustio civitatis Andegavæ, prima nostrorum temporum, facta est v° kalendas octobris.

Eo tempore, ut ferunt, Fulco, filius Gaufredi ædificavit monasterium supradictum Sancti Nicolai civitatis Andegavim (4); quod, similiter ut diximus de Malliaco, bene ornato et multis fratribus adunatis, ibidem primus abba extitit Hildinus. Huic quoque successit Emmo, Airaudus, Nathalis, Lambertus atque Johannes.

---

(1) Suppl. *Joanne XIX papa*. — (2) Mieux *dederunt*.
(3) Le ms se trompe en datant sa mort de l'an 923.
(4) Impr. *Andegavinae*. — Erreur dans la date de ce fait. Voyez ci-essus à l'année 1020.

[V.°] Kalend. octobris, civitas Andegava horribili conflagrat incendio. Nihil enim in ea intra muros urbis incombustum remansit, nec ipsa mater ecclesia scilices episcopalis. Sed de suburbio, cum toto monasterio Sancti Albini, [pars] maxima deperiit : imo nihil quoque ejus evasit, præter pauculum quod aliis monasteriis hærebat [ita] ut ignis ardere non posset (1).

Eo tempore fuit concilium factum Pictavis, de fide catholica, rege Rotberto concedente ut per omnes civitates fierent concilia. Inter cætera ergo accidit ut in Pictava urbe, sicut diximus, modo concilium ageretur, duce nobilissimo Willelmo videlicet et Isemberto urbis illius episcopo, Jordane Lemovicensium præsule atque Arnaldo Petragoricensis regionis et diversorum ordinum christianorum, abbatibus videlicet, monachis et clericis necnon et fidelibus populis. Cum igitur de pluribus tractarent, statuerunt ut si quis homo res sanctæ Dei ecclesiæ fraudulenter ac violenter possideret, quas injuste rapuerat cum summo studio restitueret; et ut terras monachorum integras liberasque persolverent.

Igitur Guillelmo duci sæpedicto Guillelmus Pinguis, filiorum ejus major natu, succedit in principatu (2). Qui, quarto anno post mortem patris, habens certamen cum Gaufredo Martello, convenerunt in prælium simul; ubi utriusque exercitus conveniens ad prælium

---

(1) Ces détails sont placés par erreur dans le manuscrit sous l'anné, 1036. Conférez à ce sujet les chroniques de Rainaud, de Saint-Aubin de Saint-Serge et de l'Évière.

(2) Voyez ci-dessus à l'an 1029.

juxta monasterium Sancti Jovini, ad Montem Coerium, magnis animositatibus certatum [est] a Pictavis et Andegavinis. Tandem Guillelmus dux traditur et capitur, xii° kalendas octobris.

Ainricus, post mortem Roberti, levatus est in regno.

MXXXVI. — Imo abbas Sancti Juniani obiit, et succedit Ricardus.

Isembertus episcopus, Pictavis fecit synodum ubi magnam pacem firmavit. Qui, cum Eustachia uxore Guillelmi comitis, aliquantulum expoliavit monasteria auro et argento unde redimerent eum; qui postea paucos dies vivens finem vitæ sortitus est, uxorque ejus similiter defuncta : ipsa quidem apud Sanctam Mariam Pictavis sepulta, et ipse cum patre apud Malliacum humatus est. Isembertus quoque episcopus postea, pergens Romam, obiit in via, apud Paveiam civitatem peregrinus.

MXXXVII. — Dedicatio ecclesiæ Carnotensis Sanctæ Mariæ fuit facta, xvi° kalendas junii (1).

Willelmo comite mortuo, Pictavenses in magno angore et anxietate positi de morte principis sui, sicut oves sine pastore relicti, Odonem comitem, germanum ejus ex patre supradicto, ab Gasconia convocaverunt.

Eodem tempore Gastinenses Germundum castrum construxerunt (2), auxilio Andegavorum, Guillelmo Partiniacensium in eodem castro principe.

Per hæc tempora Gaufredus Martellus duxerat uxorem supradictam (3) causa Pictavensium, ut haberet

---

(1) Voir les chroniques de Rainaud et de l'Évière.
(2) Le manuscrit porte *construentes*.
(3) Agnès, veuve de son cousin Guillaume, comte de Poitou. Voir la chronique de Saint-Serge, à l'année 1028.

sibi subditos, adhuc duobus filiis suis, scilicet Petro et Gaufredo, parvulis.

Interea Odo comes, veniens a Gasconia, voluit capere Germundum castrum, sed non potuit. Inde reversus, Mausiacum, quem pari modo reperit repugnantem, expugnare cœpit, ubi inhiando (1) cum cœpisset adtendere, occisus est ; cujus corpus sepultum in Malliaco, ubi pater et frater erant humati.

MXL. — Erat Amblardus Sancti Maxentii abbas, et post eum Emmo. In Nobiliacensi cœnobio, Ricardo successerunt Petrus atque Umbertus.

Eodem anno dedicatum est monasterium Sanctæ Trinitatis Vindocini, ubi primus, sicuti de aliis diximus, præfuit ibidem Domino servientibus monachis Oderinus abbas et post eum Rainaldus.

Eodem anno, obiit Fulco comes, xi° kalendas junii (2), monachus factus apud Sanctum Nicolaum.

Fulco comes, pergens in Jerusalem, in eadem via defunctus est sicut dicitur. Huic successit Gosfridus filius ejus in comitatu.

His diebus supradictis Hislo præerat Sanctonensibus, cui successerunt Arnulfus et Boso.

MXLII. — Ut dictum est, regnum Francorum post Roberti mortem obtinebat Hinricus, filius ejus. Cujus diebus eclipsis solis fuit, pridie kalendas julii, quam (3) fames miserabilis secuta est per totam Galliam, quæ

---

(1) Var. *Hiemando.*
(2) Voir les chroniques de Saint-Aubin, de l'Évière et de Saint-Serge. *Julii* au lieu de *junii.*
(3) *Cui* dans le manuscrit.

maximam partem plebis inaudito mortium horrore consumpsit (1).

Eodem anno fuit dedicatio novæ ecclesiæ Sancti Florentii Salmurensis, idibus octobris (2).

Fuit eclipsis solis pridie kalendas julii, in natale apostolorum Petri et Pauli, quando eorum martyrium ab omni ecclesia honorabiliter toto orbe celebratur.

MXLIII. — Beatus Rotbertus cœpit ædificare monasterium suum Casæ Dei, in honore sanctorum Agricolæ et Vitalis, quod ipse primus extruxit et rexit quindecim annis; qui quantæ vitæ quantique meriti fuerit miracula testantur. Obiit autem in pace, plenus sanctitate, viii° kalendas maii, et ei successit Durandus, monachus ejusdem ecclesiæ, qui postea Arvernorum datus est episcopus. Huic quoque, episcopo vivente, Seguinus successit eis tertius, et hoc mortuo Pontius secutus est. Hoc quoque episcopo Podiensi facto, Aimericus successit; hoc quoque episcopo Arvernorum iterum facto, successit Stephanus.

MXLIV. — Fuit magna fames grandisque mortalitas, ita ut [si] homo aliquis satiatus pergeret quingentos passus iterum mox esuriret et desideraret manducare; itaque satiatus moriebatur aut vix evadebat mortis periculum.

Quo tempore Agnes comitissa, veniens Pictavis cum duobus filiis suis Petro atque Gaufredo, unaque cum nutricio (3) eorum Gaufredo Martello, suoque marito, cum omnibus Pictavorum optimatibus fece-

---

(1) Voir la Chronique de l'Évière.
(2) En 1041 selon les chroniques de Saint-Florent.
(3) Impr. *Vitricio*.

runt placitum. Deinde unum eorum Petrum (1) Pictavorum ducem ordinatum, alterum in Gasconia transmissum et comitem factum, utrique magna et fortia gesserunt; habuitque Gaufredus illuc uxorem suam Audeberti comitis Petragoricæ filiam, quam postea reliquit causa parentelæ.

Eodem anno Tetbaudus, filius Odonis, a Gaufredo comite Andegavorum captus est, xii° kalendas septembris, qui post triduum civitatem Turonorum reddidit (2).

MXLV. — Obiit Theodelinus abba, quem supradiximus abbatem esse Malliaco, qui præfuit triginta et septem annis. Huic successit Humbertus, quindecim annis præsidens in abbatia.

MXLVI. — Hildegardis comitissa Andegavorum obiit, bona et religiosa, et apud Sancti Nicholai monasterium sepulta est, ubi et maritus (3) ejus. Interea mater comitum, Agnes, cum suo marito Gaufredo Andegavim reversa est, ubi, ut fertur, construere fecit cœnobium in honore sanctæ Trinitatis.

---

(1) Mot omis dans l'imprimé.
(2) Semblable à la chronique de Saint-Florent de Saumur.
(3) Le chroniqueur s'est ici doublement trompé. Pour la sépulture de Foulque Nerra, voir les Chroniques des comtes d'Anjou, publiées par la Société de l'Histoire de France, page 117. Celle d'Hildegarde nous est indiquée par l'extrait suivant du *Martyrologe* de son abbaye du Ronceray.

Kal. aprilis, anno ab incarnatione Domini MXLVI°, domina Hildegardis religiosa comitissa Andegavorum, monasterii B. Mariæ fundatrix laudatissima, obiit Hierosolymis, quo religionis causa profecta fuerat, septimo viduitatis suæ anno; et juxta locum Dominicæ sepulturæ, prout votis optarat, humata fuit.

Ejus cor, argenteo inclusum loculo, hic, ubi thesauros suos Domino condiderat, in capitulo, sub lapideo monumento sepultum jacet; pignus amoris sui in beatissimam Virginem.

Eodem tempore, incœptum est monasterium Sanctæ Mariæ Nucariensis, ubi primus [abbas] Evrardus, Gaufredus, Stephanus, Gauterius.

Similiter in Britannia minore, et in provincia Cornubiæ, monasterium Sanctæ Crucis Diemperelensis inchoatum est. Illud quoque Sanctæ Crucis Talemonensis eodem tempore incœptum est a domino ipsius castri. Monasterium Sancti Benedicti Nantolii similiter, a domino castri Rufiaci, in istis diebus cœptum est.

MXLVII. — Fuit dedicatio monasterii Sancti Salvatoris apud Carrofum (1).

His diebus post Clementem papam Damasus succedit; cui Leo nonus papa succedit. Qui dedicationem præcepit fieri et altare sacratum misit, quam fecerunt archiepiscopi et episcopi, numero tredecim, [provinciarum] circumquaque vicinarum; quam non solum nobilitas monasterii, sed etiam omnium ordinum multitudines christianorum celebrem et nobilem usque in præsenti commemorant. Exstitit autem temporibus Leonis papæ et Isemberti episcopi junioris Pictavensis, Guillelmi Acri comitis Pictavorum et Audeberti comitis Marchiæ, qui fuit filius Bernardi, qui fuit Audeberti, qui fuit Bosonis, qui Sulpicii, qui fuit Gosfredi primi comitis de Karrofo. In eodem cœnobio erat tunc abba Hugo, qui successit Fulcherio; cui per multorum annorum curricula successerunt Fulcaudus, Petrus, Fulcaudus; et eodem anno post benedictionem combustum est monasterium cum villa.

Ipso quoque anno consecratum est monasterium

---

(1) Conférez avec la chronique de Saint-Serge.

Sancti Michaelis ad Heremum, in quo tunc præerat Ascho monachus ejusdem cœnobii; cui similiter successerunt Theadus, Audebertus, Willelmus, Johannes, Garinus, atque Johannes.

Obiit Odilo, abbas Cluniacensis, sanctitate vitæ et merito præcipuus ad Dominum, kalendis januarii. Dormivit autem in senectute bona plenus dierum in pace, nam vixit septuaginta sex annis, ex quibus unum et quinquaginta stetit in abbatia. In cujus locum, jussu suo et electione omnium fratrum, ordinatus est Hugo, nobilis pastor, vitæ merito non dissimilis.

MXLIX. — Kalendis novembris, dedicatum est monasterium Sancti Hilarii Pictavensis; cui consecrationi interfuerunt archiepiscopi et episcopi circa tredecim. Exstitit autem hæc dedicatio admirabilis amore patroni nostri beati Hilarii. Istud monasterium magna ex parte construxerat regina Anglorum (1), per manus Gauterii Coorlandi. Agnes comitissa, quæ eum jussit dedicare, plurimam partem construxit. Quæ domina, si in multis Dominum offendit, iterum in multis eum placavit. Nam ædificavit duo cœnobia sacrarum virginum : unum Andegavis in honore sanctæ Trinitatis (2); alterum Sanctonas in veneratione semper Virginis Deique genitricis Mariæ. Construxit illud supradictum Vendocini, in honore sanctæ Trinitatis, quod multis divitiis

---

(1) Edith, femme d'Édouard le Confesseur.

(2) Le chroniqueur se trompe ici comme plus haut : il n'y avait pas à Angers, au xie siècle, d'abbaye consacrée à la sainte Trinité, ni d'autre monastère de femmes que celui de N.-D. de la Charité, nommé depuis le Ronceray. Voir Chron. de Saint-Aubin, année 1028.

et magnis curtis (1) ditavit; illud etiam Pictavis in honore sancti Nicolai necnon et domum eleemosynariam quæ est in foro, ante eamdem ecclesiam.

Per hæc tempora, Ainricus duxerat Alim (2), comitissam, supradictorum comitum sororem, genitam ex Agnete, filiam Guillelmi senioris comitis Pictavorum, ex qua suscepit filium, quem vocavit nomine suo Ainricum.

ML. — Ainrico imperatori filius natus est, et a domno Leone papa baptizatus est (3), qui eodem anno excommunicavit Gaufridum Martellum, propter Gervasium episcopum (4) quem tenebat captum.

His diebus, fuit consecratio facta monasterii Sancti Joannis Engeriaci, quam Agnes comitissa fecit facere et alii seniores; in qua fuerunt quatuor episcopi : Bruno Andegavensis, Guillelmus Engolismensis, filius Gaufredi et pater Fulconis, Isembertus Pictavensis et Arnulfus Sanctonensis. Huic cœnobio præerat monachus Arnaldus, cui successit Gosfredus.

Ainricus rex Francorum duxit uxorem Scythicam et rufam. Tunc quoque Guillelmus, Pictavorum dux et comes, duxerat uxorem nomine Ermenseldim.

MLIII. — Leo papa, Normannos Apuliam per tyrannidem tenentes, bello aggressus est et superavit.

MLIV. — Obiit Leo papa, xiii° kal. maii; et successit ei Victor papa.

MLV. — Synodus facta est Turonis. Eodem quoque

---

(1) Impr. *cartis*.
(2) Imprimé, *Alam*. Partout ailleurs elle est nommée Agnès.
(3) Voyez la chronique de l'Évière.
(4) Suppl. *Cenomannensem*.

anno obiit beatus Fredericus, abbas cœnobii Sancti Florentii Salmurensis, quod ipse a novo ædificavit post captionem ipsius castri a Fulcone factam, comite Andegavorum, et primus rexit, Deo donante et monachis ibidem Deo militantibus. Præfuit triginta et tribus annis. Hic digne Deo semet ipsum offerens, laudabilem vitæ cursum glorioso fine complevit. Cui in regimine pastorali successit Sigo, III° kalendas novembris, non minor virtute et merito, sicut adhuc fratrum fideli narratione noscitur. Floruit namque multa sapientia et scientia apud Deum et homines, vivens in abbatia quatuordecim annis. Hic iterum plenus sanctitate in pace quievit, v° idus junii. Cui successit Guillelmus, nobiliter natus et nobilis vivens, quadraginta et octo annis vivens in abbatia; et plenus dierum obiit in pace, III° kalendas junii (1).

MLVI. — Defunctus est Ainricus, imperator Romanorum; cui successit Ainricus filius suus, actu et nomine tertius.

MLVII. — Obiit Victor, papa Romanorum; cui successerunt Stephanus, Benedictus, Nicolaus et Alexander secundus.

Eodem anno civitas Namnetica Gaufredo comiti (2) ab Hoel comite reddita est; qui non bona usus fide auferre eam illi tentavit, sed vix quadraginta dies retentam turpiter amisit.

Ipso anno rex Francorum, Ainricus Andegavam [urbem] venit (3).

---

(1) V. Histoire de Saint-Florent, pages 269 à 295 et 302 à 305.
(2) Supp. *Andegavensi*.
(3) Voyez la chronique de l'Évière.

MLVIII. — Willelmus qui et Petrus, cognomento Acer, adunato exercitu, vallavit castrum Murum (1) simul et Gaufredum Martellum inclusit in eo; ubi inhiando dum aptaret ad bellum exercitum, dolore dysenteriæ morbis percussus, reversus est infirmus; ex qua infirmitate mortuus est, relinquens terrenum regnum. Huic fuit conjuncta in conjugio Ermensendis, quæ, amore illius, vovit se viduam et castam permanere usque ad mortem. Huic quoque successit in regno Goffredus, qui jam Gasconiam acquisierat armis et industria; qui relinquens filiam Audeberti comitis, uxorem suam, causa parentelæ, aliam, Mateodam vocatam, accepit in conjugio, de qua tantummodo unam filiam habuit quæ fuit uxor Hildefonsi regis, filii Freelandi et nepotis Garsii.

His diebus ita evenientibus, apud Hispanias gestum fuerat horribile bellum inter Freelandum et Garsionem supradictos fratres : qui pro regno Hispaniæ inter se invidentes magnum certamen habuerunt, et regnum sanguine fuso, superante Freelando, difformiter diviserunt; nam Garsio occubuit et ei omnia nolens reliquit.

His diebus erat imperator Constantinopolitanus, Romanus, cognomine (2) Diogena, qui captus est traditione ab Alexio, fratre suo, qui et oculis eum privavit et in mare præcipitavit.

Per hæc tempora, in concilio Nicolai papæ, Berengarius (3) fuit examinatus de fide catholica.

---

(1) Sic pour *Salmurum*. Voir l'Hist. de Saint-Florent, p. 128.
(2) Au lieu de *cognomine* le ms porte à tort *cui successit*. Le chroniqueur s'est aussi trompé au sujet du successeur de Romain-Diogène.
(3) Archidiacre d'Angers.

MLIX. — Per hæc tempora, defuncto Benedicto papa, successor ei exstitit Nicolaus, in cujus concilio Berengarius fuit accusatus de fide christiana et post accusationem juravit se credere sicut fides catholica habet. Huic successit Alexander et sedem Romanam regendam feliciter suscepit. Cui similiter respondit [Berengarius] et de fide sua rationem reddidit.

MLIX. — Corpus beati Maxentii adjutoris ostensum est, et conditum ei illud sepulchrum novum et dedicatum, vi° nonas octobris : temporibus Ainrici imperatoris, et nihilominus Ainrici regis Francorum, et Gosfridi comitis, atque Isemberti Pictavensis episcopi, et Archembaudi archiepiscopi Burdegalensis et abbatis cœnobii adjutoris Maxentii.

Per hæc tempora Pontius, comes Tolosanus, acceperat Almodim uxorem, sororem Audeberti comitis de Marcha ; quam dedit ei Hugo Pius de Liziniaco, qui eam reliquerat causa parentelæ quique ex ea geminos filios habuit, et post Raimundo Barcinonensi eam dedit in uxorem. Vocati sunt autem filii Pontii, Raimundus de Sancto Ægidio et Guillelmus de Tolosa, ex quibus unus exstitit Tolosanus comes, alter Provincianus. Qui Guillelmus, apud Burdegalam, occidit circa centum milites nobiles per traditionem, qui erant de exercitu Gosfridi ducis ; qui traditionem ipsam non potuit diu sustinere, sed cum omnibus optimatibus suis calumniatus est eam, veniens ad Tolosam, et vastavit eam in circuitu et cepit.

MLX. — Goffredus dux Pictavorum, habens guerram cum Hugone Liziniaci, quem (1) obsidens in ca-

---

(1) Impr. *atque*.

stello suo et expugnans et vastans omnia in circuitu, quadam die milites comitis forte ad portam castelli occiderunt eum, viii° idus octobris. Hugo filius suus huic successit, natus ex supradicta Aumode, qui Diabolus vocatus est.

Eodem anno obiit Ainricus rex Francorum, anno ordinationis suæ xxix.

Goffredus quoque comes, filius Fulconis, [obiit] xviii° kalendas decembris, feria tertia, hora diei prima, monachali habitu prius suscepto ab Airaudo, abbate Sancti Nicolai (1). Huic successerunt nepotes ejus filii Alberici Contracti, comitis de Gastina, Goffredus et Fulco Rechin.

Ainricus quoque rex duos filios habuit, Philippum Regem et Hugonem ducem, Magnum vocatum, ex quibus Philippus successit patri.

MLXI. — Goffredus et Fulco habentes certamen cum Gaufredo duce propter Sanctonas, venientes cum magno exercitu, pugnaverunt cum eo in bello etiam in Aquitania, ubi e contrario Pictavorum exercitus adunatus est; et ab utrisque partibus magnis animositatibus pugnatum est, sed traditores belli et ceteri signiferi, vexillis projectis, exercitum Pictavensium in fugam verterunt. Quapropter vulnerati multi sunt et plurimi occisi atque nonnulli capti; unde quidam versibus eam confusionem ita describit, dicens :

> Cum de Pictavis bellum sit et Andegavinis
> Inque die martis fuit et sancti Benedicti,

---

(1) Conférez avec la chronique de Saint-Serge où on lit : *idibus novembris* pour xviii *kal. decembris.*

Circa forte caput Wultonnæ contigit esse,
Annus millenus tunc sexagesimus unus.

MLXII. — Goffridus dux obsedit Sanctonas civitatem, castris in circuitu positis; et fame et gladio vastavit, usque quo Andegavenses et cives qui in ea erant se cum suis omnibus in manibus tradiderunt. Inde abiens in Hispaniam, cum multis Vermannis, Barbastam civitatem nomini christiano, cunctis qui erant in ea prius perditis, adquisivit.

Eodem anno luna obscurata est, kalendis augusti.

MLXIV. — Benedictio Sancti Petri Aureæ Vallis fuit de crucifixo. Tunc primum canonici cœperunt esse ibi.

MLXVI. — Stella cometes apparuit. Willelmus comes, filius Rotberti supradicti comitis Normanniæ, transiens mare conflixit cum Airaudo, pseudo-rege Anglorum, quem devicit cum ipsa gente et terram eandem in suam ditionem recepit. Fertur habuisse in exercitu suo quatuordecim millia hominum. Fuitque in mense octobri, pridie idus ipsius mensis, et fecit ibi monasterium ubi bellum fuit in honore Sancti Martini monachorum. Aliud quoque constitui jussit in honore Sancti Stephani Cadomi, et ibi monachos iterum posuit (1).

MLXVII. — Herluinus fundavit suum monasterium nobile et aptum monachis (2).

Eodem anno traditio Salmuri castri facta est Fulconi fratri Gaufredi comitis Andegavorum, prima domi-

---

(1) Conférez avec la chronique de Saint-Serge.
(2) C'est la célèbre abbaye du Bec, au diocèse de Rouen.

nica die quadragesimæ, v° kalendas martii; et ipsum fratrem suum tenuit et inclusit captum usque ad mortem (1).

Stella cometa apparuit.

Judicio Dei, juste omnia judieantis, castrum Salmurum horribili incendio combustum est a Guidone, comite Pictavorum, cum ecclesia sancti Florentii sanctique Johannis Baptistæ et sancti Petri apostoli; nihilque penitus remansit de toto suburbio ejusdem castri, cum domibus extra et intra murum degentibus, quod non incenderetur, v° kalendas junii.

Eodem anno obiit Aimericus, abba Sancti Maxentii et Sancti Leodegarii, cui successit parvo tempore Archimbaudus. Sancto Leodegario super Severim Hugo, nepos Aimerici, erat abba.

Per hæc tempora duxit uxorem Guido comes Aldeardim, filiam Roberti ducis Burgundiæ et neptam Ainrici regis Francorum, relicta Matode supradicta. Tunc cepit castrum Lucionense et monasterium Sanctæ Mariæ Virginis, quod est in eodem castro, combussit, multosque homines ac feminas in eo extinxit.

MLXIX. — Cœnobium Sanctæ Mariæ de Caritate inchoatum est, quod Giraldus monachus nobilis et religiosus, primus extruxit. Monasterium Novum Pictavis inceptum jussu Gaufredi comitis; monasterium [quoque] Sancti Severini canonicorum in nemore Argenti, et cœnobium Sancti Vincentii quod Niolium vocatur.

His diebus Hildefonsus, rex Hispanorum, duxerat

---

(1) Pour les dates du jour conférez avec les chroniques de Rainaud, de Saint-Serge et de l'Evière.

filiam Guidonis comitis, ducis Pictavorum (1), quam habuit de Mateode uxore supradicta. Pro qua re exstitit causa et contentio de lege Romana. Quam legem Romanam voluit inducere in Hispaniam et Toletanam mutare; et ideo fuit factum bellum inter duos milites et falsitate fuit victus miles, ex parte Francorum.

MLXX. — Domnus Gauterius abba, et canonicus ecclesiæ Sancti Petri Stirpensis, dormivit in pace æterna, v° idus maii.

Eodem anno Benedictus abba ordinatur et benedicitur apud Sanctum Maxentium, v° nonas octobris. Quo tempore apud Sanctum Johannem Engeriacum erat Odo abbas; et apud Malliacum Goderannus episcopus Sanctonensis et abbas, qui successit Umberto.

MLXXI. — Ortus est Goffredo (2) duci, xi° kalendas novembris, Guillelmus filius, qui consobrinus germanus Ainrici imperatoris et secundus (3) Philippi Francorum regis, ex supradicta conjuge; nata post hunc filia, quam desponsavit Petrus filius Sancii regis Aragundiæ.

Ferunt eo tempore eclipsim lunæ fuisse in mense octobri.

Petrus Igneus fecit judicium per rogum ardentem.

MLXXIV. — Obiit Alexander papa et in ejus loco ordinatus est Aldebrandus; et mutatum est nomen ejus (4) Gregorius VII, ad distinctionem aliorum. De-

---

(1) Ms *Andegavorum*. — (2) Impr. *Guillelmo*.
(3) Sic. Aldearde, mère de Guillaume, était cousine germaine du roi Philippe.
(4) Supp. *Nam dictus est*.

functus est et Goderannus episcopus, viii° idus augusti. Cui successerunt in episcopatu Boso, et Drogo in abbatia (1), qui relinquens postea abbatiam inclusit se Cluniaco, ubi et bona morte obiit.

Eodem anno reliquiæ inventæ sunt et demonstratæ pretiosæ apud Nobiliacum.

MLXXV. — Pictavis fuit concilium, quod tenuit Giraudus legatus, de corpore et sanguine Domini; in quo Berengarius, discipulus Aquem Sancius, ferme interemptus est (2).

Fueratque aliud concilium apud Sanctum Maxentium, vii° kalend. julii, in quo erat major Goselinus archiepiscopus Burdegalensis, qui Archimbaudo successit, Willelmus Petragoricus et alii multi. Illud primum fuit viii° kal. julii et aliud idibus januarii.

Eodem anno donatum est Monasterium Novum, quod esse Pictavis supra diximus, Hugoni abbati Cluniacensi; in quo cœnobio primum abbatem Guidonem constituit, monachis ibidem Domino servientibus. Cui successerunt : Giraudus, Letbaudus, Giraudus, Marquerius.

Similiter Dolensi cœnobio Raimundus erat abba; cui successerunt : Petrus, Johannes, Garmundus, Gauterius, Audebertus, Giraudus, Johannes, Hugo.

MLXXVI. — Rex Philippus fuit hoc anno Pictavis forte.

MLXXVII. — Giraudus cœpit ædificare cœnobium Sanctæ Mariæ Silvæ Majoris.

MLXXIX. — Hugo episcopus Lugdunensis, et legatus

---

(1) Supp. *Malliacensi*. — (2) Passage mutilé.

Romanæ ecclesiæ, tenuit concilium Pictavis, primo die apud Sanctum Petrum et alio die ad Sanctum Hilarium.

MLXXX. — Fuit concilium Burdegalæ, in quo Berengarius reddidit fidei suæ rationem et Hugo abbas Sancti Leodegarii fuit depositus; cui successerunt per ordinem: Philippus, Arnaudus, Otbertus, Tetbaudus.

Eodem anno Ansegisus ordinatur abba Sancti Maxentii, iii° kal. octobris. Ipso tempore sanguis fluxit de panibus in multis locis.

Hoc anno perfectus est introitus monasterii, sicut scribitur in versibus.

> Arcu circarum celatur tempus earum,
> Anni tunc mille Christi sunt octuaginta.
> Istam confratres aulam Domino facientes,
> Ad Christum precibus ducat Maxentius almus;
> Qui prius Adjutor baptismi lege vocatur,
> Post ne noscatur Maxentius ultro vocatur.

MLXXXII. — Ignis combussit villam istam Sancti Adjutoris Maxentii, unde quidam dolens versibus describit combustionem illam, ita dicens:

> Mirificis signis fuit intolerabilis ignis,
> Maxenti villæ comburens atria mille,
> Cuncta monasteria combussit intus et extra.
> Urbani festi fuit ignis nocte sequenti;
> Anni tunc Christi mille octoginta duo sunt.

Eo anno apud Karrofum fuit consecratio cujusdam altaris, et demonstratæ sunt preciosæ reliquiæ monasterii ejusdem; et concilium factum in ipso monasterio. iii° idus novembris, fuit eclipsis lunæ.

Eo quoque anno monasterium Sancti Petri Mallia- censis exustum est; in quo monasterio electus est Gau- fredus, abbas modo Sancti Michaelis de Clusa. Similiter Vindocini post Rainaldum fuit David; cui successe- runt : Bernerius, Guillelmus, Gaufredus.

Eodem anno Cormaricensi cœnobio, Wido post Bernardum; ex quo monasterio vidimus quemdam monachum, nomine Literium, miræ abstinentiæ, qui per decem annos nec vinum bibit nec aquam, nisi in sacrificio.

MLXXXIII. — Sanctonas exstitit concilium in quo Ramnulfus eidem urbi ordinatus est episcopus, et Si- mon, canonicus Sancti Hilarii, Agenno post Arnal- dum (1). Cui successit Giraudus nepos, Isardus, Au- debertus.

Lugduno Galliæ fuit episcopus Gebbo; cui successit Hugo ante nominatus Rotlandus, Humbaldus.

Eodem anno terræ motus factus est magnus, xv° ka- lendas novembris, in die natalis Sancti Lucæ. Pars civitatis Pictavis magna cum ecclesia Sanctæ Rade- gundis combusta est.

MLXXXV. — Locustarum multitudines visæ sunt insolito.

MLXXXVI. — Obiit Guido qui et Goffredus, comes Pictavorum; cui successit Guillelmus filius ejus, quin- decim annorum existens. Defuncti sunt Goscelinus archiepiscopus Burdegalensis et Isembertus Pictavinus episcopus, quorum unus sepultus est in Sancto Cy- priano alter in Sanctæ Mariæ Lucionensis [ecclesia].

---

(1) Impr. *Rainaldum*.

MLXXXVII. — Ordinatus est episcopus Pictavensis Petrus, viii° kalendas martii, et Adam abbas [S. Maxentii], pridie kalendas martii.

Eodem anno translata sunt ossa beati Nicolai Barum civitatem, temporibus Alexandri papæ et Ursonis archiepiscopi Canusinæ civitatis et Barinæ (1) urbis, vii° idus maii, eo quod Myrrea civitas et multæ aliæ jam diversis terris invasæ sunt et tentæ a Turcis et paganis.

Ipso quoque anno, Hildefonsus mandavit per omnes partes Franciæ ut sibi et suis adjuvarent. Qua de causa multi perrexerunt in Hispaniam et adunati sunt ad Tutelam civitatem et castellum Stellæ ceperunt; inter quos unus, Guillelmus nomine, major ceterorum interfuit, quem vidimus, et erat Normannus.

Eodem anno obiit Victor papa.

MLXXXVIII. — Ordinatus est Urbanus papa.

Eodem [anno] obiit Audebertus, comes de Marchia; cui successit Boso filius ejus. Ipso anno inceptum est cœnobium quod vocatur Casale Sancti Benedicti, in Burgundia, ubi primus abbas Andreas fuit et post eum Giraudus.

MLXXXIX. — Amatus tenuit concilium Sanctonas, iv° novembris, in quo idem elevatus est archiepiscopus Burdegalæ.

Ipso anno obiit Giraudus Hierosolymita, sepultus ante portam monasterii, v° nonas maii.

His diebus capta est Valentia in Hispania a Roderico comite.

---

(1) Le ms porte *Harinae.*

MXC. — Petrus, episcopus Pictavorum, ordinavit multos; inter quos H. ordinavit cum multis aliis, qui ad benedictionem cujusdam ecclesiæ ad Castra cecidit de fabrica unde faciebat sermonem.

MXCI. — Boso, comes de Marchia, occisus est Confolento castro. Huic succedit Aumodis, soror sua, quæ habuit de Rotgerio comite duos filios. Obiit Odo, abbas Sancti Johannis; cui successerunt Ansculfus et Ainricus. Similiter obiit Bertrannus abbas Sancti Juniani; cui successit Goffredus, huic Radulfus.

Eodem anno inceptum est cœnobium Sanctæ Mariæ quod vocatur Fons Gaubaudi (1), in confinio Pictavis et Biturigæ civitatum, a beato Petro abbate cognomine Stellæ. Item obiit Ansegisus Majori Monasterio, Guido Monasterii Novi, Goffredus Lucionensis, cui successerunt: Rainaldus, Daniel, Giraudus, Girbertus. Eodem anno benedictio fuit cœnobii Sancti Petri Stirpensis, et festivitas beati Gauterii instituta est celebrari de transitu.

MXCIII. — Germundum castrum factum est, causa contentionis Gelduini et Ebbonis fratrum, a Guillelmo comite et eodem Gelduino.

Eo anno monasterium beati Adjutoris Maxentii cœptum est a fundamento novum, adjuvante Domino et concedente, in pulchriori opere et meliori, xv° kalendas julii. Ipso anno Rotbertus reliquit abbatiam et Garnerius ei successit; et apud Burdegalam fuit concilium.

MXCIV. — Germundum castrum destructum est; et

---

(1) Mieux *Gombaudi*.

[dux] Guillelmus duxit uxorem Philippam nomine, filiam Willelmi comitis Tolosani et neptem Raimundi de Sancto Egidio.

Eodem anno Urbanus papa Placentiæ tenuit concilium.

MXCV. — Obiit Giraudus, abba bonæ memoriæ Silvæ Majoris, viii° idus aprilis; cui successerunt Guillelmus, Alerannus, Goffredus, item Goffredus. Eadem nocte qua defunctus est, visæ sunt stellæ cadere de cœlo in modum facis.

Eodem anno fuit magna siccitas, ab viii° kalendas aprilis usque xvii° kalendas septembris; quam secuta est sterilitas terræ et penuria panis et omnium fructuum. Visa et audita signa multa et sonitus aquarum sunt.

Urbanus papa tenuit concilium, iii° idus novembris; et inde Lemovicas veniens, deposuit Umbaldum episcopum ejusdem urbis. Item eodem anno cœpit locus Sanctæ Mariæ ad Cellum florere miraculis; cœpit et Radulfus monachus Sancti Jovini suos et sua loca instruere.

MXCVI. — Urbanus papa, veniens ad festivitatem Sancti Hilarii, fuit Pictavis et benedixit Monasterium Novum, vi° kal. februarii. Post hæc perrexit Andegavis et benedixit monasterium Sancti Nicolai. Inde abiens Turonis tenuit concilium, in monasterio Sancti Martini, in quo inter alia restauravit abbatiam Sancti Mauri et præcepit habere abbates, et primus fuit Giraudus. Huic successerunt Petrus, Rannulfus. Inde reversus est Sanctonas civitatem et celebravit ibi sanctum Pascha. Et inde remeavit Romam; et in eundo remeavit Nemausum civitatem, ubi item tenuit concilium et reconciliavit Philippum regem Francorum. Ubicumque fuit, præcepit cruces facere hominibus et pergere Jerusalem et liberare eam a Turcis et aliis gentibus.

Ipso anno apparuit signum crucis in cœlo, vii° idus augusti, quod multi docuerunt; et jussu ipsius papæ multi nobiles et ignobiles, divites et pauperes, de omnibus terris, unam eamdemque voluntatem habentes, perrexerunt in viam Sancti Sepulchri et cœperunt omnia relinquere. Inter quos, ex ipsorum numero qui nobis noti fuerunt, hii præcipui extiterunt : Raimundus comes Sancti Ægidii, et episcopus Ademarus Podiensis; Hugo Magnus et dux, frater regis Philippi, Rotbertus comes Normanniæ, et comes Stephanus, et comes Flandrensis Robertus (1), et dux Godefredus et comes Eustachius, frater ejus, nec non Bauduinus eorumdem germanus, aliique comites et barones multi, Gasto Gasconus et cæteri quos mihi nominare non occurrit.

In Hispania, ipso anno, subacta est Osca civitas; et rex Petrus Aragundiæ pugnavit, cum quinque millibus militum et viginti millibus peditum, contra centum millia peditum Moabitarum et novem millia militum. Fuerat enim possessa civitas cum aliis civitatibus Hispaniæ [spatio] trecentorum annorum et eo amplius. Hoc bellum et victoria, Domino donante, facta est mediante novembri mense.

Hoc eodem anno devicerunt Moabitæ Hildefunsum, regem Hispaniæ, et nonaginta milites occiderunt. Eodem anno obiit Audebertus, Bituricus episcopus, et ei

---

(1) Le manuscrit porte *Raimundus*.

Leodegarius successit in episcopatu. Sanctonas fuit concilium, ubi imperatum est omnibus vigiliis apostolorum jejunare.

MXCVII. — Amatus episcopus consecravit Oscam civitatem ad opus Domini, et paganorum synagogam ad Pascham, quæ fuit illo anno idibus aprilis. Eo anno fuit ipse captus a comite (1), et fuit magna nebulatio frumentorum in mense maio.

Item acta sunt tria bella in via de Jerusalem cum Turcis, in quibus christianos usque ad internecionem persecuti sunt occulto Dei judicio. In primo bello Lumbardi seu Longobardi et Alamanni, cum Rainaldo domino suo perierunt in quodam castro Exeregorgo, in die dedicationis sancti Michaelis. In secundo Petrus Eremita et Gauterius intrantes Civintot, quod est supra Nicænam civitatem, confestim venerunt illic Turci et omnes occiderunt; solus Petrus evasit, et hoc factum est in mense octobri. Hæc facta sunt in præcedenti anno millesimo nonagesimo sexto ab incarnatione Domini.

Deinde, in sequenti anno MXCVII°, alii principes venerunt Constantinopolim et in Sclavia, et fuerunt in magna persecutione cum hominibus imperatoris. At Boamundus et Tancredus et Guillelmus, frater ejus, et multi, postquam acceperunt cruces, persecuti sunt Turcopolos et Pincinnatos et vicerunt et superaverunt, in quarta feria quod est caput jejunii.

Deinde in alio bello Turci et Pincinnati et Comani et Sclavi, Visi et Athenasi omnes contra christianos erant; et quodam die episcopum Podiensem accepe-

---

(1) Le comte de Poitou, Guillaume VII?

runt et per vim perdiderunt et a christianis superati sunt. Tandem ergo, kalendis maii, concordes et unanimes effecti [sunt] cum imperatore Alexio, causa sanctæ expeditionis.

Collecti itaque principes et consociati firmiter, mediante maio, pugnaverunt apud Nicæam civitatem cum Turcis et interfecerunt innumerabilem multitudinem Turcorum ipsamque, quæ est caput totius Romaniæ urbs, et multa alia [castra] ceperunt. Fueruntque in obsessione illa per septem hebdomadas et in die Ascensionis, pridie idus, cœperunt primum invadere. Fueruntque vulnerati multi et martyrizati; quorum, inter duas pugnas, ceciderunt tredecim millia christianorum et ducenta millia Turcorum.

Eodem anno apparuit stella cometa, pridie nonas octobris, per septem noctes, fuitque terræ motus III° idus octobris. Mense novembri fuit magna perditio seminum, partim ex vermibus, partim ex pluviis; et flumina creverunt magna et castella et vicos et homines necaverunt, maxime pedites (1).

Fuitque bellum aliud, primo die julii, contra trecentos et sexaginta millia Turcorum, Saracenorum, Publicanorum, Persarum et Agulanorum. Ferunt quod in quinque generalibus bellis Deo opitulante triumphaverunt, acceperunt quadraginta et unam principales civitates et ducenta castra in Romania et Suria; et post hæc omnia, XII° kalendas novembris, obsederunt tres partes civitatis Antiochiæ.

MXCVIII. — Fuit bellum cum Turcis, v° kalendas

---

(1) Le manuscrit porte *podas.*

januarii et idibus februarii; fueruntque christiani septingenti et Turci viginti quinque millia. Fuit et aliud bellum ubi amiralii duodecim sunt occisi, post Pascha, quod fuit isto anno v kalend. aprilis. Acta sunt hæc mense aprili et maio. Subacta est Antiochia intrante tertia die mensis junii, in die jovis.

Tertia die post hæc obsessa est civitas a Curbalando, qui adduxit trecenta sexaginta quinque millia, excepto amiralio Hierosolymitano, qui fuit cum sua gente, et rege Damasci cum suis, et rege Aleph similiter cum suis; et ita fuit exercitus circa Antiochiam per undecim dies. Tandem visione Domini Jesu et sanctæ Mariæ sanctique Petri apostoli confirmati, et visione et revelatione simul sancti Andreæ apostoli et repertione lanceæ Domini nostri Jesu Christi, acceptis pœnitentiis et processionibus actis, construxerunt acies suas principes christiani contra Curbalam et illam innumerabilem gentem Turcorum, Arabum, Saracenorum, Publicanorum, Azimitarum, Curtorum, Agulanorum et aliarum multarum quæ nominari nec numerari poterant. In prima acie fuit Hugo Magnus, cum Francigenis et Flandrensi comite; in secunda vero dux Godefridus cum suis; in tertia Robertus Normannus cum suis; in quarta autem Ademarus, cum lancea et cum exercitu suo et exercitu Raimundi Sancti Egidii; in quinta Tancredus et Gasto cum Aquitanis. In sexta fuit Boamundus cum suo exercitu, episcopi et clerici revestiti simul cruces in manibus tenentes. Septimam aciem fecerunt ex aliis coacti, quam duxit Raimundus comes. Postquam venerunt sancti martyres Demetrius, Georgius et Theodorus, quos Dominus promiserat mittere in auxilium eorum, cum sancto exercitu, versi sunt in fugam et fugerunt inimici Dei victi. Et hoc bellum factum est iv° kalendas julii. In illa fuerunt inclusi per viginti et septem dies, et obsederunt per octo menses, et post captionem requieverunt per quinque menses et dimidium.

Ad festivitatem omnium sanctorum adunati, ceperunt viam Sancti Sepulchri. Acceperunt prius Albariam (1), postea Mairam, iii° idus decembris. In qua iterum ita anxiati sunt ut carnes Turcorum manducarent; et ibi morati sunt per unum mensem et quatuor dies. Inde venerunt ad castrum Capharda. Deinde, iv° idus januarii, exierunt inde et devenerunt in castrum quoddam; et de villa in villam usque ad festivitatem Purificationis Beatæ Mariæ, quam celebraverunt in quodam castro ubi venerunt, de Camela et de Tripoli, ad Raimundum comitem Sancti Ægidii. Inde venerunt, vi° kalendas martii, ad Archas, ubi fuit judicium de lancea Domini, vii° kalendas aprilis; et inde [ad] Tortosam et Maraclea quas possederunt. Alii dux Godofredus et Flandrensis comes ceperunt Gibellum.

Eodem anno inventum est corpus sanctæ Pecinnæ. Cœlum apparuit rubicundum, vi° kalendas octobris. Terræ motus, iii° nonas octobris fuit; et lunæ eclipsis fuit iii° idus decembris.

MXCIX. — Beati Agapii corpus inventum est in ecclesia Sancti Saturnini martyris, in qua idem sanctus Agapius, cum suis monachis, et beatus adjutor Maxentius Deo militavit abbas post ipsum, sicut in vita

---

(1) Impr. *abbatiam*.

ejus clarius legitur. Nova effecta a fundamentis, hoc eodem tempore fuit sacrata, idus martii.

Raimundus, comes Sancti Egidii, exivit de civitate Maira, idibus januarii, et venit ad castrum Capharda; ibique junxit se cum eo comes Rotbertus Normanniæ, Rotbertus Flandrensis et dux Guodefredus. Venerunt usque Liciam civitatem, sequentes Raimundum Sancti Ægidii, ibique Boamundus separavit se ab aliis et reversus est Antiochiam; indeque tendentes, venerunt Tripolim et ibi pugnaverunt contra Turcos et maximam partem occiderunt. Alio die equitaverunt ultra vallem Edissem et inde ad castrum Archæ, quod tenuerunt obsessum per tres menses uno die minus, ibique pascha Domini celebraverunt, iii° idus aprilis. Fecerunt placitum cum rege Tripuli et discesserunt a castro et pervenerunt in sexta feria, v° idus maii. Postea discesserunt a civitate veneruntque ad castrum Betholon, deinde Gibelon et inde ad civitatem Barut, et de illa ad Sagittam et de Sagitta civitate ad civitatem Sur, de civitate autem Sur ad Acram civitatem et de Acra ad Caiphas. Indeque pervenerunt ad civitatem Cæsaream, ibique Pentecostem celebraverunt, iv° kalendas junii; unde venerunt ad civitatem Ramam et ibi ordinaverunt episcopum.

Et inde venerunt lætantes Jerusalem, v° idus junii, eamque robustissime prope muros civitatis obsederunt. Robertus Normannus obsedit eam a septentrione et juxta eum Flandrensis comes Rotbertus, a meridie comes Raimundus Sancti Ægidii. v° idus, fecerunt bellum. iv° idus aggrediuntur civitatem et minorem murum straverunt et unam scalam ad majorem erexerunt, et super suis ensibus ac lanceis cominus pugnabant. Fuerunt in illa obsidione per decem dies in magna siti et fame, et fecerunt processionem circa civitatem et postea fecerunt duo lignea castra et, vii° idus, deportaverunt ad civitatem. vi° idus et v° et iv° et iii° (1) aptaverunt machinas, et pridie aggrediuntur mirabiliter civitatem usque in noctem. Sexta feria, summo mane, undique aggrediuntur eam; et nimis stupefacti erant usque venit illa hora in qua Dominus noster Jesus Christus passus est in ipsa civitate mortem. Tunc expugnata est et subjugata, [et] quamvis pugnassent fortiter nisi per voluntatem Dei intraverunt. Primus qui intravit miles exstitit Letot(2), secundus Guodefredus dux, tertius Eustachius comes frater ejus.

Octava postquam civitas capta fuit, celebraverunt festivitatem ereptionis per omnem civitatem Jerusalem; et elegerunt principem Guodefredum, qui expugnaret paganos et custodiret christianos. Similiter, in loco patriarchæ elegerunt Arnulfum, in festivitate sancti Petri ad vincula. Aliud bellum fecerunt apud Ascaloniam, pridie idus augusti, cum amiravisso Babiloniæ, ubi sexaginta millia erant. Sic dictum fuit, et tamen nemo scivit numerum nisi solus Deus.

Eo anno fuit factum Romæ concilium, quod novissime tenuit Urbanus papa, vii° kalendas maii, in quo confirmavit viam Sancti Sepulcri Domini nostri Jesus Christi; et decrevit in ipsa synodo, omni feria sexta, jejunare pro peccatis suis omnibus christianis et ma-

---

(1) Mot omis dans l'imprimé. — (2) Lethalde de Tournai.

xime pro illis [de] quibus non confessi sunt immemores.

Eodem anno, obiit ipse papa, iii° kalendas Augusti et ei successit Paschalis secundus.

Pictavis, ecclesia Beatæ Radegundis, in qua ipsa jacet humata, xv° kalendas novembris, dedicata est. Casibus Vicecomitis ecclesia sancti Nicolai similiter sacrata est.

In Hispania, apud Valentiam, Rodericus comes defunctus est, de quo maximus luctus christianis fuit et gaudium inimicis paganis.

Willelmo comiti natus est filius, æquivoce Guillelmus vocatus. Ex supradicta conjuge habuit quoque quinque filias, quarum unam desponsavit vicecomiti Toarcensi. Novissime genuit apud Tolosam uterinum, videlicet Raimundum, qui postea regnavit in Antiochia.

MC. — Ignis qui venit in Jerusalem, in sabbato Paschæ, extinxit et post paululum, miserante Domino veniens iterum, lætificavit christianos quos extinctione tristaverat. Eodem anno allatæ sunt reliquiæ de Jerusalem in pluribus locis, et apud nos a quodam nomine Petro Fasin.

Ipso anno obiit Guodefredus, dux de Jerusalem, et successit Bauduinus frater ejus. Obiit Willelmus, rex Anglorum, cognomento Rufus, et successit ei Ainricus frater ejus junior. Simon episcopus Agennensis obiit et successit ei, unus post alium, Giraudus, nepos ejus, Isaardus, Raimundus. Obiit quoque Rainaldus, abbas Sancti Cypriani, cui successit Petrus et alius Petrus post eum, Guasconus. Item obiit Bernardus Majoris Monasterii, cui successit Ilgodus, Willelmus.

Guillelmus, consul Pictavorum, accepit apud Lemovicas crucem, et cum eo multi alii suorum procerum. Similiter Petrus, rex Aragundiæ, cepit Barbastam et multa castella; et pugnavit cum Moabitis apud Oscam et vicit et subjugavit civitatem, xv° kalendas novembris.

Pridie kalendas novembris, fuit sacrata ecclesia Sancti Petri Aureæ Vallis.

XII° kalendas novembris, fuit concilium, quod tenuerunt duo cardinales, Johannes et Benedictus : in quo decreverunt ut omnis ecclesia jura sua et feuda potuisset redimere auro et argento ecclesiæ. Uni eorum, Johanni, apparuit sanctus Hilarius et dixit ei confirmando : « Johannes, noli timere, viriliter age, cras ero tecum. » Excommunicavit regem Philippum in ipso concilio. Petrus, Burdegalæ decanus, electus est Lemovicæ episcopus civitati post Willelmum.

Eodem anno, Rotbertus magister (1) cœpit dignosci apud nos et incepit locum Fontis Evrardi ædificare et patres et monachos adjuvare in pluribus locis; qui sub disciplina sua religiose vivunt et tenent ordinem, eo vivente et mortuo, apud Tucum, apud Podium, apud Calfurnum, apud Raretum, apud Girundia, apud Logias (2), apud Landam (3), Aurelianis (4), Villa Salem, Ursinia, Brierias.

MCI. — Fuit sanctum Pascha xi° kalendas maii; et ignis qui venit in Sabbato Sancto non venit usque in ipso die Paschæ, et tunc tribus vicibus venit. Wil-

---

(1) Supp. *Arbrissellensis*. — (2) ms *Lopias*.
(3) Ms *Landum*. (4) Ms *Villam Sale*.

lelmus dux et cæteri principes abierunt in viam Jerusalem, ut devoverant.

XIII° kalendas maii, fuit combustio gelu, in vineis maxime et aliis seminibus.

Rex Bauduinus pugnavit apud Joppem cum paganis, idibus octobris, et vicit.

Rex Petrus Aragundiæ pugnavit cum Moabitis xv° kalend. novembris, et cepit Boleam castrum.

Willelmus dux et alii principes, itinerantes Jerusalem, pugnaverunt cum Solimanno et Turcis et devicti sunt.

Sexto decimo (1), visæ sunt stellæ cadere de cœlo.

Eodem anno Amatus obiit archiepiscopus, et successit Arnaldus ordinatus.

MCII. — Principes Christiani ceperunt civitatem Tortosam, xii° kalendas maii; et apud Joppem iterum rex Bauduinus impugnavit, vi° kalendas junii, ubi devicti fuerunt et apud Ramam civitatem inclusi et duodecim consules capti cum aliis multis; et ipse rex evasit. Postea recuperaverunt et Dei adjutorio devicerunt infestissimam gentem inimicorum.

Fuitque magna ubertas, Deo tribuente, de omnibus bonis, [ita] ut oblivioni traderetur perditio anni præteriti. iv° nonas augusti, ceciderunt fulgura in multis locis, et maxime Turonis ubi spiritus maligni visibiliter visi sunt.

MCIII. — Fuit magna tribulatio, et nummi argentei pro æreis mutati et facti sunt.

Eodem tempore florebant vita et conversatione sancta Roscelinus et Vitalis, duo sancti viri: unus in

---

(1) Sic dans le ms.

Aquitania, qui convivia magna pauperibus tribuebat; alius in Normannia et terra Anglorum. Tertius quoque monachus in Britanniæ et Turoniæ finibus florebat Rainaldus.

MCIV. — Sunt visa et audita multa signa. In Palæstina subactæ sunt Accaron et Geth civitates.

Rex Petrus Aragundiæ defunctus est, et ei successit Ildefonsus frater ejus.

Multa incendia fuerunt in castellis Toarcii, Niorti, Belverii.

In Pictava civitate oppressio bellorum: nam præparatum fuit maximum bellum inter Willelmum, comitem Pictavorum, et Guoffredum Martellum, filium Fulconis Andegavorum, vi° nonas novembris, apud Partiniacum; sed Dominus per bonos et sanctos viros placitavit et pluviam magnam ubertim, per duos dies et noctes, assidue cadere permisit.

Eodem anno erat quidam presbyter, Aliprannus nomine sanctus, qui contra Simoniacam hæresim odium habens, causa probandi Mediolanensis archiepiscopi, transiit per immensum ignem fornacis. Sicut Petrus Igneus, qui transierat per rogum ardentem tempore Alexandri papæ, contra episcopum Petrum Florentinæ civitatis, ita et iste, Paschalis papæ tempore, transiit illæsus; et post Romæ voluit facere immensum judicium, ut super Tiberim fluvium in cappa sua transiret de ripa in ripam.

MCV. — xiv° kalendas februarii, fuit gelu nimium et nix, quæ coxit vineas et lauros et multa alia. Idibus aprilis terræ motus. xv° kalendas junii nobiscum tempestas magna et pluvia magna, quæ corpora mortuorum ex sepulturis ejecit.

Bellum apud Palestinos inter Christianos et Turcos.

MCVI. — Ecclesia Sancti Georgii dedicata est. Cometa apparuit, mensibus februarii et martii; per LXX dies luxit. Goffredus Martellus occisus est septimo kalendas junii. Pictavis concilium fuit, in quo interfuit Boamundus dux; quem Bruno legatus sanctæ Romanæ ecclesiæ adduxit, et tenuit concilium et viam Sancti Sepulcri confirmavit.

Fuit aliud in Italia quod ipse papa rexit. Ainricus imperator Alemannorum obiit, et successit Ainricus filius suus, cognomento Carolus.

Aliud bellum coadunatum est inter Fulconem comitem Andegavorum et Willelmum ducem, quod Philippus rex concordavit. Eodem anno obiit Garnerius abbas, die Natalis Domini.

MCVII. — Apud Trecas, in Francia, fuit concilium quod tenuit Paschalis papa; in quo decrevit ut per nullam guerram incendia domorum fierent, nec oves aut agni raperentur. Ipso anno Goffredus abba ordinatur kalendis julii, et [eodem] mense et quarto julii (1) eclipsis lunæ fuit.

Eodem anno Bernardus abba, quem Sancti Cypriani diximus, in Pertico cœpit suum cœnobium ædificare in loco qui vocatur Tiro, in honore sanctæ Mariæ, ubi plus centum monachorum insimul habuit.

MCVIII. — Tripolis civitas subacta est a christianis, mense maio.

Rex Francorum Philippus obiit, sepultus apud Sanctum Benedictum; et Ludovicus filius, xxxv annorum

---

(1) Sic. L'éclipse eut lieu dans la nuit du 6 au 7.

existens, successit ei. Obiit quoque Fulco comes Andegavorum; et Fulco junior, filius suus, successit.

MCIX. — Hugo abbas nobilis Cluniacensis obiit, III° kalendas maii, anno ætatis suæ octogesimo quarto, ordinationis suæ sexagesimo, et celebravit Pascha cum Domino, quod ultimum fuit, VII° kalendas maii. Huic successit Pontius, filius comitis Mirguliæ, qui stetit duodecim annis. Postea pergens in Jerusalem successit ei alius Hugo; qui vix uno vivens anno, successorem habuit Petrum, monachum ejusdem ecclesiæ.

Obiit quoque Anselmus archiepiscopus Cantuariæ, civitatis (1) Anglorum, et ei successit Radulfus, abbas Sagii. Obiit et Hugo archiepiscopus de Diis. Item obiit Hildefonsus, rex Hispaniarum; et remansit Euracha filia ejus in loco suo, quia filius suus quem supradiximus obierat.

MCX. — Extincti sunt homines in foro. Obiit Hugo (2) filius Hugonis Bruni, qui fuit Albi, qui fuit Cari, qui fuit Hugonis Venatoris. Item lunæ eclipsis fuit et cometa apparuit. Mortalitas et fames magna, et sal carus nimis; et guerra inter Willelmum comitem et Hugonem Brunum incepit, quæ diu duravit.

Epistolam ferunt descendisse in Jerusalem de cœlo, de die dominica et observatione ejus.

MCXI. — Ainricus imperator cepit Pascalem papam in sede apostolica. Ipso anno obiit Boamundus; et quidam Andreas, canonicus Sancti Petri Pictavensis, revertens de Jerusalem, obiit in territorio Hastæ civitatis; ad cujus tumbam multa miracula fiunt.

---

(1) Ms. *Sancti Sagii.* — (2) Supp. *de Leziniaco.*

Andegavini fuerunt in exercitu castello Campolinario. Capella de Sancto Sebastiano cœpit illustrari miraculis. Obiit Petrus Sanctonas episcopus, et successit Rainaldus.

MCXII. — Iterum nummi mutati sunt (1) et cum granis alii facti sunt. Viennæ concilium fuit, ubi contradictum est jusjurandum apostolicum. Cœnobium Sancti Michaelis de Periculo Maris igne combustum est divinitus.

MCXIII. — Giraudus de Sala monasteria duo Cadoino et Bornet incepit.

In Italia villa Magneruns terræ motu subversa est. Rex Bauduinus fecit bellum apud Ascalonam. Petrus episcopus sacravit altare Sancti Ægidii, nonis decembris, et captus est a comite.

MCXIV. — Cœpit excommunicatio super comitem (2). Obiit Petrus, primus abbas Fontis Gombaudi morbo arpeta, id est igni inextinguibili sive se consumens: cui successit Guillelmus et post eum Airaudus.

Cœnobium Sancti Launomari, Blesi castro, igne consumptum est.

Rex Baudoinus victus est in Tiberia. Ad Jerusalem venerunt Ascalonitæ usque ad eclesiam Sancti Stephani.

Ad Baleares insulas subjugandas perrexerunt principes marchisi: Raimundus de Barcinona, Willelmus de Narbona, Willelmus de Monte Peslerio.

Eodem tempore fuit homo, nomine Johannes, qui

---

(1) Voir plus haut à l'année 1103.
(2) Supp. *Pictavensem, Willelmum VII*, cognomine *Juniorem*.

pedem morbo arpeta perdidit; et postea sancta Maria Dei genitrix illi restauravit.

MCXV. — Obiit domnus Petrus (1) Calviniaco castro; et sepultus apud Sanctum Cyprianum Pictavis, epitaphio super eum descripto :

> Captio, vincla, minæ, census, domuumve
> Nunquam pastorem flexere suumve rigorem ;
> Immo magis fortis instantis tempore mortis,
> Nulla relaxavit quæ jure liganda ligavit.

Qui sedit in episcopatu viginti et novem annis et unum mensem.

Majorica et Minorica insulæ subactæ sunt a christianis. Ainricus imperator a Saxonibus devictus est. Item fuit bellum inter Turcos et Antiochenos.

MCXVI. — Romæ fuit concilium, quod tenuit novissime Paschalis. Obiit Rotbertus de Arbrisello, fundator cœnobii Fontis Evraudi, vi° kalendas martii.

Eodem anno obiit Bernardus, fundator cœnobii Tironis, quod est in Pertico, vii° kalendas maii. Huic successit Hugo, monachus ejusdem cœnobii.

Dominus Rotbertus (2) præcepit ut abbatissa regeret sua loca. Ignis combussit ecclesiam Sancti Saturnini cum centum domibus, iv° nonas julii.

MCXVII. — Sanctum Pascha fuit viii° kalendas aprilis. iv° nonas januarii fuit terræ motus per multa loca in Italia; et finita fuit excommunicatio comitis. xvii° kalendas julii fuit eclipsis lunæ. Willelmus et Petrus ordinantur episcopi : unus Pictavis, alter San-

---

(1) Supp. *Pictavensis episcopus.* — (2) Supp. *Arbrissellensis.*

tonas. Obiit Willelmus, abbas Sancti Florentii, et successit ei Stephanus.

Burdegalæ natus est infans totus pilosus et barbatus et vocatus est Brictius. Hoc enim videatur incredibile, quod multi affirmant ita esse; sicut ante annos septuaginta fuerunt duæ feminæ in uno corpore de ventre inferius, et una ante aliam mortua est.

MCXVIII. — Kalendis (1) februarii, obiit Paschalis papa, et successit ei Gelasius. v° nonas martii fuit ecclesia Sancti Symphoriani sacrata a Rotberto Corisopatum episcopo, et altare sancti Stephani ab Aimerico, Arvernorum episcopo, xiv° kalendas aprilis.

Tholosæ fuit concilium, in quo confirmata est via de Hispania; et Engolismæ aliud, ubi archiepiscopus Turonensis et alii duo episcopi confirmati sunt, unus eorum Audebertus civitatis Agenno.

Bauduinus rex de Jerusalem obiit, mense aprili, et successit alius Bauduinus, consanguineus. Obiit et Arnulfus episcopus de Jerusalem, et successit ei Garmundus. Item obiit Alexius imperator Græcorum, et successit ei Johannes filius suus.

III° idus junii, subactum est castrum juxta Cæsaraugustam. VIII° idus decembris fuit bellum in Hispania, inter Hildefonsum et reges plures et Aucaëtas, et contra innumerabiles Moabitas, Rex Marroch fuit unus, rex Granada unus. Rex Tamit, frater Alis, qui fugiit, et omnes alii victi et capti et occisi sunt in bello. III° idus decembris, subacta est Cæsaraugusta; et post eam reddiderunt se aliæ civitates octo, Tudela, Vau-

---

(1) Sic dans le ms. Pascal II est mort le 18 ou le 21 janvier, c'est-à-dire le xv ou le xii des calendes de février.

terra, Autais, Aragun, Terracona, Sarranunna et plurima castella. Comes pugnavit cum Simone Partiniacensi et avunculo suo Hugone; v° idus augusti devicit eos et Simonem cepit cum multis aliis.

MCXIX. — Obiit Gelasius papa, iii° kalendas februarii; et successit ei Guido, Viennensis archiepiscopus, et mutatum est nomen ejus et vocatus est Calixtus secundus. Qui ipso anno tenuit duo concilia, unum Tholosæ et alterum Remis, in quo anathematizavit regem Teutonicorum. Apud Antiochiam dux Rotgerius pugnavit cum Turcis, qui victus est et occisus cum novem millibus christianorum. Item rex Bauduinus de Jerusalem, restaurans bellum, pugnavit cum eis et occidit ex eis quatuordecim millia hominum impiorum.

MCXX. — Giraudus de Sala obiit.

XV° kalendas julii, comes Willelmus et dux Aquitanorum et rex Aragundiæ pugnaverunt cum Abraham et aliis quatuor regibus Hispaniarum, in campo Cotanciæ; et devicerunt et occiderunt quindecim millia Moabitarum et innumerabiles captivaverunt. Duo millia camelorum ceperunt, et de aliis bestiis sine numero, et plurima alia subjugaverunt castella.

Eodem anno mel pluit de cœlo. In Jerusalem venit ignis, sicut in Pascha, in die assumptionis sanctæ Mariæ. Giraudus, hospitalarius de Jerusalem, eodem anno obiit in sancta conversatione.

Eodem tempore inchoata sunt plurima cœnobia de institutione sancti Geraudi de Sala. In territorio Tholosæ est unum cœnobium, in honore sanctæ Mariæ, quod vocatur Major Silva, ubi primus abbas fuit Stephanus. In pago Agennensi est aliud cœnobium vocatum Gundun, in honore sanctæ Mariæ, ubi primus abbas fuit Bernardus. In territorio Petragoricæ civitatis est alterum, quod vocatur Cadunense, in honore beatæ Mariæ, ubi primus abbas fuit Helias. In pago Engolismæ civitatis est aliud quod vocatur Bornet, similiter dedicatum, ubi primus abbas fuit Willelmus. Est aliud in territorio civitatis Pictavæ, quod vocatur Alodus, ubi primus abbas fuit Petrus et post Giraudus. In territorio Santonicæ Fons Dulcis, et aliud est quod vocatur Tenale, ambo abbates Willelmi vocati. Item aliud, quod Absida vocatur, ubi Petrus abbas primus fuit. Est et aliud quoque quod Castellarium nuncupatur, ubi primus abbas Aimericus. In nemore Guastinæ est aliud, ad Sanctum Benedictum de Pino vocatum, ubi primus abbas Guillelmus fuit. Aliud est in nemore Bonæ Vallis nomine. In pago Lemovicino est aliud, Dalun vocatum, ubi primus Rotgerius abbas fuit. Est aliud cœnobium Castrense, ubi primus abbas fuit Guillelmus. Est alia Domus Dei, in Lemovicensi pago, quæ vocatur Castaliensis, ubi prior Goffredus primus fuit. Alia quoque Domus Dei Corbasin vocata, sanctæ Mariæ et sancto Nicolao sacrata, ubi prior Bernardus primus fuit.

XI° kalendas augusti, monasterium Sanctæ Mariæ Magdalenæ de Vizeliaco combustum est, cum mille centum viginti et septem hominibus et fœminis. Similiter incensum est monasterium Sancti Frontonis civitatis Petragoricæ, cum multis hominibus et fœminis.

Mense novembri mutati sunt nummi.

MCXXI. — Ecclesia Sanctæ Mariæ Lucionensis fuit sacrata, XIII° kalendas maii. Ignis combussit ecclesiam

Sancti Martini. Simon mortuus est Partiniaco, morte subitanea. Ecclesia Sancti Lazari igne divinitus succensa est.

MCXXII. — Fuit sanctum Pascha vii° kalendas aprilis; et hiems fuit clemens, et annona fuit levius vendita quam multis annis præteritis : circa duos solidos fuit sextarius sigillæ, et sextarius frumenti per tres solidos.

III° kalendas aprilis, subactum est castrum Partiniacum a Willelmo comite. Eodem mense combustum est castrum Sancti Martini et monasterium ejusdem, Turonis, ubi corpus ejus humatum est; et Girardus, monachus Sancti Albini (1), magnificus in vita sua claruit. vi° idus junii, Toarciaco castro tempestas inaudita fuit pluviæ; et ita inundavit pluvia tota æstate ut dimidia pars annonæ periret et fructuum et vini. Kalendis septembris, monasterium et castrum Sancti Marcialis (2) igne divinitus exustum est.

MCXXIII. — Nonis aprilis, visæ sunt stellæ cadere de cœlo. Concilium Romæ viii° kalendas aprilis. Bellum inter Ildefonsum et comitem. Rotomago judæi fecerunt rem quamdam detestabilem de imagine cerea. Obiit Willelmus episcopus, cognomento Gislebertus, et sepultus est Fontis Evrardi.

Mense aprili, Baudoinus rex iterum captus est. Mense julii, bellum apud Joppem fuit. Mense octobri, mare crevit apud nos insolito. Pridie nonas novembris, obiit Girardus monachus Sancti Albini, qui per decem annos nec manducavit nec bibit aliquid

---

(1) Voir plus haut, page 95 et suiv. — (2) Impr. *Michaelis*.

coctum igne. Fuitque alius Guillelmus, monachus Sanctæ Mariæ Karitatis, valde sanctissimus.

MCXXIV. — Fuit concilium Carnoti. Guillelmus episcopus sacratus est, kalendis junii. Tempus carum nimis, ita ut frumentum venundaretur triginta et sex solidis; ideoque fuit mortalitas magna. In stellis signa visa sunt et visiones multæ. Tyrus civitas capta est, in mense augusti; fuitque aliud Clermundo concilium, et aliud Belvago, alterum quoque Viennæ.

Anno ab incarnatione Domini MCXXVI°. Obiit Willelmus, dux Aquitanorum, iv° idus februarias; et Pictavis civitate, apud Novum Monasterium, sepultus est. Hic virtute sæcularis militiæ super omnes mundi principes mirabiliter claruit (1). Cui successit in principatu Guillelmus, filius ejus (2)....

Anno ab incarnatione Domini MCXXIV°, [episcopi] Willelmi Adelelmi tempore, v° idus januarii, obiit domnus Gaufredus, bonæ memoriæ, abbas monasterii Sancti Maxentii. Hic in constructione monasterii sui et in augmentatione sui gregis curiosus ac devotus mansit, ut rei eventu probatur et opera declarant. Hic monasterium Sancti Maxentii, quod ei Dominus accommodaverat regendum post ultimum incendium, quod evenit suo in tempore, foris ac desuper honorifice construxit. Cui successit domnus Petrus Raimundus monachus de Clusa.

---

(1) Voir dans la Bibliothèque de l'École des Chartes, 1re série, vol. I, p. 555, son Éloge tiré d'une charte du monastère de Sainte-Croix de Talmont, en Bas-Poitou.

(2) Il a fallu couper en deux ce paragraphe du ms pour mettre à son ordre l'article suivant.

MCXXXVII. — [Guillelmus dux Aquitanorum] obiit peregrinus apud Sanctum Jacobum in Hispania; est quoque sepultus in ecclesia ejusdem apostoli, in qua et obiit, honorifice ab archiepiscopo loci illius. Fuit autem obitus ejus die Parasceve; quo tempore Pascha celebrata iii° nonas aprilis apud nos, apud judæos autem kalendis aprilis, id est feria sexta, quo die obiit. Hic erga hostes suos fortis exstitit debellando, subjiciens sibi omnes rebelles terræ suæ quos invenit. Huic successit, illo anno quo obiit, Ludovicus rex junior, filius Ludovici senioris regis Francorum, anno scilicet ab incarnatione Domini millesimo centesimo trigesimo (1) septimo, accipiens filiam ejus majorem uxorem, pro qua obtinere meruit totum principatum terræ illius. Peracta igitur apud Burdegalam sacratione eorum et nuptiis celebratis, profectus est cum omni comitatu suo in terram suam, statuens præpositos terræ suæ.

MCXL. — Hujus regis tempore, mortuus est episcopus Pictavensis ecclesiæ Willelmus Adelelmi, anno ab incarnatione Domini millesimo centesimo quadragesimo, in mense octobri, pridie nonas ipsius mensis. Cui successit domnus Grimoardus, abbas Alodiorum, vir bene religiosus, qui Pascha apud Sanctum Maxentium celebravit primo ordinationis suæ anno, sacravitque chrisma, feria quinta cœnæ Domini, uti decebat cum honore et reverentia. Hunc ergo locum elegit Domini famulus Grimoardus esse dignum tantæ consecrationis, ob honorem et reverentiam almi

---

(1) Le ms. porte *vigesimo*.

confessoris Maxentii et fratrum loci. Hic itaque a rege supradicto post consecrationem suam non concessus, a die autem consecrationis suæ, qui fuit vigesimus sextus dies mensis januarii, usque Pentecosten propriam sedem non tenuit; neque sessum habuit donec rex præciperet et apud Sanctum Maxentium clementiam suæ concessionis in litteris ostenderet, ac præcipiendo propriæ sedi reditum daret. Eodem itaque die meruit sacrari apud Engolismam, quo die fuit septuagesimæ initium.

TABLE ALPHABÉTIQUE.

A

Abbon, abbé. — Son martyre, 164.
Abbon, abbé de Saint-Maixent, 355.
Absalon, moine de Saint-Florent, ramène le corps de saint Florent de Tournus à Saumur, 207, 208, 224, 227, 229. — Ruse qu'il emploie pour s'introduire à Tournus, 225, 226. — Construit un monastère dans le château de Saumur, 231. — Châsse dans laquelle il avait renfermé le corps de saint Florent, 247. — Sa mort, 247.
Achard, abbé de Saint-Serge. — Sa mort, 140.
Actard, évêque de Nantes, 363. — Il est déposé par Noménoé, 364.
Adebert de Chinon, abbé de Saint-Florent, 187, 199, 378. — Succède à Robert de Blois, son origine, sa mort, 264.
Adèle, comtesse d'Anjou, femme de Geoffroi-Grisegonelle. — Ses donations à Saint-Aubin, 20.
Adèle, fille de Rollon, épouse Èble, comte de Poitou. — Ses fils Guillaume Tête d'Étoupe et Èble l'évêque, 376.
Adhémar, abbé de Saint-Maixent, 373.
Adhémar, évêque du Puy, part pour la croisade, 412.
Adhémar, fils de Landri, comte de Saintes, 369, 372. — Épouse Sancie, 372. — Comte de Poitiers. — Meurt sans enfants, 374, 375.
Adraldus, abbé de Saint-Nicolas, 137. — Donne l'habit religieux à Geoffroi Martel, 167.
Adrien II, pape. — Sa mort, 39, 156, 182. — Succède au pape Nicolas I, 159, 184.
Agnès, comtesse de Poitiers, 388. — Après la mort de Guillaume, comte de Poitiers, son mari, elle contracte un mariage incestueux avec Geoffroi Martel, comte d'Anjou, 23, 135, 282, 388, 392. — Amène ses deux fils à Poitiers et fait reconnaître Pierre, l'aîné, comme comte de Poitiers, 395. — Assiste à la dédicace de l'église de Saint-Florent, 292. — De l'église de Saint-Hilaire de Poitiers, 397. — Fait construire la Trinité de Vendôme, 395, 397. — Le monastère de Saint-Jean d'Angély, 398.
Aimard, abbé de Cluni, succède à Eudes, 378.
Aimeri, vicomte de Thouars, et depuis comte de Nantes. — Ses bienfaits envers Saint-Florent de Saumur, 259.
Aimeri, vicomte de Thouars, donne le prieuré de la Chaise à Saint-Florent de Saumur, 189, 303. — Comment il fut amené à donner le prieuré de la Chaise aux religieux de Saint Florent 331, 332. — Il est tué par trahison, 190.

AIMERI, patriarche d'Alexandrie envoie le chef de Saint-Serge à l'abbaye de ce nom à Angers, 148.

AIMERI, abbé de la Chaise-Dieu, 394.

AIMERI, abbé de Saint-Maixent et de Saint-Léger. — Sa mort, 404.

AIMON, abbé de Saint-Cyprien de Poitiers et de Saint-Jean d'Angeli fait la translation du corps de Saint-Révérend, 379.

AIRAUD, abbé de Fontgombaud, 425.

ALBOIN, évêque de Poitiers, 380.

ALAIN II, comte de Bretagne, prend part au siége de Candé, 15, 142.

ALAIN III, comte de Bretagne, assiége le château du Lude, 166.

ALAIN, fils de Geoffroi, comte de Bretagne, 261.

ALAIN, évêque de Rennes, reçoit le chef de saint Serge à Angers, 149.

ALBAUD ou ALBALDUS, deuxième abbé de Saint-Florent, 183, 197.

ALBERT, abbé de Marmoutier. — Sa mort, 167.

ALCUIN, abbé de Saint-Martin de Tours, élevé par Raban, 355. — Sa mort, 4, 156.

ALERAN, abbé de la Saulve-Majeure, 411.

ALEXANDRE III, pape, célèbre un concile à Tours, 40.

ALEXANDRE, abbé de Talmond, 340.

ALFONSE VII, succède à Pierre, roi d'Aragon, son frère, 422. — Épouse la fille de Gui, comte de Poitiers. — Sa mort, 405.

ALIÉNOR, femme de Henri II, couronnée reine d'Angleterre, 38. — Sa mort, 53, 194.

ALIS ou AGNÈS, fille de Guillaume le Vieux, comte de Poitiers, épouse Henri III, empereur d'Allemagne, 398.

ALMODE, sœur d'Hudebert, comte de la Marche, épouse Hugue le Pieux de Lusignan. — Répudiée, elle épouse Pons, comte de Toulouse. — Ses enfants Raimond et Guillaume, 401.

AMALAIRE. Ses écrits, 355.

AMALBERT, abbé de Saint-Florent, 186, 378. — Travaux exécutés à Saint-Florent sous son administration, 209, 210, 211. — Placé par le comte Thibaut à la tête du monastère de Saint-Florent, 242. — Événements arrivés sous son administration, 242, 244, 247. — Il devient abbé de Saint-Benoit, 186, 199. — Sa mort, 252.

AMAT assiste à un concile à Saintes. — Élu archevêque de Bordeaux, 409. — Sa mort, 421.

AMAURI, frère de Baudoin, roi de Jérusalem, lui succède, 39. — Sa mort, 44, 193.

AMAURI DE CRAON se révolte contre Pierre, comte de Bretagne, 195.

AMBLARD, premier abbé de Preuilli, 373.

AMBLARD, abbé de Saint-Maixent, 390.

ANDRÉ DE DOUÉ, un des fauteurs de Giraud de Montreuil, 147.

ANDRÉ, premier abbé de Chesal-Benoît, 409.

ANDRÉ, chanoine de Saint-Pierre de Poitiers, va à Jérusalem. — Sa mort, 424.

ANGER, abbé de Saint-Serge, fils de Robert et d'Orhande. — Sa mort, 151.

ANGERS. — Livré à Foulque Rechin, 12. — Incendié, 10, 22, 135, 166, 187. — Autre incendie, 23, 390, 391. — Incendie du pont d'Angers, 35, 44, 144, 146, 149, 151. — Inondation et chute du pont, 150. — Angers pillé par Robert de Turneham, 52. — Assiégé par Charles le Chauve, 184. — Bourgeois d'Angers en guerre avec Foulque le Jérosolomitain, 143.

ANSALDUS, abbé de Saint-Florent, 196.

ANSBERT, moine de Saint-Florent,

puis abbé de Pontlevoy. — Son récit du martyre de l'abbé Giraud, 199. — Il devient abbé de Pontlevoy, 216.

ANSCULFE, abbé de Saint-Jean d'Angély, succède à Eudes, 410.

ANSÉGISE, abbé de Saint-Maixent, 407. — Meurt à Marmoutier, 410.

ANSELME, archevêque de Cantorbéri. — Sa mort, 424.

ARBERT, vicomte, donne Saint-Léger à Saint-Maixent, 385.

ARCHANALDUS écrit la vie de saint Maurille, 8, 161.

ARCHEMBAUD, archevêque de Bordeaux et abbé de Saint-Maixent, 401. — Abbé de Saint-Maixent, 404.

ARCHEMBAUD, archevêque de Tours, 385.

ARDOUIN, évêque de Limoges, 385.

ARNAUD, évêque de Périgueux, 391.

ARNAUD, abbé de Saint-Jean d'Angély, 398.

ARNAUD, abbé de Saint-Léger, 427.

ARNOUD, évêque de Jérusalem. — Sa mort, 427.

ARNOUD, archevêque de Tours, succède à son oncle Hugue, 164, 187, 292, 388.

ARNOUD, abbé de Saint-Florent, 197.

ARRAND, évêque du Mans. — Sa mort, 169.

ARTHUR, fils de Geoffroi, duc de Bretagne. Sa naissance, 45. — Il est emmené à la cour du roi de France, 51. — Épouse la fille de Philippe Auguste. — Est fait prisonnier à Mirebeau, 51. — Sa mort, 53.

ASCHON, abbé de Saint-Michel en l'Herm, 397.

AUBIN, évêque de Poitiers, 377.

AUDEARDE, femme du vicomte Arbert, donne le monastère de Saint-Léger à Saint-Maixent, 385.

AUDEBERT, abbé de Déols, 406.

AUDEBERT, abbé de Saint-Michel en l'Herm, 397.

AUDEBERT, évêque d'Agen, 427.

AUDEBERT, évêque de Bourges. — Sa mort, 412.

AUDEBERT, comte de la Marche, fils de Boson, 396. — Sa mort, 406.

AUDOUIN, abbé de Saint-Denis, 369.

AUMODIS, sœur de Boson, comte de la Marche, succède à son frère, 410.

B

BARTHÉLEMI, archevêque de Tours. — Sa mort, 194.

BARTHÉLEMI, abbé de Marmoutier, 383.

BAUDOUIN, frère de Godefroi de Bouillon, succède à son frère sur le trône de Jérusalem, 409. — Combat les Sarrasins, 421. — Est défait par eux, 425. — Défait une seconde fois, 430. — Sa mort, 427.

BAUDOUIN II, roi de Jérusalem, demande Foulque, comte d'Anjou, pour son gendre, 33. — Prend la ville d'Ascalon, 38. — Sa mort, 39, 427.

BAUDRI, abbé de Bourgueil, 385.

BEAUVAIS. Concile tenu en cette ville, 431.

BÈDE, disciple de saint Benoît, 355.

BENOÎT, abbé de Saint-Maixent, 405.

BÉRENGER, chanoine de Saint-Martin de Tours, disciple de Fulbert de Chartres, 385. — Interrogé sur sa profession de foi, 400, 401, 406, 407.

BERLAI, seigneur de Montreuil-Bellay, vivait du temps de Geoffroi Martel, 66. — Enterré à Saint-Florent de Saumur, 293. — Ses enfants Giraud et Rainaud, 293.

BERLAI II, seigneur de Montreuil-Bellay, neveu de Rainaud, trésorier de Saint-Martin, renonce aux mauvaises coutumes de Mairon, 72, 80, 81. — Renonce au droit de vinage sur Mairon, 81, 82. — Fait réparer le moulin de Mairon, 83. — Fonde le prieuré de la Madeleine-sous-Brossais, 99.

BERNARD, comte de Poitiers, tué en combattant le comte Lambert, 365.

BERNARD, évêque de Nantes, assiste à Angers à la réception du chef de saint Serge, 149.

BERNARD, abbé de Clairvaux. — Sa mort, 38, 192.

BERNARD, abbé de Saint-Serge. — Sa mort, 141.

BERNARD, abbé de Marmoutier, 337. — Sa mort, 419.

BERNARD, abbé de Saint-Cyprien, construit le monastère de Tiron, 423. — Sa mort, 426.

BERNAUD, abbé de Saint-Maixent, 385.

BERNIER, abbé de Marmoutier, 383.

BERNON, abbé de Vendôme, succède à David, 178. — Résigne ses fonctions, 170. — Sa mort, 171.

BERNON, premier abbé de Déols. — abbé de Cluny, 374.

BERNON, abbé de Bourgueil, 385.

BERTHE, veuve du comte Eudes et femme du roi Robert, 253.

BERTHE, comtesse de Bretagne, mère de Conan le jeune. — Sa mort, 150.

BLANCHE, fille de Foulque le Bon, et femme de Lothaire. — Sa fille Constance, 21.

BOÉMOND, duc d'Antioche vient en France. — Épouse la fille du roi Philippe I, passe à Angers, à Bourges, 15, 31, 142. — Assiste à un concile à Poitiers, 423. — Prêche la croisade, 171, 172. — Sa mort, 424.

BOREL, seigneur du Lion-d'Angers. — Sa mort au château de Saumur, 117.

BOSON, fils d'Audebert, comte de la Marche, succède à son père, 409. — Tué à Confolens 410.

BOSON, évêque de Saintes, 406.

BOUCHARD, fils de Foulque l'Oison, comte de Vendôme. — Sa mort, 170.

BOUCHARD, fils de Jean, comte de Vendôme, 174. — Sa mort, 176.

BOURGUEIL. Monastère construit par la comtesse Emma, 380.

BRICE, évêque de Nantes. — Sa mort, 34.

BRICE, abbé de Saint-Jouin de Marnes, 340.

BRISCA, sœur de Sance, duc de Gascogne. — Épouse Guillaume duc d'Aquitaine, 387.

BRISSARTHE. — Combat de ce nom, 190.

BRUNON, archevêque de Reims, disciple de Bérenger, 385.

BRUNON, évêque d'Angers, assiste à la consécration du monastère de Saint-Jean d'Angély, 398.

BUDIC, comte de Nantes, 270, 282, 283.

C

CADOUIN. Fondation de cette abbaye, 429.

CALIXTE II, pape, vient à Angers, 32, 190. — Sa mort, 33.

CANDÉ. Siége de ce château, 15, 33, 142, 191.

CARLOMAN, fils de Charles le Chauve, a les yeux crevés et est fait moine, 159. — Sa mort, 160, 182.

CASTRES. Monastère fondé dans cette ville, 429.

CHAISE-LE-VICOMTE (prieuré de la). Donné à Saint-Florent, par Aimeri, vicomte de Thouars, 189. — Comment il fut fondé, 331, 336. — Dédicace de l'église, 419.

CHARLEMAGNE. Sacré roi par le pape Étienne III. — Soumet toute l'Italie, 155. — Soumet les Saxons, 182. — Est fait empereur des Romains, 4, 156,

331. — Passe en Espagne, 182. — Va à Rome, pour la troisième fois, et est sacré empereur par le pape Léon III, 183. — Sa mort, 4, 157, 352. — Comment il est enterré, 352.

CHARLES LE CHAUVE. Sa naissance, 361. — Chasse les Normands d'Angers, 132, 184. — Bataille de Fontenay, 158, 184. — Donne Saint-Gondon à Saint-Florent de Saumur, 284. S'empare de Bourges, 369. — de Vienne. — Sa mort, 157, 160, 183, 184, 370.

CHARLES LE SIMPLE, couronné roi à Reims, 161, 185. — Est renversé du trône, 162. — Il meurt, 185.

CHARROUX (monastère de). — Sa construction, 352. — Sa dédicace, 24, 136, 396. — Incendie du monastère, 382.

CHATEAUCEAUX. Prise de ce château, 46, 191. — Siége fait par Louis VIII, 45, 195.

CHESAL-BENOÎT. Fondation de ce monastère, 409.

CLERMONT. Concile tenu dans cette ville, 431.

CLUNY. Monastère fondé par Guillaume, comte d'Auvergne, 373. 374.

CONAN, comte des Bretons, envahit l'Anjou, 12, 16. — Sa guerre avec Foulque Nerra, 268. — Sa mort, 22, 36, 137.

CONAN le jeune, comte de Bretagne. — Sa mort, 150, 191.

CONQUEREUX. — Bataille de ce nom, 10, 22, 187, 260.

CONSTANCE, fille de Lothaire et de Blanche, épouse Robert roi de France, 21, 165, — Ornements donnés par elle à Saint-Florent de Saumur, 258.

CONSTANCE, mère de Raoul, évêque d'Angers, 143.

CONSTANTIN, abbé de Saint-Maixent, 381. — Sa mort, 338.

CORMERI. Fondation de ce monastère, 361, 368.

CRESCENTIUS, préfet de Rome, se révolte contre l'empereur Othon. — Sa mort, 385.

CROISÉS. Leur départ pour la Terre Sainte, 28. — S'emparent de Nicée, d'Antioche, de Jérusalem, 29. — Autre croisade, 36. — Exploits des Croisés en Terre Sainte, 413, 416, 417, 418, 420, 421, 423.

D

DACBERT, abbé de Saint-Serge. — Sa mort, 139.

DAVID, abbé de Vendôme, succède à Oderic, 170, 408.

DÉOLS ou le Bourg-dieu. — Construction de ce monastère, 74.

DIDON, abbé de Saint-Florent. — Actes passés sous son administration, 198.

DODON, évêque d'Angers, 158.

DOL en Bretagne. — Siége de cette ville, 12, 26, 138.

DOUÉ. Siége de ce château, 32, 190. — Autre siége, 191.

DREUX, abbé de Maillezais, 3. — Se fait religieux à Cluny, 406.

DURAND, abbé de la Chaise-Dieu, 394.

E

EBBON, évêque d'Angoulême, 385.

EBLE, fils de Ramnulfe II, comte de Poitou, est confié au comte d'Auvergne, 372. — Entre à Poitiers, 373. — Construit le monastère de Déols, 374. — Épouse Adèle, fille de Rollon, 376. — Guillaume Tête d'étoupe et Eble l'évêque ses fils, 376.

EBLE, évêque de Poitiers et abbé de Saint-Maixent, 375. — Abbé de Saint-Hilaire. — Son éloge. — Construit le château de Limoges. — Celui de Saint-Hilaire, 376.

ÉBROIN, évêque de Poitiers succède à Sigebran, 356.

ÉDITH, reine d'Angleterre fait construire le monastère de Saint-Hilaire de Poitiers, 397.

ÉLISABETH, comtesse d'Anjou, brûlée à Angers, 22, 187, 260.

ÉMENON, comte d'Angoulême. — Sa mort, 369.

EMMA, fille de Thibaut, comte de Champagne, épouse Guillaume Fier à bras, comte de Poitiers. — Construit le monastère de Bourgueil, 380.

EMMON, abbé de Saint-Maixent, 393.

ENGEBAUD, archevêque de Tours reçoit à Angers le chef de saint Serge, 149.

EREMBERGE, comtesse d'Anjou, fille d'Hélie, comte du Mans. — Sa mort, 33, 190.

ÉRISPOÉ, fils de Noménoé. Voyez HÉRISPOÉ.

ERMENFROID, abbé de Saint-Maixent, 375.

ERMENSANDE, comtesse de Poitiers, 398. — A la mort de son époux se fait religieuse, 400.

ESPAGNE. Guerre en Espagne entre les Chrétiens et les Maures, 428. — Succès des Chrétiens, 427.

ÉTIENNE III, pape, vient en France, 156. — Confirme le roi Pépin et ses deux fils Charles et Carloman, 182.

ÉTIENNE, comte d'Auvergne, tué par les Danois, 362.

ÉTIENNE DE TOURS, capitaine de la tour de Chinon pour le comte d'Anjou, 175.

ÉTIENNE BOURGUIGNON, abbé de Saint-Florent de Saumur, succède à Guillaume, 190, 305, 427. — Sa mort, 191, 305.

ÉTIENNE DE LA ROCHEFOUCAUD, abbé de Saint-Florent-de-Saumur, succède à Mathieu, 307. — Nommé évêque de Rennes. — Sa mort, 307, 308.

ÉTIENNE, abbé de Noyers, 396.

ÉTIENNE, abbé de la Chaise-Dieu, 394.

ÉTIENNE, premier abbé de la Saulve-Majeure, 428.

ÉTIENNE, comte de Blois, part pour la croisade, 412.

ÉTIENNE, frère de Thibaut, comte de Blois, roi d'Angleterre, est fait prisonnier par Mathilde, 34, 145, 191. — Sa mort, 38, 173, 192.

EUDES, comte d'Orléans, périt en combattant le comte Lambert, 5, 157, 158.

EUDES, roi de France, 160, 185, 371. — Sa mort, 161, 185, 372.

EUDES le Champenois est battu à la bataille de Pontlevoy, 10, 134. Fait sa paix avec Foulque Nerra, 10. — Perd Saumur pendant qu'il assiége Montboyau, 10, 165, 215. — Fait le siége du château d'Amboise, mais il est forcé de le lever, 22, 165. — Donne le château de Chaumont à Gelduin de Saumur, 215, 216, 281. — Fait le siége de Saumur, 281.

EUDES LE ROUX, défend le château de Marçon contre Geoffroi-Grisegonelle, 164.

EUDES, comte de Bretagne, fils de Geoffroi, 261.

EUDES, comte de Bretagne, conspire contre le roi Henri II, 40.

EUDES, fils de Guillaume, duc d'Aquitaine, 388.

EUDES, comte de Gascogne devient comte de Poitiers, 392. — Sa mort, 393.

EUDES, abbé de Cluny, 375. — Son éloge, 376. — Sa mort, 378.

EUDES, abbé de Saint-Maixent, 381.

EUGÈNE III, pape, vient en France et tient un concile à Reims, 36.

EUSÈBE BRUNON, nommé évêque d'Angers, 24, 136, 166. — Succède à Hubert comme évêque, 188. — Fait à Angers la dédicace de l'autel du Crucifix, 188. — Fait la dédicace de l'église de Saint-Florent de Saumur, 285. — Sa mort, 13, 26, 137, 169, 189.

EUSTACHE, femme de Guillaume le Gros, duc d'Aquitaine, 392.

EVENNUS, archevêque de Dol et abbé de Sainte-Melaine, 301.

ÉVIÈRE (monastère de l'), à Angers. — Sa dédicace, 25, 137, 167. — Son incendie, 33, 172.

ÉVRARD, abbé de Marmoutier, administre l'abbaye de Saint-Florent pendant le voyage de l'abbé Giraud, 268, 269.

ÉVRARD, premier abbé de Noyers, 396.

F

FALAISE. Siége de cette ville, 34, 145.

FLÈCHE (la). Siége de ce château, 26, 189.

FONTEVRAUD. Fondation de cette abbaye, 190.

FOUCAUD, abbé de Charroux, 396.

FOUCAUD, évêque d'Angoulême, 385.

FOUCHER, abbé de Charroux, 396.

FOUGÈRES. Siége de ce château, 193.

FOULQUE LE ROUX fait une donation à Saint-Aubin, 8, 20, 162.

FOULQUE NERRA, comte d'Anjou. — Sa guerre avec Eudes le Champenois. — Construit Langeais, 274. — Montboyau. — Prend le château de Saumur, 10, 134, 165, 277. — Le brûle, 274. — Maux qu'il cause à Saint-Florent de Saumur, 212, 215, 272. —Bataille de Pontlevoy, 10, 134, 164, 187, 274. — Son caractère, fait brûler sa femme Élisabeth, 260, 273. — Épouse Hildegarde, 260. — Part pour Jérusalem, 273.—Délivre Rome du tyran Crescencius. — Fonde le monastère de Beaulieu, 273. — Sa guerre avec son fils Geoffroi Martel II, 23, 188, 166. —
Guerre avec Conan, comte des Bretons, 260. — Fonde Saint-Nicolas d'Angers, 275. — Assiste à la dédicace de cette église, 134. — A celle de Roncerai, 135. — Construit le château de Trèves, 276. — Fait couper ses foins par les hommes de Mairon, 66, 67. — Sa mort, 393.

FOULQUE RECHIN, fils d'Aubry le Contract, comte de Gatinais et neveu de Geoffroi Martel, devient comte d'Anjou, 25, 402. — Fait prisonnier son frère, Geoffroi le Barbu, et le retient en prison, 12, 137, 403. — Assiége et brûle le château de la Flèche, 13. — S'empare du Mans, 28. — En guerre avec Geoffroi, duc d'Aquitaine, et avec Guillaume, comte de Poitiers, 402, 423. — Veut forcer Rainaud de Montreuil-Bellay à rendre justice aux religieux de Mairon, 67. — Donne à Bellay de Montreuil-Bellay son droit de vinage sur le prieuré de Mairon, 81.— Il meurt et est enterré au monastère de l'Évière, 31, 172, 190, 424.

FOULQUE LE JÉROSOLOMITAIN hérite du Maine après la mort d'Hélie, son beau-père, 32, 143. — Assiége Doué, 122. — Montreuil-Bellai, 144, 190. — Ses dissentions avec les bourgeois d'Angers, 143. — Appelé à Jérusalem pour épouser la fille du roi Beaudoin, 32, 190. — Devient roi de Jérusalem, et laisse le gouvernement de l'Anjou, du Maine et de la Touraine à son fils Geoffroi le Bel, 33, 191, 144. — Sa mort, 146, 191.

FOULQUE, comte de Vendôme. — Sa mort, 167.

FOULQUE, abbé de Saint-Hilaire de Poitiers, transfère les reliques de saint Junien, 356.

FOULQUE, abbé de Maillezais, 380.

FRÉDÉRIC DE TOURS, abbé de Saint-Florent, 187, 200, 215, 216,

236. — Son élection, 270. — Construit le nouveau monastère, 389. — Sa mort, 188, 295, 399. — Événements arrivés sous son administration, 270, 378.

FROGER DE SAINT-LOUANS, abbé de Saint-Florent, succède à Philippe, 192. — Sa mort, 193. — Événements arrivés pendant son administration, 311.

FROMOND, abbé de Vendôme, succède à Geoffroi, 172. — Il meurt, 173.

FROTBERT, abbé de Saint-Florent, 197, 353.

FULBERT, évêque de Chartres, disciple de Gerbert, 385. — Sa mort, 23, 135, 166, 187, 287, 390.

G

GARBERT, abbé de Saint-Maixent, 374.

GARIN, abbé de Saint-Michel en l'Herm, 340, 397.

GARIN, duc de Toulouse, met Lothaire en fuite, 362.

GARMOND, évêque de Jérusalem, 427.

GARMOND, abbé de Déols, 406.

GARNIER (le comte), tué par les Normands, 8, 162.

GARNIER, abbé de Saint-Maixent, 410.

GAUSBERT, comte du Mans. — Se bat contre le comte Lambert et le tue. — Sa mort, 366.

GAUSBERT, abbé de Marmoutier, 383.

GAUSBERT, abbé de Saint-Florent, 197.

GAUSLIN, abbé de Saint-Maur des Fossés, 368, 369.

GAUTIER, comte d'Amiens.—Fonde le monastère de Saint-Arnoul de Crespy, 134.

GAUTIER, abbé de Saint-Aubin, 23. — Sa mort, 24.

GAUTIER, abbé de Saint-Serge. — Sa mort, 143.

GAUTIER, abbé de Noyers, 396.

GAUTIER, évêque de Nantes, 292.

GELDUIN, seigneur de Saumur, 212, 215. — Son caractère, sa guerre contre Foulque Nerra, perd le château de Saumur, 275. — Sa fuite, 389. — Fonde l'abbaye de Pontlevoy, 280.

GEOFFROI, comte de Nantes. — Sa mort, 39.

GEOFFROI-GRISEGONELLE, comte d'Anjou.— Met des chanoines à Saint-Aubin, 20. — Aide le roi Lothaire à reprendre la Lorraine et lui porte secours dans sa guerre contre Othon III, empereur d'Allemagne, 163, 379. — S'empare de la ville de Nantes, 399. — Sa mort, 9-21, 134, 164, 186, 382, 402.

GEOFFROI LE BARBU, fils d'Aubry le Contract, comte de Gatinais, frère de Foulque Rechin, succède avec son frère à son oncle Geoffroi-Grisegonelle, 402. — Fait avec son frère la guerre à Geoffroi, duc d'Aquitaine, 402. — Est livré par trahison, à son frère Foulque Rechin, 12-25, 137, 168, 189, 403.

GEOFFROI MARTEL I, fils de Foulque Nerra.—Sa naissance, 134, 261, 387. — Sa révolte contre son père, 166, 188. — Lui succède, 393. — Fait prisonnier Thibaut, comte de Blois, 11-24, 166, 188. — Prend la ville de Tours, 24, 166. — Son mariage incestueux avec Agnès, 135. — Fait prisonnier Guillaume, comte de Poitou, 23, 134, 188, 422, 384.— Sa mort, 25, 137, 167, 423. — Est enterré à Saint-Nicolas, 137, 165, 189.

GEOFFROI MARTEL II. — Sa naissance, 164. — Son père veut le déshériter, 30. — Fait alliance avec Hélie, comte du Mans et se révolte contre son père.—Chasse les Poitevins appelés par son père et fait le siége de Briolet,

TABLE ALPHABÉTIQUE.   443

30. — Assiége le château de Candé. — Y est tué, 15, 30, 142, 171. — Son corps porté à Angers est enterré dans l'église de Saint-Nicolas, 16, 30, 31, 142, 190.

GEOFFROI LE BEL, comte d'Anjou. — Sa naissance, 32. — Ses enfants. — Sa femme Mathilde, 144, 145. — S'empare de Domfront, d'Argentan, de Mirebeau, 34; — de Lisieux, de Falaise, 34, 145; — de Château-Ceaux, 35, 145; — d'Avranches, de Coutances, de Rouen et de toute la Normandie, 35, 145, 146, 191. — En guerre avec ses barons, détruit les châteaux de Doué et de Blaizon, 35, 36. — Donne la Normandie à son fils Henri, 36. — Détruit le château de Candé, 145. — Siége de Montreuil-Bellay, 88, 89, 146, 147. — Meurt à Château-du-Loir. — Enterré en l'église Saint-Julien du Mans, 36, 147, 191.

GEOFFROI, fils de Geoffroi le Bel et frère de Henri II. — Sa naissance, 145. — S'allie avec le roi de France contre Henri II, 37, 89.

GEOFFROI, fils de Henri II. — Fait duc de Bretagne par son père, 41. — En guerre avec son frère Richard. — Sa mort, 45.

GEOFFROI, fils de Conan, neveu de Foulque Nerra. — Sa mort en allant à Rome, ses fils, 261.

GEOFFROI le Bâtard, fils d'Alain III, comte de Rennes, 300.

GEOFFROI, GUI ou GUILLAUME VII, fils de Guillaume, duc d'Aquitaine et d'Agnès. — Sa naissance, 293, 338, 393. — D'abord comte de Gascogne. — Succède à son frère Guillaume au comté de Poitiers. — Épouse Mathilde, 400. Puis Audearde fille de Robert, duc de Bourgogne, 404. — Assiége le château de Lusignan, 401. — Prend Luçon, 404. — Sa guerre contre Foulque Rechin et son frère Geoffroi le Barbu. — Sa défaite à Chef-Boutonne, 402. — Il fait le siége de Saintes, 403. — Sa mort, 189, 408.

GEOFFROI, comte de Vendôme. — Ses différends avec l'abbé de la Trinité de Vendôme, 171.

GEOFFROI, fils d'Aimeri, vicomte de Thouars, 339, 340, 341, 342. — Donne des serfs à Saint-Maixent, 390.

GEOFFROI DE PREUILLI trahit Geoffroi le Barbu et le livre à son frère Foulque, 12. — Sa mort, 138, 169.

GEOFFROI DE CLEERS, sénéchal du comte d'Anjou, 88.

GEOFFROI I, évêque d'Angers, 26, 39, 169. — Sa mort, 27, 44, 140.

GEOFFROI II, fils de Hugue de Mayenne, évêque d'Angers, 27, 28, 189.

GEOFFROI III, évêque d'Angers, assiste à la translation du corps de saint Brieuc, à Angers, 149. — Sa mort, 151, 189.

GEOFFROI, archidiacre de Paris, nommé archevêque de Tours, — Sa mort, 57.

GEOFFROI, abbé de Maillezais, 340, 408.

GEOFFROI, abbé de Vendôme, succède à Bernon, 170. — Reconstruit le prieuré de l'Évière, et meurt, 172.

GEOFFROI, abbé de Vendôme, succède à Hamelin, 176, 408.

GEOFFROI, abbé de Noyers, succède à Evrard, 396.

GEOFFROI, abbé de Saint-Jean d'Angély, 398.

GEOFFROI, abbé de Saint-Maixent, 423. — Sa mort, 431.

GEOFFROI DE VALLÉE, abbé de St-Florent, succède à Itier, 317.

GEOFFROI DE VENDÔME, abbé de Saint-Florent, succède à Geoffroi de Vallée, 318. — Il échappe au poison, 319.

GEOFFROI MORETEL, abbé de Saint-

Florent de Saumur, succède à Roger, 325.

GEORGES DE LOUDUN. Acte de précaire avec Rainon évêque d'Angers, 161.

GERBERT, moine de Saint-Géraud d'Aurillac. — Archevêque de Ravenne. — Puis pape, 384.

GIBAUD, comte d'Auxerre, repousse les Normands, 239.

GIRARD (le bienheureux), moine de Saint-Aubin. — Sa naissance, 95. — Occupations de son enfance, 95, 96. — Se fait moine, 97. — Envoyé par l'abbé Girard pour fonder le prieuré de Brossay, 99. — Sa piété et ses miracles, 100, 104, 113, 115. — Ses abstinences, 105. — Sa science de l'avenir, 115, 120.— Prédit l'incendie de l'église de Vézelay, 119. — Sa mort. — Ses obsèques. — Son épitaphe, 124, 125, 406.—Ses vertus, 37.

GIRARD, prieur de Saint-Aubin, consacré abbé de Saint-Maur, 14.

GIRARD, abbé de Saint-Aubin. 26. — Ses conventions avec Berlai II de Montreuil-Bellay au sujet de Mairon, 77, 78, 79. — Demande à Berlay de Montreuil-Bellay de réparer le moulin de Mairon qu'il avait fait abattre, 83. — Envoie le bienheureux Girard au prieuré de Brossay, 99.

GIRARD, abbé de Vendôme, succède à Robert, 173. — Secourt les pauvres pendant une famine. — Réclame auprès du roi d'Angleterre contre les extorsions faites par Raoul, sénéchal de Saintonge, sur le prieuré d'Oléron, 174. — Sa mort, 175.

GIRAUD DE THOUARS, abbé de St-Florent, succède à Adelbert, 187, 199, 378. — Événements arrivés de son temps, 215, 216, 236. — Difficultés qu'éprouve son élection, 264. — Sa mauvaise administration. — Il va à Jérusalem. — Son martyre, 265, 268.

GIRAUD, seigneur de Montreuil-Bellay, contemporain de Geoffroi Martel, 66.

GIRAUD DE MONTREUIL BELLAY livre Geoffroi le Barbu à son frère Foulque, 12. — Il est tué après avoir trahi Geoffroi le Barbu, 137, 169.

GIRAUD DE MONTREUIL-BELLAY, fils de BERLAI II. — Son caractère, ses injustices et sa cruauté, 84, 85. — Est assiégé dans son château par Geoffroi le Bel, 87. — Est forcé de se rendre, 88, 89, 147.

GIRAUD DE SALA, fonde le monastère de Notre-Dame de la Charité, 404. — L'abbaye de la Saulve-Majeure, 406. — de Cadouin, 425. — Sa mort, 428. — Monastères fondés sous sa règle, 428, 429.

GIRAUD, évêque d'Angers, 408.

GIRAUD, abbé de Déols, 406.

GIRAUD, abbé de Chesal-Benoît, 409.

GIRAUD, abbé du Moutier-Neuf, à Poitiers, 406.

GIRAUD, hospitalier de Saint-Jean de Jérusalem. — Sa mort, 428.

GIRBERT, abbé de Saint-Maixent, 381.

GIROIE DE BEAUPRÉAU, chevalier de l'ordre de Jérusalem, apporte à Angers le chef de saint Serge, 148.

GISLEBERT, évêque de Poitiers, succède à Pierre, 381, 387.

GODEFROI DE BOUILLON part pour la croisade, 413. — Ses hauts faits, 416, 417, 418. — Élu roi de Jérusalem, 418. — Sa mort, 419.

GODERAN, abbé de Maillezais et évêque de Saintes, 405, 406.

GOHARD, évêque de Nantes, est tué dans son église par les Normands, 130, 219.

GONDACHER, prieur de Saint-Maixent, 355.

GONTIER, abbé de Saint-Aubin, part pour Jérusalem, 21.
GOSCELIN, archevêque de Bordeaux. — Sa mort, 408.
GOSLIN de Tours, sénéchal du comte d'Anjou, 88.
GOUFIER, abbé de Saint-Maixent, 389.
GRÉCIE, femme de Berlai de Montreuil Bellay, et depuis comtesse d'Anjou, 293.
GRÉCIE DE MONTREUIL BELLAY, nièce de Rainaud, signe la charte de renonciation de son oncle, 77, 78.
GRÉGOIRE VII, pape. — Son élection, 405.
GRIMOARD, évêque de Poitiers, 432.
GUALLON, moine de Saint-Florent, relève les murs du monastère du Mont-Glonne, 234, 235.
GUI, comte du Mans. — Sa mort, 5, 158.
GUI, comte de Poitou. — Voir GEOFFROI.
GUI, roi de Jérusalem. — Sa défaite par Saladin, 45.
GUI, vicomte de Thouars, 54. — Rend le château de Brissac à Philippe Auguste, 55.
GUI, archevêque de Vienne, élu pape sous le nom de Calixte II, 428.
GUI, abbé de Cormeri, succède à Bernard, 408.
GUI, évêque de Limoges, 385.
GUI, abbé de Moutier-Neuf, à Poitiers, 406. — Sa mort, 410.
GUILLAUME, comte de Blois, frère d'Eudes, comte d'Orléans. — Sa mort, 5, 158.
GUILLAUME, comte de Toulouse, fils de Pons, comte de Toulouse, 401.
GUILLAUME, fils de Rollon, duc des Normands, succède à son père, 377. — Est tué par les Flamands, 9, 397.
GUILLAUME le Conquérant, duc de Normandie, conquiert l'Angleterre, et est proclamé roi, 11, 26, 137, 168, 189, 403. — Fait le siége de Dol, 12, 138. — Construit un monastère à Caen, 403. — Sa mort, 13, 27, 139, 170, 189.
GUILLAUME LE ROUX, roi d'Angleterre, fils de Guillaume le Conquérant succède à son père, 27. — S'empare du Mans, 28. — Sa mort, 141, 190, 419.
GUILLAUME, comte d'Auvergne, élève le jeune Éble, comte de Poitiers, 372. — Construit le monastère de Cluny, 373, 374. — Sa mort, 34, 375, 340.
GUILLAUME II, TÊTE D'ÉTOUPE, fils d'Éble, comte de Poitiers, succède à son père. — Devient duc d'Aquitaine, 375. — Se fait moine à Saint-Cyprien, 380. — Meurt à Saint-Maixent, 381.
GUILLAUME III LE GRAND, 259.
GUILLAUME IV FIER A BRAS, fils de Guillaume Tête d'Étoupe et comte de Poitiers, épouse Emma, fille de Thibaut, comte de Champagne, 380. — Refuse de reconnaître Hugue-Capet. — En guerre avec ce prince, 383. — Ses démêlés avec Geoffroi comte d'Anjou, 384. — Se fait religieux à Maillezais. — Y meurt, 390.
GUILLAUME V LE GROS, comte de Poitiers, succède à son père, 391. — Fait prisonnier par Geoffroi Martel, 23, 135, 188, 391, 422. — Prend la croix, 420. — Va à Jérusalem, 421. — Sa femme Eustache. — Sa mort, 392.
GUILLAUME VI. — Voir PIERRE.
GUILLAUME VII, comte de Poitiers, fils de la comtesse Agnès, 293. — Excommunié, 425. — Ses combats en Espagne contre les infidèles, 428. — Assiége et prend Parthenay, 430.
GUILLAUME VIII, fils de Geoffroi, comte de Poitiers, succède à son père, 408. — Fait le siége de Saumur. — Y meurt, 400.
GUILLAUME IX, comte de Poitiers. — Sa mort, 190, 432.

446   TABLE ALPHABÉTIQUE.

Guillaume, fils de Geoffroi le Bel, comte d'Anjou, 89. — Sa naissance, 145.

Guillaume, fils de Henri II. — Sa naissance, 38.

Guillaume de Blaizon. Un des complices de Giraud de Montreuil-Bellay, 147.

Guillaume de Montpellier, 425.

Guillaume des Roches, sénéchal d'Anjou, se prononce contre Jean, roi d'Angleterre, 31. — Prend Beaufort. — Détruit Châteauneuf, 52. — Prend part au siége de Chinon, 53, 54. — Fortifie le pont de Cé, 56. — Sa mort, 195.

Guillaume, fils d'Hamon, donné pour tuteur au jeune Geoffroi, comte de Bretagne, 150.

Guillaume de la Tour, 82.

Guillaume, nommé évêque d'Angers, 50. — Sa mort, *ibid.*

Guillaume de Beaumont, nommé évêque d'Angers, 52. — Sa mort, 319.

Guillaume Le Maire, évêque d'Angers. — Sa mort, 59, 151.

Guillaume Barraud, évêque du Mans, 45. — Préside aux funérailles de Geoffroi le Bel, 147.

Guillaume, évêque de Limoges, 385.

Guillaume, évêque de Poitiers, 426. — Enterré à Fontevraud, 430.

Guillaume, abbé de la Saulve-Majeure, succède à Giraud, 411.

Guillaume Adelelmi, évêque de Poitiers. — Son élection, 431. — Sa mort, 432.

Guillaume, premier abbé de Castres, 429.

Guillaume, abbé de Fontgombaud, 425.

Guillaume, abbé de Saint-Aubin, 38. — Ses dissensions avec les religieux, 46. — Sa mort, 46.

Guillaume, abbé de Saint-Serge, va à Rome, 148. — Sa mort, 150.

Guillaume, abbé de Marmoutier, 419.

Guillaume, abbé de Saint-Michel en l'Herm, 397.

Guillaume, abbé de la Trinité de Vendôme, 408.

Guillaume de Dol, abbé de St-Florent, succède à Sigon, 189, 302. — Sa mort, 190, 399. — Cité, 337, 338, 341.

Guillaume Lorier, abbé de Saint-Florent, succède à Geoffroi Moretel, 326, 427.

Guillaume des Coutures, abbé de Saint-Florent, 327.

Guitbert, premier abbé de Bourgueil, 381, 385.

Guitbert, abbé de Marmoutier, 383.

Gundebert, évêque d'Angoulême, 385.

H

Hacfroi, abbé de Saint-Florent. — Actes passés sous son administration, 198.

Hamelin, évêque de Rennes, 33. — Sa mort, 34.

Hamelin, abbé de Vendôme, succède à Lucas, 176. — Assiste au concile tenu par Innocent III à Rome, 176. — Et meurt, *ibid.*

Hamelin, abbé de Saint-Aubin, 123.

Hardouin, archevêque de Tours, 378. — Assiste à la dédicace de Saint-Florent de Saumur, 211, 243. — Sa mort, 385.

Hecfroi, évêque de Poitiers. — Sa mort, 373.

Hélie, comte du Mans, prend part au siége du château de Candé, 18, 142. — Fait alliance avec Geoffroi Martel II contre Foulque le Rechin, 30. — Est fait prisonnier par Robert de Bellême, 28. — Sa fille Éremberge, 33, 190.

Hélie de Lyniaco, abbé de Saint-Florent, 198, 208. — Aidé par Thibaut, comte de Blois, construit le monastère de Saint-Flo-

rent de Saumur, 209, 211. — Sa mort, 209, 241.
Hélie, premier abbé de Cadouin, 429.
Hélie Scotigena ou l'Écossais, évêque d'Angoulême. — Sa mort, 369.
Hélie, frère de Geoffroi le Bel.— Sa mort, 173.
Henri Ier, fils du roi Robert, se joint à Eudes le Champenois pour faire le siége d'Amboise, 165. — Fait roi de France, 166, 386. — Épouse Anne de Russie, 398. — Il vient à Angers. — Sa mort, 25, 137, 167, 189.
Henri Ier, roi d'Angleterre, frère de Guillaume le Roux, lui succède, 419. — Sa mort, 34, 145, 191.
Henri II, roi d'Angleterre. — Sa naissance, 33, 191. — Il passe en Angleterre avec sa mère, 35. — Fait duc de Normandie, 36. — Épouse la fille de Guillaume, duc d'Aquitaine, répudiée par Louis VII, 37, 192. — Succède à son père, 173. — Sa réception au Mans, 147. — S'empare du royaume d'Angleterre, 37, 192. — Couronné roi, et sa femme reine d'Angleterre, 38. — Assiége Chinon, Loudun, Mirebeau, 38. — S'empare du comté de Nantes, 39. — Du vicomté de Thouars, 39, 192. — Sa guerre avec les Gallois, 39. — Seconde guerre avec les Gallois, 40. — Guerre contre les habitants de l'Auvergne, 41, 149. — Ses différends avec Louis VII, roi de France, 41, 42, 149, 193. — Détruit plusieurs châteaux en France et en Aquitaine, 41, 42. — Assiége et prend Chaumont contre le roi de France et le comte de Blois, 39, 40, 140, 173. — Sa paix avec le roi de France, 41, 42. — Ses différends avec ses fils, 41, 42, 193. — Guerre avec Henri III son fils, 150. — S'empare de la Bretagne et donne ce duché à son fils Geoffroi, 150. — Son repentir et ses dévotions au tombeau de Thomas de Cantorbéry, 42. — Son fils Richard se ligue contre lui, 43. — Fait la paix avec ses fils, 43. — Sa guerre avec Philippe Auguste, 193. — Avec son fils Richard, 46, 47. — Assiste à Angers à la translation du corps de saint Brieuc, 149. — Meurt, 46, 47, 194. — Enterré à Fontevraud, 47.
Henri III, fils de Henri II. — Sa naissance, 38, 144. — Est fait par son père duc de Normandie et roi d'Angleterre, 41. — Est couronné en Angleterre, 150. — Sa mort, 44-45, 193.
Henri III, empereur d'Allemagne, épouse Agnès, fille de Guillaume, comte de Poitiers, 136. — Naissance de son fils Henri, 387, 398. — Ses guerres. — Ses libéralités envers Cluny, 387.
Héraclius, patriarche d'Alexandrie, vient en France, 193.
Hérard, archevêque de Tours, 6, 158, 184, 368.—Tient un synode à Tours, 1, 158, 363. — Ses réclamations au pape contre les évêques de Bretagne qui voulaient se soustraire à sa juridiction, 364.
Herbert, surnommé Éveille-Chien, comte du Maine, aide le comte Foulque à gagner la bataille de Pontlevoy, 274.
Herbert, vicomte de Thouars, 340, 341, 342.
Herispoé, fils de Noménoé, prince des Bretons, combat Rainaud, comte de Nantes, et le tue. — Succède à son père, 5, 158, 184, 366. — Marche avec le comte Lambert contre Rainaud, comte de Nantes, 130. — Est tué par Salomon, 6, 158, 184, 367.
Herluin construit le monastère du Bec, 403.

HERVÉ, trésorier de Saint-Martin de Tours, reconstruit l'église de ce monastère, 161. — Fonde le monastère de Preuilli, 373.
HERVÉ, abbé. — Sa mort, 236.
HERVÉ, fils du comte Rainaud, se venge du comte Lambert, 356. — Sa mort, 365.
HERVÉ, évêque d'Angers, 20.
HILBOLD, abbé de Saint-Florent, 183, 197, 353.
HILDEGARDE, comtesse d'Anjou, bienfaitrice de Saint-Florent de Saumur, 215, 279. — Sa mort, 24, 166, 188.—Enterrée à Saint-Nicolas d'Angers, 395.
HILDEGARDE, femme de Charlemagne. — Sa mort, 129, 156.
HILDUIN, abbé de Saint-Denis, fait la translation du corps de saint Médard, 354.
HILGOD, abbé de Marmoutier, 419.
HOEL, comte de Nantes, s'empare de Nantes sur Geoffroi Martel, mais ne peut le garder, 167. — Rend cette ville, 399. — Sa mort, 139.
HONGROIS. — Viennent en Bourgogne, 163, 185, 375.
HUBERT, évêque d'Angers, 134, 292. — Fait la dédicace de Saint-Nicolas d'Angers, 134; — et celle de Notre-Dame du Roncerai, 135. — Succède à Rainaud comme évêque, 187. — Sa mort, 136, 166, 188.
HUBERT, abbé de Saint-Aubin, 22.
HUBERT, abbé de Vendôme, succède à Fromond. — Sa mort, 173.
HUBERT de Château-Gontier, 82.
HUGUE, abbé de Saint-Martin, père de Hugue Capet. — Sa mort, 186, 380.
HUGUE L'ABBÉ. — Sa mort, 134, 160, 185.
HUGUE CAPET et Robert, son fils, proclamés rois de France, 10, 21, 164, 186, 383. — Leurs guerres avec Guillaume, comte de Poitiers. — Hugue Capet assiége Poitiers, 382. — Éloge de ce prince, 384. — Sa mort, 386.
HUGUE CARUS construit le château de Lusignan, 389.
HUGUE LE BLANC, fils de Hugue-Carus, seigneur de Lusignan, 389.
HUGUE LE BRUN, fils de Hugue le Blanc, seigneur de Lusignan, 389. — Ses guerres avec Guillaume, comte de Poitiers, 424.
HUGUE, fils de Hugue le Brun, seigneur de Lusignan. — Sa mort, 424.
HUGUE LE DIABLE, seigneur de Lusignan, succède à son père, 402.
HUGUE LE PIEUX de Lusignan, répudie Almode, sœur d'Audebert, comte de la Marche. — Est tué en défendant son château contre Geoffroi, comte de Poitiers, 401.
HUGUE, archevêque de Besançon, assiste à la dédicace du monastère de Saint-Sauveur à Angers, 168.
HUGUE, archevêque de Bourges. — Sa mort, 382.
HUGUE, archevêque de Tours, 385. — Sa mort, 164, 187, 388.
HUGUE, évêque de Léon et légat du pape, tient un concile à Poitiers, 406, 407.
HUGUE, abbé de Charroux, assiste à la dédicace du monastère, 396.
HUGUE, abbé de Cluny, 397. — Sa mort, 424.
HUGUE, abbé de Déols, 406.
HUGUE, abbé de Saint-Aubin, 38. — Sa mort, 38.
HUGUE, abbé de Saint-Léger, neveu d'Aimeri, abbé de Saint-Maixent, 404. — Il est déposé, 407.
HUGUE, abbé de Saint-Serge, succède à Osbert, 150. — Résigne ses fonctions, 151.
HUGUE, abbé de Tiron, 426.
HUGUE, abbé de Vendôme, suc-

cède à Geoffroi. — Sa mort, 176.

Hugue de Cleers, sénéchal du comte d'Anjou, 88.

Hugue de Matefelon rapporte d'Antioche le bras de saint Serge, 143.

Humbert, abbé de Maillezais, 395.

I

Iles Baléares. — Conquête de ces îles, 425, 426.

Imon, abbé de Saint-Maixent, 388.

Ingelger, fils de Foulque le Roux, comte d'Anjou, tué par les Normands, 239.

Isard, évêque d'Agen, 408.

Isembert, évêque de Poitiers, 79, 292, 390, 391. — Concile par lui convoqué à Poitiers, 392.

Isembert le Jeune, évêque de Poitiers, 396. — Assiste à la dédicace du monastère de Saint-Jean d'Angély, 398. — Sa mort, 408.

Itier de la Rochefoucault, abbé de Saint-Florent, succède à Nicolas, 316.

J

Jaquelin, abbé de Saint-Aubin, 46. — Sa mort, 47.

Jean sans Terre, couronné roi à Londres, 50, 175. — Vient à Paris. — Fait son neveu Arthur prisonnier à Mirebeau, 51, 176. — Ses guerres contre Philippe-Auguste, 51. — Débarque à La Rochelle. — Son expédition en Poitou, Bretagne et Anjou, 54, 57. — Lève le siége de la Roche-au-Moine, 58, 194. — Prend Angers, 194. — Sa mort, 58.

Jean XVII, pape. — Bulle confirmant les biens et possessions de Saint-Florent de Saumur, 254, 256.

Jean, comte de Vendôme, force le comte Thibaut à lever le siége de Vendôme. — Ses fils Bouchard et Lancelin, 174. — Force les religieux de Vendôme à s'exiler pendant un an, 175.

Jean de Faye, archevêque de Tours, succède à l'archevêque Barthélemy, 194. — Assiste aux funérailles de Michel, abbé de Saint-Florent, 315.

Jean de Loudun, abbé de Saint-Florent, succède à Michel, 315. — Sa mort, 316.

Jean, abbé de Bourgueil, 385.

Jean, abbé de Déols, 406.

Jean, abbé de Saint-Michel en l'Herm, 397.

Jean, seigneur de Dol, frère de Guillaume, abbé de Saint-Florent, 303.

Jérusalem. — Sa prise par les chrétiens, 190.

Joscelin, archevêque de Tours, 311.

Joufroi ou Geoffroi de Doué. — Ses procédés envers le bienheureux Girard, 102.

Jourdain, évêque de Limoges, 385, 391.

L

Lambert, comte de Nantes, se bat contre Eudes, comte d'Orléans, 5, 157. — Sa trahison, 157. — Livre Nantes aux Normands, 5, 130, 362. — Sa victoire sur le comte Rainaud, 356. — Se bat contre Bernard, comte de Poitiers, et Hervé, fils de Rainaud, 365. — Tué par Gausbert, comte du Mans, 366.

Lancelin, fils de Jean, comte de Vendôme, 174.

Landri, comte de Saintes. — Sa mort, 369.

Léger, évêque de Bourges, 413.

Léon III, pape, prisonnier des Romains, 4, 156, 182. — Vient en France, 156.

Léon IX, pape, chasse les Normands de la Pouille, et meurt, 24, 136, 167, 398. — Excommunie Geoffroi Martel, comte d'Anjou, 398.
Letaud, abbé de Saint-Junien de Noaillé, 388.
Letbaud, abbé du Moutier-Neuf à Poitiers, 406.
Letgarde, femme de Charlemagne. — Ses enfants, 353. — Sa mort, 156.
Limoges. — Siége de cette ville, 44. — Le château construit, 376.
Lisieux. — Prise de cette ville par Geoffroi le Bel, 145.
Literius, religieux à Cormeri, 408.
Lothaire, fils de Lothaire et frère de Louis le Germanique. — Est proclamé roi, 157. — Va à Limoges, 382. — Sa mort, 158, 361, 382.
Lothaire, fils de Louis d'Outre-Mer est proclamé roi. Cherche à reprendre la Lorraine, 163, 185. — Sa mort, 163, 369.
Louis le Débonnaire, succède à Charlemagne, 353. — Est couronné empereur des Romains, 183. — Sa mort, 158, 184, 352, 361.
Louis le Bègue. Succède à son père, 160.
Louis VII, roi de France. Succède à son père, et épouse Aliénor, fille de Guillaume, duc d'Aquitaine, 34. — Il la répudie, 37. — Ses guerres avec Henri II, roi d'Angleterre, 37-39. — Sa mort, 44, 151, 175.
Louis VIII, fils de Philippe Auguste. Sa naissance, 45, 175. — Fait lever le siége de la Roche-au-Moine au roi Jean sans Terre, 58, 194. — Soumet presque tout le Poitou, 195. Et meurt, 176.
Louis IX, roi de France. Succède à son père, 176.
Louis, comte de Blois. Part pour la croisade, 194.

Lucas, abbé de Saint-Serge. Succède à Hugues, sa mort, 151.
Lucas, abbé de Vendôme. Succède à Girard, 175. — Se démet des fonctions d'abbé et meurt, 176.

M

Maillezais. Construction de ce monastère, 387. — Incendie, 408.
Mainier, abbé de Saint-Florent. Succède à Raoul, 193. — Sa mort, 194, 312. — Ses vertus, 312, 313.
Mairon (prieuré de). On lui rend ses libertés, 36. — Mauvaises coutumes établies sur le prieuré de Mairon, par Rainaud de Montreuil-Bellay, 65-72. — Il y renonce, 73.
Marbode, archidiacre d'Angers, 78-79.
Mathias, comte. Sa mort, 188.
Mathieu de Loudun, abbé de Saint-Florent, 306. Est élu évêque d'Angers, 38, 306, 309, 192. — Sa mort, 39, 192, 307.
Mathilde, impératrice d'Allemagne. — Épouse Geoffroi le Bel, 144, 145. — Ses enfants, Henri, Geoffroi, Guillaume, 145. — Passe en Angleterre et s'empare du royaume, 34, 145, 191. — Sa mort, 40, 150, 193.
Maurontius, 1er abbé de Saint-Florent, 197.
Maurus, roi des Normands. Sa mort, 369.
Michel de Saumur, abbé de Saint-Florent. Auteur d'une partie de l'*Histoire de Saint-Florent.* — Succède à Mainier.—Événements arrivés pendant son administration. — Sa mort, 313, 315, 195.
Michel de Villoiseau, évêque d'Angers. Ses démêlés avec l'abbé de Saint-Florent, 319, 320.

Mirebeau. Siége de ce château, 33-51, 191.
Monnaies. Leur changement, 423, 425, 429.
Montcontour. Bataille de ce nom, 392.
Montreuil-Bellay. Siége du château. 32, 145. — Autre siége, 36. — Il est pris, 36, 191. — Siége par Foulque le Jérosolymitain, 144, 190.
Mont-Saint-Michel. Incendie du monastère, 425.

N

Nantes. Sa prise par les Normands, 130, 158, 218, 362.
Nefingus, évêque d'Angers. Sa mort, 20, 163, 186. — Assiste à la dédicace de Saint-Florent de Saumur, 211.
Nicolas, pape. Sa mort, 159, 184.
Nicolas, abbé de Saint-Florent de Saumur. Succède à Jean. — Sa mort, 316.
Nicolas, abbé de Saint-Serge. Sa mort, 152.
Niort. Incendie de cette ville, 422.
Noménoé, roi des Bretons. Veut se soustraire à la domination de Charles le Chauve. — Ses guerres contre ce prince, 364, 365. — Détruit le monastère de Saint-Florent le Vieil, 188, 200, 221, 284, 378. — Devient boiteux par punition divine, 286. — Sa mort, 5, 158, 184, 366.
Normand de Doué, évêque d'Angers, 36. — Succède à Ulger, 146. — Reçoit le chef de saint Serge, 149. — Sa mort, 37, 192.
Normands. Leurs ravages, 218, 219, 357. — Villes prises par eux, 357, 359. — Se battent entre eux à Nantes. 364. — Leurs ravages en Aquitaine, 365, 369. — Ils sont défaits près de Poitiers, 367.

Notre-Dame de Luçon. Destruction de ce monastère, 371. — Dédicace de son église, 429.
Noyers. Fondation de cette abbaye, 396.

O

Oderic, abbé de Vendôme. Sa mort, 169.
Oderinus, abbé de la Trinité de Vendôme, 393.
Odilon, abbé de Cluny. Succède à Saint-Maieul, 382. — Sa mort, 397.
Oger, abbé de Saint-Florent. Succède à Mathieu, 192, 308.
Orengarde, vicomtesse de Thouars, 352.
Orhande, abbesse du Roncerai, 150, 151.
Osbert, abbé de Saint-Serge. Succède à Guillaume, 150. — Sa mort, 150.
Otbert, abbé de Saint-Léger, 407.
Otbran, abbé de Saint-Aubin. Sa mort, 26. — Défend les libertés du prieuré de Mairon, 66-67-70.
Othon, empereur des Romains. Vient à Paris, 9-21, 163, 186, 381.
Othon, empereur d'Allemagne. Vaincu par Philippe Auguste, 152, 194.

P

Parthenay. Château pris par Guillaume, comte de Poitiers, 430.
Pastoureaux. Leur passage, 177.
Pépin le Vieux, duc des Francs, et père de Charles Martel, 351.
Pépin, père de Charlemagne, 331. Vient à Doué. — Il y fait la paix avec le duc Gaifre et en reçoit des otages, 182.
Pépin, fils de Louis le Débonnaire, roi d'Aquitaine, 157, 183, 353. — Fonde Saint-Jean d'Angély, 359. — Saint-Cyprien de Poi-

tiers, 361. — Brantôme, 351. — Sa mort. — Enterré à Sainte-Radegonde, 359.

Pépin, fils de Charlemagne, roi d'Italie, 157. — Sa mort, 183.

Pétronille, recluse à Saint-Laurent d'Angers, 109.

Philippe I*er*, roi de France. Sa mort, 172, 190.

Philippe Auguste, acclamé roi au Puy Notre-Dame, 151, 175; sacré roi à Reims, 44. — En guerre contre Henri II, 45. — Ravage la Normandie. — Sa guerre contre Richard, comte de Poitou 46. — S'allie ensuite avec Richard pour faire la guerre à Henri II. — Prend Tours et le Mans, 46. — Prend la croix, 46. — Part pour la croisade. 47, 194. — Ses exploits en Terre Sainte. — Son retour en France, 47. — Prend Falaise, Rouen, Verneuil, 53. — Fait le siége de Chinon. — Sa campagne en Anjou, 54. — Conclut une trêve avec le roi d'Angleterre. — Assiége Brachesac. S'avance jusqu'à Nantes et retourne à Paris, 55. — Sa victoire sur Othon, empereur d'Allemagne, 58, 152. — Sa mort, 143, 195, 423.

Philippe de Saumur, abbé de Saint-Florent de Saumur succède à Oger, 192. — Sa mort, 192, 309.

Philippe, abbé de Saint-Léger, 407.

Philippe, fille de Guillaume, comte de Toulouse, et nièce de Raimond de Saint-Gilles. — Épouse Guillaume, comte de Poitiers, 410, 411.

Pierre, comte de Bretagne. Sa guerre contre Amaury de Craon et ses barons, 195. — En guerre contre Louis VIII, 195.

Pierre, roi d'Aragon. Défait les Maures, 420, 421. — Sa mort, 422.

Pierre, ou Guillaume VI, fils de Guillaume, duc d'Aquitaine. Sa naissance, 388, 393.

Pierre, évêque de Poitiers, 338, 340, 380, 409. — Sa mort, 381, 426.

Pierre, évêque de Saint-Brieuc. Sa mort, 152.

Pierre, doyen de Bordeaux. Élu évêque de Limoges, 420.

Pierre, évêque de Saintes, 422. Sa mort, 425.

Pierre, archidiacre d'Angers, 79.

Pierre, abbé de Charroux, 395.

Pierre, abbé de Déols, 406.

Pierre, abbé de Noaillé. Succède à Richard, 393.

Pierre, abbé de Saint-Cyprien de Poitiers, 419.

Pierre de Nouzillé, abbé de Saint-Florent. — Succède à Rainaud, 321.

Pierre, abbé de Saint-Maur, 411.

Pierre, abbé de Fontgombaud, 425.

Pierre Raimond, abbé de Saint-Maixent, 431.

Pierre l'Hermite. Part pour la croisade, 413.

Pierre Léon, 35.

Poitiers. Conciles tenus dans cette ville, 391, 407, 423. — Incendie, 408.

Poliernus. — Enterré dans l'église du Mont-Glonne, 266.

Pons, abbé de Cluny, 424.

Pons, comte de Toulouse, épouse Almode, sœur d'Audebert, comte de la Marche, répudiée par Hugues le Pieux de Lusignan, 401.

Pontlevoy. — Bataille de ce nom, 10, 22, 187, 388.

Primaldus, abbé de Saint-Aubin, 23.

Q

Quiriace, évêque de Nantes, assiste à Angers à la dédicace du monastère de Saint-Sauveur, 168.

R

Raban, maître d'Alcuin, 355.
Raimond, abbé de Bourgueil, 385.
Raimond, abbé de Déols, 406.
Raimond de Saint-Gilles, fils de Pons, comte de Toulouse, 401. — Part pour la croisade, 412, 505. — Ses exploits, 415, 416, 417.
Rainaud, comte de Nantes, défait les Normands, 130. — Ses guerres contre Hérispoé, comte de Bretagne, 5, 125, 157. — Comte d'Herbauge. — Il est tué par le comte Lambert, 356. — Sa mort, 362, 5, 125. — Son fils Hervé, 365.
Rainaud de Montreuil-Bellay, trésorier de Saint-Martin de Tours. — Mauvaises coutumes qu'il établit sur le prieuré de Mairon, 65, 72. — Il se démet de ses prétentions, 72, 80, 81.
Rainaud de Montreuil-Bellay, archevêque de Reims, 293.
Rainaud de Chateau-Gontier est tué après avoir trahi Geoffroi le Barbu, 12, 138, 169.
Rainaud, abbé de Saint-Aubin, 21.
Rainaud, écolatre d'Angers, 287.
Rainaud, abbé de Bourgueil, 385.
Rainaud, abbé de Noaillé, 374.
Rainaud, abbé de Saint-Cyprien de Poitiers, 340. — Sa mort, 419.
Rainaud, abbé de Saint-Florent, succède à Geoffroi de Vendôme, 321,
Rainaud, abbé de Saint-Jean d'Angély, succède à Aimon, 379.
Rainaud, abbé de Saint-Maixent, 388,
Rainaud I, abbé de Vendôme, succède à Hugue, 176, — Sa mort, 176, 393.
Rainaud II, abbé de Vendôme, succède à Rainaud, 176. — Sa mort, 177, 408.
Rainaud III, abbé de Vendôme, succède à Rainaud II, 177.
Rainaud, évêque d'Angers, 22, 186. — Répare l'abbaye de Saint-Serge, 134. — Sa mort, 187.
Rainaud, chanoine de Saint-Maurice, évêque d'Angers, 27, 163. — Fait rentrer les chanoines de Saint-Maurice en possession de la terre d'Epinay, 164. — Sa mort, 164.
Rainaud, archidiacre d'Angers, 1.
Rainaud, évêque de Saintes, 425.
Rainon, comte d'Herbauges, tué par les Normands, 366. Voir Rainaud.
Rainon, évêque d'Angers, 160. — Acte de précaire avec Georges de Loudun, 161. — Écrit la vie de saint Maurille, 8, 161.
Rainon, abbé de Luçon, 30.
Ramnulfe, évêque d'Angoulême, 385.
Ramnulfe, abbé de Saint-Maixent, 381.
Ramnulfe I, comte de Poitiers, tué par les Normands, 132, 366.
Ramnulfe II, comte de Poitiers, — Son éloge. — Son fils Èble. 372. — Sa mort, 371, 372.
Ramnulfe, abbé de Saint-Maur, 411.
Ramnulfe, élu évêque de Saintes, 408.
Raoul, roi de Bourgogne. — Ses succès contre les Normands, 371, 372.
Raoul, fils de Richard, duc de Bourgogne, roi de France. — Est sacré roi de France par Gautier, archevêque de Sens, 162. — Sa mort, 20, 162, 186.
Raoul, sénéchal de Saintonge. — Ses exactions envers les religieux de Saint-Georges d'Oléron, 174.
Raoul, nommé évêque d'Angers, 44. — Sa mort, 14, 50, 143, 151.

Raoul, archevêque de Tours, 12.
Raoul, abbé de Séez, nommé archevêque de Cantorbéry, 424.
Raoul, moine de Saint-Jouin, 411.
Raoul, abbé de Saint-Florent, succède à Froger, 183. — Sa mort. 312.
Raoul, bibliothécaire de Saint-Florent de Saumur, tente d'empoisonner l'abbé, 319.
Redon (le monastère de). — Sa construction, 352.
Regnaud, abbé de Saint-Serge. — Sa mort, 152.
Richard (le duc), combat les Normands; 7, 161. — Autre bataille contre eux à Chartres, 8, 161, 374. — Sa mort, 8, 161, 185, 375.
Richard, duc de Normandie, fonde le monastère du Mont-Saint-Michel. — Celui de Fécamp. — Sa mort, 377.
Richard II, duc de Normandie, succède à son père Richard, 377.
Richard III, duc de Normandie, succède à son père Richard II, 377.
Richard, fils de Henri II. — Sa naissance, 39. — Est fait par son père duc d'Aquitaine, 41. — Sa guerre contre son frère Geoffroi, 45. — Fait la guerre à son père. — S'allie avec Philippe Auguste.—Prend la croix, 46. — Est couronné roi d'Angleterre à Londres, 47, 194. — Part pour la Terre Sainte, 47. — Ses exploits, 47, 194. — En revenant, il est retenu prisonnier. — Revient en Angleterre, 48. — Ses démêlés avec Philippe Auguste. — Assiége Loches, Taillebourg, Angoulême, etc., 48. — Assiége Vendôme, 175. — Sa mort. — Enterré à Fontevraud, 50, 194, 151, 175.
Richard, abbé de Maillezais, succède à Imon, 372.
Robert, comte d'Angers, tué par les Normands, 132.

Robert, duc de France, frère du roi Eudes, combat les Normands près de Chartres, 8, 161, 185, 374. — Est fait roi de France. — Sa mort, 134, 161, 185, 375.
Robert, frère de Hugue Capet, roi de France, 22. — Épouse Constance, 21. — Fait la paix avec Eudes, comte de Blois et le soutient dans sa guerre contre Foulque Nerra, 165. —Sa mort, 23.
Robert, comte de Flandres, part pour la croisade, 412. — Ses hauts faits, 415, 416, 417.
Robert, fils de Richard III, duc de Normandie, succède à son frère. — Son fils, Guillaume le Bâtard, 377. — Part pour la croisade, 412. — Ses exploits, 417.
Robert, prévôt d'Angers, livre cette ville à Foulque Réchin. — Sa mort, 137, 12, 169.
Robert de Turneham, pille la ville d'Angers, 52.
Robert de Bellesme fait le comte Hélie prisonnier, 28. — Fait le siége de Candé avec Geoffroi Martel, 142.
Robert, vicomte d'Aubusson, 376.
Robert (le bienheureux), construit le monastère de la Chaise-Dieu. — Sa mort, 394.
Robert, abbé de Saint-Aubin, obtient une bulle du pape pour la possession des églises de Beaugé, 148.
Robert de la Tour Landri, abbé de Saint-Aubin, 33. — S'expose à la colère de Berlai de Montreuil-Bellay pour sauvegarder les droits du monastère, 86. — Sa mort, 38.
Robert de Blois, abbé de Saint-Florent, succède à Amalbert, 252. — Obtient du pape Jean XVII une bulle confirmative des biens et priviléges du monastère, 254, 256. — Travaux exécutés à Saint-Florent sous son administration, 257, 258. — Son éloge. — Sa mort, 187, 263.

TABLE ALPHABÉTIQUE.

Robert, abbé de Vendôme. — Sa mort, 173.
Robert d'Abbrissel, fonde le monastère de Fontevraud, 420. — Sa mort, 32, 143, 426.
Roderic, comte de Valence. — Sa mort, 429.
Roger (le comte), fait construire le monastère de Charroux, 352.
Roger, abbé de Saint-Florent, succède à Pierre. — Difficultés que rencontre son élection. — Maux qui en résultent pour l'abbaye. — Sa mort, 322, 324.
Rollon, duc des Normands, baptisé par Francon, archevêque de Rouen, 8, 185, 372.
Ronceraî (le), abbaye de femmes, O. S. B. à Angers. Sa dédicace, 28.
Rorgon de Coussé, un des complices de Giraud de Montreuil-Bellay, 147.
Roscelin. Religieux célèbre par sa piété, 421.
Rottard, abbé de Noaillé, 374.

S

Saint Agape, moine. Invention de ses reliques, 416.
Saint Aubin (Translation des reliques de), 25, 33, 36. — Chef de saint Aubin, mis dans un nouveau reliquaire, 36. — Translation des reliques de saint Aubin et de saint Clair, 25.
Saint-Aubin d'Angers (église de). Chute du clocher, 44.
Saint-Benoît sur Loire (Monastère de). Détruit par les Normands, 239.
Saint Brieuc (Corps de). Sa translation dans l'église de Saint-Serge, 149.
Saint-Cibard d'Angoulême (Monastère de). Ruiné par les Normands, 369.
Saint Clair. Translation de ses reliques, 25.

Saint Florent (Corps de). Translation à Tournus, 222. — Translation dans l'église du château de Saumur, 211. — Transporté de Saumur dans l'église de Saint-Hilaire de *Cripta*, 188, 213. — Translation dans le nouveau monastère près Saumur, 213.
Saint-Florent (Église de). Sa dédicace, 188, 213. — Destruction du monastère par les Normands, 220, 221. — Description du monastère construit à Saumur, par l'abbé Hélie, 210, 378. — Destruction du monastère par Foulque Nerra, 389. — Fondation du nouveau monastère, 389.
Saint-Front de Périgueux. Incendie de ce monastère, 429.
Saint Géraud, enlève et fait élever le jeune Eble, comte de Poitiers, 372. — Construit un monastère, 373.
Saint Gohard, tué par les Normands, 363, 364.
Saint Herblain, abbé. Translation de son corps, 159.
Saint Hilaire de Poitiers. Monastère détruit par les Normands, 371. — Dédicace de ce monastère, 397. — Construction du château, 376.
Saint-Jacques de Compostelle. Guillaume IX, duc d'Aquitaine, y meurt, 431, 432.
Saint-Jean d'Angély. Monastère fondé par Pépin, roi d'Aquitaine, 359. — Histoire de sa fondation, 360. — Dédicace de ce monastère, 398.
Saint Junien. Translation de ses reliques, 356.
Saint-Laurent de Blois. Incendie du monastère, 425.
Saint-Léger sur Sèvre. Construction de ce monastère, 380. — Donné à Saint-Maixent, 385.
Saint-Louan, près Chinon (prieuré de). Donné à Saint-Florent, 186, 246. — Invention des reliques de saint Louan et de ses compagnons, 292.

SAINT MAIEUL. Abbé de Cluny, 380. — Sa mort, 382.

SAINT-MAIXENT. Reconstruction de ce monastère, 410. — Achèvement du portail. — Incendie du monastère, 407. — Translation des reliques, 401.

SAINT-MARTIN DE TOURS. Destruction de ce monastère, 370. — Incendie de ce monastère, 171, 373.—Incendié pour la troisième fois, 7, 134, 161, 185, 430.

SAINT-MARTIN DE VERTOU. Destruction de ce monastère, 370.

SAINT MATHIEU. Translation de son corps au Lyon d'Angers, 366, 379. — Sa translation de Salerne en France, 379.

SAINT-MAUR (Monastère de). Sa reconstruction, 369. — Son retablissement par le pape Urbain II, 411.

SAINT MAUR. Ses reliques transportées près de Paris, 6, 184, 368.

SAINT MAURILLE. Sa vie écrite par l'évêque Rainon, 8, 161.

SAINT MÉDARD. Translation de ses reliques, 354.

SAINT-MICHEL en l'Herm. Destruction de ce monastère, 371. — Dédicace du nouveau monastère, 397.

SAINT-NICOLAS (Monastère de) à Angers. Sa dédicace, 134. — Sa fondation, 164, 187, 388. — Translation des reliques, 409.

SAINT-PÈRE de Chartres (monastère de). Incendié, 169.

SAINT-PHILIBERT de Boulogne ou de Graudlieu, en Bas-Poitou (Moines de). Se réfugient à Saint-Florent, 222. — Refusent de rendre le corps de saint Florent, 223, 224.— Sont forcés de rendre les vases, livres et chartes, 240, 241.

SAINT-PIERRE DE PARCÉ. Monastère construit par Charles le Chauve, 367.

SAINT RÉVÉREND. Translation de son corps de Nouastre à Poitiers dans le monastère de Sainte-Radegonde. — Autre translation a Saint-Jean d'Angély, 379.

SAINT RIGOMER. Translation de son corps, 388.

SAINT SAUVEUR (Monastère de), à Angers. — Voir ÉVIÈRE.

SAINT-SAVIN. Monastère fortifié par Charlemagne, 371.

SAINT-SERGE (monastère de), à Angers. — Sa dédicace, 136. — Chef de saint Serge apporté à Angers, 148.

SAINTE-CROIX DE QUIMPERLÉ. Fondation de ce monastère, 396.

SAINTE-CROIX DE TALEMOND. Fondation de ce monastère, 396.

SAINTE-RADEGONDE DE POITIERS. Dédicace de cette église, 419.

SAINTE-TRINITÉ DE VENDÔME. Fondation de ce monastère, 393, 395. — Sa dédicace, 23, 24, 135, 166. — Incendie, 170, 177.

SALOMON, roi des Bretons, tue Hérispoé, 6, 158. — Prend part au siége d'Angers, 132, 133, 184. — Il est tué par les siens, 7, 133, 160, 184.

SANCIE, femme de Guillaume, duc d'Aquitaine. — Sa mort, 388.

SAUMUR (le château de), pris par Foulque Nerra, 22, 134, 187, 388, 389. — Incendié par Gui, comte de Poitiers, 404.

SAVARI DE MAULÉON. Laissé à la garde d'Angers par Jean sans Terre, 56.

SEGUIN, comte de Bordeaux et de Saintes, tué par les Normands, 365.

SEGUIN, abbé de la Chaise-Dieu, devient évêque du Puy, 388.

SICHARD, abbé de Marmoutier, 383.

SIDRIC, chef des Normands, 364.

SIGEBRAN DE MONTILLIERS. Ses donations à Saint-Florent de Saumur, 294.

SIGEBRAN, évêque de Poitiers, 356.

SIGEBRAN DE CHEMILLÉ, tué à la bataille de Pontlevoy, 274.

SIGON, abbé de Saint-Florent, succède à Frédéric, 188, 200, 296. — Son caractère. — Sa piété, 297. — Sa mort, 189, 302. — Événements arrivés de son temps 331.

Sigon, doyen de l'église de Chartres, 287.

Simon de Montfort. Ses guerres avec les Albigeois, 58. — Il est tué au siége de Toulouse, 58.

Simon de Parthenay. Va combattre les infidèles en Espagne. — Il est pris, 428. — Sa mort, 430.

Simon, nommé évêque d'Angers. 408.

Sulpice d'Amboise, trésorier de Saint-Martin de Tours, défend le château d'Amboise contre Eudes le Champenois, 165.

T

Teudon, abbé de Bourgueil, 385.

Teuto, abbé de Saint-Martin de Tours. — Sa mort, 5, 158.

Théodelin, abbé de Maillezais, 387. — Fait la translation des os de saint Rigomer, 388. — Sa mort, 395.

Théodulphe, évêque d'Orléans, 355.

Théotolon, chanoine de Saint-Martin, puis archevêque de Tours. — Son éloge, 376.

Thibaut le Tricheur, comte de Blois, bienfaiteur du monastère de Saint-Florent, 209, 229. — Assiste à la translation du corps de saint Florent dans la nouvelle église construite à Saumur, 211, 232, 233, 243, 378. — Établit des moines de Saint-Benoît, à Saint-Florent. — Ses bienfaits envers le nouveau monastère, 240, 242, 378. — Il donne le prieuré de Saint-Louan à l'abbé Amalbert, 246, 378. — Sa mort, 247. — Son âme délivrée de l'enfer, 247, 252. — Ses enfants Eudes et Hugue l'archevêque, 378.

Thibaut, comte de Blois, fils du comte Thibaut, fait le siége de Vendôme, 174.

Thibaud, comte de Blois et de Tours, fils du comte Eudes. Est pris par le comte Géoffroi Martel II, 24, 136, 166, 188, 395.

Thibaut, abbé de Saint-Ligaire, 407.

Thierri, nommé abbé de Saint-Aubin, 24. — Sa mort, 25.

Thomas, archevêque de Cantorbéry. Sa mort, 41, 150, 193.

Thouars. Incendie de cette ville, 422. — Tempête, 430.

Tiron. Fondation de ce monastère, 423.

Toulouse. Expédition contre Toulouse, 39, 176. — Concile tenu dans cette ville, 417.

Tours. La ville brûlée, 10, 165. — Le pont de Tours ruiné par les glaces, 195.

Turpion ou Turpin, défait les Normands, 369.

Turpion, évêque. — Sa mort, 376.

U

Ulger, évêque d'Angers, 36, 308. — Sa mort, 37, 146, 190, 191.

Umbaud, évêque de Limoges déposé, 411.

Umbert, abbé de Maillezais, 405.

Umbert, abbé de Noaillé, 393.

Urbain II, pape. — Vient en France, 189. — Tient un concile à Clermont. — Fait à Angers la dédicace de l'église Saint-Nicolas. — Tient un synode à Tours. Reconstruit l'abbaye de Saint-Maur-sur-Loire, 14, 27, 141. — Consacre l'église de la Sainte-Trinité de Vendôme, 171. — Excommunie le roi Philippe Ier et prêche la croisade, 28. — Sa mort, 15, 29, 141.

URSMAR, archevêque de Tours, 369.
URSUS de Montreuil-Bellay.

V

VEZELAI. Incendie de ce monastère, 119, 429.
VICTOR, pape. Succède à Léon, 167.
VIENNE. Concile tenu dans cette ville, 425, 431.
VILLELOIN (monastère de). Sa construction, 353.
VIVIEN, comte. Sa mort, 366.
VULGRIN, frère d'Audoin, abbé de Saint-Denis, nommé comte d'Angoulême, par Charles le Chauve, 369.
VULGRIN, évêque du Mans. Assiste à Angers à la dédicace du monastère de Saint-Sauveur, 168. — Sa mort, 137.

TABLE DES MATIÈRES.

Chronica domni Rainaldi archidiaconi Sancti Mauricii Andegavensis. 1
Chronicæ Sancti Albini Andegavensis in unum congestæ........ 17
Cartæ et chronica de obedientia Mairomno.................... 63
Vita beati Girardi monachi Sancti Albini Andegavensis......... 91
Chronicon Sancti Sergii Andegavensis........................ 127
Chronicon Vindocinense seu de Aquaria....................... 153
Breve chronicon Sancti Florentii Salmurensis................. 179
Hæc sunt nomina quorumdam abbatum hujus loci defunctorum. 197
Versiculi de eversione monasterii Sancti Florentii............. 201
Fragmentum veteris historiæ Sancti Florentii................. 207
Historia Sancti Florentii Salmurensis........................ 217
Cartæ et chronica prioratus de Casa Vicecomitis.............. 329
Chronicon Sancti Maxentii Pictavensis....................... 349
Table alphabétique... 435
Table des matières... 459

9845. — IMPRIMERIE GÉNÉRALE DE CH. LAHURE
Rue de Fleurus, 9, à Paris

www.ingramcontent.com/pod-product-compliance
Lightning Source LLC
Chambersburg PA
CBHW071618230426
43669CB00012B/1985